"博学而笃志，切问而近思"
《论语》

"正其谊不谋其利，明其道不计其功"
《春秋繁露》

复旦大学上海医学院人文医学核心课程系列教材

总主编 桂永浩

医事法学

Medical Affairs Jurisprudence

姚军 著

复旦大學出版社

复旦大学上海医学院人文医学核心课程系列教材
编写委员会名单

总主编　桂永浩

编　委　（按姓氏笔画排序）

　　　　　王国豫　尹　洁　左　伋　伍　蓉　孙向晨
　　　　　严　非　汪　玲　陈世耀　季建林　查锡良
　　　　　姚　军　钱睿哲　徐丛剑　高　晞　董　健

总秘书　刘　雯　梁　进

总序
Foreword

2019年是新中国成立70周年,新中国的卫生健康事业和医学教育事业也走过了70年的光辉历程,即将开启新的历史起点。在这新的发展时期,医学教育也应有新的内容和要求:站在适应中国特色卫生健康事业发展的高度,以更开阔的视野,紧紧围绕世界一流大学建设目标,培养满足"新时代"需要的卓越医学人才。

习近平总书记在全国高校思想政治工作会议上强调,要把思想政治工作贯穿教育教学的全过程。理想信念教育和价值观引领是培养有社会责任感的优秀医学人才的核心任务,而医学本身是一门充满了人文精神的科学。为此,复旦大学上海医学院以立德树人为根本,将人文医学教育和思想政治教育有机融合,发挥课程思政的育人功能,合力打造体现"全复旦、全进程、大医学"为特色的人文医学核心课程群,围绕健康中国国家战略,融合学校优质学科资源,贯穿整个医学教育全程,医教协同培养不仅会看病而且守初心、铸信念、重责任、强人文、有大爱的卓越医学人才。然而目前我校人文医学课程建设中教材建设相对落后,缺乏系统性,对全面提升人文医学的教育水平形成了一定的制约。因此,上海医学院决定进一步发挥复旦综合性大学的学科优势,编写一套人文医学核心课程系列教材,确保医学和人文内容的融合,并推动人文医学课程和临床医疗实践的结合,形成特色鲜明的"课程建设、实践基地、理论教材"三位一体的复旦上医人文医学教育新体系。

本套教材以"新时代"人才培养的教学需求为目标,利用复旦大学优质思政、人文、社科的学科资源,临床医学和基础医学的厚实专业基础,将人文思政教育与医学专业教育充分的融合编撰而成。包括《医学导论》《医学与历史》《医学伦理学》《医事法学》《医学心理学》《医学哲学》《医学人类学》《医患沟通临床实践》《医学社会学》等。内容涉及医学起源与发展史、传统医学与现代医学交互;介绍医学在实践中的政治、社会与文化属性,医学人类学在医学发展中的作用;医学生的职业素养和医患沟通的正确模式与技巧;心理评估与心理治疗的基本技能,以及运用心身关联理念诊治疾病的能力;医学进步所带来伦理道德与法律问题；医学哲学的思维融入实践问题以及如何用于分析和解决实践问题的能力培养。

　　本套书由从事基础医学、临床医学、公共卫生、生物学、历史学、法学、哲学、社会学等学科研究和教学的专家参与编写，旨在充分体现人文医学精神和职业素养融合的培养目标，使之成为一套系统的、适合医学生及住院医师学习的完整的人文医学教材。但初次编写这样一套教材，难免有很多不足，希望同道和学习者在阅读后提出宝贵意见，以便日后进一步完善。

桂永浩

前言 Preface

感谢校领导及上海医学院领导的信任和支持，本人此生一直想做的事（为学生和读者留下点东西——长期以来曾经从事、现刚接续的卫生法学教研心得和办案体会及其感悟的夙愿）终于做成（实现），也完成了桂永浩常务副校长所交办的任务了。

本书旨在将本人所学所授之法学知识和原理以及在医学院和办案实践熏陶下所汲取之医学知识和医疗相融合，结合这三年来为临床八年制专业博士班授课的经验及他们提出的问题，运用本人30多年来因教授而不同程度掌握的哲学、法理学、卫生法学、行政（含保密及行政诉讼）法学、民（含侵权法和知识产权）法学、商法学、经济法学、刑法学、刑事诉讼法学、人权法学、法律文书（含逻辑）学和管理（含心理）学等学科知识和原理，尽可能写一本以医学人为本位，以医学人的视角看待其相关的法学和法律问题，深入浅出，既接地气（以我国医疗卫生事业的发展实践而形成的各项制度和现状）、又释（法）理，临床医学院和法学院学生（含本科生和研究生）和其他读者都能学通看懂又能深入思考的狭义（以临床医学为视域的）医事法学专著或教材。

本书分八章。第一章为（狭义）医事法概（暨总）论，该部分本人独创性地仅以医学（法学素）人身份进入医事法域，逐步（为其）解惑并层层深入，使之知悉其所充当的社会（医者）角色及其使命和职责；第二章为我国的医保制度，这是（狭义）医事法所无法回避和绕开的制度形态，主要梳理了新中国成立以来的各历史阶段公民的医疗保障制度，并根据现行制度（《社会保险法》《基本医疗卫生与健康促进法》和《2030健康规划纲要》）进行的"可及"的展望；第三章为医主体（医疗机构和医护人员，下同）执业资格准入及医疗机构的基本管理制度，让医学人知道该制度的设立（其然）及其原理（所以然）；第四章是医主体执业制度及其各项规则和义务，含知情-同意（及保护性措施）、查对、自然正义和受遣履职等；第五章为医疗品质控制制度，让医主体明白不断进取、精益求精不仅是观念形态的要求，也是制度形态使然；第六章是医疗纠纷及事故的预防与处理制度，旨在让医主体深知如何恪尽职责，不断提高自身的医技水平和沟通能力以尽可能预防与避免医疗纠纷和事故的发生。另一方面,一旦遇到要懂得如何依法应对,以维护己方的合法权益;第七章是医事法面临的相关前沿问题,因其中相当部分尚难定论,故只能用本人曾经刊发的相关学术论文中的观点和理据尽可能地回答里面一些问题;第八章则是让医者懂得作为一个公民如何进行民事交往,如何维护自己的民事(人身和财产)权益。

姚军

2020年3月12日于上海宝山陋室

目录 Contents

第一章　医事法概述 / 1
第一节　医事法的功能 / 1
第二节　何为医事法 / 14
第三节　医事法治 / 40

第二章　医疗保障制度 / 50
第一节　医疗保障制度概述 / 50
第二节　我国医保制度的初建与改革 / 52
第三节　我国医保制度的改革需求 / 55
第四节　我国现行医保制度的形成和建立 / 58
第五节　我国现行医保制度的修缮与展望 / 69

第三章　医政法律制度（一）——准入制度 / 102
第一节　医师执业准入法律制度 / 102
第二节　医疗机构管理制度 / 119

第四章　医政法律制度（二）——执业制度 / 143
第一节　医疗机构工作制度 / 143
第二节　远程医疗制度 / 156
第三节　医务人员执业制度 / 164

第五章　医政法律制度（三）——医疗质量控制制度 / 197
第一节　医疗技术临床应用管理制度 / 197
第二节　医疗机构手术分级管理制度 / 207
第三节　医疗质量管理制度 / 210

第六章　医疗纠纷和医疗事故处理制度 / 219
第一节　医疗纠纷预防和处理制度 / 219
第二节　医疗事故处理制度 / 231

第七章　医事法发展过程中面临的若干前沿问题 / 254
第一节　人工生殖技术提供面临的法律问题及对策 / 254

第二节 提供性别取向医技服务引发的法律问题及制度安排 / 258
第三节 器官移植的法律问题及其制度建设 / 261
第四节 关于死亡医疗技术提供的法律问题 / 269
第五节 精准医疗和基因工程、大数据、人工智能的医疗应用相关的法律问题 / 277

第八章 涉医主体的民法制度 / 287
第一节 民法与作为公民的医者 / 287
第二节 作为民事主体的医主体 / 294
第三节 不当医事行为及其法律后果 / 303

后记 / 314

第一章 医事法概述

第一节 医事法的功能

一、法的功能

法的功能,即法的用处或法有何用?任何法都有特定的功能,在整体上法的功能如下。

(一) 社会功能

1. **指引(示)功能** 任何法都是一种价值判断或取向,它对(自然人、法人或其他组织等)社会主体的行为有指向作用,其方向与社会公德趋同,指引和要求社会主体应做哪些或哪些可做?需说明的是,此"做"在法律上包括作为和不作为,前者英(正)语为 commit,美(口)语为 do something;后者英语为 omit,美语为 do nothing(下同,略)。

2. **准则功能** 法是一种行为准则或标准,即为社会主体的行为立规矩、划底线。不过,其标准层次一般要低于社会公德,故有些有悖社会公德的行为却未违法(如有人不愿意献血),但也有两者完全重合,如民法中的不当得利者负有应当返还义务,我国婚姻法中夫妻间负有相互忠诚义务均与公德要求重合。它告知社会主体哪些应当做和哪些不能做,以及应做未做和不能做偏做(即突破底线后)的法律后果。

3. **规范功能** 规范是名词规则和动词要求的集合。法以设定规则及社会主体之间的权利和义务来要求人们哪些可以做、哪些不能做和可做该怎么做。

4. **教育功能** 它是指引(示)功能的延伸,并通过正向法律后果(如权利被确认、依法获得利益等)和反向法律后果(如被判负认定、承担法律责任等)来公示社会,强化他们遵守规则、依法办事的观念。

(二) 政治功能

1. **确定基本社会制度及基本价值取向** 我国实行:①基本社会关系:实行各民族

平等和团结的共和制。②基本社会形态：为社会主义制度和道路。③基本社会经济发展模式：公有制为基础的社会主义市场经济；多种所有制经济共同发展且以按劳分配为主体、多种分配方式并存。

2. **确定与维护国家根本制度**　主要包括：①社会主义共和制；②人民当家做主的人民民主专政政权；③人民代表大会与协商式民主制度的政权组织形式；④内地实行单一制与港澳实行"一国两制"，并争取台湾和平统一的国家结构制度；⑤依法治国与以德兴国相结合的基本国策和社会治理方式。

3. **确定社会主体的地位及其相互关系**　主要包括：①共和制下的各主体平等（无特权、不歧视）关系；②各主体毫无例外地均负有遵法尚德和依法办事（含维权）的义务；③循法公正地解决社会矛盾和纠纷；④制裁违法犯罪活动，恢复正常的法律关系。

4. **确定社会主体与国家之间的关系**　主要包括：①一切（公）权力来源于人民；②公权力机关依法行使（立法、行政、司法和监督等）职权，维护国家安全、公共资源和社会秩序；③各社会主体履行爱国、循法、依法纳税、维护公共秩序和利益的义务；④国家履行保障公民（自然人）的生存、自由、平等、主体地位权等基本人权的义务和责任；⑤国家保障社会主体合法权益及依法活动的权利等。

二、医事法的功能

作为专门用以调整包括医疗机构和医技人员执业以及医患关系在内的行为规范与准则，医事法究竟有何用？它主要体现为以下几个方面。

（一）保障相关主体的权利

这里的相关主体指参与医事法所调整的社会关系中，依法享有相关权利、负担相关义务（或职责），并依法承受法律后果的人。需说明的是法律上的人主要包括：①医方主体，又含各级各类医疗机构（含个体诊所）、医技人员、医疗机构相关（管理、工勤等）辅助人员等。②就医者及其亲友（自然人）。其中前者是指寻求医疗机构或人员诊断、治疗或医学技术（含体检、保健、分娩和主观改善）帮助的自然人，包括：患（病）或疑似患者、受伤者和其他寻求提供医学技术（如保健、分娩及整形、齿型矫正等主观改善）帮助者；后者是指陪同就医者就医的亲属、朋友或单位代表。其中亲属包括监护人、近亲属或其他亲属，朋友包括同学、邻居和未接受指派任务的同事等。③依法负担支付就医者医疗费用者，含医保支付结算机构、依约承担理赔义务的保险公司和该人身损害事件的责任人。④主管医事的行政部门，即中央和地方各级卫生与计划生育委员会（以下简称卫计委）和中医药管理局（以下简称中医药局）。⑤全社会专门设立的、隶属于司法部和地方各级司法行政部门管辖且属于的（专业人民调解委员会之）医疗纠纷调解委员会（以下简称医调委）等。这些主体的权利众多，限于篇幅，此处仅列以下主要相关权利种类。

1. **健康权**　它是自然人享有、维持其正常（新陈代谢）生理功能、延续正常生存状态且受法律保障的权利。

健康权的性质：①它是一种人格权，其特点为(只要属同类体的自然)人皆有之、个个平等(无差别)、(一般)始于出生、终于(含自然或宣告)死亡。②它也是自然人基本人权(见后文)之生存权之重要方面，对它的损害若不可逆，将危及受害者的健康状况乃至生命。

健康权的内涵：①对(医方)相对方(即就医者及其亲友)而言，它主要体现为：维持现有健康状况，免受减损(如防疫、环保、临床试验等)；改善现有健康状况，治愈(含器官移植)、疗复、补缺(残)等；负担延续伤、病员的生命历程所需的医疗服务行为及费用。②对医方自然人(医、护、检等人员)为履行保障和改善就医者健康权所承受的克减己方健康的负担：有害作业环境，如放射科医检人员；主动或被动之透支健康、超负荷工作的奉献行为；为救治病伤者而不得以承受自己健康(感染或伤病等)的损害(如新浪网2018年7月28日报道，河南新乡1护士被病人突然咬住胳膊，为完成治疗而忍痛坚持3分钟；网易2016年9月26日报道，郑州一个7个月身孕护士跪地托举胎头半小时，术后累瘫地上。)；长时间职业需要负担专家注意义务而处于精神高度紧张状态；被就医者及其亲友的暴力伤害以及污名、胁迫等精神折磨。③自然人健康权之相对方即政府对此应当履行：需履行到位的(公共资源)保障职责，其原理在于社会契约论：治下的公民通过(成年仪式、参与立法、入籍宣誓等方法与国家)缔结社会契约，将部分社会管理权让渡于公共社会汇聚而成公共权力(政权)，据此掌握政权和社会公共资源的(政权的执行机关)政府则负担起履行保障其公民包括健康权在内的基本人权且不可推卸的职责；增加财政支出，切实保障公民的医疗保险享有权；加强必要、有效投入，兴办、促进和保障医学事业、医疗技术的发展与进步；加强监督和管理，维护正常的医疗工作开展所必要的秩序；正确履行监督与裁决者职责，公正处理纠纷、化解矛盾，维护医患双方的合法权益。

2. **自主权** 它主要指就医者对自己健康状况的自主决策和处分权。其权源与逻辑起点在于：①它来源于共和制下每个公民所享有的在法律面前的平等权；②它是自然人只能是人类社会中的主体而享有的主体资格权这一基本人权的具体体现。

该权利的内涵主要覆盖以下方面：①身体支配权：支配权指权利主体的该项权利效力直接作用于客体(即对象)而无需他人协助，也不容他人干涉的权利；身体支配权则是自然人对自己身体整体以及组成部分(含器官和血液等)享有自主决策并实施的权利(法律另有规定者除外)。②处分权：系支配权中最重要的部分，是指权利主体决定其权利客体最终命运(去留、存废、全毁等)的权利，如决定接受截肢手术治疗方法、自杀本质上即某自然人处分自己生命的行为。③知情-同意权之同意权即是对就医者的健康状况的支配甚至处分权(详见后文中知情-同意部分)。

3. **安全权** 其性质为：①它是自然人基本人权之生存权之重要方面，试想如果某自然人即使在和平时代其安全无法得到保障还谈何生存？②它是公民的基本人权，如前所述，系政府不可推卸而必须履行之重要职责。正因如此，政府动用大量公共资源建立公安(含消防)、生产安全、交通安全和劳动保障、金融安全等系统,为保障健康安全则建立疾病预防与控制、食品与药品安全监管、环境污染防治等制度,无不基于此。③需说明的是,作为基本人权范畴的财产安全仅及于生存所必需的财产支撑(如各地政府确定的最低生活保障线,含保障房);超出部分则不然,政府对公民财产的保障义务和职责据此可有所区别。

该权利:①对就医者方在此的体现为:在接受诊疗和(体检、预防、整形等)其他医技服务时,获得健康甚至生命的安全保障,免受不应有的人身损害;在接受医疗时的财产安全(不被骗、斩或遗失);医疗机构及其医技人员有义务提升其自身能力、恪尽职责,以保障就医方的健康甚至生命安全。②对医方则体现为:医务人员享有其人身安全免受不法损害的权利,政府对此负有并履行不得以任何借口推卸或逃避的保障职责;医疗机构的(设备、器械、设施、场所等)财产安全应获得保障,政府亦对此负保障职责。

4. 诊疗权 它是诊断和治疗权的合称。由于该概念系笔者首创,恐需在日后教研中逐步完善,在此所示仅是其推荐定义:它指具有法定资格的主体(机构及其人员)被依法许可对就医者及相关相对人进行诊断、治疗(含护理)、预防以及其他医技服务的职权。其性质是一种社会行业的职权,基于社会需求和社会分工而形成,与相对人(就医者等)健康乃至生命权利及其需求相关,旨在帮助相对人改善或维持健康状况或其他相关需求(如整形等)。在当代,其取得与维持均受制于政府的行政许可(注册登记)。①该权源于:社会分工;就医者需求;属于病伤者基本人权范畴的,系政府必须履行的基本职责;政府的行政许可。②诊疗权取得与维持的行政许可:因诊疗(此种特殊)行为的过程及其结果直接与人体健康乃至生命安全相关,依《行政许可法》第12条第1项和第3项规定,须获得主管机关的许可方获执业资格;依《执业医师法》《护士条例》等规定具体执行(详见后文)。

5. 探研权 它是探索和研究权利的合称。它所涉及的是人们所从事的推动生产力和人类社会进步的两种活动,即发现和发明:前者是指科学工作者经长期(甚至几代人)不懈的探索或求证下对人类未知或未解的物质、原(定)理的发现或证成的活动;此类活动所对应的领域是科学,属于认识论范畴。后者则是研究者在现有科学的基础和既有技术能力和手段的条件下,创造出较之以往更加(或飞跃式)进步,且可直接用于生产或生活的新方法及其载体(器具),它所对应的领域是技术,属方法论范畴。两者之间具有相互促进作用。该权利的性质:对于医技人员等而言,是《宪法》第47条所确认的公民(宪法权利之)科学探索和技术革新权利的具体体现。①医学科学权问题:对诊断的意义;对医学技术发明创造的基础意义和(原理)验证价值;医学科学成果可获得的是发现权(一般由政府进行表彰与奖励)。②医学技术权问题:对设备和方法的提升对诊断的作用;医疗器械、卫生材料和药品的发明创造成果可最终获得专利权或直接保密而成技术秘密(know-how);依《专利法》第25条第1款第3项,诊断和治疗方法为专利权的消极客体。医学科学和技术之间同样有相互促进作用。

6. 获得保障权 它是指公民对维持和改善健康状况所享有的获得制度保障的权利,属基本人权之生存权项下健康权的范畴;其相对方是政府。在此关系中,享有此项权利的主体是公民;负担该义务的应该是政府。这是其根据社会契约所必须负担且不可推卸的基本职责。正是基于此,2010年10月28日我国第11届全国人大常委会第17次会议通过,并于次年施行了包括医疗保险制度在内的《社会保险法》,且据此已逐步建立基本覆盖全国的基本医疗保障制度。我国公民享有此权利的法律依据主要包括:①现行《宪法》中,第21条第1款:国家发展医疗卫生事业,发展现代医药和我国传统医药,鼓励和支持农村集体经济组织、国家企业事业组织和街道组织举办各种医疗卫生设施,开展群众性的卫生活动,保护人民健康;第45条第1款前项:公民在年老、疾病或者丧失劳动能力的情况下,有从国家和社会获得物质帮助的权利;第45条第1款后项:国家发展为公民享受这些权利所需要的社会保险、社会救济和医疗卫生事业。②《社会保险法》整个第3章(第23~32条)规定均是关于医疗保险(以下简称医保)的规定;性质与层次:所提供的是基本医疗保险(具体范围由政府视情形调整);基本种类包括职工医保、新型农村合作(以下简称新农合)医保和城镇居民基本(简称居)医保;医保基金积极支付范围包括:符合基本医保药品目录、诊疗项目、医疗服务设施标准以及急诊、抢救的医疗费用;消极范围则包括:应从工伤保险基金中支付、应由第三人负担或公共卫生负担以及在境外就医的医疗费用;职工医保全员参保,由用人单位和职工按照国家规定共同缴纳基本医疗保险费,无雇工的个体工商户、未在单位参保的非全日制从业人员及其他灵活就业人员可参加职工医保,由个人按国家规定缴纳基本医保费;居医保实行个人缴费和政府补贴相结合,享最低生活保障的人、失劳能力残疾人、低收入家庭60岁以上老年人和未成年人等所需个人缴费部分,由政府给予补贴;新农合医保的管理办法,由国务院规定。③离休干部的特殊医保待遇由公费医疗经费支付。

7. 救济权 救济(remedy),即恢复,指受损后的恢复与弥补;法律上的救济权指主体依法享有的,用以恢复其受损权益或实现其受阻原行权的权利。法谚云:"无救济则无权利!"可见它在权利体系中的重要地位。该权的特点如下:①继发性,与原权利相比,它本属第二性法律关系的范畴,若原权利未受阻或未被侵,则无需启动它;②借助公力性,指遵循国家建立起的合法管道体系方可最终有效实现目标;③保护性,该体系的建立是为了使合法权益受损者的原合法权利或利益得以恢复、弥补或实现;④(法定)程序性,作为公众可依循的制度体系,必然确定其必要的途径和顺序,而该途径、顺序及其条件一般由法规定或认可。

医事法律关系当事人一旦认为己方的原权利受到侵犯,依法可选择如下救济途径进行维权:①和解,即纠纷双方依"契约自由",进行充分协商,最后达成共识(一致),解决纷争的方式。②调解,即由作为第三方的医疗纠纷调解委员会等参与和主持下,遵循自愿、合法的原则,通过对纠纷的受理、鉴定和调解环节,对医患双方进行引导和劝解,化解矛盾,息纷止讼的方式(此略,详见第六章)。③报案,即一方认为对方的行为或所面临的

(非正常死亡或伤害等)事实已超出民事争议(可能构成治安或犯罪)性质而向公安机关报警,由警方依法处理的方式。④申请医疗事故处理(期间含鉴定),即就医方或院方因对院方已施行的诊疗、预防、康复或相关管理行为是否构成医疗事故发生歧义,依《医疗事故处理条例》第20条规定,经申请后由相关专家进行医疗事故技术鉴定,并在此基础上进行处理、解决纷争的方式(此略,详见第六章)。⑤诉讼,可由纠纷双方中的一方直接起诉的包括民事诉讼和刑事自诉。民事诉讼又包括侵权之诉或违约之诉,根据起诉人的不同可分为就医者诉医方(如医疗侵权赔偿等)和医方(医院或医生个人)诉就医者(如名誉侵权等);根据起诉人的不同可分为就医者诉医方(如整形、体检等医疗服务合同违约纠纷等)和医方诉就医者(如拖欠医药等费用)。刑事自诉,一般由医方诉就医者居多,如医院诉就医者方诽谤罪等。

(二) 调整关系

1. 概念　法本是调整主体(人与人)间法律关系的行为规范(含准则)。法律关系则是人与人之间业已存在的社会关系经法律规范性文件调整后形成的权利义务关系。

2. 医事法所调整的社会关系　主要包括以下几种。

(1) 信托关系。信托是指受托人接受委托人的委托后,为落实委托人托付的特定事务,实现该特定目的而实施的行为。此处的信托是特指,由国家兴办的公立医院事实上是接受政府(具体为卫生行政主管部门,以下简称主管部门)的使命,替它履行保障所辖公民健康权利职责的活动。在该信托关系中,①当事人:委托人为政府主管部门;受托人为由国家兴办或国家财政负担的公立医疗机构及其工作人员;收益人为依法享有健康权的公民。②信托基础是基于:组织与行业管辖关系;主管部门对其辖下医疗机构的信赖,并辅之以依法对受托人的考核、监督(检查)、任免其负责人和追责等制约职权与方法。③信托事项为由医疗机构及其工作人员实施旨在维持或改善公民健康状况的各项医疗技术活动,通过接受信托的医疗机构及其工作人员的执业行为来代为履行本该它亲历亲为的基本职责。

(2) 医患关系。它即医方与患方因患方需求或法律规定由医方为患方提供适当的医学技术服务而在双方间形成的社会关系;在医事法上,该社会关系体现为相互之间具有法律意义的权利义务关系。它具有如下特点:①基于患方的就医需求或(防、精等)法律规定而形成,其中的患方即就医方;②适格的医方基于其社会角色、职责和专业能力为患者或就医者提供诊、疗、防、养和教等医技服务活动;③彼此间自该关系的形成起即具有法律意义,受法律规范性文件的调整(保护和规制);④依外观主义似为双方关系,实其背后承载着政府的保障职责;⑤需双方或三方良性互动方可实现预期的目标——患者的健康状况的维护或改善。

医患关系的基本类型,大致可分为:①医方主导型,又被称为"父权"型,其理论依据为西方医者传统:希波克拉底誓言中的医者职责和社会分工(角色)权威。②契约型,又被美誉为"指导-合作"型,其理论依据为民法上的人格权之就医者自主权和契约自由。

③利益-信赖型:这里的"利益"即以就医者(而非医方)利益为本与导向;这里的"信赖"(这里的"信赖"非契约法上的信赖,而是就医方主观上接受能将自己的健康乃至性命或欲求事项交付医方采用医疗技术方法服务而排斥任何盈利动机的心理状态。)即就医者对医方的信赖,关键在于信赖的来源(非法定;其建立与维持来源于长期的善行)。该型医患关系,又称"目标共同体"型,具有3个特点即:患方基于其对医方的信赖(性命相托);医方基于对方的信赖以及角色职责须尽职而为;医患双方基于维持或改善患者健康状况这一共同目标,相互配合、共同努力而为所形成的关系。利益-信赖型的理论依据有四:就医者的健康权利;医方负担的社会角色和政府转嫁的职责;法律规范性文件和医学伦理确定的职责;患方的协力义务。

医患关系的要素,主要包括主体、内容和客体。

1) 主体,包括①医方,适格的医疗机构及其(医、检、护、检、药、管、勤等)工作人员;②就医者及其陪同者(一定范围内的亲友);③背后的主体,负担监督、协调和保障职责的政府主管部门。

2) 内容即主体间法律上的权利义务。权利:①就医方的权利,主要包括7项。健康(维持或改善)权;获得尊重与(含人身和财产待遇上)平等(不歧视)对待权;不受拒绝(医疗服务和帮助)权;获得符合尽职要求的医疗服务权;知情-同意权;隐私权;(对医方的不当医疗行为的)救济权等。②医方的权利,主要包括六大项:履职(条件与安全)受保障权;诊断(和伤病情及健康状况调查)权[含:伤、病现状检查(含影像学、化验和手术探查等)权、身体检查权、请院外专家会诊权等];治疗权[含:处方权、(手术或其他方法)处置权、健康生活方式建议权和终止治疗权等];证明权;(尊严、名誉和秩序)获得患方尊重权;获得(医保或现金付款)报酬权等。③卫生行政部门的职权,主要包括四项:对医疗机构及其医技人员的执业监督权;对医疗机构违法行为以及违法医护执业制度的医护人员的行政处罚权;对公有制医疗机构工作人员违规行为的行政处分权;对所受理的纠纷或投诉案处理权等。

义务:①就医方的义务,主要包括6项。如实主诉;协力(配合诊疗);尊重医务人员;遵守医疗秩序;支付医疗费用;依法维权等。②医方的义务,主要包括六大项:尊重患者人格及其风俗习惯;维护患者最大利益;如实告知并尊重患者自主权(知情同意);恪尽职责[含:提高业务技能、增强责任心(恪尽职责)和依法行事];尊重和保守就医者的个人信息和隐私;实事求是,正确对待对方投诉或维权等。③卫生行政部门的职责,主要包括四项:依法保障适格医疗机构及其人员的执业活动;依法监督所有医疗机构及其人员的执业活动;不滥用职权(含不作为的揽权渎职);依法处理有关投诉和纠纷等。

3) 客体,是指医疗机构及其人员所实施的医疗服务及其相关行为(及用于该行为的物),具体体现为:诊断(含检验);治疗(含给药、护理、姑息性维持、康复);体检;(生育、引流产、体检、整形、洗牙、配眼镜等)帮助性医技服务;(麻醉等)中间服务;(医疗机构向住院伤病员提供的饮食等)相关服务;预防(含接种、留观等);(门诊、住院)病历记载(含护理记录)等必需的辅助行为;医疗机构实施的与诊疗有关的管理活动;预后判断和疗养指导和相关健康教育以及与上述行为相关的(心脏起搏器等内置医疗器械和假肢等)物品等。

(3)医政关系。它是指卫生行政部门基于其对公民健康权所负的基本职责和行业管辖职权,依法对全社会的所有相关主体和相关行为进行监督管理所形成的社会关系。其法律依据,主要包括:《宪法》(1982年12月4日,第5届全国人大第5次会议通过,1988年4月12日、1993年3月29日、1999年3月15日、2004年3月14日和2018年3月11日5次修正)依据,含:第21条第1款:国家发展医疗卫生事业,发展现代医药和我国传统医药,鼓励和支持农村集体经济组织、国家企业事业组织和街道组织举办各种医疗卫生设施,开展群众性的卫生活动,保护人民健康;第45条第1款:公民在年老、疾病或者丧失劳动能力的情况下,有从国家和社会获得物质帮助的权利;国家发展为公民享受这些权利所需要的社会保险、社会救济和医疗卫生事业;第89条第7项:(国务院职权)领导和管理教育、科学、文化、卫生、体育和计划生育工作(89—7项)。《行政许可法》(2003年8月27日,第10届全国人大常委会第4次会议通过,同日公布,次年7月1日起施行)的依据,含:第12条第1项:直接涉及国家安全、公共安全、经济宏观调控、生态环境保护以及直接关系人身健康、生命财产安全等特定活动,需要按照法定条件予以批准的事项;该条第3项:提供公众服务并且直接关系公共利益的职业、行业,需要确定具备特殊信誉、特殊条件或者特殊技能等资格、资质的事项;该条第4项:直接关系公共安全、人身健康、生命财产安全的重要设备、设施、产品、物品,需要按照技术标准、技术规范,通过检验、检测、检疫等方式进行审定的事项。《执业医师法》(1998年6月26日,第9届全国人大常委会3次会议通过,同日公布,次年5月1日起施行)和《基本医疗卫生与健康促进法》(2019年12月28日第13届全国人大常委会第15次会议通过,2020年6月1日起施行),涉及医师的执业准入和执业规则(略,详见第三章和第四章)。《医疗机构管理条例》(1994年2月26日国务院发布,同年9月1日起施行)及《医疗机构管理条例实施细则》(1994年8月29日卫生部发布,2006年11月1日、2017年2月21日2次修改),涉及涉医从业机构的执业准入和执业规则(略,详见第三章和第四章)。《护士条例》(2008年1月31日国务院发布,同年5月12日起施行),涉及护士的执业准入和执业规则(略,详见第三章和第四章)。《医疗美容服务管理办法》(2002年1月22日卫生部发布,次年5月1日起施行),涉及机构和人员的执业准入和执业规则(略,参见上述相关规定)。《医疗技术临床应用管理办法》(2009年3月2日卫生部发布,2018年8月13日国家卫健委修改),涉及医技分类分级管理、临床应用能力审核、应用管理和监督管理等(略,详见第五章)。《处方管理办法》(2006年11月27日卫生部发布,次年5月1日起施行),略,详见第四章。《病历书写基本规范》(2010年2月4日卫生部发布,同年3月1日起施行),略,详见第三章。《医疗质量管理办法》(2016年9月25日卫计委发布,同年11月1日起施行),涉及组织机构及职责、质量保障制度、安全风险防范等(略,详见第五章)。内容,大致包括:①相关人员执业资格准入制度(略,详见第三章);②医疗机构管理制度(略,详见第三章);③相关主体执业管理制度(略,详见第四章);④医疗品质控制制度(略,详见第五章);⑤医疗事故责任认定和查究制度(略,详见第六章)等。

(4) 官民关系。即政府(卫生行政部门)以国家的名义与公民、与诊疗活动有关的主体之间因在影响公民健康权有关的活动中形成的社会关系。官民关系具有以下特点:该关系中的主体主要包括:①各级卫生行政部门代表各级政府行使职权;②享有健康权利的、具有维持或改善健康状况的公民或外国自然人(就医者);③与诊疗相关的、受卫生行政部门医政权管辖的各级各类从业机构和人员[又含:由国家财政负担或资助、(至今)作为事业单位的各级各类医疗机构;以投资回报或作为谋生手段的各类医疗机构或相关(如代孕)组织,包括个体医;其他与诊疗活动有关的行业(如药企、广告企业等)及个人]。

该关系中的客体,主要为:①医疗机构及其人员的诊疗及其相关(工勤、管理)行为;②相关行业主体的相关行为。如,供应血液及其制品、药品(含其他生物制品)、医疗器械和设备、卫生材料、广告、医疗废弃物处理等;③卫生行政部门的医政许可与监督行为等。

该关系中的内容,主要包括:①自然人的权利和义务(略,见前文);②医疗及相关主体的权利义务(略,见前文);③卫生行政部门的职权与职责(略,见前文)。

(5) 契约关系。此处它特指基于就医方需求或法律的规定而由医方与就医方形成的医方为就医方提供医技专业服务的特殊合同关系。该关系的特殊性体现在:对于公立医疗机构作为一方当事人订立的契约而言:①它们不具有拒绝就医方对其要约的承诺的权利;②不具有选择对方的权利;③(社区卫生中心等)部分公立医疗机构配药实行零差价;④对就医方而言,不适用可期待利益原则;⑤若未能实现期待目标,不完全适用违约责任法律后果。对(整形、洗牙以及私立等)纯商业性质的医疗服务合同,则适用一般合同法"契约自由"等原则和违约担责(违约责任)的规则,略。契约的一般原则,主要包括:平等;自愿(契约自由);公平(含对价);诚实信用;守法;合同相对性。

(三) 规制行为

法是行为规范,是规范(制)主体行为的准则。作为专门(领域)的法,医事法所规范的行为主要包括如下几个方面。

1. (医疗服务)执业行为　它是指医疗机构及其工作人员为履行保障就医者健康权而实施的医疗技术专业服务的职务行为。其性质是服务,但除(体检中心的体检、整形、矫齿和不适用医保支付的民营医院诊疗)外的医疗服务并非纯民商事性质的契约。

(1) 因为法理上,它不符合民事合同主体的自由选择和各方完全平等性;此类服务中,只有就医者选择医疗机构的单向自由,而无后者选择前者的权利(因医疗资源不足而挂不上号除外)。

(2) 它不符合商事合同的内容自由协商确定性(彼此间的权利和义务关系):医疗服

务的内容并非可由双方完全自愿约定,表面上各地社区卫生中心的全科医生为就诊者提供医疗服务看似契约关系,实质上由此类医疗机构及其人员是在替政府履行其所负担的保障公民健康权利的义务,而这种诊疗义务自就医者挂号起由医方是自动负担且具有单向的不可选择性。

(3) 就服务方而言,民事合同的主体只须具有相应的民事行为能力而无其他门槛,商事合同中的商主体除法律另有规定外,只需根据准则主义行商事登记与公告而设立,且在"放管服"("放"即简政放权,降低准入门槛;"管"即公正监管,促进公平竞争;"服"即高效服务,营造便利环境。2016年5月9日,李克强总理在国务院全国推进放管服改革电视电话会议上要求:"'放管服'改革实质是政府自我革命,要削手中的权、去部门的利、割自己的肉。计利当计天下利,要相忍为国、让利于民,用政府减权限权和监管改革,换来市场活力和社会创造力释放。以舍小利成大义、以牺牲'小我'成就'大我'。")、降低商事成本的当下更为容易;医方主体无论是医疗机构还是医护人员则均仍须满足《行政许可法》第12条第3项、《医疗机构管理条例》第15条、《执业医师法》第13条和第17条以及《护士条例》第7条规定的各项条件方可获得执业许可,而该许可则依法不容克减(但采用备案设立的中医诊所除外)。

(4) 从合同法律关系客体即履约(服务)行为及其产品而言,亦迥异:对民事主体而言,法不禁止皆可为(用于交易);而所有的诊疗活动须依《行政许可法》第12条第1项、《医疗机构管理条例》第15条、《执业医师法》第13条和第17条以及《护士条例》第7条的规定(因直接关系人身健康、安全)系须经许可的特定行为,受法律规范性文件、操作规程和职业道德的规制和拘束,并受卫生行政主管部门的执业监管,包括胎儿性别鉴别和代孕等为法所禁,不得约定"服务";且医疗服务价格也受国家发改委、卫生行政主管等部门发布的《全国医疗服务价格项目规范》(另有中共中央、发改委两规定)的严格规制,而非民商事交易中可议定的对价行为,患方对此类服务结果不满意,自然也就不能适用违约责任。

(5) 就医疗服务的预期结果而言,亦异于民商事合同,不适用合同法的可期待利益原则。这是因为医疗行为高难度、高风险、专业性极强的特点,处置结果往往难以预料,对此不能依民商法上的外观主义原则,以结果来作定论的价值判断,因为影响治疗结果的前提性因素很多:①能否获得预期治疗结果首先取决于诊断是否准确,即使我国的三甲医院,其平均诊断率也难逾40%,诚如已故的著名病理学家朱世能教授所言:"只有病理解剖才是诊断的'金标准'。"问题是民众受传统文化的影响,尸体解剖率远低于国际平均水平,有碍整体诊断能力提高。②诊断能力还受制于当下人类科技水平的发展状况和既有的认识程度,事实上医学界尚未认识的事物(含疾病和相关物质)还很多。③即使对已能明确诊断的疾病,医学界至今对相当部分疾患仍无奈,如狂犬病、渐冻症等。④即使医学界对那些已突破难关、对原先难以治愈的疾病或生理现象已有的成功治疗方法和经验,仍会因个体差异难保所有的个案都成功。⑤虽然包括我国在内的各国均将诊疗方法作为专利法的消极客体,以防止对最新诊疗技术和方法的垄断而阻止其普及与推广。事实上,仍存在院际和(医生间的)个体差异,此差异也影响诊疗水平和治疗结果。⑥诊疗结果取决于医方能力宣示和是否恪尽职责,而不适用患方单方的预期结果(即一般合同的可期待利益),实践中医方可通过符合"知情主义"的规范知情同意程序予以明确。因此,可期待利益、严格责任归责原则等民商事契约范畴均不适用于此。此处的执业行为主要包括:①诊断(含检验、辅助护理等)。②治疗(含手术、处方及给药、开具医嘱及执行、护理、姑息性维持、康复等)。③(生育、引流产以及治疗性的整形、矫齿、洗牙、配镜等)帮助性医技服务行为。④(麻醉等)中间服务行为。⑤(医疗机构向住院伤病员提供的饮食等)相关服务行为。⑥(含接种、留观等)预防行为。⑦(门诊、住院)病历记载(含护理记录)等必需的辅助行为。⑧医疗机构实施的与诊疗有关的管理行为。⑨辅助性心理疏解和辅导行为。⑩预后判断和疗养指导及相关健康教育行为等。

2. 探研行为 指医疗机构及其工作人员为保障就医者的健康权利、提升诊疗技术能力与水平而进行的探索、研究、开发和合作的行为。此类行为所涉领域既有科学,更多的是技术;其行为亦分属发现或(更多)发明(前已述),如改进手术方法、(经批准后)自制制剂等。此类行为主要包括:①基础研究;②临床试验;③药物的应用以及给药途径和剂型的变更;④诊疗方法和工具的改进(含精准医疗);⑤自制制剂的研制、开发(及申报);⑥相关学术理论研究;⑦相关技术交流(含会诊、进修等);⑧相关学术交流等。

3. 维权行为 主要体现为救济行为,指医事法律关系主体在相关活动中因其合法权益受损或其权利行使受阻而依法实施的法律行为。此类行为根据主体的不同,又可分为以下两部分。

(1) 就医者方(含亲友)的维权行为,主要包括:①问询,是知情权的一部分,对与其健康或财产权益相关的事项向医方或医保部门可进行问询。②查询,也是知情权的一部分,对认为需要搞清(有关自己健康或财产)的状况可要求医方或有关机构提供真实信息。③投诉,就己方对医方提供的医疗、相关服务或收费情况不满向该方领导或有关主管部门反映,要求查处并予纠正。④交涉,系私了的一种,就认为己方权益受损或行权受阻直接向对方(含医方)提出异议,并要求纠正或给"说法"。⑤要求查封住院病历资料。⑥申请卫计委行政处理。⑦申请医疗事故技术鉴定。⑧提请(或参加)医疗纠纷调解。⑨提起(侵权或违约)民事诉讼。⑩报警等。

(2) 医方的维权行为,主要包括:①申请卫健委(秉公)行政处理;②为查明真相而主动申请医疗事故技术鉴定;③为解决纷争、摆脱纠缠而提请(或参加)医疗纠纷调解;④(排除妨碍、追讨拖欠医疗费、名誉侵权或其他赔偿损失等而)提起民事诉讼;⑤认为对方的行为或所面临的(非正常死亡或伤害等)事实已超出民事争议(可能构成治安或犯罪)性质而向公安机关而报警等。

4. 执法行为 执法即法的执行,包括司法,但在法理学上,司法为法的适用,是狭义执法的对称,故它不含司法,指行政机构在其法定职权范围内,履行其执法职责,将相关法律规范性文件的规定并运用到其具体工作中,以实现该领域法律关系的活动。但行政执法机关很多,它们的执法行为也种类极多、纷繁复杂。这里的执法,特指医事行政主管机关(以下简称医政机关)在其法定职权范围内,依照与医事相关法律规范性文件的规定,处理属于其主管范围的事务,履行保障公民健康权利的职责的具体行政行为。该医政机关最主要是指国家卫健委和中医药局及地方各级卫健委和中医药局,因它们主管医疗服务行为中必然涉及用药和住院患者的饮食禁忌等饮食安全问题。因此,国家及地方各级市场监督局之食药监部门对其管辖范围内依法具有主管该相关事务的职权。可见,医政机关包括各级卫健委、中医药局(仅限于中医药事务)和食药监部门,其中最主要是卫健委。医政机关的执法行为主要包括以下。

(1) 行政许可、注册与备案。行政许可是指行政机关根据公民、法人或者其他组织的申请,经依法审查,准予其从事特定活动的行为(《行政许可法》第2条)。在此,它体现为医政机关根据公民、(含拟设立)单位(含法人或其他组织)的申请,经依法审查,(通过批准或"注册")许可其从事医事活动的具体行政行为。医政许可主要涉及两类:①对相关申请(医护等)自然人的执业许可;②对相关(含个体医)申请(设立医疗)机构的开业(含变更或关闭)许可或备案。该两类许可的主管机关仅为相应的卫计委。该两类许可的相关内容,详见后文。

涉药的行政许可制度:此药仅指人药,不涉兽药和农药,后两者由农业主管部门主管;我国的人药中的中药材不设许可。因此,该药品行政(核准)许可制度仅涉及合成药和中成药。药品许可制度包括:①药品生产企业申请开办(含变更与关闭),由省级药监局批准许可;②药品的生产许可;③(含中成)药品上市注册由国家药监总局核准;④成熟(含中成)药则由省级药监局核准许可;⑤医院自制制剂由省级卫健委核准,由省级药监颁发许可证;⑥药品经营企业申请开办,由省级药监局批准许可。

为住院患者提供餐食的医疗机构,因涉及食品的生产活动,依《食品安全法》第35条第1款前项规定,应当由所在地县级以上食药监主管部门核准许可,并符合食品安全标准和所涉患者的特殊营养和禁忌要求。

对医疗机构诊疗中所使用之医疗器械、器具、装置和卫生材料,其中生产第二类、第三类产品的企业依法应向省级药监局申请开业(含变更或关闭)许可,其所生产的第二类、第三类产品获得经省级药监局的注册;生产第一类的产品企业依法应向所在地市级以上的药监主管部门申请开业(含变更或关闭)备案,其所生产的第一类产品须获得市级以上药监主管部门备案。

所使用的血液必须是由经省级卫健委审核许可(并报国家卫健委备案)的单采血浆站采集、由国家卫健委审核许可的血液制品企业生产。

(2) 行政监督。在此它是指医政机关在其职权范围内,依法对(医疗机构、医护人员等)医政相对人的执业活动、是否具有进行执业条件或被举报投诉等进行合规性核对、检查或调查等活动的总称。它可分为被动监督和主动监督两种。前者又称依申请所进行的监督,如对医师执照的年审校验、对医疗机构申请升级进行验收、对就医者投诉或举报进行调查等;后者又称直接依职权监督,对医疗机构的年度考核、医德医风和服务质量检查、下基层专项考察等。

(3) 行政处罚。它是指行政者依法对违反行政法律规范确定的义务,应予处罚但尚未构成犯罪的相对人依法予以行政法律制裁的具体行政行为。其特点为:①在目的上,不同于行政强制执行,它以对违法行为人的惩戒为目的,而非以实现义务为目的;②在适用主体上,不同于刑罚,为行政机关或法律、法规授权的组织;③在被适用的对象上,它有别于行政处分(系外部的,对所有违反行政法义务的社会主体,具有开放性),也不同于刑罚[仅适用于违(行政)法而尚未构成犯罪的责任人],亦不同于民事责任(承担的前提即公法上的违法,损害公共利益;而非私法上的违约、民事侵权、不当得利或无因管理);④其性质上具有两面性[它既是一类重要的法律责任承担(或法律制裁)方式,又属行政法范畴,是由适格行政主体实施的一种具体行政行为];⑤具有法定性,其设定、适用(情形、机构、依据)均由法定;⑥因(行政)违法(但尚未构成犯罪)行为而引起;⑦由行政主体依法追究而使违法相对人承受;⑧其目的应当是为行政法律关系的实现或回归。

行政处罚的种类主要包括:①警告;②罚款;③没收违法所得、没收非法财物;④责令停产停业;⑤暂扣或者吊销许可证、暂扣或者吊销执照;⑥行政拘留;⑦法律、行政法规规定的其他行政处罚(如《职业病防治法》第69～74条均规定可对违法行为人责令限期改正)。具体适用见后文。

(4) 行政处分。是指行政机关或组织对其组织系统内的违法失职人员,依照行政法律规范的规定所给予的惩戒方法。其特点为:①被处分者只能是自然人,且为行政权管辖系统内的人员(但不一定在同一单位,如卫生局给予当地人民医院副院长撤职处分);②被处分者与实施者存有组织关系,即实施者对被处分人有组织管辖权(即组织上的上下级关系);③实施依据必须是(行政)法律规范,而非纪律;④处分的种类不同于行政处罚(警告除外);⑤救济途径为申诉,而非行政复议或行政诉讼。

行政处分的种类主要包括:①警告;②记过;③记大过;④降级;⑤降职;⑥开除。具体适用,略,详见后文。

(5) 行政强制。依《行政强制法》第2条第1款规定,我国的行政强制包括行政强制措施和行政强制执行两种,而医政部门依现行法律本不具有强制执行职权,对其作出的行政处罚决定只能申请法院强制执行。因此,此处仅为行政强制措施,它是指行政机关在行政执法过程中,为制止违法行为、防止证据损毁、避免危害发生、控制危险扩大等情形,依法对公民的人身自由实施暂时性限制,或者对相对人的财物实施暂时性控制的行为。行政强制措施的种类主要包括:①限制公民人身自由;②查封场所、设施或者财物;③扣押财物;④冻结存款、汇款;⑤其他行政强制措施。医政上的行政强制措施如《传染病防治法》第39条规定,拒绝隔离治疗的传染病人或病原体携带者或者其隔离期未满擅自脱离隔离治疗的,可由公安机关协助医疗机构采取强制隔离治疗措施;又如在对某些医疗机构监督检查中,卫生执法人员可先行查扣疑似变质的药物或疑似不合格的卫生材料,待检验查实后再作处理(销毁)等。

(四) 维护秩序

1. **概述** 秩序,是指为社会所认同并以建起践行且行之有效的规则运行体系。其特点如下:①是一种制度形态,往往为法律所确立或认可;②也是一种为众人认同的观念形态;③由各种规范体系所合成,除法律规范外,还包括办事程序、社会公德与公约、规章制度等;④已经运行被证明有效;⑤是社会公众权益的保障,所系各方面的法律关系,它一旦被破坏,社会必然混乱,众人(既有或将有的)权益必然受到损害。这也是《刑法》分则中第三章和第六章为何要将破坏或妨碍经济和社会秩序的行为以类的方式直接列为犯罪的原因所在。

2. **与医事相关的正常秩序** 主要包括:①诊疗秩序,这是医事法律关系中最重要的秩序。诊疗是医疗机构的中心工作,能否正常开展工作,直接影响医技人员能否正常诊疗,最终影响就医者的健康甚至生命安全。当然破坏诊疗秩序的因素是多方面的,包括医闹(含暴力伤医、打砸、影响诊疗工作的占领、堵门口、噪音侵扰等)、就医者方就医时的肆意妄为(如儿科医院医生被扇耳光事件)、公权私用滋扰、供电公司人员工作失误致跳闸断电等。②就医秩序,它主要影响就医者的正常就医,进而损害其健康权利和财产权利。影响就医者就医秩序的因素也是多方面的,如"黄牛"倒卖专家号、部分就医者不按顺序插队,甚至为此起冲突等。③管理秩序,这里的管理指医疗机构通过其资源的合理安排而实施的自我运行秩序,它影响着诊疗工作的质和量,也影响着就医者的就医权益和健康权利。影响医疗机构管理秩序的因素也很多,有来自就医方的过度"维权"、医疗机构的内部矛盾及(相邻关系等)外部原因。④相关的社会秩序,即上述以外影响医疗机构正常工作、医护人员诊疗工作正常进行,并最终影响就医者健康权利乃至生命安全的那部分社会秩序,如交通秩序将影响救护车能否将伤病员及时送到、(救护)车管秩序将影响到能否及时叫到救护车并运送伤病员、警方出警机制将影响到能否及时处置突发事件并尽快恢复秩序等。

第二节 何为医事法

一、医事法的概念和特点

(一) 医事法的概念

1. **法的概念** 法是指由国家制定或认可的、由国家强制力保障实施的、适用于全体社会成员并体现他们之间的权利义务关系的、标准单一且系统成文的行为规范的总称。

2. 医事法的概念　作为调整特定领域社会关系的医事法,它是指由国家(有立法职权的机关)制定或认可的、由国家强制力保障实施的、专门用于保障自然人通过医疗服务维持和改善其健康状况,调整因该目的而形成的各方权利义务关系的行为规范体系。

(二) 医事法的特点

1. 由国家制定(含为首次通过与修正,下同)或认可　体现为:①由国家制定。在我国,是指依《宪法》和《立法法》的规定,被赋予立法职权的国家机关有权制定医事法成文法;这里所指制定包括:创制,即从无到有,如不仅此前我国没有,而且世界独有的《中医药法》;修正(订),即对原有的相关成文法进行修改、补充和完善,如2016年7月2日全国人大常委会对其2001年10月27日制定的《职业病防治法》进行了修订。②由国家认可,也包括如下几层含义:这里的国家,应当是能依国家的名义、代表国家的公权力机关,依法理应为上述被赋予立法权的机关;被认可物(规范体系)的前提已既存,在此它体现为国内规范体系和国际规范体系,前者如2014年2月,国家卫计委将属道德范畴的医护人员不收"红包"以下发文件的方式予以确认,并提供《医患双方不收和不送"红包"协议书》示范文本(见网易2014年2月10日报道《卫计委:医院须与患者签署不收不送红包协议书》。);后者如确定伤病者临床死亡国际标准的《悉尼宣言》,这一医学伦理规范,经我国官方认可后,可作为国际惯例,属于我国医事法的渊源,具有国内法效力。

2. 由国家强制力保障实施　该强制超越了意愿的行为强制,它是指如果被确定承担法律责任者拒不履行的话,将由国家强力机关依法强迫其履行到位的制度;这里国家强力机关是指:①常时为法院(含执行局)、警察和监狱;②非常时(国家宣布后)的紧急状态下,可由军队奉命代行社会管理职责,以恢复受损的法律关系。

3. 用于保障自然人通过医疗服务维持和改善其健康状况　表明作为特殊领域的法,其宗旨和作用是专门用以保障自然人(主要指公民)的健康权利和生命安全。这里的通过医疗服务表明,他(她)不能靠自我养生或运动维持或改善其健康状况,而只能通过获得医疗技术服务方能实现该目标。因此,该法专门用以规范(规制)医疗机构及其医技人员所实施的医疗服务行为,在当下表明(有些条件较好的地区已完成了)社区卫生(家庭医生)体系全覆盖,该行为已(通过上门或通讯方式咨询)前置至预防保健阶段。

4. 调整因该目的而形成的各方权利义务关系　该目的即上3点所述,该"各方",亦如前述,包括:就医方(含就医者及其亲友)、医方(主要指医疗机构及其医技人员)、医疗费结算支付方(医保、保险机构)和政府(含卫计委及所辖卫监所、中医药局、食药监和警方)。法的主要内容就是确定该法所调整范围主体间的权利义务关系,而医事法中该各方间的权利义务,主要是医患间的权利义务(略,详见前述和后文)。

5. 集合性　医事法这一专门法的规范体系,表明它并非一部成文的法律规范性文件可覆盖,而是由所有与上4点相关主体为上3点目的而由国家制定的成文法与认可的规范集合而成的、为全社会公认具有法律效力的行为规范体系(或集合)(详见后文)。

6. 具有高度的专业技术性　这是区别于其他法的本质性特点,在其正式法源中除相关卫生标准外,还有相当部分技术操作规范,甚至还有诊疗处置方案;更何况在判断某医方行为是否正确或恪尽职责时还要借助该专业统编教科书这种"软法"规则。

7. 属于社会法范畴 它(在我国已确立起的社会主义法律体系之七大部门中)应归类于社会法领域,其原因在于政府是其中必不可少的一方当事人,依法负担通过信托履行行政给付(或服务)、保障公民健康乃至生命(安全)权利以及社会管理和行政监督等不可推卸的职责。

二、医事法的法源

(一) 概念及特点

法的渊源简称法源,即哪些是(属于)法。它仅指形式(或正式)渊源,即社会行为规范中由谁制定或认可的、被称为(或归类于)何名目的、被全社会公认具有法效力(且效力如何)的那些行为规范,除前已述之由国家制定或认可和为全社会公认和遵从外,它还须符合如下关键词:①由谁才可制定或认可?②被称为或归类于何的才是法?③具有何种效力?位阶[是指某一部法律规范性文件在该国(或社会)法律体系中的纵向等级]如何?

(二) 我国医事法的渊源

我国的医事法,并依其各自的位阶归类,梳理出如下主要渊源。

1. (可被称为或被视为)法律 包括以下几种。

(1) 宪法。它是我国的根本大法,是所有法律的母法和国家权力的源泉,具有最高的法律地位与效力,一切其他法律规范性文件均不得与之相抵触;它由全国人民代表大会(以下简称全国人大)制定和修正;现行《宪法》中可作医事法源的,主要体现为第21条第1款和第45条第1款(略,见前文)。

(2) 基本法律。由我国全国人大制定,但可由全国人大常委会修正,其效力仅次于宪法;至今我国尚无一部专门的医事(或卫生)基本法律,只有其他基本法律中有关医事法内容的条款,如现行《刑法》是1997年3月4日由第8届全国人大对1979《刑法》修订而成的,至今,全国人大常委会已对之作了10次修正;其中的第334条(非法采集、供应血液、制作、供应血液制品罪和采集、供应血液、制作、供应血液制品事故罪)、第335条(医疗事故罪)和第336条(非法行医罪和非法进行节育手术罪)属医事法内容,可成为医事法的法源。此外,对就医方杀医、暴力伤医的行为分别可适用的第232条(故意杀人罪)和(故意伤害罪),对就医方打砸医疗器械、设备等财物的行为可适用的第275条(故意毁坏财物罪),对严重扰乱医疗秩序或影响医疗工作开展的医闹行为可适用的第293条(寻衅滋事罪)。这些条款也可作为医事法的法源。

(3) 法律。由我国全国人大常委会制定(含修正或修订),作为我国医事法法源的法律可包括如下两部分。

1) 专门的医事法典,目前主要有:《执业医师法》(1998 年 6 月 26 日第 9 届全国人大常委会第 3 次会议通过,同日公布,次年 5 月 1 日起施行);《基本医疗卫生与健康促进法》(见前文);《职业病防治法》(2001 年 10 月 27 日第 9 届全国人大常委会第 24 次会议通过,2011 年 12 月和 2016 年 7 月两次修正);《传染病防治法》(1989 年 2 月 21 日第 7 届全国人大常委会第 6 次会议通过,2004 年 8 月修订,同年 12 月 1 日起重新施行);《母婴保健法》(1994 年 10 月 27 日第 8 届全国人大常委会第 10 次会议通过,次年 6 月 1 日起施行);《精神卫生法》(2012 年 10 月 26 日第 11 届全国人大常委会第 29 次会议通过,次年 5 月 1 日起施行);《中医药法》(2016 年 12 月 25 日第 12 届全国人大常委会第 25 次会议通过,次年 7 月 1 日起施行)。

2) 主要调整其他领域法律关系但其中涉及医事内容的法典,主要有《药品管理法》(1984 年 9 月 20 日第 5 届全国人大常委会第 7 次会议通过,2001 年 2 月、2013 年 12 月和 2019 年 8 月 3 次修正,同年 12 月 1 日起施行);《疫苗管理法》(2019 年 6 月 29 日第 13 届全国人大常委会第 11 次会议通过,同年 12 月 1 日起施行);《食品安全法》(2009 年 2 月 28 日第 11 届全国人大常委会第 7 次会议通过;2015 年 4 月和 2018 年 12 月 2 次修正);《侵权责任法》(2009 年 12 月 26 日第 11 届全国人大常委会第 12 次会议通过,次年 7 月 1 日起施行)之第 7 章医疗损害责任;《广告法》(1994 年 10 月 27 日第 8 届全国人大常委会第 10 次会议通过,2015 年 4 月和 2018 年 10 月 2 次修正)之第 16 条第 1 款(对医疗、药品、医疗器械广告的内容限制)、第 46 条(设置医疗、药品、医疗器械等广告的发布前审批程序)、第 58 条第 1 款第 1 项和第 14 项(分别对违反第 16 条第 1 款和第 46 条规定的法律责任)、第 62 条第 1 项(对违法在医疗、药品、医疗器械广告中作推荐、证明的法律责任);《社会保险法》(2010 年 10 月 28 日第 11 届全国人大常委会第 17 次会议通过,2018 年 12 月修正)之第三章(第 23~32 条基本医疗保险);《道路交通安全法》(2003 年 10 月 28 日第 10 届全国人大常委会第 5 次会议通过,2007 年 12 月和 2011 年 4 月修订,2011 年 5 月 1 日施行)之 53 条第 1 款(救护车优先通行权);《专利法》(1984 年 3 月 12 日第 6 届全国人大常委会第 4 次会议通过,次年 4 月 1 日起施行,1992 年 9 月、2000 年 8 月和 2008 年 12 月 3 次修正)之第 25 条第 1 款第 3 项(对疾病的诊断和治疗方法不授予专利权);《治安管理处罚法》(2005 年 8 月 28 日第 10 届全国人大常委会第 17 次会议通过,2012 年 10 月修订,2013 年起重新施行)之第 23 条第 1 款第 1 项(扰乱医院等公共秩序,使之不能正常工作,尚未造成严重损失的行为,处以罚款或拘留)、第 40 条(对扣、堵等方式限制医护人员人身自由或威逼医护人员下跪的医闹行为,处以罚款或拘留)、第 43 条(对殴打医护人员的行为,处以罚款或拘留)等。

(4) 法律解释。《立法法》(2000 年 3 月 15 日第 9 届全国人大第 3 次会议通过,2015 年 3 月修正)第 45 条第 1 款规定,法律解释权属于全国人大常委会;第 50 条规定,法律解释与被解释的法律具有同等效力。只要该解释涉及医事法内容的,即可作为医事法的法源。

2. (可被称为或视为)法规 包括以下几种。

(1) 行政法规。由国务院制定并发布。国务院的性质是我国最高权力机关及立法机关的全国人大及其常委会(所作出的决议或制定的法律)的执行机关,同时也是我国最高的行政机关。它本无天然的立法职权,其立法职权是由《宪法》第 89 条第 1 项、(属基本法律的)《立法法》第 65 条所授权赋予。事实上,我国法制体系中行政法规的数量远多于法律的原因被授权外,还在于:①随着社会的不断发展,属行政权管辖的事项大量增加、分工(类)越来越细,新生事务出现的频率越来越短,即使一年能开数次会议的全国人大常委会也难以跟上该立法速度需要;②其对应所现事务的主管部门及其人员众多、针对性强;③行政权具有直接和主动管理社会事务的特点,其反应速度远快于人大立法;④其立法程序简单、环节少,一般由对口的主管部门政策法规司草拟,经该部门认可后提交国务院法制办审核,再提请国务院全体或常务会议通过(并经总理签署)即可发布施行。正因为如此,我国《立法法》规定国务院除可对其已被授权的法定事项直接制定行政法规外,第 9 条或规定,本法第 8 条规定的(法律保留)事项尚未制定法律的,全国人大及其常委会有权作出决定,(专项)授权国务院可根据实际需要,对其中的部分事项先制定(与法律同效,又被称为授权立法的)行政法规,但是有关犯罪和刑罚、对公民政治权利的剥夺和限制人身自由的强制措施和处罚、司法制度等(绝对保留)事项除外。我国现行相关医事行政法规主要有:《医疗机构管理条例》《乡村医生从业管理条例》《护士条例》《医疗事故处理条例》《计划生育技术服务管理条例》《艾滋病防治条例》《尘肺病防治条例》《血吸虫病防治条例》《突发公共卫生事件应急条例》《血液制品管理条例》《药品管理法实施条例》《中药品种保护条例》《医疗用毒性药品管理办法》《麻醉药品和精神药品管理条例》《医疗器械监督管理条例》《医疗废弃物管理条例》《食品安全法实施条例》等。依《立法法》规定及其原理,国务院可与(国家)中央军事委员会(以下简称国家军委)联合制发行政法规。

(2) 军事法规。依照《立法法》第 103 条第 1 款规定,国家军委根据宪法和法律,有权(单独)制定军事法规,只要其内容涉及医事,也属医事法的法源。

(3) 监察法规。即由国家监察委员会制定的行为规范。依我国《宪法》第 3 章第 7 节规定,国家监察委员会可制定监察法规,2018 年 4 月 16 日,中纪委、国家监察委联合发布的《公职人员政务处分暂行规定》自然适用于对公立医疗机构编制内的公职人员违反行为的惩处。

(4) 司法解释。依照《立法法》第 104 条第 1 款规定,最高人民法院和最高人民检察院(以下分别简称最高法和最高检)针对具体的法律条文,可作出属于审判、检察工作中具体应用法律的解释。根据我国政体(即政权组织形式),与国务院属同一层级,均由全国人大产生,作为全国人大及其常委会下级且对之负责且报告工作的最高法和最高检与国务院地位平行,即所谓"一府(中央人民政府即国务院)、一委(国家监察委)、两院(最高法与最高检)",其发布的相关规定均具有法律效力,并适用于全国,故将之归类于(中央层级的)法规。其中,2017年12月13日最高法发布的《关于审理医疗损害责任纠纷案件适用法律若干问题的解释》是典型且重要的医事法源,不仅是全国法院相关民事侵权赔偿审判的依据,根据结果回溯来规制行为过程的原理,它也必然对医方的诊疗行为产生重大影响;2014年4月24日,最高法、最高检、公安部、司法部和卫计委联合发布《关于依法惩处涉医违法犯罪维护正常医疗秩序的意见》,明确将依法打击6类涉医违法犯罪行为;2016年10月21日,最高检发布《关于全面履行检察职能为推进健康中国建设提供有力司法保障的意见》,可以说,这两个旨在维护医疗正常秩序的司法解释,对督促警方履行其法定职责、保护医方的合法权益和震慑此类犯罪具有转折点的意义。

(5) 地方性法规。依《宪法》第100条、《地方人民代表大会和地方人民政府组织法》第43条、《立法法》第72条规定,我国五类地方的权力机关(即人大及其常委会,下同)可在其管辖区域范围内,在不与法律、行政法规抵触的前提,根据本区域的实际情况和需要制定地方性法规并报上级人大备案,被授权立法的地方为:①各省、自治区和直辖市(以下简称省级);②各省级政府所在市;③国务院批准的较大的市[国务院分4次先后批准了19个市为(具有立法权的)较大的市:第一批(1984年12月15日)为唐山、大同、包头、大连、鞍山、抚顺、吉林、齐齐哈尔、无锡、淮南、青岛、洛阳和重庆;第二批(1988年3月5日)为宁波;第三批(1992年7月25日)为邯郸、本溪和淄博;第四批(1994年4月22日)为苏州和徐州。其中重庆于1997年3月升为直辖市,现存18个];④设区的市或自治州(盟)[蒙古旗聚居的自治区以下自治地方自上而下分别为盟(与州平行)和旗(与县平行)];⑤经济特区所在市(深圳、珠海、汕头和厦门)。《立法法》第72条第2款和第3款规定,设区的市的立法事项在实体上被限定于城乡建设与管理、环境保护、历史文化保护等方面,在程序上被要求须经省级人大常委会审查批准,一般不涉医事。其他4类理论上均可进行医事地方立法,但事实上主要是省级地方立法(也含规章)。此处以上海市为例,其相关的医事地方性法规主要包括:《上海市急救医疗服务条例》《上海市职业病防治条例》《上海市食品安全条例》和《上海市发展中医条例》等。

(6) 自治法规。是指我国少数民族自治地方的权力机关依法制定的自治条例和单行条例的总称。其中用于调整政治、经济、文化、教育、卫生和社会等各项事业建设发展事项为前者;后者则仅涉及和规制其辖区内某一特定事项。依《宪法》第116条、《民族区域自治法》第19条和《立法法》第75条的规定:民族自治地方权力机关在不违背法律或者行政法规的基本原则、不对宪法和民族区域自治法的规定以及其他有关法律、行政法规就民族自治地方所作作专门变通规定的前提下,可依照当地民族的政治、经济和文化的特点,制定自治条例和单行条例;自治区的自治法规报全国人大常委会批准后生效。自治州、自治县的自治法规,报省、自治区、直辖市的人大常委会批准后生效,并报全国人大常委会备案。相当部分的少数民族非常注重对本民族特色的医药事业发展,往往会制定该地方的医药保护单行条例,作为我国医事法制重要组成部分的法源。

3. **规章** 是行政规章、地方性规章和军事规章3种的合称。

(1) 行政规章。又称部门(或委)规章,是指由作为国务院组成部分的各部、委等(包括人保部等21个部、卫健委等3个委以及中国人民银行和审计署)和有行政职能的直属机构等[具有立法权的此类机构包括(含药监局等)国家市场监管局和医保局等12个直属机构、国家(卫健委所辖之)中医药等由部委管理的17个局以及证、银保2监会等事业单位。]依法在其被授权范围内对属其管辖事项制定具有法律效力的法律规范性文件。《立法法》第80条第1款规定:国务院各部、委员会、中国人民银行、审计署和具有行政职能的直属机构,可根据法律和国务院的行政法规、决定、命令,在本部门的权限范围内,制定规章。其中由卫健委(卫生部)发布的医事专门规章最多,现行有效直接与临床诊疗相关的至少包括:《医疗机构管理条例实施细则》《医疗机构基本标准(试行)》《医疗机构校验管理办法(试行)》《全国医院工作条例》《医院工作制度》《中外合资、合作医疗机构管理暂行办法》(卫生部会同当时的外经贸部于2000年5月15日发布)、《医师资格考试暂行办法》《医师执业注册管理办法》《关于建立住院医师规范化培训制度的指导意见》(以下简称《规培意见》,由时国家卫计委牵头,会同中央编办、发改委、教育部、财政部、人保部和中医药局7部门于2013年12月31日发布)、《外国医师来华短期行医暂行管理办法》《医疗质量管理办法》《医疗技术临床应用管理办法》《医疗质量安全事件报告暂行规定》《医疗机构病历管理规定》《病历书写基本规范》《中医、中西医结合病历书写基本规范(试行)》《电子病历应用管理规范(试行)》[该两规章由卫生部(后卫计委)会同中医药局分别发布于2002年8月23日和2017年2月15日]、《处方管理办法》《医疗机构临床用血管理办法》《临床输血技术规范》《放射诊疗管理规定》《人体器官移植条例》《院前医疗急救管理办法》《医师外出会诊管理暂行规定》《医院感染管理办法》《护士执业资格考试办法》《护士执业注册管理办法》《中医诊所备案管理暂行办法》《医疗卫生服务单位信息公开管理办法(试行)》《医疗机构从业人员行为规范》《医疗机构从业人员违纪违规问题调查处理暂行办法》《医疗机构监督管理行政处罚程序》《医疗事故分级标准(试行)》《医疗事故技术鉴定暂行办法》《医疗事故争议中尸检机构及专业技术人员资格认定办法》和大量的诊疗技术标准或操作规程等。此外,由卫健委(卫生部或卫计委)制发相关现行有效的规章还包括:《妇幼保健机构管理办法》《医疗美容服务管理办法》《盲人医疗按摩管理办法》《医疗气功管理暂行规定》《医疗广告管理办法》《城乡居民基本医疗保险(新型农村合作医疗)跨省就医联网结报定点医疗机构操作规范》《传染病防治法实施办法》《结核病防治管理办法》《性病防治管理办法》《艾滋病监测管理的若干规定》《职业病诊断与鉴定管理办法》《职业健康监护管理办法》《血站管理办法》《血站基本标准》《单采血浆站基本标准》《抗菌药物临床应用管理办法》《抗菌药物临床应用指导原则》《麻醉药品、精神药品处方管理规定》《医疗机构麻醉药品、第一类精神药品管理规定》《精神药品临床应用指导原则》《药品不良反应报告和监测管理办法》《药品不良反应报告和监测管理办法》《医疗广告管理办法》《医疗器械召回管理办法(试行)》《医疗卫生机构医疗废物管理办法》和《卫生标准管理办法》等。国家食品药品监督管理总局为保障用药安全,在其职权范围内还先后发布过《药品安全"黑名单"管理规定(试行)》《药品生产监督管理办法(2017 修订)》《药品经营许可证管理办法(2017 修正)》等规章。

(2) 地方性规章。《地方人民代表大会和地方人民政府组织法》第 60 条、《立法法》第 82 条规定,我国 5 类地方(与地方性法规同)的人民政府可根据法律、行政法规、上级和本级权力机关制定的地方性法规,制定地方性规章,但无法律、行政法规、地方性法规的依据,地方政府规章不得设定减损公民、法人和其他组织权利或增加其义务的规范。当然设区的市或自治州(盟)人民政府制定规章的事项也仅限于城乡建设与管理、环境保护、历史文化保护等方面,不能染指医事领域,该区域医事领域的事项只能由省级地方性法规或规章覆盖。此处也以上海市为例:上海市人民政府制定的地方性医事规章主要包括:《上海市医疗机构管理办法》《上海市医疗机构贵重医疗设备装备管理暂行规定(修正)》《上海市传染病防治管理办法》《上海市实施〈突发公共卫生事件应急条例〉细则》《上海市艾滋病防治办法》《上海市尘肺病防治实施暂行办法》《上海市一次性使用无菌医疗器械监督管理若干规定》《上海市城镇职工基本医疗保险办法》和《上海市医患纠纷预防与调解办法》等。

4. **国际医事法渊源**　包括国际条约和国际惯例两类。

(1) 国际条约。是指由国家之间政权机关(政府)作为主体,代表各自与对方或各方缔结(即签署＋确认)的协议(在此被称为协定);它又根据缔结国的多少被分为双边的和多边的协定。双边的是指两个国家就某一事项所缔结协定,又被称为双边协定或条约;3 个以上国家所缔结的则为多边协定,若被更多国家共同认可并缔结则为(区域性或全球性)公约,当然公约的缔结时间上往往有先后,最早共同创立该协定的为创始国(即制定规则),此后的国家欲加入就必须认可该已存在的版本(即接受规则)。国际条约的特点与国内法不同,它没有一个专门制定或通过规则的统一立法机关。该规则版本由(最初)缔结方共同提出、商议,最后妥协确定。因此,在国际关系或国际法上,一国凌驾于他国之上,将自己的意志强加于该他国的霸权(或单边)主义本不具有正当性,这就是为何要坚持国与国之间相互平等、尊重对方的主权并不干涉对方内政的原因。①1966 年 12 月 16 日,第 21 届联大通过、1976 年 1 月 3 日正式生效,我国于 1997 年 10 月 27 日签署、2001 年 2 月 28 日第 9 届全国人大常委会第 20 次会议批准的《经济、社会及文化权利国际公约》(关于健康权利的第 12 条)。②至今尚无专门的国际医事公约,只有几个与之相关的卫生法国际公约,如《1961 年麻醉品单一公约的议定书(后修正)》《1971 年精神药物公约》、联合国《禁止非法贩运麻醉药品和精神药物公约》和《烟草控制框架公约》,我国已加入这些公约,1985 年 6 月 18 日全国人大常委会批准了我国加入《经〈修正 1961 年麻醉品单一公约的议定书〉修正的 1961 年麻醉品单一公约》和《1971 年精神药物公约》、1989 年 9 月 4 日又批准了《禁止非法贩运麻醉药品和精神药物公约》;2006 年 1 月 9 日《烟草控制框架公约》在我国正式生效。该 5 公约都作为我国法源,具有对内效力。③双边医事条约对我国而言并不少。我国自 1963 年首次派遣医疗队赴阿尔及利亚进行援助起,从未间断过对非洲国家的诊疗帮助,至今至少已遍及 47 个非洲国家,而整个非洲才 54 个国家。实际上,一国对另一国的援助的法律基础就是两国之间的协定,在该协定中确定彼此间的权利义务及所需的援助要求。换言之,我国已与该 47 个国家签订了至少有 47 个双边医事协定。

(2) 国际惯例。它原指各国在国际间的交往中逐渐形成而为各国所公认(不系统成文)的习惯做法,其本质特征是被各国公认,现已扩展至其中部分国家的国内法制、国际组织制定的(含宣言、决议等)文件和国际(法庭和仲裁)机构的裁决等。著名的《国际卫生条例》《阿拉木图宣言》从性质上说,就是典型的国际惯例。它们在一国的实施完全取决于该国政府的确认和推行,且不像其已缔结的国际条约那样在与国内法规定相抵触时具有优先于本国法规定适用效力。事实上,在国际伦理学界被公认构成国际医学伦理规范的那些著名宣言,包括《纽伦堡宣言》《赫尔辛基宣言》《马德里宣言》《夏威夷宣言》《悉尼宣言》《东京宣言》及《关于涉及人类受试者生物医学研究的国际伦理准则》和国际人类基因组织《关于遗传研究道德的原则性声明》与《关于克隆的声明》,只要它们被相关国家所公认和贯彻实施,在性质上可成为国际惯例而具有国内法的效力。

三、医事法律关系

(一) 医事法律关系概述

1. 概念 如前所述,当一个按社会分工而掌握医疗技术且为社会认可的专业者为有就医需求者提供该服务,形成并透过双方表面而凝聚于其背后的具有法律性质的权利义务关系,谓医事法律关系。

2. 特点 医事法律关系具有如下特点:①其内容体现为相互间(既有及其延展而形成)的权利义务。②主体的多重性,表面医者与就医者双方主体的背后必不可少地存在者政府(具体体现为其主管部门)。③关系的复合性,体现在其中既有社会公益信托关系,又有(不同于一般民事契约的特殊)服务关系,还有行政(给付、社会管理、依法监督)关系。④客体的复杂性,主要体现在作为主要客体的诊疗行为具有:非常的专业性,较其他专业须经更长时间培训和实践方可获得;无奈的局限性,医学绝对是门受限的学科,认识(诊断)和应对(治疗)能力不仅囿于同时代科技发展水平,甚至受限于尸体(死因探究的)解剖率;超常的责任心,医者往往承载着对方性命相托,故须时刻履行专家注意义务,非恪尽职责不能免责;高度风险性,即使已恪尽职责,但还应治疗本身的成功率、就医者个体差异、耦合因素、医护人员工作强度及超负荷状态而难免不期后果的发生;损害的伴随性,无论是手术还是用药,对患者身体均有一定的损害,甚至(CT 等)检查都难免;条件(或载体)的难控性,在当下高科技时代必须借助电力、网络、软件等条件或治疗效果通过载体来实现的前提下,只要其中一项非医方注意义务范围或穷尽其能力所能克服之不期因素发生亦会引起不良后果。

(二) 医事法律关系的内容

1. 主体　(详见后文)作为医事法律关系的参加者和权利义务(职责)的承受者,它主要包括:①医方主体,又可分为:各级各类医疗机构(含个体诊所);医方自然人[含各类医技人员、医疗机构中相关(管理、工勤等)辅助人员等]。②就医方:含就医者[病(或疑似病)人、伤者和其他就医者]及其亲友。③依法负担就医者医疗费用的义务人。④医事主管部门(含中医药局)。⑤医疗纠纷调解委员会(以下简称医调委)。⑥基于履行《侵权责任法》第7章审判职责的法院(民事、行政或刑事审判庭及其执行局)及其工作人员等。

2. 内容　即医事法律关系主体依法享有的相关权利(职权)和负担的相关义务(职责),依各自社会角色的差异,各主体所承受的权利(职权)和义务(职责)各不相同,这里按如下主体进行分类,再梳理出其主体的权利(职权)和义务(职责)。

首先是医方的权利义务。

(1) 医生的权利和义务。

1) 权利,主要包括:①诊疗权,其权源见前文,含:诊断权[又含亲自触查(就医者身体)权、指令(住院)留观权、指令或建议(应符合知情同意原则)检验权、建议(须符合知情同意原则)手术探查权和对就医者(既往史情况)调查权和(对就医者健康状况)判断权等]、处置权[又含签发医嘱权、住院(治疗)指令权、合理治疗(含手术、用药、理疗或康复等)方案选择权、(对住院伤病员治疗)方案(确定后)指令执行权、处方权和(对急危伤病员采用)紧急措施权等];②探研权(除前述外,还包含所伴随而可获发现权、专利权及其附随之荣誉或名誉等权);③获得相应薪酬和经济待遇权;④依国家(卫健委)规定标准,获得与进行执业活动相当医疗设备基本条件权;⑤获得专业深造、培训和技术交流,并参加专业学术团体权;⑥人身权,含人身安全保障权和执业中的人格尊严受尊重权,前者是医护人员作为公民所享有受法律优先保护的基本人权,任何对它的损害都要负法律责任;后者则是其人权之重要方面,是受《宪法》和其他诸部门法所保护的人格权,同样不容侵犯;⑦参与民主管理权,即作为所在单位成员,可对本单位的医疗、预防、保健工作以及主管机关的工作提出意见和建议;⑧作为公民所享有的其他权利。

2) 义务,主要包括:①守法从德,含执业相关法和其他法(德),前者要求遵守与其执业相关的法律规范性文件(见前文所列)和相关"软法"及医德;后者要求遵循作为公民应履行之守法(不收"红包"、不用武力解决争端等)义务;②恪尽职责,穷尽其所负担的专家注意义务和应有能力为就医者服务;还要亲力亲为,依规及时完成亲自诊察、处置及执行、医嘱、处方、病历等工作,不得懈怠;该义务还要体现在使用经国家准用的药品、消毒药剂和医疗器械上(除正当治疗外,禁用麻醉药、医疗用毒性、精神和放射性药品);③提升能力,要求钻研业务、更新知识、增进沟通技巧、提高专业技术水平;④利他,要求主观上为就医者着想,客观上为其谋利(禁止过度"医疗");⑤报告义务,要求其遇医疗事故、传染病疫情(含疑似)和伤病员非正常死亡时,及时报告;⑥守密,尊重(不滥用)所知悉的就医者个人信息和隐私；⑦（除依法可豁免外之）诚信，它包括诚实和信用，诚实又含不做假和"知情同意"之知情，前者要求病历不造假（隐匿或销毁）和不开具与事实不一致的证明；后者则要求在让就医者知情时负有真实、充分告知义务（这是就医者方同意的前提）；信用即践行诺言，要求其对自己所说的话负责，兑现承诺；⑧依准执业，要求其依注册类别、地点和范围等注册事项执业（非执业时抢救除外），（除依法可豁免事由外）不得挑选就医者；⑨临危听遣，要求遇自然灾害、传染病流行、重大伤亡及其他严重危及生命健康之紧急情况时，服从主管机关的调遣；⑩（健康）教育，要求其在执业中宣传卫生保健知识，尽可能进行健康教育。

(2) 护士（师）的权利义务。

1) 权利，主要包括：①（因其基本职权为）执行医师治疗方案和（对住院伤病员）医嘱（而无诊断）权，据此得获取疾病诊疗、护理相关信息和其他与履行护理职责相关，并享有核查治疗方案和医嘱权，一旦发现瑕疵，有权要求更正或报告；②薪酬受保障权，《护士条例》第12条规定，其按规定所获之薪酬、福利待遇、参（社）保待遇，任何单位或个人不得克扣、降低或取消；③危职特保权，从事直接接触有毒有害物质、有感染传染病危险工作的，得依法获职业健康监护；患职业病的，得依法获赔；④专业发展权，同享医生般获得专业深造、培训和技术交流，并参加专业学术团体权的同时，得按规定获得与其业务能力和学术水平相应的职务、职称；⑤意见建议权，得对医疗卫生机构和主管机关的工作提出意见和建议。

2) 义务，主要包括：①守法从德，与医生同，略；②通知与处置，前者要求遇患者病情危急，应立即通知医师；后者要求在紧急情况时为抢救生命，应先行实施必要之紧急救护；③恪尽职责，穷尽其所负担的其专家注意义务和应有能力为就医者服务，按规定履行职责；此外还体现为履行查对义务，发现医嘱存有瑕疵的，应及时要求开具医嘱的医师更正；必要时，应向上级报告；④利他，要求主观上为就医者着想，客观为其谋利，尊重、关心、爱护或平等对待就医者；⑤临危听遣，与医生同，略；⑥守密，与医生同，略；⑦记录，及时做好（作为病例重要组成部分的）护理记录。

(3) 医疗机构的权利和义务。

1) 权利，主要包括：①可依法享有开展其经注册核准的医疗服务业务活动；②根据其所提供的服务项目按规定获得相应费用的支付；③组织和管理本机构所开展的医疗服务活动，建立相关合理、有效的工作秩序，并受到就医方遵守；④根据管理需要，在合法和公平的基础上，制定本机构内部纪律，规范和拘束本机构员工；⑤获得政府政策支持和财政支持；⑥是（事业或企业）单位法人，享有法人权利（含名称、名誉和荣誉等人身权，机构财产权、经营管理权和依法独立承担法律责任权）；⑦非常时治疗决定权，因抢救生命垂危者等紧急情况，不能取得患者或者其近亲属意见的，经机构或授权负责人批准，可立即实施相应的医疗措施；⑧获得政府安全保障权；⑨受侵救济权等。

2) 义务，主要包括①依法执业：须按照核准登记的诊疗科目开展诊疗活动，将《医疗机构执业许可证》、诊疗科目、诊疗时间和收费标准悬挂于明显处所；须按照人民政府或者物价部门的有关规定收取医疗费用，详列细项，并出具收据；②循法守德：须遵守有关法律、法规和医疗技术规范，并加强对医务人员的医德教育；③除依法可豁免事由外，不得拒绝或挑选就医者；④适格上岗：医疗机构不得使用非卫生技术人员从事医疗卫生技术工作；工作人员上岗工作，必须佩戴载有本人姓名、职务或者职称的标牌；⑤接诊：对危重病人应立即抢救；对限于设备或者技术条件不能诊治的病人，应当及时转诊；⑥据实出证：未经医师（士）亲自诊查病人，医疗机构不得出具疾病诊断书、健康证明书或者死亡证明文件；未经医师（士）、助产人员亲自接产，医疗机构不得出具出生证明书或者死产报告书；⑦知情同意，略，详见后文；⑧加强各项工作环节管理，保证医疗品质管理，不得使用未经国家准用的药品、消毒药剂和医疗器械；发生医疗事故后按照国家有关规定处理，并依法承担相应的法律责任；⑨依法和按照特定分类要求对传染病、精神病、职业病等患者的特殊诊治和处理；⑩接受监管、服从安排，体现在：接受主管机关的依法监督管理；承担相应的预防保健工作，承担主管机关委托的支援农村、指导基层医疗卫生工作等任务；遇重大灾害、事故、疾病流行或者其他意外情况时，机构及其医技人员须服从主管机关的调遣；⑪被要求在尊重和维护（不滥用）就医者个人信息的同时公开其医疗服务单位信息等。

其次是就医方的权利义务，包括以下。

(1) 就医者的权利义务。如前所述，就医者包括病人、疑似病人、伤员和寻求医技帮助的求助者。

1) 其权利主要包括：①基本人权之健康和生命，并基于此而获得政府和社会保障的权利；②就医帮助：有通过就医维护或改善其健康状况的权利，且（除法律另有规定外）不受拒绝和选择；③人身免损：接受诊疗和（体检、预防、整形等）其他医技服务时，获得健康甚至生命的安全保障，免受不应有的人身损害；对此医方有义务提升其自身能力、恪尽职责，以保障就医方的健康甚至生命安全；④财产免损：在接受医疗时的财产安全（不被骗、不被斩和遗失）；⑤知情同意（本位）权：这是其主体地位权和支配权的具体体现，内容详见第四章，但在此须包含诊疗方案确定的选项及其依据；⑥个人信息和隐私受保护，免受滥用和泄露；⑦医疗机构和门诊医师的选择权；⑧（对经治医生或医疗机构的）批评、建议、投诉和举报权；⑨受损求偿权；⑩法定救济途径选择权。

2) 其义务主要包括：①尊重和遵守就医规则与秩序；②尊重（不侵犯）医护人员的人身权利和职权行使；③诚实信用：前者要求主诉准确，不隐瞒和掩盖既有史，后者要求负责履行支付相关费用；④协力义务：配合诊疗，否则将成为医方的抗辩理由；⑤依法维权，不滥用该权利损害他人（含医方、其他就医者和社会）的权益。

(2) 就医者亲友的权利义务。当就医者、伤病员因不具完全民事行为能力时，其上述权利和义务由其监护人代为行使和履行。

1) 权利主要包括：①陪同：就诊、检查和门诊治疗（注射）时，（就医者意思不确时）

可代为主诉或协助拘束；住院时可陪同照顾（但传染病房或 ICU 等除外）；②（候补性）知情同意权，当伤病员本人缺失表达能力且无监护人时，适格者依法可代行此权；③可协助维权，但须依法。

2）义务主要包括：①尊重和遵守就医规则与秩序；②尊重（不侵犯）医护人员的人身权利和职权行使；③不损害他人就医和其他权利；④依法维权，不滥用该权利损害他人（含医方、其他就医者和社会）的权益。

政府（主管）机关的职权与职责。职权与职责的关系：基于社会契约和共和理论，人民通过放弃（让渡）部分权利而汇聚形成公共权力（即最高权力或政权），由人民通过选举产生最高权力机关（我国的全国人大及其常委会）代表人民行使该最高权力，国务院（即我国的中央人民政府）是全国人大及其常委会的执行机关（相当于管家）代表国家（政权）履行保障人民的基本人权——健康乃至生命权利的职责，而根据机构和职责分工，具体保障人民健康（生命）权的职责在中央层面被落实于卫健委、中医药局、药监、财政（经费支出）、医保和公安等部门负担；在地方层面则为该级卫健委（设区的市以下不设中医药局而仅为卫健委）、药监、财政、医保和公安局，其中以卫健委为集中代表。正因为负有职责（义务），为了便于履行这些公共职责，最高权力机关才会以法律或直接授权的方式赋予执行机关以职权（即该部分的公共权力）。可见，就这对范畴而言，职责是本位，职权是由此派生出的。而且，依照公法法理，对公权的懈怠（即应作为而无法定抗辩事由的不作为，包括弃权与渎职）系悖职违法行为。在此，政府相关部门的职责主要包括：①作为主管机关，卫健委（和中医药局）履行辖区医疗（含中医）资源的总体规划、配置及其执行职责；②财政部门根据社会发展、人民健康需要和财政收入情况履行该部分财政政策资金及时、足额到位的职责；③药监部门负担尽职履行严管药品、医疗器械和卫生材料质量监督职责，以确保医疗机构不因用材而损害就医者的健康；④医保部门则应切实履行强化监督医保基金的有效、合理使用的职责，以避免因资金缺口而损害人民利益和政府的声誉；⑤公安部门更应加强学习，提高对正当维权行为的判断能力，接警后依法立即出警处置，不得以不干预民事纠纷为由而再现砸院逼跪伤医现象；⑥卫健委（和中医药局）依法负有直接管辖医政事务并作为医疗主管机关居中处理医患纠纷的职责，无任何推诿理由，否则属揽权渎职（违法）；⑦作为医技人员的主管机关，卫健委本着对就医者健康和生命权利负责的职责，依法应当通过科学、法定的严格条件和量化标准筛选、审核和许可合格的公民从业，并进行定期核查（年度校验）；⑧同理，卫健委依法应通过科学、法定的严格条件和量化标准委审核和许可合格的申请者设立医疗机构，并负有日常考核、检查和监督的职责；⑨国家卫健委作为医事主管机关，负有制定科学、严谨、高标准医事行为规范和技术操作规程的职责，并做好执行反馈和不断修正与完善的工作；地方各级卫健委则应认真贯彻这些规则，加强监督，以提高全国医疗水平与制度建设；⑩各相关政府机关（尤其是卫健委和中医药局）应提升自己的行政（含决策前评估与论证、决策、执行、监督和反馈这些循环的管理环节）能力和政策水平，依法、正确行政，以真正担当起政府对人民负责、保障人民健康权利的职责。依法理,职权与职责是同一事项的两个面,其范围完全相同,只是后者是目的,前者是实现目的的手段和制度保障。因此,换一个角度来看,上述这些职责就是职权,自不待言!

3. 客体 依法理,法律关系客体是指法律关系主体间权利义务所指向的对象。横向(民事)法律关系的客体包括物、行为和智力成果;纵向(行政)法律关系客体则包括(被监管)物、(受监管)行为、(涉行政登记、核准或干预)智力成果和秩序(制度)。事实上,医事法律关系融横向、纵向(行政及其背后的刑事)和社会的特点,它主要体现为:物、行为、智力成果和秩序(含制度),其中,核心是行为。

(1) 行为。在此主要包括:诊疗行为、就医行为、监管行为和维权行为。诊疗行为,即诊断与治疗的简称,是医事法律关系中最重要的客体,由于它直接关系到就医者的健康与生命权利,一般由就医行为引起,又是监管行为的对象,还因就医者的不满或服务态度与质量而又成就医方维权行为的对象,因此它无疑是其中的该4种行为中的核心。该行为是医方提供的医事服务行为的统称,根据就医者的就医行为,它向前可推至体检和预防,体检结果一旦存疑,体检者往往被建议去医院诊断,而若被确诊后,即接受治疗;预防一般也须借助医疗技术,如我国幼儿的计划免疫中的吃"糖丸"(sugar pill vaccine,用糖、奶粉等混合包裹,用来预防幼儿脊髓灰质炎的口服灭毒活疫苗)和部分女性主动去接种的"HPV"疫苗[(human papillomavirus,即人乳头瘤病毒的英文缩称),该注射疫苗专用于预防女性宫颈癌]都离不开医疗机构的医技服务行为;康复不仅借助医技,还须辅以心理、教育和运动(属典型社会医学的范畴),实为与治疗并行独立的环节或阶段,系治疗的延伸或后续,它亦可属(医技)治疗范畴。可见,诊疗是医事服务行为中最基本、核心与重要的行为。其中,诊断是指医生在对就医者诊察、检验后结合其主诉,根据其临床表现和医学基础原理(病因、病理形态和病理生理)所作出的判断,即哲学意义的"认识问题",是治疗(解决问题)的基础与前提。诊断的方式包括:①(传统望、闻、问、切及借助听诊器等的)诊察;②检验;③(拍摄)影像;④(穿刺、微创探查等)手术;⑤对症治疗式反应等。当然,准确(即明确)的诊断有赖于当时科学认识水平、技术手段与方法(含仪器设备)、医学界对某种疾病整体诊断率(往往又取决于尸体病理解剖率)、接诊医疗机构的实际医技能级以及接诊医生的个人能力(与其自身实际临床经验和钻研精神相关)。事实上,即使在医技水平高度发达的当下,如前所述,我国的平均诊断率仍受限于过低的尸解病理解剖。治疗理应是在认识问题(查明病因)的基础上,用对之最合适、有效的(手术、药物等)方法,旨在痊愈、改善或稳定该疾患或伤(病)情的医技行为。不难想象,在诊断不确的前提下,疗效必受影响。不过,医界所用"对症治疗"的方法,也会取得一定的效果。《侵权责任法》第60条第3项规定,"限于当时的医疗水平难以诊疗",即使因未能作出明确诊断而造成不良后果,"医疗机构不承担赔偿责任"。另一方面,即使诊断明确,治疗效果还与经治医院对该病(伤)的治疗水平、制度执行情况,经治医生的临床经验、责任心以及护理人员治疗方案执行情况等密切相关,其中任何一个环节有问题都将直接影响疗效,甚至工勤人员送错的餐被食用,都会引起意想不到的不良后果。此外,第二类客体(物)的问题,也是影响疗效的重要因素。至于出现不良后果是否要负法律责任,无论民事、行政还是刑事,均以是否存在主观过错(或罪过)为前提,主要取决于医技人员在执业中是否存在疏忽大意(即未尽应尽的专家注意义务)或过于自信(注意到后的冒险),若能证明已恪尽职责,则不担责;但若所用之"物"存有问题,则不然。这也就是相关主管部门须依法严管监督的原因。正因如此,国家卫健委制定医事一般规则,从制度和责任心上约束并强化从业人员;制定相当部分的操作规程甚至诊断标准等技术规范,从技术层面统一和提升医技人员的临床操作能力;药监部门则加强对此类物(药)的监管,也是为了尽可能避免因药而损害就医者的健康甚至危及其生命。

(2) 物。它是指专用于与广义诊疗(体检、预防、诊断、治疗和康复)相关,尤其是与其中前四环节直接相关的医疗器械、药物、医用卫生材料(以下简称耗材)和血液。根据诊疗行为分类,此类物也可被分为诊断用物和治疗用物:前者如属药范畴的试剂、属医疗器械(设备)范畴的核磁共振、属卫生材料范畴的验血用一次性针及软管等;后者如(口服、注射或贴敷)药物、属医疗器械的激光仪、属医用卫生材料的止血纱布等。①药,其分类方法很多,除上述是依给药途径以及前文所述外,它还可依安全性及取得途径的区别,分为处方药和非处方药,前者须凭执业医师或执业助理医师处方才可调配、购买和使用;后者则可自行判断、购买和使用;我国早在2000年起就实行此两类药分类管理制度,对前者在销售和使用上监管更严;后者中对甲类非处方药监管更严,普通商场药柜不得销售,且须持药品经营许可证。如前述医院自制制剂须经省级卫健委核准,由省级药监颁发许可证,虽无GMP(药品生产质量管理规范的英文缩写)要求,但须是本单位临床需要而市场上没有供应的品种,且不得上市销售。②医疗器械,指为用于病伤的诊断、预防、监护、治疗、缓解或功能补偿等目的而通过物理等方式而非通过药理学、免疫学或代谢的方式,直接或间接用于人体的仪器、设备、器具、体外诊断试剂及校准物、材料及其他类似或相关的物品,可见耗材名列其中。它对诊疗行为及其结果有重大影响,医疗机构自应对之的选择与使用尽到相当的注意义务;对重复使用的医疗器械,应按《消毒管理办法》的规定进行处理;一次性使用的医疗器械不得重复使用,一旦使用过的应按规定销毁并记录;对需要定期检查、检验、校准、保养、维护的医疗器械,应按产品说明书的要求进行检查、检验、校准、保养、维护并予记录,及时进行分析、评估,确保医疗器械处于良好状态,保障使用质量;对使用期限长的大型医疗器械,应逐台建立使用档案,记录其使用、维护、转让、实际使用时间等事项(记录保存期限不得少于医疗器械规定使用期限终止后5年)。③血液,包括成分血与全血。医疗机构临床用血亦直接事关其医疗质量及其后果,应遵守《医疗机构临床用血管理办法》的规定:尽到充分的注意义务,建立临床用血管理制度,搞好各环节(含储存)管理工作,对每次用血应根据实际需要具体制定用血方案,履行查对义务,确保不存差错。因客体中该三类物品均受主管机关依法监管,对其使用又直接关乎医疗机构的诊疗行为及其后果负担,故医疗机构对此自应引起足够的重视;若有懈怠,一旦出现不良后果,依法应先行对受害者或其近亲属承担赔偿责任;能否向供应方追偿,还取决于是否收集足以证明该物确有质量问题且排除己方储存、检验、校验或使用不当的证据。《侵权责任法》第59条规定:"因药品、消毒药剂、医疗器械的缺陷,或者输入不合格的血液造成患者损害的,患者可以向生产者或者血液提供机构请求赔偿,也可以向医疗机构请求赔偿";"医疗机构赔偿后"在取得上述足够的证据后,才"有权向负有责任的生产者或者血液提供机构追偿"。

(3) 制度与秩序。前者是人(特定主体)为制定的、要求治下所有人共同遵守的规则体系;后者一般是在前者基础上,为人们接受后并融合其行为特点的社会行为规则的事实状态。当然,医事制度中除由法律规范性文件建立的以外,还有道德(如医德、公德)和医疗机构自治制度;现行医事秩序中不仅包括道德和医院自治制度,还会融合所在区域人们的做事风格与习惯,只有其中与法不悖的才能为法所认可、官方保护。医事法制定的目的就是为建立起医者能为就医者提供所需医疗服务、政府能履行其保障职责、人们的健康状况能获得维持和改善的社会正常运行秩序,两者是一致和基本重合的。而且,作为法制的执行者,执行法律、维护制度和秩序是其"天然"的职责,而主管部门和公安机关本就是为执行相关法律、履行相关职责、维护相关秩序而设立的。因此,恪尽(该相关)职责是它们的"天职",若揽权而渎职不仅违法悖职,而且"天理不容!"

(4) 智力(智慧)成果,指主体通过智力劳动创造出的产品及其形所成的财富。《宪法》第47条规定,公民有进行科学研究、文学艺术创作和其他文化活动的自由;国家对于从事教育、科学、技术、文学、艺术和其他文化事业的公民的有益于人民的创造性工作,给以鼓励和帮助,在此它主要体现为医技人员及其所在组织;第20条规定,国家发展自然科学和社会科学事业,普及科学和技术知识,奖励科学研究成果和技术发明创造。此处,它主要体现为医技人员及其所在组织(含科室、机构或学术团体)通过个人或集体的智力劳动而形成的成果,如科学发现(其载体一般为论文)、(技术)发明创造[其载体含产品或方法(论文、专利或命名申请书)]、临床实践经验的归纳与总结(载体含专著或论文)、长期执业后的感悟(载体含专著或论文)和相关的文学作品(小说、剧本、诗歌和散文等)。我国法律保护智力成果权,当以财产为视角时,它即知识产权,与之对应进行分类:①对相关科学发现,经发表、申报并被确认后,一般为省级以上政府(甚至国际组织)所奖励(含奖金)和表彰,取得荣誉权。②对(技术)发明创造,既可采用公开方式,也可采用保密方式。采用前者时,既可先发表论文,也可先申请专利(以免丧失新颖性而夭折)后发表论文;在此需要指出的是,3种专利种类中,唯发明可申请(并最终取得)产品或方法专利,实用新型和外观设计均只能申请(并最终取得)产品专利,而我国《专利法》第25条第1款第4项规定,对疾病的诊断和治疗方法不授予专利权,故有医生在此基础上搞出产品(医疗器械或耗材),采用与企业合作的方式,享有该产品专利权;采用后者的,只能适用于方法,采用长期秘而不宣的方式而形成技术秘密(know-how)权,能持有多久取决于有效保密时间,如祖传秘方等。还需提醒的是,诊疗方法禁授专利权是国家为了降低诊疗成本、保护百姓健康权利,而且对先进的诊疗方法(含国家社会)一般都采用技术交流、推广与合作的形式进行普及以提高整个社会的医疗水平。因此,医生设法获专利或技术秘密权,有悖医德;对自己发明诊疗方法若仅以名字命名的方式,享有冠名权倒是可取的。③临床实践经验的归纳与总结、长期执业后的感悟和相关文学作品,其载体均为作品,依法可享有著作权,只是后者与前两者还有不小的差异:前两者仅为科技(医学)类论著,享有一般(文字作品)著作权,但须尊重出版者(出版和期刊社)的专版权,不得"一稿两投",若一稿在两家以上社刊登的,必然构成对原出版社的共同侵权;后者则可比较丰富,以小说为例,它可被延伸,由本是一般文字作品,其著作权归原作者;经原作者同意改编后形成剧本(即演绎作品),该作品著作权归改编者;该剧本被拍成电视剧并播出后,制片人享有摄制权、演员享有表演者权,电视台享有播放者权,该3种均属对原作品的传播与推广,该3类主体则享有邻接(著作)权。当然医疗机构的管理人员也可编制管理系统软件而享有软件著作权。因涉及知识产权,在此有必要提示:①取得知识产权或获得法律专有权保护的智力成果均须具有独创性,且要能举证证明;任何抄袭、剽窃或窃取他人作品或技术的,一旦被证实,非但不可能被认可或保护,而且系违法侵权行为,可被追究法律责任。②发明创造人、作者或项目负责人等与相关主体的权利义务应当明晰,要注意个人作品(或发明创造,下同)与合作作品、集体作品的关系:两人(主体)以上合作的作品,权利共同享有(关键在于该两主体均须有证据证明自己共同创造或创作,以防对方否认);主要是利用单位或团体的物质技术条件创作,并由该单位或团体承担责任的以及法律、行政法规规定或合同约定的作品,署名或申请权归单位或团体,由单位对作者或创造人进行奖励。③知识产权的客体(技术或作品)须为法律所认可,凡涉制毒或反人类等技术、煽动叛乱或民族仇恨等内容的作品以及法律规定属消极范围的技术或作品(如治疗方法、时事新闻等)均不能享有该专有权。④各类权利取得的方法不同:作品自作者完成起自动取得著作权(作者须能证明具有独创性,且为自己所创作的证据);软件作品自开发者完成编写时起形成,可通过在该软件上署名或(通过向软件登记机构)办理登记确认其软件著作权;专利权则须由发明创造人向国家知识产权局申请,经核准后取得;技术秘密自完成起形成,作为商业秘密中最核心的一种,唯通过自行保密方能维持其专有权;发现权须经政府确认取得;技术命名权则一般由业界(如医学会或学科分会)认可。

(三) 医事法律关系的实现

1. 正常实现 法律规范性文件是有立法权的政权机关依法有目的地制定或认可的(法律)制度体系,其目的就是通过对相关各方权利义务的设计和确定来规制各自的行为,调整相互之间的关系,让医方主体依该(相关一般行为和技术)规范体系的要求履行其受托为百姓提供医疗服务,让百姓在井然的秩序中改善或维持健康甚至生命,以实现履行其自身负担的保障人民健康乃至生命权的职责的最终目标。正常实现的基本要求为:①守法。即各方主体均能自觉、全面且到位地遵守医事法律规范性文件的规定,依照其被设定的社会角色去履行义务、行使权利。②尚德。我国《宪法》和民法上守法的含义均是广义的,其含义除遵守法律规范性文件外,还包括"公序良俗"。公序,字面含义为公共秩序,自罗马法时起它就包含国家利益(公共的安全、秩序和财产);良俗,字面含义为良好风俗,实包含社会公德、优良传统和习惯。事实上:虽同为行为规范,但德为上准、法为下限,催人进取和向善的并不能依赖底线层面的法,而要靠精神层面的社会公德;《民法总则》第8条关于"不得违背法律"和"公序良俗"的规定已全部涵盖了《宪法》第53条关于公民守法义务的全部含义。可见,包括医事法旨在建立和维护的正常的医事秩序本身离不开道德规范的作用,只不过该道德规范体现为社会公德(社会主义核心价值观),还必然包括职业道德(医德)。当所有社会主体均能尚德循法、依法办事、各得其所且延年益寿时,医事法律关系自然正常实现。

2. **纠错实现** 错者,即违法,其含义包括:①违反公法上强制性规定(含操作规程等技术规范);②违反《宪法》第53条和《民法总则》第8条规定;③损害他人利益而无合法豁免依据的。所谓纠错,即通过追究违法者(责令改正、罚款、赔偿或剥夺自由甚至生命等)法律责任来使因其违法行为而受损的原法律关系得以恢复,法理上,它又被称为保护性法律关系或正义的回归性地实现。

四、医事法的基本原则

(一) 概念和特征

1. 法的基本原则和特征

(1) 法的基本原则,是指由法所明文规定、贯穿于其法域及其始终,对其的遵守、执行、适用和监督以及对法的其他条款具有普遍拘束力和指导意义的基本准则。

(2) 法的基本特征,须由法明文规定,而且须预定,其原因是:①为免政治报复,法一般不得溯及既往。②对私主体(如公民)而言,法不禁止皆可为,但以不损害他人(含公共和国家)利益为限。须贯穿于该法法域(即调整范围)及其始终,即宽度与纵深,而非仅可适用于某局部或阶段。③覆盖于对该法的遵守,即对其管辖的全体社会主体而言;法的执行,又称行政,即对行政机关(构)执法而言;法的适用,又称司法,尤其是对依(适用)法审判而言;监督,即尤其是对执法、司法机关的监督,如修宪,在全国设立的国家监察委的职责。④相对于该法的其他条款而言,它具有更高的法律地位与效力,体现在:当其他条款对该基本原则不是具体细化或补充而是冲突时,即应弃该条款而适用该基本原则;当发现无具体条款可适用时,直接适用原则;领会该原则,可真正弄懂立法精神,以免在执法或司法活动中发生偏差。

2. 医事法的基本原则的含义和特征

(1) 医事法的基本原则,是指由医事法所规定,贯穿于其法域及其始终,对所有遵守、执行、适用医事法的行为及对医事法的具体(法律规范性文件中)条款具有普遍拘束力和指导意义的那些基本准则。

(2) 医事法的基本特征为：①由医事法明确规定，但它系属体系成法而非单一法典化法，故它往往散见于不同的具体法律规范性文件中；②其贯穿于该法法域（即调整范围）及其始终的特点体现在其体系中的各具体法律规范性文件均确立；③覆盖于对医事法的遵守、执行和适用，体现在各该环节的行为人均须以它为依据、准则或指导；只是此类监督因不存在迥异于即将施行的《监察法》规定的效力特点而不能体现；④相对于医事法的具体（法律规范性文件中）条款而言，它无疑具有更高的法律地位与效力。

（二）医事法的基本原则

经归纳、整合，我国医事法的基本原则主要包括如下几项。

1. 保障健康（生命）权 它也是卫生法甚至环保法的基本原则，如果说卫生法学是医事法学上级学科的话，作为下层级（仅以所调整的包容关系与范围为据，而与位阶效力无关。）法，自然要将该上级法所定的该最基本原则确定为其基本原则了。事实上，该原则不仅基于社会契约理论作为政权基本职责（相对于人民而言就是其所须保障的基本权利，且为基本人权范畴）应宣示于世，而且还确认于各相关法律规范性文件之中：《宪法》第21条第1款和第45条第1款后项均宣示国家为履行该（保护人民健康）职责而发展医疗卫生事业的目的；《执业医师法》《医疗机构管理条例》《医疗气功管理暂行规定》和《医疗广告管理办法》等直接与医疗行业相关的法律规范性文件均在各自第1条规定"保障（护）人民（或公民）健康"；《传染病防治法》和《职业病防治法》等直接规范诊疗行为的法律规范性文件也在其第1条规定"保障（护）人体（或劳动者）健康"；《药品管理法》《医疗器械监督管理条例》亦在其第1条规定"保障人民（体）健康"。可见，各法律规范性文件不仅将保障（或护）人民（体）健康作为其立法宗旨，也确立为其基本原则。

2. 政府负担并履行职责 如前所述，作为基本人权和宪法确认的基本权利，人民（体）健康与安全是其相对方政府的基本职责，《宪法》第89条第7项规定国务院行使"领导和管理教育、科学、文化、卫生、体育和计划生育工作"的职权，《地方各级人民代表大会和地方各级人民政府组织法》第59条第5项规定县级以上地方各级政府行使"执行国民经济和社会发展计划、预算，管理本行政区域内的……卫生……事业和……公安、计划生育等行政工作"的职权；亦如前述，职权就是职责的同物另面，亦即职责。换言之，兴办、发展和管理卫生事业，以保障（护）人民（体）健康是各级政府的基本职责。而且，依社会契约理论，由人民让渡权利而形成的政权，而代表政权行使执行（行政）权的是政府，并由之代表人民掌管公共财产，自有必须履行、且不可推卸的职责；另一方面，所有专门（狭义）的医事法律规范性文件，即使由全国人大常委会制定的《执业医师法》等法律亦根据调整机制归类于行政法范畴，由政府主管机关执行（即履行职责），更何况由行政机关制定的医事行政法规、行政规章了。其履行职责主要体现在：①划拨必要的经费，保障医疗事业发展所需的资金；②为医保基金注入必要的资金，并严格监管，以切实保障百姓以免"因病致（返）贫"；③搞好医政管理，从职业准入、执业规范、技术要求、医患关系、物品监管等各方面严格依法行政，不得懈怠及放任；④依法居中、公正处理和化解矛盾与纠纷,保障双方尤其是医方的人身安全和医疗工作秩序,不容懒政与渎职。因此,在任何情形下,毋庸置疑,政府都是对人民健康权及其状况负责的第一责任人。

3. **医疗机构受托履职或许可从业**　即使在西方,政府早就从守夜人角色演进为责任政府了,在依法治国的社会主义中国当下,政府自有依法行政(履行职责)的义务。只不过政府是社会管理机构,而本无从事诊疗的专业技术能力的政府自不能直接为人们诊疗;且一级政府职责很多,千头万绪而只能进行职责分工,由专门分管的卫生行政部门即卫健委(或中医药局)主管医事行业;卫健委等作为主管机关工作人员中虽有医学专业背景者,但医学是门不断发展、需不断积累和提炼的经验学科,临床技术是须长期、连续(不间断)地实践方能娴熟操作的,如同"曲不离口、拳不离手"那般。可见,主管部门自己显然也不能直接为就医者提供医技服务,只能借助专门从事诊疗技术的医疗机构来替政府(含其自身)履行其应尽的职责。因此,被获准从事医事执业的主体,事实上是在主管部门的依法规制下替政府(职权)来履行保障公民健康权职责的,此次的全国"抗疫"充分证明了这种关系;另一方面,基于对政府兴办、且由其(或主管部门)任免的负责人的公办医疗机构的信任而建立起的这种为第三方谋利(即提供诊疗服务)的,系法律上的(公益)信托。专业医疗机构及其医技人员所从事的职业毕竟直接事关人体健康与生命安全,若不把好职业准入关口,让不合格的机构或人员混迹其中,其后果不要说懵人骗钱,就是致残致死也不难想象,这必然是与政府"初心"背道而驰。这也就是《行政许可法》《执业医师法》设置从业(即职业准入)许可制度(详见后文)的理由与依据了;虽我国诊所设立备案实行制(详见第三章),但绝对禁止无(机构与人员执业)证行医。

4. **相关行业尽职与强化主管机关监督**　这里的行业包括医疗机构与医技人员两方面的主体;这里的"尽职"即恪尽职责。如前所述,它要求医务(含医技、管理和工勤)人员在执业时必须尽到专家注意义务,穷尽自己的能力,否则视为有主观(疏忽大意的)过错而不能对所致的损害后果免除法律责任的制度;而且根据《卫生法》上"预防(在先)为主"原则,恪尽职责原则的内容应从末端免责提前至事先避防。事实上,临床中的"查对"制度就是具体体现。恪尽职责和责任心这种自我约束的理念是重要的、低成本的。但如果缺乏其他制度的规范与监督显然难以奏效,对此教训颇多。医事法对医疗行业设置各种基本行为规范和技术规范(含操作规程)正是对该原则的具体细化;另一方面,几乎每个具有主管部门医事法律规范性文件中均设有监督机关及其监督职责,即采用主管机关行政机关行政监督的方式促使医疗机构及其工作人员严格依法(含技术规范)执业,查处、纠正和制裁违规行为以实现医事行政法律关系。换个视角看,只有加强行政监督,减少甚至尽可能杜绝瑕疵医疗行为的发生,才能真正保障人民的健康权,也真正能替自己完成履行该保障职责的使命。

5. **在保障人的主体地位和权利的前提下促进和保障科技进步**　法属上层建筑的制度形态范畴,自当适应作为经济基础之生产力要素的科学技术发展的需要,若能推进或"保驾护航"则更理想。当然,法一般相较于新事物(技术)具有滞后性和保守性,不过,作为技术法范畴的医事法中绝大多数是行政法规和规章,立法程序简单、周期短、更灵活些,相对法律而言,反应能更快些;尤其是规章,参与人员针对性和专业性更强些。这些特点说明,医事法本是技术类法,对技术进步更具有适应能力。不过,需要指出的是,当下出现的互联网、大数据、3D打印、基因、克隆、人工智能和生殖等技术及其产业的快速崛起,纯该(即未与医学结合)技术人员和商家大肆造势宣传,似乎大有改造或颠覆现有医学技术之势,如卫健委(原卫生部)与社会上支持代孕的人(含医学、伦理学和法学学者在内)处于对峙状态。对此,应该掌握一个最基本的总体性原则,即无论怎样的新技术均只能为人服务、有利于改善人体健康、巩固人作为社会主体的地位,而绝非是作为商人操作的概念和题材,更非是为了让少数人掌控多数人的命运或将人造物变成社会主体而支配人。

6. **公正回归,依法、合理处理纷争,维护正常秩序与合法权益** 此原则主要适用于包括医患纠纷在内的医事法律关系非正常状态的情形,其中既包括医疗机构存在过错的过度医疗、医务人员索要好处、医疗差错(此为广义,含医疗事故)、滥用就医者个人信息、侵犯隐私和丢失就医者财物等;也包括就医方有过错或滥权的不履行协力义务而致损后"倒打一耙"、误解而无理取闹、小题大做地医闹、拒不付款、拒不出院、发失真的信息、占领病房或诊室、堵门、限制人身自由(扣人、逼人下跪)、打砸设备、伤医杀医等。对损害原正常医事法律关系的行为,无论是政府(本身及其医事主管或公安等)执法机关、司法机关,还是(专门的医调委等)调解机构均应本着正义、居中、公平、法治和回归受损法律关系的原则,在恢复秩序、制止不法行为,在查明事实的前提下依法处理或引导双方依照法定救济途径和程序合法维权;此类机构的任何渎职、推诿或选择性执法偏袒一方,或为平息纷争(效率)而牺牲正义行为均是违法的。

五、医事法的调整范围

(一) 医事法所能及于的主体

医事法所能涉及的主体很多,此处以以下标准进行分类。

1. 以医事法律规范性文件的制定者、执行者为标准

(1) 制定者,即具有"立法"权的主体。这里的制定,包括以下两种。

1) 主要的国内医事法制定者:①对国内医事法的创制、修正(订)者,包括:涉医事法律的制定者为全国人大及其常委会,解释者为全国人大常委会[具有立法解释权以及最高法和最高检(具有司法解释权)];涉医事行政法规的制定者国务院,解释者为国务院及其法制办;涉医事行政规章的制定者为国务院所属(卫健委等有关)部委和(药监等有关)直属机构,解释者为其制定者;地方性医事规章的制定者为(除设区的市和自治州外)四类地方人民政府,解释者亦即制定者。②对国内医界共同伦理(医德)和被公认做法(技术规则)的认可者,应为全国人大常委会、国务院及其所属的卫健委、中医药局等

机关。

2) 国际医事法的制定者：①国际医事条约的制定者，双边协定外交部代表中国与对方国签署、全国人大常委会批准；国际医事公约由卫健委（前为卫生部）或外交部代表中国签署，全国人大常委会批准。②国际医事惯例，一般由卫健委等部门代表国家宣布接受或认可。制定者在其制定的法施行后，应当进行该法实施调研，进行反馈，听取各方意见和建议，并根据情况变化，与时俱进，履行及时对之修正（订）的义务，以适应时代发展的要求。

(2) 执行者。①狭义的执法者，仅指某法律规范性文件的（如卫健委等中央和地方）主管机关以及（食药监、工商、公安等中央和地方）相关执法机关，具体载于该法律规范性文件；②广义的执法者还包括对某涉医事法律规范性文件行使司法权的机关，如法院（见第六章争议解决主持或裁决者，此略）。（狭义）执行者应以其所负的职责为本位，用因此而被赋予的职权去维护正常的医事法律关系及秩序和医患双方的合法权益，依法纠正和制裁违法行为、确认和保护合法行为与权益；任何有法不依、执法不严、违法不究或选择性执法的行为都是悖职违法的。

2. 参与医疗服务关系的各方主体

(1) 医方

1) 医疗机构，我国大致分为：①医院[含综合医院、中医医院、中西医结合医院、民族医医院、(口腔、肿瘤、儿童、精神病、传染病、心血管病、血液病、皮肤病、整形外科和医疗美容等)专科医院、康复医院、疗养院]；②乡（镇）、街道卫生院；③各级妇幼保健院；④[综合、中(民族)医、中西医结合、专科（普通、口腔、整形外科和医疗美容）等]门诊部；⑤[中(民族)医、中西医结合、口腔、美容整形外科、医疗美容和精神卫生等]诊所、卫生所（室、站）、医务室、中小学卫生保健所；⑥村卫生室（所）；⑦（职业病等）专科防治院、（口腔、职业等）专科病防治所或站；⑧急救站（中心）；⑨地（市）级、省级或（卫健）委级临床检验中心；⑩护理站（院）、临终关怀中心等。

2) 医方人员，可分为：①医生（含各专业科或全科的医师、助理医师和乡村医生）、②护士（师）；③（含化验、影像、病理、放射等专业辅助诊断）检验技师；④药房（或部门尤其是获准自制制剂的）执业药师、药剂师；⑤血库技师和管理人员；⑥气（氧气、笑气以及有高压氧仓治疗所需和其他）供应机构的技师；⑦（负责住院伤病员膳食的）营养师和食堂工作人员；⑧（各管理机构的）管理人员；⑨财务人员；⑩（保安、电梯、保洁等）工勤人员等。

(2) 就医方，含就医者及其亲友，前已述，略。

(3) 因医疗机构向就医者提供医疗服务而必然（以产品）参加到该法律关系中来的相关主体，包括：①如前所述，用于预防、诊断和治疗3环节的人药的提供方，为药品的生产者和经营者，也包括获准制作自制制剂的医疗机构，至于使用者，本就是医疗机构及其医技人员；若因药品质量问题造成损害后果，在查明原因后，医疗机构在承担赔偿责任后可依法向生产者或经营者追偿。②医疗器械的生产者和经营者,即医疗器械和耗材的生产者和经营者;同理若医疗机构因使用有瑕疵医疗器械或耗材而造成损害后果的,也可在承担赔偿责任后可依法向该生产者或经营者追偿;不过,对可重复使用的医疗器械,作为使用者的医疗机构在每次使用前负有如同《海商法》上船舶使用人在航行前负有"适航"的恪尽职责义务一样,必须使该器械完全满足使用要求并证明自己已恪尽职责,否则自负该责。③临床用血供应单位,医疗机构应依《医疗机构临床用血管理办法》第13条第1款规定使用主管部门指定血站提供的血液;该办法还规定:二级以上医院或妇幼保健院应设临床用血管理委员会和血库(或用血科)负责进血、计划、保管、核对、用血指导和审核,各环节须恪尽职责;因临床输入不合格血液而引起的损害,医疗机构可在承担赔偿责任后可依法向该血液提供者追偿,但须证明己方在保管上已恪尽职责。④消毒产品的生产者和经营者,亦同理,若因消毒药剂等产品瑕疵造成就医者损害的,医疗机构可在承担赔偿责任后可依法向该消毒产品的生产者或经营者追偿,但须证明己方在保管上已恪尽职责。⑤电力供应者和网络运营商,同理,如果由于手术中突然断电或断网而导致伤病员伤亡的,电力供应者或网络运营商应承担或分担赔偿责任。

(4) 纷争裁决者或主持处理者,主要是指民事法庭和医疗纠纷调解组织(详见第六章,略)。

(二) 医事法调整的行为

依医事法律关系的基本特点、法律调整机制和参与者的相互关系,这里的行为大致可被分为如下3类行为。

1. 就医-医疗服务行为　这是根据医的社会存在价值及其实施的终极目标来划分的。人的健康状况一旦有异常客观表征或主观不适感而无法自行解决时,就会有就医需求、动机和行为;有社会需求就会有供给,就会有人从事提供"满足"这种需求的主体,这就是一般的市场规律,所谓需求与供给形成市场。于是,社会中产生一类从事旨在或声称"专门满足"人们这种需求的服务(即医疗)。因此,求和供是相随、共生的关系。只不过,医疗服务事关需求者健康乃至生命这一(最)基本人权,非一般社会行业可比,对社会公众负有保障职责的总管理者(政权之政府)不可能对之像其他职业一样可随市场供求关系那样任它自动调节,否则就是渎职。因此,就医和医疗服务关系的背后必然存在政府的监管,必然有法律的规制,而且该规制不仅只针对医方,还及于能否满足就医方需求的医疗项目开展,如我国禁止胎儿性别鉴别、代孕,相当部分西方国家非因被强奸所致或已确定严重畸形等情形禁止(医生)堕胎等。其原因在于,这些项目均涉及基本人权,如前所述,并非可适用"有需求就有供给"的"市场规律"和"契约自由"的一般民法原则。从这个意义上说,该关系不等同于一般民事法律关系的原因还在于:医方不得自由选择或拒绝就医者的就医行为,甚至还不能基于商法之王牌原则"交易安全"而拒诊欠费伤病员;除(割双眼皮、隆胸等)添附"改善"型医疗项目外,诊疗项目收费标准受到政府限制,亦非可随行就市的;医疗行为本身具有高度的不确定性,如前所述,它受限于(科技整体和当下医技的发展水平、接诊医疗机构的当下能力极限、就治医生的身体承受能力、病伤本身、器官等医疗资源不足、伤病员个体差异等)多种因素,可能无法确诊或确诊后无法有效治疗;亦如前述,诊疗本身就是高风险行业,即使确诊后也可能因(接诊医疗机构的当下能力极限、就治医生的身体承受能力、病伤本身、器官等医疗资源不足、伤病员个体差异等)救治不成功。另一方面,从社会行业和职业角度,我国的医疗机构(除中医诊所外)的设立依法均须经行政许可;而医师执业准入资格的学习难度、复杂环节、时间成本均属最大及工作后单位时间价格,其"性价比"较之金融业和其他技术类也是很低的。可见,虽服务确属民商事范畴,但若用纯民商事法律规范来看待和对待医疗服务行为和医患关系,必然造成极不公平和非正义的后果,因为其服务的结果不是就医者在支付对价后就可取其所求的,这也就是违约责任不能适用于医疗服务(不如愿)结果的原因所在(当然,完全建立在市场需求基础上而不属政府保障义务范围之列的添附型医疗服务除外);至于医方对该结果是否要承担侵权责任则取决于其能否证明其已恪尽职责。

2. **执业-规制-监督行为**　正因为医疗服务事关就医者健康和生命安全,以及政府的保障职责,当局在事前制定法律规范性文件(立法)方式把好执业资格准入关(见第三章),并用(医事一般和具体技术)行为规范规制各类涉医人员的执业行为(见第四章),尽可能使之主动按要求规范自己的行为,以提高其服务质量和效果来维护和改善就医者健康状况。另一方面,主管机关和其他相关则依照其法定行政职权,对相对人主体(医疗机构及其人员)采用事中和事后的方式依法定要求进行监督核查,其中事中监督的方法:①对医疗机构采取变更登记、突击抽查、中期考核、专项检查、投诉专案调查和不良执业行为记分等;②对医技人员则采取年度执业资格校验、变更注册、(地区性或全国性)业务考核、评比等;事后监督则一般采用对某一已发生之事进行事后处理或回归性调查的方法,其处理结果,就是对该事的官方价值取向,对医方是一种行为的合规与否及其心理学上的(正反向)强化。

3. **纷争-救济-解决行为**　无论任何领域,只要有人的地方就会有纷争,这是因为各方主体对同一事基于其各自的思维机制(头脑)、知识体系、价值观,各自利益、立场及结果对需求的满足程度会有不同的理解与认识,加之专业知识体系、技能之间不对称以及信任度因素,完全可能引起对立。应当说,有误解甚至引起纷争是正常的;问题是:①当事人如何看待与对待? 采取何种方式对话与交涉? ②存有哪些(法定的)救济途径? 选择何种救济途径? 哪方启动? ③谁主持? 采用程序和方式? 如何尊重与保障双方基于自然正义原则第二要义、在不重复的前提下充分表达其诉求及其理由的权利? 如何解决(确定哪些是可以支持的? 依据与理由是什么)? 有无后续救济程序及如何救济? 实际上,这些问题,我国现行医事法制均已确立与载明,而当下的困惑在于:①官方(含主持者)如何自己真正懂得医事法理和掌握医事法制? 如何秉持正义和法治原则,而非只追求效率(尽快为"维稳""摆平争议",罔顾正义而迁就医闹者,否则系实质支持非正义的逆向淘汰)。要晓之以理,让双方真正懂得案件结果及其依据和理由;真正办出经得起历史检验的案件。②如何加强法制宣传,让各方真正懂法,依法办事。③做好案后总结,为日后修法提供反馈。真正处理好医事纷争,通过回归的方式实现医事法律关系是其出发点和宗旨,是医事法及其重要的方面,这可能也是包括日本在内的学界会误将该善后阶段当成医事法全部的重要原因吧!

(三) 医事法律规范性文件的分类

1. 医事主体执业准入法制　依主体的不同可分为:①医疗机构执业资格准入法法制,除第三章中专门展开的外,主要还有:《医疗机构设置规划指导原则》《医疗美容服务管理办法》(内含医疗美容机构执业准入制度)、《美容医疗机构、医疗美容科(室)基本标准(试行)》《医疗气功管理暂行规定》(内含医疗机构内开展医疗气功活动执业准入制度)、《中外合资、合作医疗机构管理暂行办法》(内含其执业准入制度)、《〈中外合资、合作医疗机构管理暂行办法〉的补充规定》(内含其执业准入制度)、《妇幼保健机构管理办法》《计划生育技术服务管理条例》(内含计生机构执业准入制度)、《护理院基本标准(2011版)》和《盲人医疗按摩管理办法》等。②医技人员执业资格准入法法制,除第三章中专门展开的外,主要还有:《具有医学专业技术职务任职资格人员认定医师资格及执业注册办法》《传统医学师承和确有专长人员医师资格考核考试暂行办法》《香港、澳门特别行政区医师在内地短期行医管理规定》《外国医师来华短期行医暂行管理办法》《盲人医疗按摩管理办法》和《关于启用全国护士注册信息管理系统的通知》等。

2. 医疗主体执业规范法制　依主体的不同可分为:①医疗机构运行法制,除第四章中专门展开的外,主要还有:《全国医院工作条例》《医疗机构传染病预检分诊管理办法》《医疗机构临床用血管理办法》《放射诊疗管理规定》《中外合资、合作医疗机构管理暂行办法》《〈中外合资、合作医疗机构管理暂行办法〉的补充规定》《妇幼保健机构管理办法》(内含其运行管理制度)、《医疗美容服务管理办法》(内含其运行管理制度)、《医疗气功管理暂行规定》(内含其运行管理制度)、《医疗机构诊疗科目名录》《电子病历应用管理规范(试行)》《关于禁止非医学需要的胎儿性别鉴定和选择性别的人工终止妊娠的规定》《产前诊断技术管理办法》《人类辅助生殖技术管理办法》《人类辅助生殖技术与人类精子库校验实施细则》《关于规范活体器官移植的若干规定》《医院感染管理办法》《抗菌药物临床应用管理办法》《医院中药饮片管理规范》《医疗卫生服务单位信息公开管理办法(试行)》《医疗广告管理办法》《院前医疗急救管理办法》《性病防治管理办法》《产前诊断技术管理办法》《新生儿疾病筛查管理办法》《计划生育技术服务管理条例》(内含计生机构运行管理制度)、《计划生育技术服务机构执业管理办法》《计划生育技术服务管理条例实施细则》《关于禁止非医学需要的胎儿性别鉴定和选择性别的人工终止妊娠的规定》《医疗废物管理条例》《关于加强医院安全防范系统建设指导意见》《医疗机构麻醉药品、第一类精神药品管理规定》《麻醉药品、精神药品处方管理规定》和《关于进一步加强广播电视医疗和药品广告监管工作的通知》等。②医技人员执业法制,除第四章中专门展开的外,主要还有:中国人民解放军实施《执业医师法》办法、《医疗机构从业人员行为规范》《中医、中西医结合病历书写基本规范(试行)》《关于印发推进和规范医师多点执业的若干意见的通知》和《外国医师来华短期行医暂行管理办法》等。

3. **临床诊疗质量和技术规范**　除第五章中专门展开的外,主要还有：《新生儿疾病筛查技术规范》《医用氧舱临床使用安全技术要求》《血液透析器复用操作规范》《血铅临床检验技术规范》《炭疽病诊断治疗与处置方案(2005年版)》《放射诊疗管理规定》《医疗机构口腔诊疗器械消毒技术操作规范》《职业病诊断与鉴定管理办法》《组织工程化组织移植治疗技术管理规范(试行)》《癌症疼痛诊疗规范(2011年版)》《人体器官移植技术临床应用管理暂行规定》《关于印发肝脏、肾脏、心脏、肺脏移植技术管理规范的通知》《非血缘造血干细胞采集技术管理规范》《造血干细胞移植技术管理规范(2017版)》及其临床应用质量控制指标、《脐带血造血干细胞治疗技术管理规范(试行)》《基因芯片诊断技术管理规范(试行)》《同种胰岛移植技术管理规范(2017版)》及其临床应用质量控制指标、《同种异体运动系统结构性组织移植技术管理规范(2017版)》及其临床应用质量控制指标、《同种异体角膜移植技术管理规范(2017版)》及其临床应用质量控制指标、《同种异体皮肤移植技术管理规范(2017版)》及其临床应用质量控制指标、《性别重置技术管理规范(2017版)》及其临床应用质量控制指标、《质子和重离子加速器放射治疗技术管理规范(2017版)》及其临床应用质量控制指标、《放射性粒子植入治疗技术管理规范(2017版)》及其临床应用质量控制指标、《肿瘤深部热疗和全身热疗技术管理规范(2017版)》及其临床应用质量控制指标、《肿瘤消融治疗技术管理规范(2017版)》及其临床应用质量控制指标、《心室辅助技术管理规范(2017版)》及其临床应用质量控制指标、《人工智能辅助诊断技术管理规范(2017版)》及其临床应用质量控制指标、《人工智能辅助治疗技术管理规范(2017版)》及其临床应用质量控制指标、《颅颌面畸形颅面外科矫治技术管理规范(2017版)》及其临床应用质量控制指标、《口腔颌面部肿瘤颅颌联合根治技术管理规范(2017版)》及其临床应用质量控制指标、《口腔颌面部恶性肿瘤放射性粒子植入治疗技术管理规范(试行)》《医院感染诊断标准(试行)》《首批淘汰35项临床检验项目、方法的规定》《医疗质量安全事件报告暂行规定》《抗菌药物临床应用指导原则》和《精神药品临床应用指导原则》等。

4. **其他相关(用于支持调整医事服务关系的)法制**　其中,最密切相关的主要包括：①因药品的使用直接关系医疗服务,相关的药管法制,主要有：《药品管理法》《药品管理法实施条例》《药品生产质量管理规范(2015年修订)》(即GMP)、《药品经营质量管理规范》(即GSP)、国务院办公厅《关于开展仿制药质量和疗效一致性评价的意见》、国家食品药品监督管理总局《关于仿制药一致性评价的意见》《药品不良反应报告和监测管理办法》、国务院办公厅《关于进一步改革完善药品生产流通使用政策的若干意见》《关于调整进口药品注册管理有关事项的决定》(2017年1月6日,国家卫计委要求《城市公立医院将全部取消药品加成》,2018年2月12日,国家卫计委宣布：公立医院已全部取消药品加成)等。②与医疗服务关系同样密切的医疗器械相关法制主要有：《医疗器械监督管理条例》《医疗器械新产品审批规定(试行)》《医疗器械生产监督管理办法》《医疗器械新产品管理暂行办法》《医疗器械注册管理办法》《医疗器械使用质量监督管理办法》《医疗机构口腔诊疗器械消毒技术操作规范》《医疗器械召回管理办法(试行)》《上海市一次性使用无菌医疗器械监督管理若干规定》《关于医用卫生材料及敷料类产品监督管理的通知》和《违法药品、医疗器械和保健食品广告警示制度(暂行)》等。③其他与医疗服务相关的法制:《血站管理办法》《血站基本标准》《血站质量管理规范》《血站实验室质量管理规范》《采供血机构设置规划指导原则》《母婴保健法》《孕产期保健工作管理办法》《消毒管理办法》《消毒产品生产企业卫生许可规定》《卫生部健康相关产品检验机构认定与管理办法》和《食品安全法》等。

5. 用于回归医事法律关系的法制 它们可被分为:①医政执法及其救济法制。主要有:《医疗机构监督管理行政处罚程序》《医疗机构从业人员违纪违规问题调查处理暂行办法》《卫生行政执法文书规范》《行政处罚法》《治安管理处罚法》《行政强制法》《行政复议法》《行政诉讼法》和《国家赔偿法》等。②纠纷解决法制。主要有:《侵权责任法》《最高人民法院关于审理医疗损害责任纠纷案件适用法律若干问题的解释》《医疗纠纷预防和处理条例》《医疗事故处理条例》及其实施细则、《医疗事故分级标准》《医疗事故技术鉴定暂行办法》《人民调解法》《人民调解委员会组织条例》《人民调解工作若干规定》《上海市医患纠纷预防与调解办法》和《司法鉴定程序通则》等。③威慑、惩罚犯罪行为的法制。主要为:《刑法》、2高和9部门联合发布的《关于维护医疗秩序打击涉医违法犯罪专项行为方案》、2高和3部门联合发布的《关于依法惩处涉医违法犯罪维护正常医疗秩序的意见》和最高法与发改委、卫健委、公安部等27部门联合发布的《关于对社会保险领域严重失信企业及其有关人员实施联合惩戒的合作备忘录》等。

第三节 医事法治

一、医事法治的逻辑起点

(一) 医事法治

1. 法治的含义 法治,即法的治理或循法而治,俗称依法办事(含治国),它是一种全社会尊良法为至上依据的意识形态,且能得到全面贯彻实施的制度形态(即社会治理方式)的集合。

法治具有如下特点:①它是一种意识形态,即法治理念,意味着全国(社会)人们均能接受和奉行依法办事的观念,而这种观念被人们推崇到了至上的地位,且将法律奉为评判事物的标准或依据;②作为制度形态,依法办事被贯彻于该社会的各方面、领域和彻底的三维度(不留任何不可覆盖之处);③上升至整个社会(国家)层面,这种既是观念形态,又是制度形态的理念与做法即依法治国;④这种被全体社会成员奉为至高的规则(依据或标准)则只能是良法(即以共和制社会各主体平等为基石;体现绝大多数人意志、保障所有人权益;符合客观规律、人的良知和理性以及法律科学),非"良"者须被修正或废止;⑤它与同为行为规范且高于其层次之社会公德(即以当下的社会主义核心价值观为代表)在社会治理中各展其能,相互作用,相辅相成,共求同标。

共和制下的法治具有如下特点:①自然人均为平等主体,均有社会主人翁的主体地位,每个公民的正当(合法)权益均应受到法律的平等保护和保障;②(具有立法权之)权力机关、(代表国家实际支配公共资源并予执行之)行政机关和(掌控社会公共裁判职能之)司法机关均应清晰地认识到,这些公共职权无不基于社会契约而来自(全社会自然人集合之)人民的权利让渡(或弃权),即所谓权力"源之于民",故必"用之于(作为社会主人之)民"(或"执政为民"),而不得以民为壑甚至与民对立;③一切公共资源(含公权力)均为公共所有,不得异化,任何以(公)权谋私的行为均违背自然正义原则而不具有正当性,反对贪腐和滥用公共资源之原理亦源于此;④法治之核心为依法办事,其前提是法制健全(包含:所需调整之领域均能有法可依;所依之现行法均须为前述之良法;所立之法均须接地气,具可操作性,且应与时俱进)。

2. 医事法治 如前所述,医事法之宗旨与基本原则均为保护和保障人(公民)的生命健康权利,而医疗服务社会存在之价值前提亦在于此。医事法治即在医事领域全面进行依法办事,意味着其中的各个环节(包括广度和深度)尤其是政府及卫健委等履职行为均符合上述真正法治的要求(详见后文)。

(二) 医事法治的逻辑起点

满足人民日益增长的美好生活需要,是当下我国执政当局的首要任务。健康作为人民追求美好生活的前提和可能是不争的事实。维持或提高人民的健康状况,保障和保护人民的健康(乃至生命)权利无疑是医事法调整该领域社会关系的出发点,而使医事法律关系最终得到正常实现则是其归结点。因此,(我国)医事法治的逻辑起点为切实和有效地实现保护和保障人的生命健康权这一终极目标。

二、医事法中的人权及其原理

(一) 医疗服务相关的人权

1. 人权概述 人权,即人的权利,是"人因其为人(即人类社会主体)而应享有的权利"。这些权利的范围极其广泛、内容极其丰富,涉及生存、社会、政治、经济、文化等领域,乃至社会性别选择权等。事实上,人权问题一直伴随着人类社会发展的历程,从母系社会到父系(男权),由西方的斯巴达戮残到胡格诺迫害,由中国秦始皇焚书坑儒到女子裹小脚制度,无不与人权息息相关。自启蒙运动起,人们也不断地探索人权的制度保障。

一方面,在国内法领域从英国的《人身保护法》到法国的《人权和公民权宣言》和美国联邦宪法中的《权利法案》;另一方面,在国际法领域从达成《纽伦堡宣言》《世界人权宣言》共识到《公民权利和政治权利公约》和《经济、社会文化权利公约》签署等,均是各国及国际社会对人权事业不懈努力的制度形态。

2. 我国的人权事业发展情况 2004年3月14日全国人大第2次会议通过第4次修宪,在第33条增加1款,作为第3款,明确规定:"国家尊重和保障人权";全国人大又先后于1996年3月和2012年3月对《刑事诉讼法》进行了修订,现已在第2条(任务)中明文增加了"尊重和保障人权",确立了控方负举证义务和"疑罪从无"原则,并规定和完善了控方负有排除非法证据义务的制度,将我国刑事制度上的人权保护提到了与其他法治国家同等的水准。除前已述4个国际卫生法领域的公约外,自1980年11月起,我国已先后加入并施行了《消除对妇女一切形式歧视公约》《消除一切形式种族歧视国际公约》《关于难民地位的公约》及其议定书、《防止及惩治灭绝种族罪公约》《禁止并惩治种族隔离罪行国际公约》《禁止酷刑和其他残忍、不人道或有辱人格的待遇或处罚公约》《反对体育领域种族隔离国际公约》《男女工人同工同酬公约》《儿童权利公约》《经济、社会及文化权利国际公约》《就业政策公约》和《禁止和立即行动消除最有害的童工形式公约》,还于1998年10月5日签署了联合国《公民权利和政治权利国际公约》(但尚未经全国人大常委会批准)。此外,我国早在1957年和1984年曾批准了关于战争和国际人道法领域的4个日内瓦公约及两个附加议定书,即《改善战地武装部队伤者病者境遇之日内瓦公约》《改善海上武装部队伤者病者及遇船难者境遇之日内瓦公约》《关于战俘待遇之日内瓦公约》《关于战时保护平民之日内瓦公约》《1949年8月12日日内瓦的公约关于保护国际性武装冲突受难者的附加议定书》和《1949年8月12日日内瓦的公约关于保护非国际性武装冲突受难者的附加议定书》。我国不仅在制度形态方面不断提升保护和保障人权的整体水准,同样注重加强对全社会人权保护的意识形态工作:2011年和2014年,我国分两批先后在中国政法大学、南开大学和复旦大学等8所高校设立了国家人权教育和培训基地。这些基地承载着人权学术研究、人权知识普及与推广及人权国际对话的任务,并面向高校师生和社会各界以主旋律、正能量的方式传播我国关于人权的政策及其执行情况,让中外均能了解我国在人权事业上所作的努力和取得的成就。

(二) 医疗服务中的人权

如上,人权外延极宽,内涵极丰,一国政权(政府)即使撒尽公共财产亦绝无可能满足保护该国公民人权的需求,更谈何保障。对此,即使在发达国家,它们亦在其宪法中将人权划分为基本人权和非基本人权,前者属其国家(政权)必须用公共资源去履行保护和保障职责的范围,由公权力机关主动尽可能履职到位;后者则让社会主体自行履行保护义务或自行依法启动维权程序。如前所述,医事法所调整和保护的恰恰是属于基本人权中最重要的(生命)健康权利,是政权通过政府应动用公共资源去恪尽的职责。从这个意义上说,医事法及其所属的卫生法亦系人权法的范畴,是人权法中的重要组成部分,令人遗憾的是由于专业阻隔而未能入当下"主流"人权学者们的视角而已!

三、医事法治的基本要求

(一) 医事法治的基本要求

主要包括:①医事法制须健全,足以调整医事及相关法律关系,相关法律规范性文件要既具有专业性,又体现民主、科学和(真正)法治的精髓,能为全社会所敬仰与信赖;②作为责任人的各级政府必须本着对人民健康高度负责的意识和精神依法全面、切实地履行其该基本职责;③(医方、就医方等)相关主体应当依法履行各自的义务、尊重与维护对方的权益,一旦原医事法律关系受损而无法实现,各方应当依法定救济途径依法处理和解决相互之间的纷争;④依法负有解决纷争职责的(主管机关、法院、医调委)机关或组织应真正、切实地担当起其各自的法定职责,从最终实现医事法律关系的根本目标来依法处理和解决纷争;⑤全社会建立否定与惩罚任何有损"依法办事"的评价体系和制度形态,坚决杜绝通过违法犯规可(更多)获利的逆向淘汰现象。

(二) 存在的问题

我国目前至少在医事法领域根本谈不上法治,从立法、循法到执法各个环节均存在偏离法治甚至格格不入的问题,主要体现在以下几个方面。

(1) 医事法学和卫生法学理论研究能力及其水平不容乐观,当下该领域理论界存在着:①主流法学界不懂医学,其研究受制于(民事)侵权法学和契约法学知识与思维,将医事法律关系等同于民生法律关系(之一部),或者因医事法中含有大量行政法律规范性文件而将医事法律关系视为行政法律关系;②医学院校中从事卫生法学教学和研究以及卫生行政部门中政策法规司(处)的部分人员虽(相对)懂医学但逊于足够的相关法学理论功底而尚欠破解能力;③它本属交叉学科领域,各国对此研究均欠足够的深入,即使美、加、澳、法、德和日等发达国家对此的研究亦不完善,而且均存在用某部门法视角这种贴到临床医学上的"研究"特点;④研究能力的不足必然影响研究成果,而那些(主流法学界)缺乏针对性或(医学界)应有理论深度的研究成果必然影响立法的质量和执法、司法的正确。

(2) 我国医事法领域的相关法律规范性文件在数量上确实不少,但即使从量上看,仅接诊后医方和就医方各自的职责分配、就医方的协力义务、医疗费"跑单"后的追责与托底等均无法可依;质量上则问题更多,如国务院《医疗事故处理条例》第50条的赔偿标准极其荒谬(详见第六章),又如《医疗机构管理条例》第33条亦因不懂自主权和(危及)生命权不得代理这一基本法理而规定"同意"要由家属或关系人签字(详见第四章),再如《医疗事故分级标准(试行)》中(及全国医院的)等级划分显然是不懂等和级之间的逻辑关系而为。

(3) 政府机关依法行政问题,略,详见下文。

（4）循法而为、依法办事的观念在医疗服务中及因此而发生矛盾后寻求解决纷争过程中对就医方和医方双方行为方式及其程度选择的影响力，虽然随着法治进程的不断深入，人们守法意识相对增强，虽然公安机关在2014年3月7日习近平参加全国人大贵州省代表团回应儿科医生束晓梅代表提及的"医闹"现象时作出"必须维护医院的正常秩序、保护医护人员安全，任何伤害医护人员的违法行为都要依法严肃处理"的指示后，对其原先即便接警后仍对此类所谓"民事纠纷"一贯所采取的放任、旁观的态度有所好转，但因我国社会保障水平和程度相对较低，民众中借机向医疗机构谋得保障的想法及其做法依然有一定的代表性（且一旦成功会被放大）。

（5）医疗纠纷处理制度建设存在基础性欠缺，即在制度设计时，原卫生部及地方各级主管部门垄断了医疗纠纷处理的专项职权，但又因怕成为行政诉讼中的被告而拒不履行该依法确定的职责，后又将此具有高度专业性的事项推给了医调委这一权威性和专业性程度相对较低的社会组织，而该组织基于大量案件和自身理论能力，很难从回归性医事法律关系实现的高度来认识和实施，往往仅就事论事，仅追求平息纷争这一但求效率、罔顾（对医方）公平的"社会效果"。

（6）即使卫生行政部门将处理医疗纠纷的职责推向社会，但仍不愿放手医疗事故技术鉴定职权，不愿与司法部协调重新整合对医疗事故鉴定资源，以理顺此类专业技术鉴定关系，以致出现了同一事项（案件）两种（医学会组织的医疗事故技术鉴定和法医学）鉴定并存的奇怪现象，试想，某个对于疾病的诊疗或伤情的救治行为是否操作适当本来纯属一个医技临床上的技术问题却交由一个专门判断非正常损伤程度和死因的法医法机构，能有说服力吗？该不正常现象背后的症结还在于卫生行政部门，既然为了不愿做被告而将医疗纠纷处理职责推给了由司法部主管的人民调解组织，那么组织医疗事故监督的职权也应移交司法部，各级司法行政部门自会履行好组织由临床医师为主的医疗事故技术鉴定工作。

（7）司法（主要指民事审判）机关的专业能力问题，法官为法律专家，在司法体制改革的当下，他们中具有医学和法学复合学历背景的很少，尤其是具有临床实践经验者更是凤毛麟角，他们因不谙医技，审理医疗纠纷案件时，往往将其中的技术问题甚至相关事实问题全部交给鉴定机构，最终造成了案件"以鉴代审"，失去了法院本身的审判职能了。要是由法医学鉴定机构"鉴定"出来不靠谱的结论来，更何况现在有些民间鉴定机构存在唯利是图的现象，如果由此类鉴定意见左右审判结果的话，能符合法治要求吗？

四、政府的职责及其履行制度

如前所述，依法治国的关键及核心是依法行政。其原因不仅在于整个行政系统的人数占（非军事）国家机器的2/3以上，还在于行政职权的特点。①依法治国，除了离不开人民群众自觉尚德循法，更有赖于国家机器的正常运转，而占其中绝大多数的机构和人员均属该系统,它们所占的各个部门或环节要是不能依法行政,依法治国的可能性几乎被消灭。②行政职权的特点也决定了依法行政对于(医政)法治目标实现的基础性和关键作用。

(一) 行政职权的特点

1. 就其社会职能

(1) 与权力机关的立法权相比,它具有:①属(对法律和地方性法规的)执行环节,注重执行力;②具有直接性,而各级权力机关只能通过制定法律或地方性法规(这种间接管理的方式)并交由行政机关去执行;③对名义上由权力机关代表辖区人民行使支配权的而由行政机关实际掌控系的公共资源具有实质上的支配权。

(2) 与司法审判权相比,它具有:①前端性,正基于其直接性和实际支配性的特点,在执法上属于前阶段,即使对它执法行为有异议,亦只能通过提起行政诉讼而提请法院对该行为进行司法审查;②(可)主动性,虽然也有依申请而为的情形,但执行(行政)的基本特征是(在法律或决策确定后)依职权主动而为;③不可替代性,虽亦受权力、监察和司法机关的依法监督,其行为可能被认定无效或撤销,但依职权法定的原则,其功能是该3类机关所不能替代的;④不容否定性,它是特指囿于司法审查的职权范围,抽象行政行为即使存在错误,其本身的效力也不是法院裁判可否定;⑤(更具)自由裁量性,基于其主动(管理)性的特点,在制度设计时就留有较司法权更大的自由裁量度。

2. 就其自身　还具有如下特点:①在单一制国家中,基于行政垂直组织体系的特点而具有直接垂直性(下级服从上级);②所属或下级机关(构)对其上级具有服从的组织特性(下级服从上级、局部服从整体、全国服从中央);③就其所管辖事务(特定管理事项)而言,它具有既定目标性,因此较之立法权、司法权更取向效率;④对管理要素的直接支配性的特性,决定了其对某一社会管理事务远比权力机关和司法机关不可及的管辖效果能量;⑤干预性,因其运作的逻辑起点为公共利益(含不特定多数人的健康和安全)而被赋予对(非基本人权的)私权(如从事特定行业、信息传递等)的可干预性。

行政权力(职责)的上述特点,决定了它对社会生活(含民众健康权利保障)不可替代的巨大影响力。

(二) 政府对人民健康权利的保障责任

1. 直接保障责任　正是基于行政权的上述特点以及法定的职责,政府对保障人民健康生命权利的巨大作用:《宪法》第21条(和第45条第1款后项)的国家(发展医疗卫生事业的)负担、第45条的公民(患疾病而享有)权利均落实于其第89条第7项国务院之教、科、文、卫、体和计(划生育)职权(责);《宪法》第107条第1款、《各级人民代表大会和地方各级人民政府组织法》第59条第5项地方各级人民政府之"管理本行政区域内的经济、教育、科学、文化、卫生、体育事业、城乡建设事业和……计划生育等行政工作"职权(责)。如前所述,职责是本源,职权是履行职责的制度保障;亦如前述,弃权卸责均属违法无疑。因此,保障人民的健康(生命)权利是政府不可推卸、不容懈怠的职责。责任,是依照道义或法律而确定的终极负担。它有别于义务或职责,只可自担,不可(通过协议或制度安排而)转嫁。在此意义上,作为保障人民健康(乃至生命)权利的医疗事业本质是政府向全社会提供的一种比较专业、具体的公共产品,而且从其特征上看与一般公共产品的诸特征吻合。因此,医疗事业由公共财政支出(为主)来负担,由政府治下的公民来受益。尤其是我国社区卫生服务中心,无疑属国家(政府)兴办的纯公共产品。医疗行为则是社会医疗事业的具体客体,在此点上,它恰与医事法律关系的客体相重合,这也从侧面证明了作者的这一观点。如前所述,①在中央层面:国务院依照《宪法》和《社会保险法》的规定,负担设计并确定一个既能确保障全国人民健康权利、尽可能满足人民对"美好生活"的追求,又符合我国现实经济承受能力的医疗保障制度,在当下体现为我国的基本医疗保障体系;自1993年底起,我国经济一直处于持续发展的状态,公共财富的不断积累和增长,理论上已具备随国家经济和财政收入增长幅度提升卫生事业经费的物质保障,更何况在中央严控公款消费制度下,政府(财政)更应当履行按比例足额(且持续增加)拨付该项资金的义务;国家卫健委、中医药局等医事主管部门应当真正担负起依法(《执业医师法》《医疗机构管理条例》和《中医药法》等)确定的各项职责,全面、切实履行这些职责,不得有法不依、懒政渎职、以政(策)代法、唯(上级之)命是从,否则应该承担法律或政治责任。②在地方层面:地方各级政府及其财政、医事主管部门则在其辖区内承担上述相应的职责和责任。

2. 间接保障责任 如果说,直接组织、实施和资金保障卫生事业的发展是政府的直接保障责任的话,那么,用国家资源(公共权力以及国家机器)来服务和维护医疗活动正常进行的社会秩序则是政府对医疗事业开展与进行的间接帮助责任,而且,依公共管理学理论,这种秩序维护和制度保障恰是最典型的纯公共产品。对此,作为执政当局的政府及其所属部门或机构依法律确定负担起维护、保障医疗事业正常开展和运行的职责和责任,具体体现在以下两方面。

(1) 在中央层面,主要包括:①国家卫健委、中医药局等医事主管机关应依法履行立法职责,通过制度设计与安排,(实质)合法、公正、科学地设定医患关系,并行使解释和裁决权,从宏观和微观上能体现公信力并处理好医患关系,而非畏难而揽权推诿渎职;②国家卫健委应履行好其作为行业主管机关的职责,采用立法或许可的方式,从源头管好医疗行为(取向、规则)及血液、药品、医疗器械和卫生材料等物品的使用环节;③国家药监部门应履行其立法职责,设计好药品、医疗器械和卫生材料等的生产、流通管理制度,采用许可与否的方式从源头履行好此类物品对人体健康的安全和有效保障职责;④医保部门应会同卫健委、物价等部门履行明年确定好属医保费用负担的情形和边界,并采用制度方式确定并禁、限过度医疗行为的职责;⑤公安部应通过立法(和规章解释)职权,指导公安干警加强学习、提高执法能力,严格依照《治安管理处罚法》和《刑法》规定,对任何伤(杀)医、医闹和妨害或扰乱医疗秩序的违法行为追究行政法律责任或(运用刑事侦查权)启动追究刑事责任程序的职责,不得懒政渎职,放任相关违法甚至犯罪行为；⑥司法部采用立法(和规章解释)职权,履行好指导、规范全国调解组织对已经承接的医疗纠纷调解工作,保证所调解案件得到公平、合理和自愿地解决。

(2) 地方各级政府的医事主管、药监、医保、公安、司法等部门按上述要求履行好具体保障医疗秩序正常进行的执行职责。

(三) 对人民健康权利保障职责的履行情况及展望

1. 对人民健康(积极)权利(即医疗保险)保障制度　详见第三章,此略。

2. 对人民健康(消极)权利的保障制度　健康(消极)权利,即自然人的现有健康状况免受损害的制度保障。它主要包括以下几个方面。

(1) 对食物、饮用水等人体维持健康状况必不可少物质进行监管的履责情况,主要体现在:①食品(含农产品农药残留)监管法制:1982年11月19日,我国第5届全国人大常委会第25次会议就制定《食品卫生法(试行)》,并于次年7月1日起施行;1995年10月30日,第八届全国人大常委会第16次会议通过了《食品卫生法》,并于同日起施行;2009年2月28日第11届全国人大常委会第7次会议又通过了《食品安全法》,同年10月1日起施行,2015年4月24日、2018年12月29日2次对它进行了修改。②生活饮用水监管法制:1996年7月9日,卫生部发布了《生活饮用水卫生监督管理办法》,于次年1月1日起施行;2016年4月17日,住建部、国家卫计委联合对之进行修订,并于同年6月1日起重新施行;国家有关部门还制定并实施了一系列的质量标准和技术规范。此外,《水污染防治法》(1984年5月11日制定,1996年5月15日、2008年2月28日、2017年6月27日3次修改)第五章《饮用水水源和其他特殊水体保护》(第63～79条)专门规定;以及上述各部行政法律规范性文件的实施细则(办法)和配套技术标准或规程和相关能部门的相关执法活动。

(2) 对职业病防治方面的履职情况:2001年10月27日,第9届全国人大常委会第24次会议制定,次年5月1日起施行的《职业病防治法》之预防部分,该法于2011年12月31日、2016年7月2日和2017年11月4日3次修改;《劳动法》(1994年7月5日第8届全国人大常委会第8次会议通过,次年5月1日起施行,2009年8月27日和2018年12月29日2次修改)第六章劳动安全卫生(第52～57条)部分;以及上述各部行政法律规范性文件的实施细则(办法)和配套诊断标准或操作规程和相关能部门的相关执法活动。

(3) 对生存环境方面监管的履职情况:1989年12月26日第7届全国人大常委会第11次会议通过,并于同日施行了《环境保护法》,该法于2014年4月24日第12届全国人大常委会第8次会议修订,次年1月1日起重新施行。其他,还包括《水污染防治法》《海洋环境保护法》(1982年8月23日制定,1999年12月25日、1999年12月25日、2013年12月28日、2016年11月7日和2017年11月4日5次修改)、《大气污染防治法》(1987年9月5日制定,1995年8月29日和2000年4月29日、2015年8月29日和2018年10月26日3次修正),以及上述各部行政法律的实施细则(办法或条例)和配套法律规范性文件和各职能部门的相关执法活动等。

（4）对打击骗取医保基金违法犯罪行为，保障公民医疗保障待遇权利的履职情况：事实上，在我国建立起城镇（职工和居民）医疗保险（以下简称医保）制度后不久，不法分子就瞄上了医保基金。为此，2018年9月，国家医保局牵头启动打击欺诈骗取医疗保障基金专项行动。据相关新闻报道，自2006年2月起至2019年5月，我国国家和各地医保主管部门会同司法机关先后查处了吉林白山市江源区湾沟北山社区医院和湖北蕲春县五洲医院挂床骗保案、甘肃临夏市6家民营医院欺诈骗取医保案、安徽淮南毛集第二医院以虚假住院骗保案、内蒙古呼伦贝尔牙克石市图里河镇中心卫生院以虚假住院骗保案，还包括湖北宜昌阳光医院、广东普宁东方医院、江西石城协和医院、青海西宁兴华医院、天津蓟县佳人医院、贵州安顺阳光妇科医院、重庆巴南九洲医院、湖南临武百姓医院、江西萍乡市安源区人民大药房串换药品骗取医保基金等案，追回了大部分的医保基金，挽回了大部分的损失。国家医保局官员黄华波在总结会上说：医保基金是老百姓的救命钱，确保医保基金运行安全，不仅是重大民生问题，而且是重要政治任务。正因是百姓的健康（这一基本人）权重要组成部分，它更是作为相对方政府的职责和使命，不容懈怠。

3. 展望　如前所述，法治既是一种制度形态，它亦是一种意识形态（即法治理念），尤其是在社会存在尚不完全具备建设制度形态的条件下，作为领导人的理念往往成为推进社会法治制度形态建设的进程的关键因素和动力，纵观自13世纪准近代中外法治演进的历程（以1215年英格兰的《自由大宪章》确立"王在法下，必须遵守"的原则为标志。），无不如此。在医事法治制度和理念均有缺失的我国，领导人的意识和理念就显得更为重要。

（1）历年来。习近平总书记的多个重要指示，始终指引着我国医事法治方向：①2014年12月，习总书记在考察江苏镇江市世业镇卫生院时就（国家发展的方向和标准问题上）提出"没有全民健康，就没有全面小康"；②习总书记（就我国医事发展的方法论问题上）提出要解决"看病难、看病贵"问题，他多次在主持会议中强调医疗卫生改革的重要性，从破除公立医院逐利机制到推动建立分级诊疗制度，推进家庭医生签约服务，以期让老百姓在家门口能享受到便捷优质的医疗服务；③2015年11月25日，习总书记（就政府职责和工作中心问题时）明确："要始终把广大人民群众健康安全摆在首要位置"；④2016年5月27日，习总书记（就我国人口老龄化的形势和对策问题时）指出："要完善养老和医疗保险制度，落实支持养老服务业发展、促进医疗卫生和养老服务融合发展的政策措施"；⑤2016年2月3日，习总书记在考察江中药谷制造基地时提出，医疗保健是全面建成小康社会的重要方面，要下大气力抓好，生产廉价、高效、优质、群众需要的药品，杜绝假冒伪劣，切实保障老百姓的生命健康权益。中医药是中华文明瑰宝，是5 000多年文明的结晶，在全民健康中应该更好发挥作用[1]；⑥2014年岁末，习总书记来镇江市丹徒区世业镇考察时（就医疗服务的方法论问题上）指出："医疗卫生服务直接关系人民身体健康。要推动医疗卫生工作重心下移、医疗卫生资源下沉，推动城乡基本公共服务均等化,为群众提供安全有效方便价廉的公共卫生和基本医疗服务,真正解决好基层群众看病难、看病贵问题";⑦习总书记(就"中国梦"实现的目标问题上)强调:"人民健康是民族昌盛和国家富强的重要标志……"⑧习总书记(就社会发展的手段与目的关系上)指出:"经济要发展,健康要上去,人民的获得感、幸福感、安全感都离不开健康"[2]。

(2) 2016年10月25日,中共中央、国务院印发了《"健康中国2030"规划纲要》,并发出通知,要求各地区各部门结合实际认真贯彻落实。《"健康中国2030"规划纲要》的相关内容,详见第二章,此略。

(3) 各方面落实进展。事实上,从习总书记指明的价值论和目标上说,《"健康中国2030"规划纲要》本身也是实现该目标的方法论和落实;其他方面的落实详见本书的各章。

注释

[1] 该①②③④⑤均引自:王宇鹏,赵敬菡,万世成. 习近平的健康观:以人民为中心,以健康为根本[EB/OL].(2016-08-19)[2019-09-11]. http://cpc.people.com.cn/xuexi/n1/2016/0819/c385474-28650588.html.

[2] ⑥⑦⑧均引自:李珊珊,吕凡. 习近平铺设"健康之路"[EB/OL].(2018-10-13)[2019-09-11]. http://news.ifeng.com/a/20181013/60106809_0.shtml.

第二章 医疗保障制度

第一节 医疗保障制度概述

一、医疗保障原理

如前所述,公民健康权利系基本人权,是作为相对方即政府所代表的国家必须履行且不可懈怠的基本职责,因为这是公权力机关(政府)存在的价值前提。从该意义上说,公民的健康权利,即社会对其健康状况维护及现状改善可能性的制度保障体系。对此,作为辖区人民(社会主人)管家的各级政府负有动用通过其税收、公共财产盈利等方式获取的财政收入一部分之公共资源采用转移支付等方法的财政支出从物质上履行其保障职责;若不恪尽而怠于履行此项职责的,于法理上亦如前述,在客观上确属失职或渎职无疑,自当影响其本身的正当性乃至整个政权的公信力。唯该政府得以财政收入不足以支撑履行该职责所必需的(财政)经费支出(即"巧妇难为无米之炊")为抗辩理由而豁免。

保障辖区公民的健康权利事实上是多维度、多方面的,如果属于消极权利的免受非自身因素健康维持的环境污染或被动吸烟等损害。那么,国家(政府)对此应提供的公共产品应当是完善、严厉的环保和公共场所控(禁)烟法制(如国家《环境保护法》《环境保护税法》和地方立法的《上海市公共场所控制吸烟条例》等)。当然,此种保障同样需要财政支撑,只不过它是通过法条规制(禁限或课征环保税)相对人的行为或由主管机关执行法条规定(如罚款等行政处罚)来起到保护消极健康权利免受损害或减轻受损程度;再如食品、化妆或护肤品中含有有害于人体的危害物质或因素同样会侵害使用者的消极健康权利,国家(政府)对此予以保障的公共产品依然是采用立法(如《食品安全法》《化妆品卫生监督条例》等)的方式进行规制和主管机关的执法监督(含处罚)来起到保护使用者健康权利的作用;防疫制度则是更直接、有效的保护可能染疫区域易感人群的消极健康权利的公共产品,它也是出于建立保障个体及公共(消极)健康权利为目标的法律制度(如《传染病防治法》《突发公共卫生事件应急条例》等)。此外,最典型的健康保障制度则是保护公民旨在恢复已(因先天缺陷、患病或受伤等)受损健康状况等的积极健康权利的诊疗及其金钱负担的医疗保险(简称医保)制度,它是一国或地区社会保障制度(以下简称社保)的重要组成部分,社保制度与一些国家(或地区的)社会福利制度有交集或重合。

二、境外国家的医疗保障制度

19世纪60年代在"铁血首相"俾斯麦领导下的普鲁士(后德国)同时步入第二次工业革命和德意志民族统一运动,为(笼络人心)加快民族振兴及基于国家原理和政府职责,普鲁士政府一改英国式的"守夜人"政府角色,以积极履职和责任政府的崭新范式与形象面世。1883年,德帝国议会通过,并颁布了世界上第1部体系化的《疾病保险法》,开创了包括医疗保险在内的社保法制,1884年和1889年,它又颁行了《意外伤害保险法》《伤残老年保险法》。该3部法律不仅首次将政府对其臣(公)民的此类生存保障正式作为向国民提供的社会公共产品(亦被认作社会福利,后2法不属本章体系)先行于欧洲,而且对世界各国社保制度的陆续建立起到了引领和示范的作用。继德国后,奥地利于1888年建立起疾病医疗保险(1887年建立工伤保险、1906年建立老年社会保险和1920年建立失业保险)制度;1891年,丹麦建立老年社会保险和1933年建立疾病社会保险制度;1894年,挪威建立工伤社会保险和1933年建立社会疾病保险制度;1895年,荷兰建立工伤社会保险和1963年建立疾病社会保险制度,1898年,建立工伤社会保险,1930年,建立疾病社会保险和1946年建立生育保险制度;1908年,英国建立老年社会保险和1911年建立疾病社会保险制度;1910年,芬兰建立工伤社会保险和1913年建立疾病社会保险制度;1924年,比利时建立老年社会保险和1944年建立疾病社会保险制度[1]。

1929年的世界经济萧条将一直奉行资本、自由和孤立主义的美国拖入深重的危机之中。一些明智的政客也开始接受社会共同体利益连带的理念。1935年1月,当选刚1年多的罗斯福总统在实施其新政总体政策时,向国会提出(上任1年的)年度国情咨文,要求美国学习欧洲,进行社保立法。一开始阻力重重,在其不懈努力下,同年8月,该法案终获通过。其(相关的)整体思路为:①社保是机器大生产的客观要求,必然取代家庭保障的社会传统;②将以"普遍福利"为核心的社保制度作为基本国策,以克减国民对生活中可能面临的各种灾祸的恐惧;③实行强制的老年社保(养老金)制度,现由联邦政府负担一半进行推动,后过渡至在劳动者薪水中提留自给负担;④保险基金须取之于民、用之于民,劳动者亦须有自我保障意识;⑤社保实行逐步推进,不能一哄而上。该社保的内容覆盖:老年救济;老年退休年金;失业保险;对盲人、需要社会抚养的儿童和其他不幸者的救济。

对于社保金的运作,该法案确立3项原则:①除开办费外,它应是自给的;②除老年保障外,由各州按联邦政府确定的标准各种经营;③为妥善运营该基金和积蓄金额,保护国家信用,联邦政府应通过国库保留对该一切款项的支配权[2]。此后,杜鲁门、尼克松和克林顿等历届总统都已发现相当部分美国人未能被医疗保险制度被所覆盖的问题,曾尝试对此进行改革,但最终均未成功。2009年3月5日,奥巴马总统正式推出其医改方案,同年11月7日和12月24日,美众参两院均以微弱优势通过该医改法案;2010年3月21日,在预算问题上,众议院最终以220票对211票批准了总额9 400亿美元的、史上最大规模的医疗保险改革议案。

该法案欲实现的三大目标是:保护保险服务的消费者;给无保险的人提供医保;降低医保成本。它明文规定,所有美国人都应在2014年前拥有医保。其具体的实施措施为:①规定统一的健康保险标准,法案将授权政府成立专门机构制定标准和细节,如不准歧视已生病的人,提供免费常规体检及保险须涵盖一定的医疗服务等;②扩大医保范围,含使联邦医助(Medicaid)覆盖65岁以下,收入在贫困线1.5倍以下的人口,对收入在贫困线4倍以下的人提供补助以购买医保,要求所有个人和一定规模的企业购买和提供医疗保险,否则将被罚款;③建立"公共选择"(Public Opinion)保险计划作为政府示范和推进工具,该计划由联邦政府提供20亿美元(但不再注资)的启动资金,在运行后10年之内偿还政府;④创建新保险市场(Health Insurance Exchange),以对所有保险计划所涵盖的范围和投保者自付款都有限制,法案规定了基本、增强、优质和超优质计划4种保险服务类别,使保险公司只能在保费和服务质量上相互竞争[3]。一贯反对奥巴马医改法案的特朗普自当选并接任总统以后一直未停止废止该法案的努力,但至今未成功。

1922年,日本第45次帝国议会通过主要面向体力劳动者的《健康保险法》,本应于1924年施行但因发生关东大地震而推迟至1927年正式实施[4];如今因涉及众多外来劳工,2019年5月,该法修正草案经其参院厚生劳动委员会以执政党多数赞成通过,已正式进入修正程序[5]。1938年,日本政府为了应对战争、解决兵员问题,推行"健兵健民"政策,出台了面向农民和城市居民的《国民健康保险法》,并于1941年进行了修正,实行"全民皆保"[6]。1958年,日本又通过《国民健康法》,实现了医保的全民参保。据厚生省统计,加入国民健康保险总人数有5 200万人,加入健康保险人数达到7 600万人[7]。

第二节 我国医保制度的初建与改革

一、《劳保条例》与新中国成立后城市职工医保制度的初建

新中国成立初期的临时宪法《中国人民政治协商会议共同纲领》在新中国尚未正式宣告成立,全国战事尚未终结,相当部分地区的新民主主义建设事业尚未完全展开与进

行的情形下,已关注到公(时称国)民的健康和(国家)对卫生事业的义务和责任。其第48条规定,提倡国民体育。推广卫生医药事业,并注意保护母亲、婴儿和儿童的健康。只不过它当时未能具体提及医保制度而已,事实上当时的公共财富根本不具有挑起这副重担的能力。

1951年2月23日,政务院第73次政务会议通过、并于3日后发布了《劳动保险条例》(以下简称《劳保条例》)。它表明,即使中华人民共和国刚成立,国家尚处于新民主主义建设初期,政府的最高行政机关已采用公权力规制和干预(企业在职工工资外缴付劳保金及遇法定情形另行按规定支付相关费用)的方式保障受雇劳动者的健康与安全利益。该条例第12条甲款规定,工人与职员因工负伤,应在该企业医疗所、医院或特约医院医治;如该企业医疗所、医院或特约医院无法医治时,应由该企业行政方面或资方转送其他医院医治,其全部治疗费、药费、住院费、住院时的膳费与就医路费,均由企业行政方面或资方负担。在医疗期间,工资照发。第13条甲款规定,工人与职员疾病或非因工负伤,应在该企业医疗所、医院或特约医院医治,如该企业医疗所、医院或特约医院无法医治时,应由该企业行政方面或资方转送其他医院医治,须住院者,得住院医治;其治疗费、住院费及普通药费,均由企业行政方面或资方负担;贵重药费、就医路费及住院时的膳费由本人自理。第13条乙款规定,工人与职员疾病或非因工负伤停止工作医疗时,其医疗期间连续在3个月以内者,按其本企业工龄的长短,由该企业行政方面或资方每月发给其本人工资50%～100%;连续医疗期间在3个月以上时,改由劳保基金项下按月付给疾病或非因工负伤救济费,其数额为本人工资30%～50%,至能工作或确定为残废,或死亡时止。但连续停工医疗期间以6个月为限,超过6个月者按丙款残废退职待遇办理。该制度在我国城市(镇)工商业职工的医疗保障体系中,起到了极其重要的作用,并一直延续到1992年医疗保障改革前。

1954年9月20日,第1届全国人大第1次会议通过了《宪法》。它是我国首部正式(即五四)宪法,是进入社会主义建设时代的国家母法和法制基石,也是国家各项制度安排和权力配置的基本架构。其第93条规定,我国劳动者在年老、疾病或丧失劳动能力时有获得物质帮助的权利;国家举办社会保险、社会救济和群众卫生事业,并且逐步扩大这些设施,以保证劳动者享受这种权利。可见,当时已经确定了国家(政府)负担"举办社会保险……群众卫生事业"的职责;对给予"物质帮助"社会福利的享受对象则限于"年老、疾病或者丧失劳动能力的"劳动者。事实上,在刚结束抗美援朝战争和国内刚完成生产资料的社会主义改造的物质生产条件下,能作出如此制度安排和承诺,即使与其他国家进行横向比较亦不逊色。如果说,《共同纲领》是新中国诞生的象征及国家初创时期和新民主主义的法律基础的话,那么1954年宪法则是我国从新民主主义社会走向社会主义社会的标志和法律源泉,它正是我国社会正在进行的"一化三改造"即"实现社会主义工业化"及"逐步实现对农业、手工业和资本主义工商业的社会主义改造"历史进程中制定的,自有其历史必然性和价值。

二、农民医疗保障与"赤脚医生"制度

1956年6月30日第1届全国人大第3次会议通过,同日颁布的《高级农业生产合作社示范章程》是我国农村进行社会主义改造、建立社会主义公有制的法律文件。该章程第51条规定,农业生产合作社必须注意社员在劳动中的安全,不使孕妇、老年和少年担负过重和过多的体力劳动,并且特别注意使女社员在产前产后得到适当的休息;合作社对于因公负伤或者因公致病的社员要负责医治,并且酌量给以劳动日作为补助等。可见,作为农村社会主义集体经济组织的农业生产合作社已被确定对其社员负担包括医疗在内的社保职责。

1962年9月27日,中共8届10中全会通过了《农村人民公社工作条例修正草案》,它是我国当时全面建设社会主义新农村的纲领性文件,确立了以社代政(乡政府)的农村基层政权体系,组织农业生产和(公社、大队和生产队的农村3级)基层管理体系。此后的20多年间,人民公社在我国社会经济和政治生活中充当了不可替代且至关重要的作用。因该工作条例共60条,故被简称为60条。该60条中的第44条第6款规定,要关心社员的身体健康,保护社员劳动中的安全。对于因公负伤的社员,应给予适当的补贴;对于因公死亡的社员的家属,应给予适当的抚恤;对于女社员的生理特点,对于参加劳动的少年的身体发育,要加以照顾;女社员在产假期间,生活有困难的,应酌量给以补贴。显然,在对社员的社会保障方面,人民公社基本延续了高级农业生产合作社的责任。

1959年11月,卫生部在山西省稷山县召开全国农村卫生工作会议,正式肯定了农村合作医疗制度。此后该制度遂在广大农村逐步推广。1965年9月,中共中央批转卫生部党委《关于把卫生工作重点放到农村的报告》,强调加强农村基层卫生保健工作,极大地推动了农村合作医疗(以下简称农合)保障事业的发展。到1965年底,全国已有山西、湖北、江西、江苏、福建、广东、新疆等10多个省、自治区、直辖市的部分市县实行了合作医疗制度,并进一步走向普及化。农合制度具有如下特点:①以农村居民为保障对象;②以群众自愿为原则;③以集体经济为基础;④以全方位服务为内容;⑤能就近或上门提供医疗服务。正是基于农合的这些特点,即使它设施简陋、层次低,难以应对和满足需(住院)手术及疑难杂症等医疗服务需求;即使在"文化大革命"(以下简称"文革")期间,它依然深受农民欢迎。到1976年,全国已有90%的农民参加了合作医疗,从而基本解决了广大农村社会成员看病难的问题,为新中国农村医保事业的发展写下了光辉的一页[8]。

另一方面,为切实改变长期以来我国农村地区缺医少药、医疗资源集中于城市、农民生病后需长途奔波甚至跋山涉水的状况,"赤脚医生"[特指该时期未经过正规的中、高等(临床)医学教育和训练、未列入医疗事业单位编制、持农村户籍,通过家族传承、自学或接受培训,具有一定对症临床功能,且能进入田间提供医技服务,记工分获得分配的半农半医人员]这一我国农村特有的社会职业和特定的时代产物应运而生。20世纪60年代后期至70年代末,由于"文革"的冲击,造成十多年我国高等医学教育的基本停止和医学人才

的基本断层,加之"文革"前我国绝大部分的医疗机构和高(中)等医学人才等医学资源布局于城市,"赤脚医生"多来源于医学世家、高中毕业且略懂医术病理或上山下乡的知识青年。到 1977 年底,全国有 85% 的生产大队实行了合作医疗,赤脚医生曾一度达到 150 多万名。近 20 年的时间内,"赤脚医生"在我国广大农村地区起到了一定的、不可或缺的医疗和预防保健作用。1985 年 1 月 25 日,《人民日报》发表《不再使用"赤脚医生"名称,巩固发展乡村医生队伍》一文,至此"赤脚医生"这一历史现象逐渐淡出人们的视线[9]。

三、公费医疗制度的初建

我国医保的另一个维度是公费医疗制度。1952 年 6 月 27 日,政务院《关于全国各级人民政府、党派、团体及所属事业单位的国家工作人员实行公费医疗预防的指示》(以下简称政务院《指示》),同年 8 月 30 日,经政务院批准后卫生部发布了《国家工作人员实行公费医疗预付的指示》(以下简称部《指示》),它们的施行宣告了我国公费医疗制度的确立。部《指示》第 2 条第 1 款规定,享受公费医疗预防待遇人员的范围为:①全国各级人民政府、党派、团体在编制的人员;②全国各级文化、教育、卫生、经济建设事业单位工作人员(系指在国家预算内开支工资者而言,其不在国家预算内开支工资者,由其主管事业单位另行处理;其已享受劳动保险条例所规定之医疗预防待遇者,仍按该条例之规定处理);③经中央人民政府政务院核定之各工作队人员;④受长期抚恤的在乡革命残废军人和住荣军院、校的革命残废军人。同时及此后,国家各部委又相继出台了一系列相关配套文件,旨在确定公费医疗的人员范围、具体保障内容、病假期间工资发放标准、子女享受公费医疗的规定及退休人员的保障待遇等,如 1953 年 1 月 23 日卫生部发布《关于公费医疗住院的规定》(其第 1 条将公费医疗预防的范围扩至每乡 3 名乡干部及大学及专科学生)、1952 年 8 月《财政卫生支出预算内容和计算标准》、1955 年 9 月 17 日财政、卫生和人事 3 个部门《关于国家机关工作人员子女医疗问题的通知》和 1956 年《国务院人事局等国家机关工作人员退休后仍应享受公费医疗待遇的通知》及其(1970 年的)补充规定[10]。随着科技的进步、社会的发展、(享受公费医疗待遇)人数的扩大、(因医疗器械使用成本和药价增加)单个住院或门诊费用的上升,事实上已令中央和地方财政日益不堪重负或无法承受。

第三节 我国医保制度的改革需求

一、城市职工医保制度基础的变化及改革初探

从前述已不难看出,无论是应对城镇职工及其家属的 51 年《劳保条例》、应对农业劳

动者的人民公社和"赤脚医生"制度及20世纪50年代建立的公费医疗体系,到了70年代末,已难以正常运行,不能真正起到保障名义上属于医保范围内的人员能事实上获得原定医保内容和待遇的作用。其原因在于:《劳保条例》是在启动"一化三改造"前的新中国成立初期,当时相当部分是私有私营企业,职工(劳动者)与用人单位之间是典型的劳资关系,即使尚处于新民主主义时代,作为工人阶级领导的政党执政政权重要组成部分和执行机关的政务院制定通过用公权力对企业主与劳动者之间劳动契约的法定干预,让企业主从其对职工剥削所得的剩余价值中提取一部分用作对职工进行包括医保在内的社会保障基金,这不仅体现出"劳动光荣"、劳资平等而非主仆关系这些社会公平基本的要义,也符合自19世纪60年代以后凭借第二次工业革命走出自由资本主义(契约自由为本)和所谓"尊重劳资双方消极自由"[freedom,系积极自由的对称,是指免受其他主体的勉强或强迫的自由范式;所谓"尊重劳资双方消极自由"即只要劳资双方"自愿"订立且有证据证明的契约,哪怕非故意的生死契约或职工履职中因疏忽而致残致伤皆按事先约定处理;公权力应尊重该"自由"而不予干涉,否则被认为违背自由资本主义时期法律上这一王牌原则]的"守夜人"政府状态,而取向采用公权力干预的方式以"优待弱者"的公平原则第三要义的社会发展趋势。但到我国完成"一化三改造"后,城市工商企业普遍实现了社会主义公有制(全民所有制或城市集体所有制),用人单位与职工之间关系发生了根本性的改变,每个职工均成为企业主人,用人单位与职工之间(理论上)不存在剥削与被剥削关系,企业为职工及其家属提供医保是社会主义的本质要求之一,是自愿而非被迫的,是其自身和为国家负担的社会责任的重要组成部分。如果当时的我国能如同现在一样一直坚持以经济建设为中心,矢志不渝地贯彻实施的话,相信我国将提前实现"中国梦"而建设成为社会主义强国,也相信广大体力和脑力劳动者所享有的包括医保在内的社会保障要远比当下好得多。只可惜20世纪50年代末至70年代末我国经历了太多波及全国人民、有碍经济建设和医学教育及其人才培养进程(全国性)的政治运动,特别是当时的"停产闹革命"和武斗,连生产设备、设施也遭到毁坏,其结果是整个社会生产力水平严重下降。作为包括医保在内的社保必要物质支撑的经济基础遭受严重破坏,作为医疗服务技术支撑的医学人才输送管道被中断和此类人力资源断层,原定的医保目标无法实现、医疗服务水平无法维持,整个原职工医保制度难以维系。因此,对基于该《劳保条例》建立起来的原医保制度进行有针对性的、符合实际(需要和支撑能力)的和与时俱进的必要改革是势在必行了。1992年5月4日,国务院办公厅(以下简称国办)下发了《关于进一步做好职工医疗制度改革工作的通知》(以下简称《通知》),揭开了我国职工医保制度改革的序幕。在该《通知》中,除确定全国医疗体制改革领导小组、劳动和卫生部门在各自调研的基础上起草各自的改革方案外,很重要的一步是支持和鼓励地方按总体目标进行试点,而后再整合、总结各部门、地方的方案和经验形成全国性最终的改革方案。1993年9月7日,劳动部发布《关于试行职工大病医疗费用社会统筹的意见的通知》,要求:①各地按"以支定筹、略有结余"原则建立统筹基金制度,由县(市)统一筹集,调剂使用；②国营企业、县以上城镇集体所有制企业的在职职工和离退休职工（已进行离退休职工医疗费用统筹的除外），有条件的地区可以包括私营企业职工和外商投资企业的中方职工；③确定医保基金来源于个人医保账户、单位医保调剂金和大病医保统筹金3个方面。1993年10月8日，劳动部又发布了《关于职工医疗保险制度改革试点意见的通知》。1994年11月18日，国务院对九江和镇江两市已改试点和探索的回复，并下发了《关于江苏省镇江市、江西省九江市职工医疗保障制度改革试点方案的批复》。从该批复的附件中可以看出：该两市按照医改总体目标并结合辖区的具体情况和条件进行了卓有成效并可推广的思路和实践经验。

二、农民医保需求与供给能力的矛盾

如前所述，涉及我国最多数人健康的医保体系是农合制度。亦如前述，我国以往的农合制度和"赤脚医生"本就存在先天不足，加之受"文革"之政治重于经济（生产）的理念，对经济损害可想而知。据此，不难理解，就全国农村平均水平而言，我国农村当时人民公社的经济基础难以真正负担起《60条》第36条对社员的医疗保障职责；而且，那些"赤脚医生"们没有系统接受过医学专业教育和训练，一般都未系统学过（解剖、组织与胚胎等）形态学和（生理、病理、药理等）功能学医学课程，无法真正具备担负起有效地诊疗救人使命。因此，若不彻底改观，我国广大农村地区的人民群众的健康安全和医疗需求难以获得有效供给和保障。1978年11月18—22日，中共十一届三中全会召开，会上确立了在思想、政治和组织路线上的拨乱反正（彻底结束"文革"），确立了将党（和国家）的工作重点转移到经济建设上来。为了对广大农村人民群众的生命健康负责，培养并建立起一支接受正规的医学教育和训练，经各级卫生行政部门专门执业考核合格并许可，用以全面替代"赤脚医生"这一特定历史产物的乡村医生制度呼之欲出！

三、公费医疗负担范围的变化

20世纪70年代末80年代初，我国公费医疗负担的范围与建立该制度时的近30年前相比，无论是适用人员、负担项目范围、费用负担主体及其负担比例等要素发生了重大变化。是时，我国尚处于刚结束"文革"恢复生产和改革开放的初期，整个国家工商税制尚未改革，中央和绝大部分地方财政极其困难，加之随着医疗技术的提高、医疗设备的添置和引进导致医疗费用的上涨，有限的公费医疗经费事实上难以按原先确定的标准和范围负担和支撑，也亟待变革。

第四节 我国现行医保制度的形成和建立

一、城镇基本医保制度的建立

(一) 城镇职工基本医保制度的建立

如前所述,我国于 1992 年起已揭开了职工医保体制改革的序幕,并由九江市和镇江市两地先行先试,积累了宝贵的经验,取得了良好的效果。继 1994 年国务院对九江、镇江两市改革试点的批复后,国务院相关部门在国家层面也进行改革尝试:1996 年 5 月 5 日,国务院办公厅(以下简称国办)转发国家体改委、财政部、劳动部和卫生部《关于职工医疗保障制度改革扩大试点意见的通知》,同年 10 月 10 日,财政部发布《关于积极参与职工医疗保障制度改革扩大试点加强财务管理工作有关问题的通知》;同年 11 月 15 日,劳动部办公厅发布《关于认真贯彻执行医疗保险制度改革实行属地管理原则的通知》;1997 年 1 月 15 日,《中共中央、国务院关于卫生改革与发展的决定》发布,其中第 6 条规定:①改革城镇职工医保制度:建立社会统筹与个人账户相结合的医保制度,逐步扩大覆盖面,为城镇全体劳动者提供基本医保。保障水平要与社会生产力发展水平以及各方面的承受能力相适应;保险费用由国家、用人单位和职工个人三方合理负担。职工社会医保实行属地管理;要切实加强对医保基金的管理和监督。建立对医患双方的制约机制,积极探索科学合理的支付方式,有效地控制医药费用不合理增长。②医疗机构和医务人员对于搞好职工医保制度改革起着重要的作用,要积极参与改革,因病施治,合理检查,合理用药,遏制浪费;同时,政府要切实解决好医疗机构的补偿问题。③"九五"期间,要在搞好试点、总结经验的基础上,基本建立起城镇职工社会医保制度,积极发展多种形式的补充医疗保险。事实上,它为此后建立的我国城镇职工社会医保制度及其相关配套制度奠定了基础,确定了基本内容。

1998 年 12 月 14 日,国务院发布并于同日实施了《关于建立城镇职工基本医疗保险制度的决定》(以下简称《决定》),正式落锤敲定了我国新的城镇职工医保制度,并确定了该制度的基本框架。它一改原完全由用人单位负担职工(包括医保在内)的劳保模式,代之以用人单位与职工(从薪金中)按规定的比例共同负担,交给社会医保基金管理组织部分统筹、部分进入该职工个人医保账户的社会医保模式。该《决定》的主要内容包括如下几点。

1. 改革的任务和原则 ①其任务是旨在建立能适应社会主义市场经济体制,财政、企业和个人能承受,能保障职工基本医疗需求的社会医保制度。②其原则是基本医保的水平要与社会主义初级阶段生产力发展水平相适应;城镇所有用人单位及其职工均要

(即强制)参加基本医保,实行属地管理;基本医保费由用人单位和职工双方共同负担;基本医保基金实行社会统筹和个人账户相结合。

2. **覆盖范围和缴费办法**　①城镇所有用人单位,包括(国有、集体、外商投资和私营等)企业、机关、社会团体、事业和民办非企业单位及其职工,都要参加基本医保;乡镇企业及其职工、城镇个体经济组织业主及其从业人员是否参加基本医保,由各省、自治区、直辖市人民政府决定。②基本医保原则上以设区的市以上行政区(包括地、州、盟)为统筹单位,亦得以县或不设区的市为统筹单位,京、津、沪3个直辖市原则上在全市范围内实行统筹(以下简称统筹地区);所有用人单位及其职工均依属地管理原则参加所在统筹地区的基本医保,执行统一政策,实行基本医保基金的统一筹集、使用和管理。铁路、电力、远洋运输等跨地区、生产流动性较大的企业及其职工,可以相对集中的方式异地参加统筹地区的基本医保。③基本医保费由用人单位和职工共同缴纳;用人单位缴费率应控制在职工工资总额的6%左右,职工缴费率一般为本人工资收入的2%。随着经济发展,用人单位和职工缴费率可作相应调整。

3. **基本医保统筹基金和个人账户的建立**　①基本医保基金由统筹基金和个人账户构成:职工个人缴纳的基本医保费,全部计入个人账户;用人单位缴纳的基本医保费分为两部分,一部分用于建立统筹基金,一部分划入个人账户;划入个人账户的比例一般为用人单位缴费的30%左右,具体比例由统筹地区根据个人账户的支付范围和职工年龄等因素确定。②统筹基金和个人账户要划定各自的支付范围,分别核算,不得互相挤占;要确定统筹基金的起付标准和最高支付限额,起付标准原则上控制在当地职工年平均工资的10%左右,最高支付限额原则上控制在当地职工年平均工资的4倍左右;起付标准以下的医疗费用,从个人账户中支付或由个人自付;起付标准以上、最高支付限额以下的医疗费用,主要从统筹基金中支付,个人也要负担一定比例。超过最高支付限额的医疗费用,得通过商业医保等途径解决;统筹基金的具体起付标准、最高支付限额以及在起付标准以上和最高支付限额以下医疗费用的个人负担比例,由统筹地区根据以收定支、收支平衡的原则确定。

4. **基本医保基金的管理和监督机制**　①基本医保基金纳入财政专户管理,专款专用,不得挤占挪用。②社保经办机构负责基本医保基金的筹集、管理和支付,并要建立健全预决算制度、财务会计制度和内部审计制度;该机构的事业经费不得从基金中提取,由各级财政预算解决。③基本医保基金的银行计息办法:当年筹集的部分,按活期存款利率计息;上年结转的基金本息,按3个月期整存整取银行存款利率计息;存入社保财政专户的沉淀资金,比照3年期零存整取储蓄存款利率计息,并不低于该档次利率水平;个人账户的本金和利息归个人所有,可以结转使用和继承。④各级劳保和财政部门,要加强对基本医保基金的监督管理;审计部门要定期对社会保险经办机构的基金收支情况和管理情况进行审计;统筹地区应设立由政府有关部门代表、用人单位代表、医疗机构代表、工会代表和有关专家参加的医保基金监督组织,加强对基本医保基金的社会监督。

5. 医疗服务管理 ①要确定基本医保的服务范围和标准；劳动保障部会同卫生部、财政部等有关部门制定基本医疗服务的范围、标准和医药费用结算办法，制定国家基本医保药品目录、诊疗项目、医疗服务设施标准及相应的管理办法；各省、自治区、直辖市（下基层省级）劳动保障行政部门根据国家规定，会同有关部门制定本地区相应的实施标准和办法。②基本医保实行定点医疗机构（含中医院）和定点药店管理。劳动保障部会同卫生部、财政部等有关部门制定定点医疗机构和定点药店的资格审定办法；社保经办机构要根据中西医并举，基层、专科和综合医疗机构兼顾，方便职工就医的原则，负责确定定点医疗机构和定点药店，并同定点医疗机构和定点药店签订合同，明确各自的责任、权利和义务。在确定定点医疗机构和定点药店时，要引进竞争机制，职工可选择若干定点医疗机构就医、购药，也可持处方在若干定点药店购药。国家食品药品监督管理总局会同有关部门制定定点药店购药药事事故处理办法。

6. 有关人员的医疗待遇安排 ①离休人员、老红军的医疗待遇不变，医疗费用按原资金渠道解决，支付确有困难的，由同级政府帮助解决；离休人员、老红军的医疗管理办法由省级政府制定。②二等乙级以上革命伤残军人的医疗待遇不变，医疗费用按原资金渠道解决，由社保经办机构单独列账管理；医疗费支付不足部分，由当地政府帮助解决。③退休人员参加基本医保，个人不缴纳基本医保费；对退休人员个人账户的计入金额和个人负担医疗费的比例给予适当照顾。④国家公务员在参加基本医保的基础上，享受医疗补助政策，具体办法另行制定。⑤为了不降低一些特定行业职工现有的医疗消费水平，在参加基本医保的基础上，作为过渡措施，允许建立企业补充医保；企业补充医保费在工资总额4％以内的部分，从职工福利费中列支，福利费不足列支的部分，经同级财政部门核准后列入成本。⑥国有企业下岗职工的基本医保费，包括单位缴费和个人缴费，均由再就业服务中心按照当地上年度职工平均工资的60％为基数缴纳。

7. 组织实施 ①医保制度改革政策性强，涉及广大职工的切身利益，关系到国民经济发展和社会稳定，故各级政府应切实加强领导，统一思想，提高认识，做好宣传工作和政治思想工作，使广大职工和社会各方面都积极支持和参与这项改革；各地应按建立城镇职工基本医保制度的任务、原则和要求，结合本地实际，精心组织实施，保证新旧制度的平稳过渡。②建立城镇职工基本医保制度工作从1999年初开始启动，1999年底基本完成；各省级政府应按本决定的要求，制定医保制改革的总体规划，报劳动保障部备案；统筹地区要根据规划要求，制定基本医保实施方案，报省级政府审批后执行。③劳动保障部要加强对建立城镇职工基本医保制度工作的指导和检查，及时研究解决工作中出现的问题。财政、卫生、药品监督管理等有关部门要积极参与，密切配合，共同努力，确保城镇职工基本医保制度改革工作的顺利进行。

（二）城镇居民基本医疗保险制度的建立

这里的城镇居民基本医保（以下简称居医保）制度，是上述城镇职工基本医保制度的对称，也是我国现行三大社会（另一是新农合）医保的重要组成部分，指城镇居民中未依法参加职工医保又不依法享受公费医疗的居民,依法自愿参加该类医保,享有相关医疗保障待遇的制度。2007年7月10日,国务院发布《关于开展城镇居民基本医疗保险试点的指导意见》(以下简称《指导意见》),并组织实施。《指导意见》第二部分(参保范围和筹资水平)规定如下。

1. **参保范围** 不属于城镇职工基本医保制度覆盖范围的①中小学阶段的学生(包括职业高中、中专、技校学生);②少年儿童;③其他非从业[含自由职业者(依2010年10月28日全国人大常委会第17次会议通过并于次年7月1日起施行的《社会保险法》第23条第2款规定,无雇工的个体工商户、未在用人单位参加职工医保的非全日制从业人员及其他灵活就业人员可参加职工基本医保,由个人按国家规定缴纳基本医保费,虽该法已于2018年12月29日进行了修正,但该条款未变)]的城镇居民都可自愿参加城镇居民基本医保。

2. **筹资水平** (当时着手开始)试点城市应根据当地的经济发展水平及成年人和未成年人等不同人群的基本医疗消费需求,并考虑当地居民家庭和财政的负担能力,恰当确定筹资水平;探索建立筹资水平、缴费年限和待遇水平相挂钩的机制。

3. **缴费和补助** ①城镇居医保以家庭缴费为主,政府给予适当补助;参保居民按规定缴纳基本医保费,享受相应的医保待遇,有条件的用人单位可以对职工家属参保缴费给予补助;国家对个人缴费和单位补助资金制定税收鼓励政策。②对试点城市的参保居民,政府每年按不低于人均40元给予补助。其中,中央财政从2007年起每年通过专项转移支付,对中西部地区按人均20元给予补助;在此基础上,对属于低保对象的或重度残疾的学生和儿童参保所需的家庭缴费部分,政府原则上每年再按不低于人均10元给予补助。其中,中央财政对中西部地区按人均5元给予补助;对其他低保对象、丧失劳动能力的重度残疾人、低收入家庭60周岁以上的老年人等困难居民参保所需家庭缴费部分,政府每年再按不低于人均60元给予补助,其中,中央财政对中西部地区按人均30元给予补助;中央财政对东部地区参照新农合的补助办法给予适当补助。财政补助的具体方案由财政部门商劳动保障、民政等部门研究确定,补助经费要纳入各级政府的财政预算。

4. **费用支付** ①城镇居医保基金重点用于参保居民的住院和门诊大病医疗支出,有条件的地区可以逐步试行门诊医疗费用统筹。②城镇居医保基金的使用应坚持以收定支、收支平衡、略有结余的原则。要合理制定城镇居医保基金起付标准、支付比例和最高支付限额,完善支付办法,合理控制医疗费用;探索适合困难城镇非从业居民经济承受能力的医疗服务和费用支付办法,减轻他们的医疗费用负担;城镇居医保基金用于支付规定范围内的医疗费用,其他费用可通过补充医保、商业健康保险、医疗救助和社会慈善捐助等方式解决。

城镇居医保与城镇职工基本医保相比,有如下区别。①性质类型不同:前者是自愿投保参加;后者是法定强制参加,用人单位雇佣职工的必须依法定比例为他(她)缴付社会保险金(其中含基本医保金),在向他(她)支付薪水前作为代扣代缴义务人,从其薪水中先行扣除,一并缴付。②被保险人主体不同:前者系非固定受雇或服务于用人单位的城镇居民,包括未成年人、学生[其中大学生(含研究生)现也不享受公费医疗而自愿参加该医保]、残疾人、自由职业者和失业者等;后者则为固定受雇或服务于用人单位(依法享受公费医疗以外)的现职工和原参加职工基本医保的退休职工。③缴费标准不同:前者缴资和筹资标准低于后者,但会享受政府一定的补贴。④缴费方式不同:前者是投保人在规定期限内主动一次性按年缴付;后者则是由用人单位和职工共同缴付,其中职工自我承担的为其薪水的 2%,由用人单位直接先行扣除,加上用人单位承担的 6%一并按月缴付。⑤承担(报销)比例不同:前者低于后者,在相同条件下,前者一般为 50%~70%;后者一般为 70%~85%。⑥其他待遇差异:后者在医疗环境条件的选择上也更多些;后者男性参保满 25 年、女性满 20 年,在达到国家法定退休年龄之后不需要再缴纳费用即可享受基本医疗保险待遇;而前者则须每年缴费。

2010 年 10 月 28 日,第 11 届全国人大常委会第 17 次会议通过并颁布了《社会保险法》,并于次年 7 月 1 日起施行。该法第 25 条规定:国家建立和完善城镇居民基本医保制度;城镇居民医实行个人缴费和政府补贴相结合;享受最低生活保障的人、丧失劳动能力的残疾人、低收入家庭 60 周岁以上的老年人和未成年人等所需个人缴费部分,由政府给予补贴(虽该法已于 2018 年 12 月 29 日由第 13 届全国人大常委会修正,但该条款未变)。政府对城镇居医保的补贴与资助,一般与新型农村合作医疗一同给予,此略,详见后文之新农合部分。

二、新型农村合作医疗保险制度

(一) 支撑原农合制度基础的动摇

卫生部、农业部、财政部、国家医药管理总局、全国供销合作总社在 1979 年 12 月联合发布《农村合作医疗章程(试行草案)》(以下简称《章程》),该《章程》共有 7 章 22 条,内容专门且较详尽,可以说是农合的集大成文件。其中的第 3 条规定,实行合作医疗的生产大队,要建立合作医疗站(卫生所),其任务是:①宣传和执行国家制订的各项卫生工作方针、政策;②发动群众开展以除害灭病为中心的爱国卫生运动,搞好"两管五改"(管水、管粪、改水井、厕所、畜圈、炉灶、环境)的技术指导,做好预防接种、传染病管理和疫情报告;③认真做好医疗工作,努力提高医疗质量,全心全意为广大社员服务;④积极开展采、种、制、用中草药工作,充分利用当地药源防病治病;⑤对生产队卫生员和接生员进行业务培训和技术指导;⑥宣传晚婚和计划生育,落实节育措施;⑦指导妇女(经、孕、产、哺乳)"四期"劳动保护、新法育儿和托幼组织的卫生保健业务,做好新法接生;⑧宣传卫生科学知识,破除迷信,防止农药中毒、食物中毒、触电和外伤事故;开展战伤救护和"三防"(防原子、防化学、防细菌)的训练。从中不难发现,该以"赤脚医生"为技术支撑的合作医疗站(卫生所)负担着如此众多,且(医学)专业,甚至备战的战伤救护和"三防"的职责,其专业技术能力显然不堪重负。其第五章是"赤脚医生和卫生员、接生员"的专章,共6条(第12~17条),可见当时是将未接受过系统的正规医学教育和专门训练的"赤脚医生"作为支撑该制度的核心技术力量。换言之,国家将全国占绝大多数的农村人口的健康安全用制度的形式托付给(医学)专业或技术能力不足的队伍负担,虽说在当时这个历史条件下可以理解,但实在不能说是(对全国农民的健康安全)恪尽职责的。当然,作为"赤脚医生"队伍中不乏尽责尽力的杰出代表。1998年6月26日,《执业医师法》颁布,1999年5月1日施行。依该法规定,对直接涉及就医者健康和生命安全的执业医师或执业助理医师须实施符合"四步曲"的行政许可制度(略,详见第三章)。不过,考虑到我国农村大量存在,且具有需求的"赤脚医生"队伍和具体国情,该法第45条规定,在乡村医疗卫生机构中向村民提供预防、保健和一般医疗服务的乡村医生,符合本法有关规定的,可依法取得执业医师或执业助理医师资格;不具备本法规定的执业医师资格或执业助理医师资格的乡村医生,由国务院另行制定管理办法。可见,至此,"赤脚医生"的称法被法定的乡村医生有条件地替代。2003年8月5日,国务院发布了《乡村医生从业管理条例》(以下简称《条例》)并于次年1月1日起施行。它适用于尚未取得执业医师资格或执业助理医师资格,经注册在村医疗卫生机构从事预防、保健和一般医疗服务的乡村医生。《条例》第10条规定,符合下列条件之一的,得向县级卫生行政主管(以下简称医政)部门申请乡村医生执业注册,取得乡村医生执业证书后,继续在村医疗卫生机构执业:①已取得中等以上医学专业学历的;②在村医疗卫生机构连续工作20年以上的;③按照省级人民政府卫生行政部门制定的培训规划,接受培训取得合格证书的。《条例》第11条规定,对具有县级以上地方医政部门颁发的乡村医生证书,但不符合本条例第10条规定条件的乡村医生,县级医政部门应当进行有关预防、保健和一般医疗服务基本知识的培训,并根据省级卫生行政主管部门确定的考试内容、考试范围进行考试;经培训并考试合格的,得申请乡村医生执业注册。可见,只要符合上述条件的"赤脚医生",经注册后可华丽转身成为乡村医生。

  支撑原农合的另一基石是农村集体经济收入,如前所述,大队(人民公社制度解体后为村)所建的合作医疗站(卫生所)是履行对其队员(或村民)合作医疗保障职责的组织和基地,它所应具备医疗设备和药物,以及"赤脚医生"和卫生员等的收入都须由足够的经费即大队(村)集体财产来支持和保障。1978年11月24日,安徽省凤阳县凤梨公社小岗村西的18位农民签署"包干保证书",带头冒险实行"包产到户"。1980年5月31日,邓小平在一次重要谈话中公开肯定了小岗村"大包干"的该做法。1982年初,中共历史上第1个关于农村工作的一号文件正式出台,明确指出包产到户、包干到户都是社会主义集体经济的生产责任制。此后,中国政府不断稳固和完善家庭联产承包责任制,鼓励农民发展多种经营,使广大农村地区迅速摘掉贫困落后的帽子,逐步走上富裕的道路。2002年8月29日,我国颁布并于次年3月1日施行了《农村土地承包法》,用法律的方式确立了家庭作为为期至少30年(系该法第20条前款规定;2018年12月29日该法被修订,原20条改为21条,增加1款为第2款,规定耕地30年承包期满后再延长30年。)的承包土地经营的主体。由此不难想象,如果一个以种植粮食作物为主的村集体,随着家庭联产承包制政策的全面实施,原共同组织生产的大队组织形式失去了其存在的意义和基础,由此而恢复的村的集体收入除原已设立其他产业生产或经营企业外,必然锐减,已负担不起村里的合作医疗,往往将原合作医疗站(卫生所)发包让私人承包。因此,大多数那些主要靠集体财产维持或支撑运行的原农村合作医疗保障模式的已成为历史。需要指出的是,在容纳我国多数人口的农村地区,一方面,人食五谷,孰能无病? 自有就医诊疗的客观需求;另一方面,中央和地方政府对辖区人民的生命、健康保障职责自也需通过鼓励和引导一定适格[适,即符合;格,即特定的资格或条件。这里特指符合法定的行医资格并经注册(因为此类执业行为直接影响就医者的健康、生命和安全,故为不容克减的行政许可)]的社会力量在第一线履行其自身的社会功能(以行医为业),有利于帮助自己实现的职责目标,而且,能一定程度地在第一线防控疾病和信息收集(并为将来卫生统计和集成医疗卫生大数据)在宏观上对全国卫生事业的推进其意义可能超乎想象。于是,一种全面替代旧制的新农合作医保制度便水到渠成,应运而生了。

(二) 新农合制度的建立

新农合指由政府引导、支持和组织,农村人口自愿参加,个人、农村集体和政府多方筹资,以大病统筹为主的农村医疗互助共济制度。2002年10月19日,中共中央、国务院出台了《关于进一步加强农村卫生工作的决定》(以下简称《决定》)。《决定》第2条规定,农村卫生工作的目标,是根据全面建设小康社会和社会主义现代化建设第3步战略目标的总体要求,到2010年,在全国农村基本建立起适应社会主义市场经济体制要求和农村经济社会发展水平的农村卫生服务体系和农村合作医疗制度。主要包括:建立基本设施齐全的农村卫生服务网络,建立具有较高专业素质的农村卫生服务队伍,建立精干高效的农村卫生管理体制,建立以大病统筹为主的新型合作医疗制度和医疗救助制度,使农民人人享有初级卫生保健,主要健康指标达到发展中国家的先进水平。沿海经济发达地区要率先实现上述目标。《决定》第4条规定,在农村疾病预防控制上,坚持预防为主的方针,提高处理农村重大疫情和公共卫生突发事件的能力,重点控制严重危害农民身体健康的传染病、地方病、职业病和寄生虫病等重大疾病。到2010年,农村地区儿童计划免疫接种率达到90%以上;95%以上的县(市、区)实施现代结核病控制策略;75%的乡(镇)能够为艾滋病病毒感染者和艾滋病患者提供预防保健咨询服务;95%以上的县(市、区)实现消除碘缺乏病目标;地方病重病区根据本地区情况,采取改水、改灶、换粮、移民、退耕还林还草等综合性措施,有效预防和控制地方病。积极开展慢性非传染性疾病的防治工作。

《决定》第10条规定,在提高农村卫生人员素质上,高等医学院校要针对我国农村卫生实际需要,通过改革培养模式,调整专业设置和教学内容,强化面向农村需要的全科医学教育,可采取初中毕业后学习5年或高中毕业后学习3年的高等专科教育等方式,定向为农村培养适用的卫生人才;鼓励医学院校毕业生和城市卫生机构的在职或离退休卫生技术人员到农村服务;建立健全继续教育制度,加强农村卫生技术人员业务知识和技能培训,鼓励有条件的乡村医生接受医学学历教育;对卫生技术岗位上的非卫生技术人员要有计划清退,对达不到执业标准的人员要逐步分流;到2005年,全国乡(镇)卫生院临床医疗服务人员要具备执业助理医师及以上执业资格,其他卫生技术人员要具备初级及以上专业技术资格;到2010年,全国大多数乡村医生要具备执业助理医师及以上执业资格。《决定》第18条规定,在逐步建立新农合制度上,各级政府要积极组织引导农民建立以大病统筹为主的新农合制度,重点解决农民因患传染病、地方病等大病而出现的因病致贫、返贫问题;农合制度应与当地经济社会发展水平、农民经济承受能力和医疗费用需要相适应,坚持自愿原则,反对强迫命令,实行农民个人缴费、集体扶持和政府资助相结合的筹资机制;农民为参加合作医疗、抵御疾病风险而履行缴费义务不能视为增加农民负担;有条件的地方要为参加合作医疗的农民每年进行一次常规性体检;要建立有效的农合管理体制和社会监督机制;各地要先行试点,取得经验,逐步推广;到2010年,新农合制度要基本覆盖农村居民;经济发达的农村可鼓励农民参加商业医保。《决定》第20条规定,政府要对农合和医疗救助给予支持,省级政府负责制定农村合作医疗和医疗救助补助资金统筹管理办法;省、市(地)、县级财政都要根据实际需要和财力情况安排资金,对农村贫困家庭给予医疗救助资金支持,对实施合作医疗按实际参加人数和补助定额给予资助;中央财政通过专项转移支付对贫困地区农民贫困家庭医疗救助给予适当支持;从2003年起,中央财政对中西部地区除市区以外的参加新型合作医疗的农民每年按人均10元安排合作医疗补助资金,地方财政对参加新型合作医疗的农民补助每年不低于人均10元,具体补助标准由省级政府确定。

2005年5月31日,卫生部办公厅下发关于《新型农村合作医疗信息系统基本规范(试行)》的通知,规定将该作为各级卫生主管部门在采购新型农村合作医疗信息系统软件或计算机企业开发相应软件时的基本技术标准;要求按照本规范建立全国新型农村合作医疗数据交换中心;同时要求各省依照本规范上报数据。该基本规范和通知事实上也是国家卫生行政部门为日后集成医疗卫生大数据、完善卫生统计工作进行提前布局。

2006年1月10日,国家卫生部、发改委、民政部、财政部、农业部、食药监局和中医药局联合发布《关于加快推进新型农村合作医疗试点工作的通知》(以下简称《通知》),《通知》要求:①在认识上,要充分认识建立新农合制度,是从我国基本国情出发,解决农民看病难问题的一项重大举措,对于提高农民健康水平、缓解农民因病致贫、因病返贫、统筹城乡发展、实现全面建设小康社会目标具有重要作用。各有关部门要从执政为民、以人为本和建设和谐社会的高度,充分认识开展新农合试点工作的重大意义。②在建制上,要在认真总结试点经验的基础上,加大工作力度,完善相关政策,扩大新农合作试点;2006年,使全国试点县(市、区)数量达到全国县(市、区)总数的40%左右;2007年扩大到60%左右;2008年在全国基本推行;2010年实现新农合制度基本覆盖农村居民的目标;东部地区可在规范管理的基础上加快推进速度,有条件的地区可探索多种形式的农村医保办法。在推进试点工作中,各地区要贯彻自愿、互助、公开、服务的原则,坚持农民以家庭为单位自愿参加,不搞强迫命令;坚持合作医疗制度的互助共济性质,动员农民共同抵御疾病风险;坚持公开、公正、公平,规范操作,加强监管;坚持便民利民,真正让农民受益。③在财政上,从2006年起,中央财政对中西部地区除市区以外的参加新农合的农民由每人每年补助10元提高到20元,地方财政也要相应增加10元。财政确实有困难的省(区、市),2006年、2007年分别增加5元,在两年内落实到位;地方财政增加的合作医疗补助经费,应主要由省级财政承担,原则上不由省、市、县按比例平均分摊,不能增加困难县的财政负担;农民个人缴费标准暂不提高。同时,将中西部地区中农业人口占总人口比例高于70%的市辖区和辽宁、江苏、浙江、福建、山东和广东6省的试点县(市、区)纳入中央财政补助范围。④在资金监管上,要加强基金管理,做到专户储存,专款专用,严格实行基金封闭运行,确保合作医疗基金和利息全部用于参合农民的医疗补助;要建立健全既方便农民又便于监管的合作医疗审核和报销办法,实行基金使用管理的县、乡、村公示制度,把合作医疗报销情况作为村务公开的重要内容,探索农民参与监督和民主管理的长效机制,保证农民的知情权和监督权。要加强对合作医疗基金管理和使用的专项审计,发现问题,及时纠正。⑤在方案制定和调整上,要掌握以下原则:一是要在建立风险基金的基础上,坚持做到合作医疗基金收支平衡,略有结余;二是新增中央和地方财政补助资金应主要用于大病统筹基金,也可适当用于小额医疗费用补助,提高合作医疗的补助水平;三是补偿方案要统筹兼顾,邻县之间差别不宜过大;四是对补偿方案的调整应从新的年度实行,以保持政策的连续性和稳定性。⑥在帮扶上,要明确救助范围,提高救助水平,重点解决好农村五保户和贫困家庭的问题;在帮助救助对象参加合作医疗的同时,对个人负担医疗费用过重、难以承担的部分,应给予适当补助。针对农村贫困人口家庭收入低、生活困难大的实际,在新农合作试点工作中对农村救助对象应给予更多的政策优惠。⑦在对服务和费用监管上,要制定合作医疗基本药品和诊疗目录,严格规定目录外药品和诊疗费用占总医药费用的比例,并实行病人审核签字制;严格控制定点医疗机构平均住院费用、平均门诊费用的上涨幅度,控制定点医疗机构收入中药品收入所占的比例;要加强对乡镇卫生院的监管,维护公立卫生院的公益性质。要重视和加强中医药和民族医药的应用,应将符合条件的中医医疗机构列入定点医疗机构范围,将适宜的中药和中医药诊疗项目列入合作医疗基本药品和诊疗目录,满足农民对中医药和民族医药的需求。⑧在队伍建设上,要加强农村基层卫生技术人员培训,建立终生教育制度,提高农村卫生人员的专业知识和技能;高等医学院校要加强面向农村需要的卫生专业人才培养,扩大定向招生试点;研究制定农村卫生技术人员职称晋升的倾斜政策,鼓励农村卫生技术人员安心工作;建立城市卫生支援农村的长效机制,城市医院要选派医务人员轮流定期到县级医院和乡镇卫生院帮助开展医疗服务和技术培训;城市医生晋升主治或副主任医师之前,必须在县或乡医疗机构累计服务满1年;城市医疗卫生机构新录用的大学毕业生,在获得医师执业证书后分期分批到农村医疗卫生机构服务1年,服务期限可以计算为城市医生在晋升主治和副主任医师前必须到农村服务的时间;县级医院也要建立对乡、村医疗机构的定点帮扶制度。要制定政策引导医学院校毕业生到农村基层从事志愿服务等。

《社会保险法》,第24条规定,国家建立和完善新农合制度;新农合医疗的管理办法,由国务院规定(虽然该法已于2018年12月29日由第13届全国人大常委会修正,但该条款未变)。作为落实,国办于2011年2月13日下发关于印发《医药卫生体制五项重点改革2011年度主要工作安排》的通知(以下简称《工作安排》)。《工作安排》第1条第2项要求,进一步巩固新农合覆盖面,参合率继续稳定在90%以上,并确定由卫生部负责。《工作安排》第2条第1项要求,政府对新农合和城镇居医保补助标准均提高到每人每年200元,适当提高个人缴费标准;由财政部、卫生部和人力资源社会保障部(以下简称人保部)负责;第3项要求明显提高保障水平:城镇居医保、新农合政策范围内住院费用支付比例力争达到70%左右;所有统筹地区职工医保、城镇居医保和新农合政策范围内统筹基金最高支付限额分别达到当地职工年平均工资、当地居民年可支配收入和全国农民年人均纯收入的6倍以上,且均不低于5万元,由人保部、卫生部分别负责。《工作安排》第7条第1项要求,完成农村三级卫生服务网络和城市社区卫生服务机构建设任务,在前两年支持建设的基础上再支持300所以上县级医院(含中医院)、1 000所以上中心乡镇卫生院和13 000个以上村卫生室建设,使每个县至少有1所县级医院基本达到二级甲等水平,有1~3所达标的中心乡镇卫生院,每个行政村都有卫生室,每个街道都有社区卫生服务机构。为中西部边远地区、山区配置流动巡回医疗服务车;由发展改革委和卫生部负责。《工作安排》第8条第4项要求,鼓励和引导医疗卫生人才到基层服务,加大乡镇卫生院执业医师招聘力度,为乡镇卫生院和村卫生室培训医疗卫生人员12万人次和46万人次,继续开展城市社区卫生服务机构医疗卫生人员培训;由卫生部、人保部和财政部负责。

三、公费医疗制度

1989年8月9日,卫生部、财政部联合发布了《公费医疗管理办法》(以下简称《管理办法》),以替代卫生部于1952年发布并施行的《国家工作人员公费医疗预防实施办法》。《管理办法》共9章33条。《管理办法》第2条前款给公费医疗下了个法定定义:公费医疗制度是国家为保障国家工作人员身体健康而实行的一项社会保障制度。该条后款规定,国家通过医疗卫生部门向享受人员提供制度规定范围内的免费医疗预防。需要指出的是,该定义中国家工作人员的外延过于宽广,这里只能依《管理办法》第6条的规定确定属于享受公费医疗待遇的人员来界定其含义,这些人员包括:①各级国家机关、党派、人民团体由国家预算内开支工资的、在编制的工作人员,但经费自理或实行差额补助的各级各类学会、协会、研究会、基金会的工作人员除外;②各级文化、教育、科学、卫生、体育、经济建设等事业单位由国家预算内开支工资的、在编制的工作人员,但实行差额预算管理(不含全民所有制的医院)和自收自支管理的事业单位的工作人员及上述所列单位的临时工、季节工、学校的兼职代课教员除外;③在国家预算内开支工资的、属于国家编制的基层工商、税务人员;④中华全国总工会、各级地方工会、产业工会在编的脱产人员及由县或城区以上工会领导机关举办、实行全额预算管理的事业单位在编制的工作人员(工会举办的事业单位的临时工、季节工、兼职代课教员及在财务上实行差额管理和自收自支管理的工会事业单位的工作人员除外);⑤属于享受公费医疗单位的,经批准因病长期休养的编外人员,长期供养和待分配的超编制人员;⑥受长期抚恤的在乡二等乙级以上革命残废军人和残废军人教养院、荣军院的革命残废军人;⑦属于享受公费医疗单位的离退休人员,在军队工作没有军籍的退休职工;⑧不享受公费医疗的行政事业单位的职工符合国务院退休办法,且退休后由民政部门发放退休金的人员;⑨国家正式核准设置的普通高等学校(不含军事院校)计划内招收的普通本专科在校学生、研究生(不含委托培养、自费、干部专修科学生)和经批准因病休学一年保留学籍的学生,以及高等学校应届毕业生因病不能分配工作在一年以内者;⑩享受公费医疗的科研单位招收的研究生;⑪享受公费医疗的单位招收的在编制的合同制干部、工人(劳保福利实行统筹办法的合同制工人除外);⑫中央和国务院规定享受公费医疗的其他人员。

实际上,从前文中不难发现,随着时间的推移、社会的变化,上述12类"属于享有公费医疗待遇"的人员中已有相当部分已从中退出而被要求参加职工基本医保和居民基本医保,包括一般事业单位在编工作人员(如公立一般大学教师1994年以后被评为正教授者)、全民所有制医院的一般干部和其他职工、高校大学生(含研究生)、2019年1月1日起的一般公务员[2018年12月29日第13届全国人大第7次会议修订,并于2019年6月1日起施行的《公务员法》第83条第1款规定,公务员依法参加(包含职工医保在内的)社会保险,按国家规定享受保险待遇]以及参照公务员待遇的事业单位和社会团体的工作人员等。

《管理办法》第7条明确了公费医疗经费开支范围,规定凡享受公费医疗待遇的人员的下列费用可以全部或部分在公费医疗经费中报销,具体报销比例由各地合理确定:①享受公费医疗人员,在指定医疗单位就诊的医药费(含床位费、检查费、药品费、治疗费、手术费等);②因急症不能赴指定医疗单位就诊,在就近医疗单位(国家、集体)就诊的医药费;③因公外出或假期探亲,在当地医疗单位(国家、集体)就诊的医药费;④因手术或危重病住院后恢复期,进行短期疗养或康复治疗的,经原治疗单位建议,所在单位同意,公费医疗主管部门批准的医药费;非手术或非危重病恢复期进行疗养或康复医疗,经指定医院建议,所在单位同意,公费医疗主管部门批准的药品费;⑤因原治疗单位没有的药品,必须外购(指到国家医药商店或其他医疗单位)并附医院证明的药品费;⑥根据规定转外地医疗单位(国家、集体)治疗的医药费;⑦计划生育手术的医药费;⑧因病情需要,经治疗单位出具证明安装的进口人工器官,不超过国产最高价格部分的费用;⑨因病情需要,进行器官移植,按公费医疗、单位和个人共同负担的原则,应由公费医疗负担的费用;⑩因公负伤、致残的医药费用及用于危重病抢救或治疗公伤所必须的贵重、滋补药品(含血液制品)的费用。

下列费用为《管理办法》第8条确定为享受公费医疗待遇人员自费承担:①各种不属于公费医疗报销的自费药品,异型包装药品,未经批准的外购药品;②挂号费、出诊费、伙食费、特别营养费、住院陪护费、特护费、婴儿费、保温箱费、产妇卫生费、押瓶费、中药煎药费(包括药引子费)、取暖费、空调费、电话费、电炉费;病房内的电视费、电冰箱费等;③医疗咨询费、医疗保险费(指医疗期间加收的保险费)、优质优价(指医院开设的特诊)规费、气功费(不含气功治疗费);④非公费医疗管理部门组织的各种体检、预防服药、接种、不育症的检查、治疗费;⑤各种整容、矫形、健美的手术、治疗处置、药品等费用以及使用矫形、健美器具的一切费用;⑥就医路费、急救车费、会诊费及会诊交通费;⑦各类会议的医药费;⑧各种磁疗用品费;⑨未经指定医疗单位介绍或公费医疗机构批准,自找医疗单位或医师诊治的医药费;⑩未经公费医疗管理机构同意自去疗养、康复、休养的医药费用;⑪由于打架、斗殴、酗酒、交通肇事、医疗事故等造成伤残所发生的一切费用;⑫出国探亲、考察、进修、讲学期间发生的医药费用;⑬其他由当地公费医疗管理部门规定不应在公费医疗经费中报销的费用。

《管理办法》第12条规定,享受公费医疗待遇人员住疗养院和康复医疗,应经原治疗单位、接收治疗单位、所在单位同意,并由公费医疗主管部门批准。住疗养院或康复医疗一般不得超过3个月,如病情需要延长疗程,应持上述三方证明,报公费医疗主管部门批准。《管理办法》第18条规定,按规定应由国家负担的公费医疗经费在国家预算中单列一款。经费预算由各级财政部门安排,经由卫生部门拨付给公费医疗管理机构统一管理使用。公费医疗管理机构对医疗单位、享受单位和个人的经费管理办法,由各地自行确定。《管理办法》第19条规定,公费医疗经费开支包括下列各项:①享受公费医疗人员正常的医药费开支;②列入事业编制的公费医疗管理机构的经费支出。

第五节 我国现行医保制度的修缮与展望

一、建制后我国医保制度的改善

一项制度,根据管理学原理,决策形成后交付执行,在执行中会因出现原先难以预料的问题而发现原决策的不足,故有必要及时和不断地修正决策,使该制度尽可能地趋于完善。事实上,我国自20世纪80年代末开始逐步建立起的现行医保制度,在确立后也是根据实际情况的变化不断地补充、修缮和调整的。

(一) 城镇职工基本医保制度的改进

1998年12月14日国务院下发《关于建立城镇职工基本医疗保险制度的决定》,在全国确立城镇职工基本医保制度后,作为该制度相关的配套措施,1999年1月22日,国务院发布并施行了征缴社会保险费(当时涵盖基本养老保险费、基本医保费和失业保险费)的《社会保险费征缴暂行条例》。1999年5月11日,劳动和社会保障部、卫生部和国家中医药管理局联合发布并于同日施行了《城镇职工基本医疗保险定点医疗机构管理暂行办法》(以下简称《定点办法》)。《定点办法》第2条规定,其所称的定点医疗机构,是指经统筹地区劳保行政部门审查,并经社保经办机构(以下简称社保机构)确定的,为城镇职工基本医保参保人员提供医疗服务的医疗机构。《定点办法》第3条规定,定点医疗机构审查和确定的原则是:①方便参保人员就医并便于管理;②兼顾专科与综合、中医与西医,注重发挥社区卫生服务机构的作用;③促进医疗卫生资源的优化配置,提高医疗卫生资源的利用效率,合理控制医疗服务成本和提高医疗服务质量。《定点办法》第4条规定,以下类别的经医政部门批准并取得医疗机构执业许可证的医疗机构,以及经军队主管部门批准有资格开展对外服务的军队医疗机构,得申请定点资格[11]:①综合医院、中(含民族)医院、中西医结合医院、专科医院;②中心卫生院、乡(镇)卫生院、街道卫生院、妇幼保健院(所);③综合门诊部、专科门诊部、中医门诊部、中西医结合门诊部、民族门诊部;④诊所、中医诊所、民族医诊所、卫生所、医务室;⑤专科疾病防治院(所、站);⑥经地级以上医政部门批准设置的社区卫生服务机构。《定点办法》第5条规定,定点医疗机构应具备以下条件:①符合区域医疗机构设置规划;②符合医疗机构评审标准;③遵守国家有关医疗服务管理的法律、法规和标准,有健全和完善的医疗服务管理制度;④严格执行国家、省级物价部门规定的医疗服务和药品的价格政策,经物价部门监督检查合格;⑤严格执行城镇职工基本医保制度的有关政策规定,建立了与基本医保管理相适应的内部管理制度,配备了必要的管理人员和设备。《定点办法》第9条规定,获得定点资格的专科医疗机构和中医医疗机构(含民族医医疗机构),可作为统筹地区全体参保人员的定点医疗机构;除获得定点资格的专科医疗机构和中医医疗机构外,参保人员一般可再选择3~5家不同层次的医疗机构,其中至少应包括1~2家基层医疗机构(包括一级医院以及各类卫生院、门诊部、诊所、卫生所、医务室和社区卫生服务机构);有管理能力的地区可扩大参保人员选择定点医疗机构的数量。

药品,是指用于预防、治疗、诊断人的疾病,有目的地调节人的生理机能并规定有适应症(系法条原文)或者功能主治、用法和用量的物质,包括中药、化学药和生物制品等。在我国,对基本医保参保人员而言,它更多的是被用以治疗功能,占整个医保费用的很大部分。为此,劳动和社会保障部、发改委、经贸委、财政部、卫生部、药监局和中医药局于1999年5月12日联合发布并于同日施行了《城镇职工基本医保用药范围管理暂行办法》(以下简称《用药办法》)。《用药办法》第2条规定,基本医保用药范围通过制定《基本医疗保险药品目录》(以下简称《药品目录》)进行管理;确定《药品目录》中药品品种时要考虑临床治疗的基本需要,也要考虑地区间的经济差异和用药习惯,中西药并重。

《用药办法》第3条规定,纳入《药品目录》的药品,应是临床必需、安全有效、价格合理、使用方便、市场能够保证供应的药品,并具备下列条件之一:①《中华人民共和国药典》(现行版)收载的药品;②符合国家药监部门颁发标准的药品;③国家药监部门批准正式进口的药品。

《用药办法》第10规定,国家《药品目录》中的药品,有下列情况之一的,从基本医保用药范围或国家和地方的《药品目录》中删除:①药监局撤销批准文号的;②药监局吊销《进口药品注册证》的;③药监局禁止生产、销售和使用的;④经主管部门查实,在生产、销售过程中有违法行为的;⑤在评审过程中有弄虚作假行为的。《用药办法》第11条第1款规定,国家《药品目录》原则上每2年调整1次,各省级《药品目录》进行相应调整;国家《药品目录》的新药增补工作每年进行1次,各地不得自行进行新药增补;增补进入国家"乙类目录"的药品,各省、自治区、直辖市可根据实际情况,确定是否进入当地的"乙类目录"。

《用药办法》第4条规定了不能纳入基本医保用药的消极范围,包括:①主要起营养滋补作用的药品;②部分可以入药的动物及动物脏器,干(水)果类;③用中药材和中药饮片泡制的各类酒制剂;④各类药品中的果味制剂、口服泡制剂;⑤血液制品、蛋白类制品[特殊适应症(系法条原文)与急救、抢救除外];⑥劳动保障部规定基本医保基金不予支付的其他药品。上述6类只能自费承担;事实上,即使符合《用药办法》第3条3项条件,但尚未列入《药品目录》的药品也只能自费负担。《用药办法》第6条规定,《药品目录》中的西药和中成药在《国家基本药物》的基础上遴选,并分"甲类目录"和"乙类目录"。"甲类目录"的药品是临床治疗必需,使用广泛,疗效好,同类药品中价格低的药品;"乙类目录"的药品是可供临床治疗选择使用,疗效好,同类药品中比"甲类目录"药品价格略高的药品。《用药办法》第13条规定,国家《药品目录》由劳动保障部会同国家计委、国家经贸委、财政部、卫生部、药监局、中医药局共同制定,由劳动保障部发布;各省、自治区、直辖市的《药品目录》由各省级劳保行政部门会同有关部门共同制定,并报劳动保障部备案。《用药办法》第7条规定,"甲类目录"由国家统一制定,各地不得调整。"乙类目录"由国家制定,各省级可根据当地经济水平、医疗需求和用药习惯,适当进行调整,增加和减少的品种数之和不得超过国家制定的"乙类目录"药品总数的15%;自治区、直辖市对本辖区《药品目录》"乙类目录"中易滥用、毒副作用大的药品,可按临床适应症(系法条原文)和医院级别分别予以限定。

《用药办法》第8和第9条规定,基本医保参保人员使用《药品目录》中的药品,所发生的费用按以下原则支付:①使用"甲类目录"的药品所发生的费用,按基本医保的规定支付。使用"乙类目录"的药品所发生的费用,先由参保人员自付一定比例,再按基本医保的规定支付；个人自付的具体比例，由统筹地区规定，报省级劳保行政部门备案。②使用中药饮片所发生的费用，除基本医保基金不予支付的药品外，均按基本医保的规定支付。③急救、抢救期间所需药品的使用可适当放宽范围，各统筹地区要根据当地实际制定具体的管理办法。

作为配套措施的还有：1999年4月26日，劳动和社会保障部和国家药监局联合发布并于同日施行了《城镇职工基本医疗保险定点零售药店管理暂行办法》（以下简称《药店办法》）。这里的定点零售药店，是指经统筹地区劳保行政部门资格审查（它在2015年10月11日被国务院取消），并经社保经办机构（以下简称保办机构）确定的，为城镇职工基本医保参保人员提供处方外配（依《药店办法》第2条后款，它是指参保人员持定点医疗机构处方，在定点零售药店购药的行为。该办法第9条规定，外配处方须由定点医疗机构医师开具，有医师签名和定点医疗机构盖章；处方要有药师审核签字，并保存2年以上备查。第11条规定，社保经办机构要加强对定点零售药店处方外配的检查和费用审核；定点零售药店有义务配合。）服务的零售药店。

《药店办法》第3条规定，定点零售药店审查和确定的原则是：①保证基本医保用药的品种和质量；②引入竞争机制，合理控制药品服务成本；③方便参保人员就医后购药和便于管理。

《药店办法》第3条规定，定点零售药店应具备以下资格与条件：①持有药品经营企业许可证、药品经营企业合格证和营业执照，经药监部门年检合格；②遵守《药品管理法》及有关法规，有健全和完善的药品质量保证制度，能确保供药安全、有效和服务质量；③严格执行国家及省（自治区、直辖市）规定的药品价格政策，经物价部门监督检查合格；④具备及时供应基本医保用药、24小时提供服务的能力；⑤能保证营业时间内至少有1名药师在岗，营业人员需经地级以上药监部门培训合格；⑥严格执行城镇职工基本医保制度有关政策规定，有规范的内部管理制度，配备必要的管理人员和设备。《药店办法》第6条规定，劳保行政部门根据零售药店的申请及提供的各项材料，对零售药店的定点资格进行审查。经审查合格的，依《药店办法》第8条规定，保办机构要与定点零售药店签订包括服务范围、服务内容、服务质量、药费结算办法以及药费审核与控制等内容的协议，明确双方的责任、权利和义务；协议有效期一般为1年；任何一方违反协议，对方均有权解除协议，但须提前通知对方和参保人，并报劳保行政部门备案。第12条规定，保办机构要按照基本医保有关政策规定和与定点零售药店签订的协议，按时足额结算费用；对违反规定的费用，保办机构不予支付。《药店办法》第7条规定，统筹地区保办机构在获得定点资格的零售药店范围内确定定点零售药店，统发定点零售药店标牌，并向社会公布，供参保人员选择购药。第13条规定，劳保行政部门要组织药监、物价、医药行业主管部门等有关部门，加强对定点零售药店处方外配服务和管理的监督检查；要对定点零售药店的资格进行年度审核；对违反规定的定点零售药店，劳保行政部门可视不同情况，责令其限期改正，或取消其定点资格。

《社会保险法》第 23 条第 1 款规定,职工应参加职工基本医保,由用人单位和职工按照国家规定共同缴纳基本医保费。表明我国首次正式以国家法律的形式确立了包括职工医保在内的基本医保制度。该条第 2 款还规定,无雇工的个体工商户、未在用人单位参加职工基本医疗保险的非全日制从业人员及其他灵活就业人员可以参加职工基本医疗保险,由个人按照国家规定缴纳基本医疗保险费。该法第 26~32 条规定:①职工基本医保的待遇标准按照国家规定执行。②参加职工基本医保的个人,达到法定退休年龄时累计缴费达到国家规定年限的,退休后不再缴纳基本医保费,按国家规定享受基本医保待遇;未达到国家规定年限的,可以缴费至国家规定年限。③符合基本医保药品目录、诊疗项目、医疗服务设施标准以及急诊、抢救的医疗费用,按照国家规定从基本医保基金中支付。④参保人员医疗费用中应当由基本医保基金支付的部分,由保办机构与医疗机构、药品经营单位直接结算;社保行政部门和卫生行政部门应当建立异地就医医疗费用结算制度,方便参保人员享受基本医保待遇。⑤下列医疗费用不纳入基本医保基金支付范围:应从工伤保险基金(由用人单位缴纳的工伤保险费、工伤保险基金的利息和依法纳入工伤保险基金的其他资金构成。工伤保险费是指用人单位为负担职工一旦因工作遭受事故伤害或患职业病后果而依法缴付交由社会统筹、与养老保险费、基本医保费和失业救济费并列的社会保险费,它由用人单位缴付,职工不负担)中支付的;应由第三人负担的(医疗费用依法应由第三人负担,第三人不支付或无法确定第三人的,由基本医保基金先行支付;基本医保基金先行支付后,有权向第三人追偿);应由公共卫生[基本医保基金作为专项基金,只负担参保人员个人因适格病、伤而发生且应支付的相关费用;公共(卫生)事项应当由中央或地方专项财政(支出)经费负担]负担的;在境外就医的。⑥保办机构根据管理服务的需要,可与医疗机构、药品经营单位签订服务协议,规范医疗服务行为;医疗机构应为参保人员提供合理、必要的医疗服务。⑦个人跨统筹地区就业的,其基本医保关系随本人转移,缴费年限累计计算(如前所述,2018 年《社会保险法》被修订,但上述所及内容均未变更)。

(二)城镇居医保和新农合制度的改善

2013 年 9 月 5 日,国家卫计委、财政部联合发布《关于做好 2013 年新型农村合作医疗工作的通知》。该通知规定如下:①提高筹资水平,完善筹资政策:要求 2013 年起,各级财政对新农合的补助标准从每人每年 240 元提高到每人每年 280 元;其中原有 240 元部分,中央财政继续按照原有补助标准给予补助;新增 40 元部分,中央财政对西部地区补助 80%,对中部地区补助 60%,对东部地区按一定比例补助;参合农民个人缴费水平原则上相应提高到每人每年 70 元,有困难的地区个人缴费部分可分两年到位;有条件的地方要积极探索建立与经济发展水平和农民收入状况相适应的筹资机制。②提高保障水平,减轻群众经济负担:要求将政策范围内住院费用报销比例提高到 75% 左右,进一步提高统筹基金最高支付限额和门诊医药费用报销比例;要适当拉开不同级别医疗机构间的门诊和住院报销比例,将门诊逐步引向乡村医疗机构,将住院主要引向县乡两级医疗机构,引导农民合理就医流向,推动实现"小病不出乡,大病不出县";根据国家基本药物目录(2012年版)及时调整新农合报销药物目录,将基本药物全部纳入新农合报销药物目录,报销比例高于非基本药物;严格控制报销目录外的药品、检查、耗材费用,进一步缩小政策报销比和实际补偿比间的差距,使参合农民更大受益。③推进新农合重大疾病保障工作:要以省(区、市)为单位全面推开儿童白血病、先天性心脏病、终末期肾病、妇女乳腺癌、宫颈癌、重性精神疾病、艾滋病机会性感染、耐多药肺结核、血友病、慢性粒细胞白血病、唇腭裂、肺癌、食道癌、胃癌、1型糖尿病、甲亢、急性心肌梗塞(系法条原文)、脑梗死、结肠癌、直肠癌共20个病种的重大疾病保障试点工作。进一步推进各地通过谈判、团购的方式将原研药、专利药等特殊药品纳入报销范围,降低药品费用。在完善保障政策的同时,推进重大疾病的医疗服务能力建设,确保患者既看得起大病,又看得好大病。④推进商业保险(放心保)机构参与新农合经办服务和大病保险工作:全面推开利用新农合基金购买城乡居民大病保险的试点,制定大病保险的基本政策要求,完善招标、协议、监管、保障、基金结余管理等方面的政策措施,确保大病保险试点工作顺利起步;试点地区要根据新农合基金承受能力和群众大病保障需求等因素,合理确定大病保险的筹资水平;鼓励以地市或省为单位开展大病保险工作,做好大病保险与新农合重大疾病保障的衔接,积极创造条件逐步向大病保险统一,确保参合农民待遇不降低。⑤加强新农合基金监管,规范基金使用:要根据审计发现的问题,有针对性地完善新农合基金管理制度和措施。特别是加大对乡村两级门诊统筹和异地就医发生费用的审核力度,严格执行审核支付流程和标准,规范岗位设置和职责分工,建立健全内部控制制度和违规责任追究制度,确保新农合基金有效用于参合农民看病就医;要会同相关部门加强对新农合基金使用和管理的监督检查,对挤占、挪用、骗取、套取新农合基金的行为,如"小病大治"、虚增医疗费、挂床等问题,要依据法律法规及时予以惩处;继续严格控制新农合基金结余,特别是基金结余率较高的部分地区要在具体分析基金结余原因的基础上,采取有效措施,确保基金结余率在2012年的水平上有明显下降,实现统筹基金累计结余不超过当年筹资总额的25%,当年结余不超过当年筹资总额的15%;2012年当期基金收支出现赤字及2013年存在基金超支风险的部分地区,也要通过精细测算、控制不合理费用增长等方式,确保基金不出现净超支现象。⑥加强管理能力,提高经办服务水平:在前期改革的基础上,结合门诊统筹推行按人头付费,结合门诊大病和住院统筹推行按病种付费等多种形式的支付方式改革,增强改革的规范性和实效性,扩大支付方式改革对医疗机构和病人的覆盖面,有效控制医疗费用不合理增长,提高参合农民受益水平,并以此推动基层医疗卫生机构运行机制改革。积极推动建立新农合经办机构与医疗机构、药品供应商的谈判机制和购买服务的付费机制;以统一补偿方案、统一信息平台、统一即时结报为重点,加快提高新农合统筹层次,推动实现地市统筹,有条件的地区可以实施省级统筹;全面推进新农合信息化建设,具备条件的省级新农合信息平台要加快与国家新农合信息平台的联通工作,力争2013年底在部分省份开展参合农民跨省异地就医和报销的试点。同时,开展便民可行的诊疗付费举措,进一步提高农民满意度。

1. 2015年7月28日国办下发《关于全面实施城乡居民大病保险的意见》

其主要内容包括以下。

(1) 基本原则和目标

1) 基本原则为:①坚持以人为本、保障大病,建立完善大病保险制度,提高大病保障水平和服务可及性,切实维护人民健康权益,避免群众因病致贫、因病返贫;②坚持统筹协调、政策联动,加强基本医保、大病保险、医疗救助、疾病应急救助、商业健康保险和慈善救助等制度的衔接,发挥协同互补作用,输出充沛的保障动能,形成保障合力;③坚持在政府主导下,采取商业保险机构承办大病保险的方式,发挥市场作用和商业保险机构专业优势,提高大病保险运行效率、服务水平和质量;④坚持稳步推进、持续实施,大病保险保障水平要与经济社会发展、医疗消费水平和社会负担能力等相适应,强化社会互助共济,形成政府、个人和保险机构共同分担大病风险的机制,坚持因地制宜、规范运作,实现大病保险稳健运行和可持续发展。

2) 主要目标为:①2015年底前,大病保险覆盖所有城镇居民基本医疗保险、新型农村合作医疗(以下统称城乡居民基本医保)参保人群,大病患者看病就医负担有效减轻;②到2017年,建立起比较完善的大病保险制度,与医疗救助等制度紧密衔接,共同发挥托底保障功能,有效防止发生家庭灾难性医疗支出,城乡居民医疗保障的公平性得到显著提升。

(2) 完善大病保险筹资机制,含:①科学测算筹资标准:各地结合当地经济社会发展水平、患大病发生的高额医疗费用情况、基本医保筹资能力和支付水平,以及大病保险保障水平等因素,科学细致地做好资金测算,合理确定大病保险的筹资标准。②稳定资金来源:从城乡居民基本医保基金中划出一定比例或额度作为大病保险资金;城乡居民基本医保基金有结余的地区,利用结余筹集大病保险资金;结余不足或没有结余的地区,在年度筹集的基金中予以安排;完善城乡居民基本医保的多渠道筹资机制,保证制度的可持续发展。③提高统筹层次:大病保险原则上实行市(地)级统筹,鼓励省级统筹或全省(区、市)统一政策、统一组织实施,提高抗风险能力。

(3) 提高大病保险保障水平,含:①全面覆盖城乡居民:大病保险的保障对象为城乡居民基本医保参保人,保障范围与城乡居民基本医保相衔接。参保人患大病发生高额医疗费用,由大病保险对经城乡居民基本医保按规定支付后个人负担的合规医疗费用给予保障;高额医疗费用,可以个人年度累计负担的合规医疗费用超过当地统计部门公布的上一年度城镇居民、农村居民年人均可支配收入作为主要测算依据;根据城乡居民收入变化情况,建立动态调整机制,研究细化大病的科学界定标准,具体由地方政府根据实际情况确定;合规医疗费用的具体范围由各省(区、市)和新疆生产建设兵团结合实际分别确定。②逐步提高支付比例:2015年大病保险支付比例应达到50%以上,随大病保险筹资能力和管理水平提高,进一步提高支付比例,更有效地减轻个人医疗费用负担;按医疗费用高低分段制定大病保险支付比例,医疗费用越高支付比例越高。鼓励地方探索向困难群体适当倾斜的具体办法,努力提高大病保险制度托底保障的精准性。

(4) 加强医疗保障各项制度的衔接,含:①强化基本医保、大病保险、医疗救助、疾病应急救助、商业健康保险及慈善救助等制度间的互补联动,明确分工,细化措施,在政策制定、待遇支付、管理服务等方面做好衔接,努力实现大病患者应保尽保;鼓励有条件的地方探索建立覆盖职工、城镇居民和农村居民的有机衔接、政策统一的大病保险制度;推动实现新型农村合作医疗重大疾病保障向大病保险平稳过渡。②建立大病信息通报制度,支持商业健康保险信息系统与基本医保、医疗机构信息系统进行必要的信息共享;大病保险承办机构要及时掌握大病患者医疗费用和基本医保支付情况,加强与城乡居民基本医保经办服务的衔接,提供"一站式"即时结算服务,确保群众方便、及时享受大病保险待遇;对经大病保险支付后自付费用仍有困难的患者,民政等部门要及时落实相关救助政策。

(5) 规范大病保险承办服务,含:①支持商业保险机构承办大病保险:地方政府人力资源社会保障、卫生计生、财政、保险监管部门共同制定大病保险的筹资、支付范围、最低支付比例以及就医、结算管理等基本政策,并通过适当方式征求意见;原则上通过政府招标选定商业保险机构承办大病保险业务,在正常招投标不能确定承办机构的情况下,由地方政府明确承办机构的产生办法;对商业保险机构承办大病保险的保费收入,按现行规定免征营业税,免征保险业务监管费;2015—2018年,试行免征保险保障金。②规范大病保险招标投标与合同管理:坚持"三公"和诚信的原则,建立健全招投标机制,规范招投标程序。招标主要包括具体支付比例、盈亏率、配备的承办和管理力量等内容;符合保险监管部门基本准入条件的商业保险机构自愿参加投标。招标人应当与中标的商业保险机构签署保险合同,明确双方责任、权利和义务,合同期限原则上不低于3年;因违反合同约定,或发生其他严重损害参保人权益的情况,可按照约定提前终止或解除合同,并依法追究责任;各地要不断完善合同内容,探索制定全省(区、市)统一的合同范本。③建立大病保险收支结余和政策性亏损的动态调整机制:遵循收支平衡、保本微利的原则,合理控制商业保险机构盈利率。商业保险机构因承办大病保险出现超过合同约定的结余,需向城乡居民基本医保基金返还资金;因城乡居民基本医保政策调整等政策性原因给商业保险机构带来亏损时,由城乡居民基本医保基金和商业保险机构分摊,具体分摊比例应在保险合同中载明。④不断提升大病保险管理服务的能力和水平:规范资金管理,商业保险机构承办大病保险获得的保费实行单独核算,确保资金安全和偿付能力;商业保险机构要建立专业队伍,加强专业能力建设,提高管理服务效率,优化服务流程,为参保人提供更加高效便捷的服务;发挥商业保险机构全国网络优势,简化报销手续,推动异地医保即时结算;鼓励商业保险机构在承办好大病保险业务的基础上,提供多样化的健康保险产品。

(6) 严格监督管理,含:①加强大病保险运行的监管:相关各部门(人保、卫计、财政、保监和审计)要各负其责,协同配合,强化服务、监督和保障意识,切实保障参保人权益。②规范医疗服务行为:卫计部门要加强对医疗机构、医疗服务行为和质量的监管,要抓紧制定相关临床路径,强化诊疗规范,规范医疗行为,控制医疗费用;商业保险机构要与人保、卫计部门密切配合,协同推进按病种付费等支付方式改革。③主动接受社会监督:商业保险机构要将签订合同情况以及筹资标准、待遇水平、支付流程、结算效率和大病保险年度收支等情况向社会公开;城乡居民基本医保经办机构承办大病保险的,在基金管理、经办服务、信息披露、社会监督等方面执行城乡居民基本医保现行规定。

2. 2016年1月3日国务院发布《关于整合城乡居民基本医疗保险制度的意见》
其主要内容包括以下。

(1) 基本原则,含:①统筹规划、协调发展:要立足全局,统筹安排,合理规划,突出医保、医疗、医药三医联动,加强基本医保、大病保险、医疗救助、疾病应急救助、商业健康保险等衔接,强化制度的系统性、整体性、协同性。②立足基本、保障公平:要准确定位,科学设计,立足经济社会发展水平、城乡居民负担和基金承受能力,充分考虑并逐步缩小城乡差距、地区差异,保障城乡居民公平享有基本医保待遇,实现城乡居民医保制度可持续发展。③因地制宜、有序推进:要结合实际,全面分析研判,周密制订实施方案,加强整合前后的衔接,确保工作顺畅接续、有序过渡,确保群众基本医保待遇不受影响,确保医保基金安全和制度运行平稳。④创新机制、提升效能:要坚持管办分开,落实政府责任,完善管理运行机制,深入推进支付方式改革,提升医保资金使用效率和经办管理服务效能;充分发挥市场机制作用,调动社会力量参与基本医保经办服务。

(2) 整合基本制度政策,要求:①统一覆盖范围:城乡居医保制度覆盖范围包括现有城镇居医保和新农合所有应参保人员,即覆盖除职工基本医疗保险应参保人员以外的其他所有城乡居民。②统一筹资政策:坚持多渠道筹资,继续实行个人缴费与政府补助相结合为主的筹资方式,鼓励集体、单位或其他社会经济组织给予扶持或资助;有城镇居医保和新农合个人缴费标准差距较大的地区,可采取差别缴费的办法,利用2~3年时间逐步过渡。整合后的实际人均筹资和个人缴费不得低于现有水平。③统一保障待遇:要均衡城乡保障待遇,逐步统一保障范围和支付标准,为参保人员提供公平的基本医疗保障。④统一医保目录:要统一城乡居医保药品目录和医疗服务项目目录,明确药品和医疗服务支付范围。⑤统一定点管理:统一城乡居医保定点(含非公)机构管理办法,强化定点服务协议管理,建立健全考核评价机制和动态的准入退出机制。⑥统一基金管理:城乡居医保执行国家统一的基金财务制度、会计制度和基金预决算管理制度;城乡居民医保基金纳入财政专户,实行"收支两条线"管理;基金独立核算、专户管理,任何单位和个人不得挤占挪用。

(3) 理顺管理体制,要求:①整合保办机构:充分利用现有城镇居民医保、新农合经办资源,整合城乡居民医保经办机构、人员和信息系统,规范经办流程,提供一体化的经办服务。②创新经办管理：要创新经办服务模式，推进管办分开，引入竞争机制，在确保基金安全和有效监管的前提下，以政府购买服务的方式委托具有资质的商业保险机构等社会力量参与基本医保的经办服务。

(4) 提升服务效能，要求：①提高统筹层次：城乡居医保制度原则上实行市(地)级统筹，各地要围绕统一待遇政策、基金管理、信息系统和就医结算等重点，稳步推进市(地)级统筹。②完善信息系统：推动城乡居民医保信息系统与定点机构信息系统、医疗救助信息系统的业务协同和信息共享，做好城乡居民医保信息系统与参与经办服务的商业保险机构信息系统必要的信息交换和数据共享；强化信息安全和患者信息隐私保护。③完善支付方式：系统推进按人头付费、按病种付费、按床日付费、总额预付等多种付费方式相结合的复合支付方式改革；推进分级诊疗制度建设，逐步形成基层首诊、双向转诊、急慢分治、上下联动的就医新秩序。④加强医疗服务监管：各级保办机构要利用信息化手段，推进医保智能审核和实时监控，促进合理诊疗，合理用药；卫计行政部门要加强医疗服务监管，规范医疗服务行为。

(5) 在实施方面要求：各省(区、市)要于2016年6月底前对整合城乡居医保工作作出规划和部署，明确时间表、路线图，健全工作推进和考核评价机制，严格落实责任制，确保各项政策措施落实到位；各统筹地区要于2016年12月底前出台具体实施方案。

3. 在提高城乡居医保水平和保障落实方面的措施

(1) 2018年7月6日，国家医保局、财政部、人保部、卫健委联合发布《关于做好2018年城乡居民基本医疗保险工作的通知》，要求：①2018年城乡居医保财政补助和个人缴费标准同步提高，各级财政人均补助标准在2017年基础上新增40元，达到每人每年不低于490元。②中央财政对基数部分的补助标准不变，对新增部分按西部地区80%和中部地区60%的比例安排补助，对东部地区各省份分别按一定比例补助。③省级财政要加大对深度贫困地区倾斜力度，进一步完善省级及以下财政分担办法，地方各级财政要按规定足额安排本级财政补助资金并及时拨付到位。④2018年城乡居医保人均个人缴费标准同步新增40元，达到每人每年220元。⑤各统筹地区要科学合理确定具体筹资标准并划分政府和个人分担比例。年人均财政补助和个人缴费水平已达到国家规定的最低标准的地区，在确保各项待遇落实的前提下，可根据实际合理确定2018年筹资标准。

(2) 2019年4月26日，国家医保局和财政部联合发布《关于做好2019年城乡居民基本医疗保障工作的通知》，要求：①2019年城乡居医保人均财政补助标准新增30元，达到每人每年不低于520元，新增财政补助一半用于提高大病保险保障能力(在2018年人均筹资标准上增加15元)；个人缴费同步新增30元，达到每人每年250元。②中央财政按国办《关于印发医疗卫生领域中央与地方财政事权和支出责任划分改革方案的通知》(国办发〔2018〕67号)规定，对各省(区、市)和计划单列市实行分档补助。③省级财政要加大对深度贫困地区倾斜力度，完善省级及以下财政分担办法。地方各级财政要按规定足额安排财政补助资金,按规定及时拨付到位。④按国务院《关于实施支持农业转移人口市民化若干财政政策的通知》(国发〔2016〕44号)要求,对持居住证参保的,个人按当地居民相同标准缴费,各级财政按当地居民相同标准给予补助。⑤各级医疗保障部门要有序推进城乡居民医疗保险费征管职责划转前后的工作衔接,确保年度筹资量化指标落实到位。

（三）维护和保障基本医保正常运行的其他制度和措施

此类制度和措施主要体现在如下几个方面。

1. **扩大医疗项目和药品纳入基本医保的范围** 主要包括：①2018年10月10日,国办《关于完善国家基本药物制度的意见》对外公布,该意见用"保障基本用药!"回应了媒体"药品紧缺、看病太贵怎么破?"的问题,并要求：最大限度减少患者药费支出；保障廉价药生产供应；加强药品短缺预警,严惩市场垄断；对基本药物实施全品种覆盖抽检；引导医疗机构和医务人员合理用药。②国家医保局发布《关于将17种抗癌药纳入国家基本医保、工伤保险和生育保险药品目录乙类范围的通知》,将阿扎胞苷(注射剂)、西妥普昔单抗(注射剂)、阿法替尼(口服常释剂型)、阿昔替尼(口服常释剂型)、安罗替尼(口服常释剂型)、奥希替尼(口服常释剂型)、克唑替尼(口服常释剂型)、尼洛替尼(口服常释剂型)、培唑帕尼(口服常释剂型)、瑞戈菲尼(口服常释剂型)、塞瑞替尼(口服常释剂型)、舒尼替尼(口服常释剂型)、维莫非尼(口服常释剂型)、伊布替尼(口服常释剂型)、伊沙佐米(口服常释剂型)、培门冬酶(注射剂)和奥曲肽(微球注射剂)列入国家基本医保范围。③2019年3月25日,国办近日下发《关于全面推进生育保险和职工基本医疗保险合并实施的意见》,将生育医疗费用纳入医保支付方式改革范围,推动住院分娩等医疗费用按病种、产前检查按人头等方式付费。④2019年8月,国家医保局和人保部又联合发布了2019年《国家基本医疗保险、工伤保险和生育保险药品目录》,原《2017年版的医保药品目录》中共有2 588个药品(含2017、2018年两次谈判准入药品),包括西药1 345个、中成药1 243个(含民族药88个);收载西药甲类药品402个,中成药甲类药品192个;《2019年版医保药品目录》常规准入部分共2 643个药品,包括西药1 322个、中成药1 321个(含民族药93个);收载西药甲类药品398个,中成药甲类药品242个。国家医保局要求,从常规准入的品种来看,中西药基本平衡,调整前后药品数量变化不大,但调出、调入的品种数量较多,药品结构发生较大变化;常规准入部分共新增148个品种药品,其中西药47个,中成药101个,新增药品覆盖了要优先考虑的国家基本药物、癌症及罕见病等重大疾病治疗用药、慢性病药品和儿童用药,其中新增重大疾病治疗用药5个、糖尿病等慢性病用药36个、儿童用药38个。⑤2019年9月11日,国务院总理李克强9月11日主持召开国务院常务会议,决定出台城乡居民医保高血压糖尿病门诊用药报销政策,将高血压糖尿病门诊用药纳入居民医保,报销比例至少50%,预计有3亿多人受益。国务院称,此举是为进一步加强重大慢性病防治,减轻患者用药负担而做出的决定等。

2. **推进异地结算方式** 主要体现为：

(1) 2018年8月22日,李克强总理在北京主持召开国务院常务会议,为落实政府工作报告深化医改要求,推进基本医保跨省异地就医住院费用直接结算,解除更多群众异地住院报销烦恼,会议确定:①将外出农民工和外来就业创业人员全部纳入直接结算,采用"就医地目录、参保地确定报销比例"模式,促进人力资源自由流动。②跨省异地就医直接结算定点医疗机构重点放在基层,年底前确保每个县级行政区至少有1家。③加快将所有定点医疗机构接入国家统一结算平台,推动网上直接结算。

(2) 2018年8月24日,在国新办举行国务院政策例行吹风会上,国家医保局领导表示,要通过"三个一批"的措施,提高类人员备案率,加快解决其跨省异地就医直接结算:①简化备案纳入一批:要求各地在10月底以前,取消所有需要就医地的经办机构或定点医疗机构提供的证明或盖章。②补充证明再纳入一批:一些要外出务工或工作的人员去备案时,还不知道在居住地或工作地,或者拿不到工作证明,也视同他可备案,在参保地先备案。他到工作或居住的城市,取得相关材料后,可以再补。③便捷服务帮助一批:通过电话、网络、APP等各种方式逐渐实现备案服务不见面、零跑腿,可面对面办,也可通过网上、电话等来办。此外,国家医保局还表示,要加快定点医疗机构覆盖的范围,将下一步工作重点放在基层,包括要建立台账,要倒排时间表,加强督导,把两类人员集中的就医地的基层医疗机构尽可能地接入国家平台,确保年底前所有县,以县为单位的行政区至少有1家跨省就医的定点机构。

(3) 2018年9月8日人民网报道,异地就医咋报销?四类人异地看病无须再"跑腿"。该四类人指参加基本医保的下列人员,可申请办理跨省异地就医医疗费用直接结算:①异地安置退休人员;②异地长期居住人员;③常驻异地工作人员;④异地转诊人员。

(4) 我国2018年跨省异地结算132万人次,是2017年的6.3倍,结算金额达到189亿元,是2017年的6.7倍。2019年,国家医保局要求各地继续扩大医疗机构异地直接结算报销的覆盖范围,对外出就业人员进一步简化手续[12]。

3. **推广家庭医生制度** 该项制度的推广,一方面,有助于签约参保人员事先联系、预约就医;另一方面,也有利于签约医生熟悉各固定患者的病情及其变化动态。此外,有些全科家庭医生还提供上门服务。2014年,上海静安区彭浦社区的全科医生"钥匙哥"严正就手握51把签约参保者交付的家门钥匙,坚持为其中的老龄和不便到院就医者上门诊疗,与其他9名基层社区一线的签约医生被上海市民选"十佳家庭医生"[13]。2016年5月25日,国务院医改办、卫计委、发改委、民政部、财政部、人保部和中医药局联合发布《关于印发推进家庭医生签约服务指导意见的通知》,在全国范围内启动并布置"家庭医生"签约的推进工作。事实上,早在2010年7月20日北京市就已部署推进"家庭医生"工作,副市长丁向阳表示,本市将争取在两年内为每个家庭配备"社区家庭医生",由全科医生、医生助理和护士3人一组,每组为200户家庭提供24小时随叫随到的公共卫生服务;市医改办主任韩晓芳就此表示,此项工作即将在东、西城试点。截至2018年12月底,北京市家庭医生签约居民累计总人数达817万人,家庭医生总签约率为38%。重点人群签约率达到 90% 以上[14]。2019 年 4 月，天津市卫健委发布《关于进一步推进我市家医签约慢病用药服务工作的通知》，将逐步实现家庭医生签约慢病用药精准服务，全面推广使用"家医签约慢病用药管理系统"，建立用药计划和药库按需备药进行联动衔接，到 2019 年年底利用该管理系统为 80% 以上签约的高血压、糖尿病患者制定用药计划[15]。2019 年 8 月 16 日，南阳市宛城区在红泥湾镇卫生院共为 1 371 名贫困人口开展家庭医生签约服务，签约率达到 100%[16]。2019 年 2 月 14 日，界面新闻记者从上海市卫生健康委获悉，上海在全国首创医联体和家庭医生制度。目前，全市已建立区域医联体、专科医联体 40 多个，推动优质医疗资源同质化。上海重点推进家庭医生制度，"1+1+1"家庭医生组合(依《关于印发推进家庭医生签约服务指导意见》第 6 条规定，在居民自愿选择 1 个家庭医生团队的前提下，可以根据其就医便利或习惯再选择 1 家二级医院和 1 家三级医院进行配套组合签约，以享受一系列优惠的制度。简称为"1 个家庭医生+1 家二级医院+1 家三级医院的组合")签约已超 670 万人，预约就诊、优先转诊、便捷配药、优先家庭病床等惠民举措让居民的基本健康需求在家门口得到有效满足；市民三大健康指标已连续十多年保持国内领先，并达到世界发达国家和地区领先水平。2018 年上海户籍人口期望寿命 83.63 岁(为全国最高，其中男性 81.25 岁、女性 86.08 岁)；上海地区婴儿死亡率为 3.52‰；上海地区孕产妇死亡率为 1.15/10 万[17]。

4. **专款专用规制** 按制度设计的宗旨，医保金依法只能用于参保人员本人到医保定点医院就医或依规购买适格的药品，但有些商家甚至医院为牟(非法之)利、部分参保人员为贪小利(含帮非参保亲友甚至捞取无病住院回扣)而采用各种手段违反规定，背离了医保金这一专款只能专用的初衷。仅 2018 年就发生了几例重大的骗保案件，典型的如沈阳济华和沈阳友好肾病 2 家医保定点医院为谋取不义之财，采用"出院后给发工资(即回扣)"为由，诓骗数十个无病或无需老人"住院"，最终通过中间人给"住院"老人每人 300 元人民币"工资"[18]。对此，国家医保局于当年 11 月发布了《关于当前加强医保协议管理确保基金安全有关工作的通知》，其内容主要包括：①要求各地医保经办机构加强对定点医药机构的协议管理，确保医保基金安全。②明确：定点医药机构发生欺诈骗保等违约行为的，一律解除服务协议，被解除服务协议的定点医药机构，3 年内不得申请医保定点；对查实具有骗取医保基金等违规行为的医师，给予停止 1～5 年医保结算资格的处理；对具有骗取医保基金或倒卖药品等违规行为的参保人，可给予暂停医保直接结算等处理；要求各地医保经办机构进一步完善和细化协议内容，加强对医药机构申报材料和信息的审核，对定点医药机构申报的费用建立规范的初审、复审两级审核机制，加强对定点医药机构履行协议情况的监督检查。

二、对我国医保制度完善的展望

如前所述，生存权是基本人权中排列之首，而作为生存权重要组成部分的健康权则是其中生命权的基础与前提,健康权被侵犯(健康状况受损)最终可能导致剥夺该主体(自然人)生命权的客观后果;依唯物主义观点,基本人权中的追求幸福生活权离不开健康权维护和保障及其客体(既有健康状况)的维持和改善,试想,若一个人健康状况缺失或受损,怎会有常人所能拥有的幸福感受?此外,健康状况的缺失或受损也会克减该主体积极自由,不难想象,某主体健康状况缺失或受损会影响其作为(即行动)能力和空间。综上,一方面,虽说健康权仅是生存权中的一部分,但它不仅对其中的生命权有影响甚至决定意义;另一方面,它还对三大基本人权中的另两项(自由和追求幸福生活)权利有重大影响。从这个意义上说,健康权是基本人权的基础。亦如前述,承认、尊重和保障公民的健康权,自应是任何一国政府的基本职责和存在价值。

事实上,自1949年中华人民共和国成立以来,尤其是社会主义制度确立以来,国家在保障人民的健康权利方面一直在努力。当然,即使今天依然存在着广大人民群众的健康需求与政府的履职效果之间的落差、健康权保障(资源投入)在不同人群中间的客观差异、诊疗费用中各部分比例确定(及其背后存在的利益分配)等不尽合理的现象。

(一) 地方层面的各地医改的实践尝试

1. 宿迁医改　1999年,江苏省宿迁市下辖的沭阳县开启了医改的大幕,其主导方针是"管办分开、医防分设、医卫分策";2000年,该市出台"欢迎各类社会资本投资办医"的政策。当年该市以卖公立医院开始卫生改革。2003年,该市最大的公立(市人民)医院改制为民营后,宿迁成为全国仅有的全是民营医疗机构的地级市。2000年,宿迁可用财力6.8亿元,财政供养11万人,拖欠教师、公务员工资现象普遍存在。政府财力主要保开门、保吃饭、保政府运转,无力投入社会事业,多数乡镇卫生院处于"投入少-运转难-服务差-收入少-运转更难"的境况。全市拥有医疗卫生资产总额4.95亿元,人均卫生资产为99.1元,不到全省的33%。千人拥有床位数只有1.06张,是全省平均水平的43.1%。同时,医院的境况也很艰难。该市卫生局做过调查,改制前该市2/3的医院运营困难,职工工资都发不上,而大医院又拥挤不堪,导致看病困难。因此,宿迁医改的总体思路是,凡是老百姓需要、社会资本愿意干的、有积极性有能力干的,尽量让社会资本干,实现办医投入主体多元化。一组数据可证明宿迁医改这些年,500多万老百姓都在改革中得到了实惠:1999年(医改前),宿迁卫生资产总额是4.95亿元,2010年(医改后)是41.86亿元,增长了7倍多,远高于江苏省的医疗资源增幅;1999年,宿迁财政对卫生的投入是0.32亿元,2010年是3.16亿元,增长了8倍,而江苏全省财政对卫生的投入增幅是2.4倍;其他如卫生总人员、病床数的增长均高于江苏全省和苏北5市的平均水平,而门诊人均费用、每床日平均费用、出院病人平均费用3个指标的增幅又全部低于全省增幅[19]。令人不解的是,2003年7月宿迁市人民医院以7 013万元向金陵药业股份有限公司转让70%股权(该市当时原计划将该院的100%的股权出让,但未获国家允许),将这个创立于1905年的老字号医院由国有变身为民营控股。8年后,该市市委决定投资21亿建设1家三甲公立医院(即现在的宿迁市第一人民医院),最终,该院耗时3

年完成,最终花费26亿元[20]。在此暂时不以2003年出让原人民医院股权时主政的仇和时卫生局长葛志健均因在卖公立医院股权时均受贿这一因素[21]否定宿迁当时卖国有产权的合理性,单就该市政府所谓的医改是采用"甩包袱"式的将其对辖区人民健康起来负担的保障职责抛向本以营利为目的的商家而不予严格规制的此种弃职行为在法理上已走向正当性的反面。笔者认为,该"医改"不可取,而此后重建"第一人民医院"举动虽耗资巨大且超预算,倒是可被视为对原负面行为的补救。

2. 神木医改 2009年1月,陕西能源强县神木在全国率先实行"全民免费医疗",其主要内容包括以下。

(1) 医保对象:为拥有神木籍户口的全县干部职工和城乡居民,但未参加城乡居民合作医疗和职工基本医保的人员除外。

(2) 医保内容:含①门诊不予报销,实行医疗卡制度,每人每年享受100元门诊补贴。②住院给予报销,但设定了起付线:乡镇医院报销起付线为每人次200元,县级医院为400元,县境外医院每人次3 000元。③起付线以下费用患者自付,以上费用由财政买单。④每人每年报销上限为30万元。⑤神木患者进京看病程序:当地医院证明看不了此病;由院长签字并出具转院证明;在先合作医疗办登记审批;到北京定点医院看病(6家北京定点医院为天坛医院、地坛医院、阜外医院、解放军总医院、北京肿瘤医院和协和医院)。⑥安装人工器官、器官移植等特殊检查费、治疗费和材料费,以及用于特殊病治疗的营养液和血液制品,也被列为报销范围[22]。可见,神木的"全民免费医疗"实际上是有条件的,无论在主体上,还是起付现和上限上。即使如此,作为一县的政府能自此时起为其辖区参加职工医保和居民医保的城乡居民提供这样且无(城乡)差别的医疗保障着实是难能可贵、令人敬佩的!不过,作为该县的社会公共制度,此种保障不仅需要充足的、可持续的财政支撑,还需要有强有力的意志力和执行力制度确立和不间断实施。无论如何,神木"全民免费医疗"的实践,在价值论上它不仅符合医疗保障改革的总体目标方向,也完全符合政府对其辖区公民应负担的法定保障职责,更符合我国《宪法》第33条第3款"国家尊重和保障人权"规定;在方法论上,对该县的参保职工和城乡居民也具有实施此"免费医疗"保障的可行性和现实条件。只是依当下我国的财力,缺乏在其他区域的推广性和可复制性。

3. 子长医改 2008年,针对群众"看病难、看病贵"的问题,陕西省子长县委和县政府领导表示,党领导下政府办的人民医院,各级政府的医院都有"人民"两个字,这是我们的宗旨,是为人民服务的,不能以盈利为目的;宁肯少上几个项目,也要把事关老百姓切身利益的事办实办好!经过大量前期考察调研和分析,该县相关人员发现,群众该"两看"困难的关键在于看病贵,而根子则在于医院"以药养医"机制的缺陷和政府投入的缺位。为此,该县于同年6月1日率先在县医院启动了"确保医院公益性质为核心,以强化政府投入为抓手,以建立平价医疗服务体系为重点,以改革创新医院管理体制机制为动力"的"平价医院"改革试点工作,以破除"以药养医"机制为突破口,实施一系列"政府主导、突出公益、以民为本"的医改措施[23],以强化政府投入,实行药品集中采购、统一配送为抓手,率先恢复了公立医院的公益性质;有效打造了一个低成本、易复制、可操作、能持续的全国县级公立医院改革的"子长样本"[24]。该样本在2017年8月17日召开的全国卫生计生系统表彰大会上,子长县卫计局又被评为全国卫生计生系统先进集体。截至2017年8月底,子长县镇村医疗卫生服务体系已全面形成,公共卫生服务工作有序推进,县域内就诊率达到90.14%,基层首诊率达到了51.7%,公立医院平均费用处于全省同类医院最低水平,先后荣获全国公立医院真抓实干成效显著示范县、全国计划生育优质服务先进县[25]。该县确立的政府主导、公立医院回归公益且取得成功,为全国医改树立了可操作、能复制的榜样。

4. **三明医改** 2011年负责药监工作多年的詹积富担任福建省三明市副市长,次年初被委以全面负责该市医改的重任。同年2月26日詹积富在由该市首次医改动员会上提出医改顶层设计的公立机构回归到公益性质、医生回归到看病角色、药品回归到治病功能"三回归"原则。詹积富对其主管的"医疗、医保和医药"口子"三医"联动改革,并从反腐去回扣着手,拿药价虚高开刀;市医改办人员对医院最常用的129个药品直接找药厂尝试带量采购获得成功,并在此基础上逐步取消长期存在的医院15%药品加价,以药养医的做法[26]。2013年起,该市率先在全国推行院长年薪制,试行医师、技师年薪制。将从药费和各项检查费中节省下的医保经费直接用于对医技人员的分配,使他们的技术劳动得到认可、医患关系得以正向回归。正是因为医生这一体面的技术职业并可获得20多万元的正当年薪,当地高考状元又开始报考医学院了,在当下,这是个良好的开端[27]。这些年来,三明医改成果及模式获党中央、国务院的高度重视,习总书记数次在中央深改组会上听取三明医改情况汇报并充分肯定,现在中央借鉴了三明医改模式,成立了专门职能的国家医疗保障局[28]。

5. **安徽医改** 与上述四地所进行的医疗体制和保障制度改革实践不同的是,安徽是在全省推行的医改工作,而且重点是从基层做起,以惠及更多的民众。应该说它与前四地相比,因涉及"深水区",其难度更大、阻力也更多,网上也不乏不同声音[29],但也可看出安徽省委、省政府的决心更坚定。2013年7月22日,省府办公厅下发《关于进一步完善基层医疗卫生机构和村卫生室运行机制的意见》,对此前已开展和进行并取得的改革成果予以巩固和深化,以健全长效机制。该意见对承担大量的基本医疗和公共卫生服务工作的基层医卫机构的运行进行补偿、绩效考核、村医保障政策、基本药物制度、基层医卫服务能力、组织领导6个部分提出了18条政策:①主要内容是6个进一步:落实运行补偿政策,保障基层医疗卫生机构持续健康运行;加强绩效考核,充分调动医务人员积极性;完善村医保障政策,筑牢农村医疗卫生服务"网底";强化基本药物采购、配送和使用监管,促进基层合理用药;提升基层医疗卫生服务能力,促进县乡村医疗卫生机构一体化发展;加强组织领导,确保各项政策落实到位。②其核心是推进基层医疗卫生机构和村卫生室建立起"维护公益性、调动积极性、保障可持续"的长效机制,进一步巩固基层医药卫生体制综合改革成果,保障人民群众更广泛持久地享受到改革带来的实惠。由于村医最贴近、最熟悉群众,群众到村卫生室就医最方便、最快捷,村医通常被形象地称为农村三级医疗卫生服务的"网底"。安徽省基层医改以来,一直十分重视村卫生室和村医队伍建设,(此前出台的)"巩固完善30条政策"中对村医的补偿、准入、退出、养老等方面政策进行了明确,该意见则延续和完善了这些政策,并对村医补偿标准做了进一步提高。调整后,村医收入主要有三大块:①基本公共卫生服务经费,自2013年起,按40%的国家基本公卫服务经费(人均12元)和行政村常住人口数补助村卫生室,对村医提供的基本公卫服务进行补偿;②药品"零差率"补偿,省财政对村卫生室实行按农业户籍人口每人每年补助5元,各市、县(市、区)可增加补助;③村卫生室一般诊疗费,其中个人支付1元,医保报销部分5元,医保按户籍人口人均1.5~2次进行总额控制。按每名村医服务1 000人口、服务人员年均诊疗1.5次计算,村医实际收入可达到2.6万元左右,村医收入有较大幅度提高。该意见目标明确,县级财政按每年不低于3 600元的标准补助村卫生室,用于支付日常运行发生的水电费、网络使用费等公用支出,村卫生室用水、用电执行当地居民用水、用电价格,进一步降低村卫生室运行成本。该意见还鼓励有条件的地区积极探索村卫生室由乡镇卫生院"院办院管",有利于为基层群众提供更好的服务。加强县级医院(含中医院)与乡镇卫生院的分工协作,探索将乡镇卫生院纳入县级医院一体化管理,有利于实现县内优质医疗资源的共享,有利于加快形成基层首诊、双向转诊、分级医疗的医疗服务模式,逐步缓解"看病难、看病贵"问题[30]。

因篇幅和本书主题所限,无法展现我国各地已开展的医改实践,就在前述所及之五地介绍中,仅凸显其特点而未尽其全部。在此不难发现,该五地已对辖区民众的医疗保障体制进行了各自有益的探索和实践,开创出一些可复制、可推广的制度,积累了不少宝贵的经验,即使宿迁曾发生的有违政府基本职责的全面私有化尝试也为我国整体医改提供了反面教材,从这个意义上说,它也是一种(可供后人警醒的)资源。

(二) 令人向往的观念形态

2009年3月17日,中共中央和国务院发布了《关于深化医药卫生体制改革的意见》,该意见指出,从现在(当时)到2020年,是我国全面建设小康社会的关键时期,医药卫生工作任务繁重;随着经济的发展和人民生活水平的提高,群众对改善医药卫生服务将会有更高的要求工业化、城镇化、人口老龄化、疾病谱变化和生态环境变化等,都给医药卫生工作带来一系列新的严峻挑战。深化医药卫生体制改革,是加快医药卫生事业发展的战略选择,是实现人民共享改革发展成果的重要途径,是广大人民群众的迫切愿望。该意见设定了深化医药卫生体制改革的指导思想、基本原则和总体目标体现为以下。

(1) 深化医药卫生体制改革的指导思想,要求以邓小平理论和"三个代表"重要思想为指导,深入贯彻落实科学发展观,从我国国情出发,借鉴国际有益经验,着眼于实现人人享有基本医疗卫生服务的目标,着力解决人民群众最关心、最直接、最现实的利益问题;坚持公共医疗卫生的公益性质,坚持预防为主、以农村为重点、中西医并重的方针,实行政事分开、管办分开、医药分开、营利性和非营利性分开,强化政府责任和投入,完善国民健康政策,健全制度体系,加强监督管理,创新体制机制,鼓励社会参与,建设覆盖城乡居民的基本医疗卫生制度,不断提高全民健康水平,促进社会和谐。

(2) 深化医药卫生体制改革的基本原则,要求医药卫生体制改革必须立足国情,一切从实际出发,坚持正确的改革原则:①坚持以人为本,把维护人民健康权益放在第一位;坚持医药卫生事业为人民健康服务的宗旨,以保障人民健康为中心,以人人享有基本医疗卫生服务为根本出发点和落脚点,从改革方案设计、卫生制度建立到服务体系建设都要遵循公益性的原则,把基本医疗卫生制度作为公共产品向全民提供,着力解决群众反映强烈的突出问题,努力实现全体人民病有所医。②坚持立足国情,建立中国特色医药卫生体制:坚持从基本国情出发,实事求是地总结医药卫生事业改革发展的实践经验,准确把握医药卫生发展规律和主要矛盾;坚持基本医疗卫生服务水平与经济社会发展相协调、与人民群众的承受能力相适应;充分发挥中医药(民族医药)作用;坚持因地制宜、分类指导,发挥地方积极性,探索建立符合国情的基本医疗卫生制度。③坚持公平与效率统一,政府主导与发挥市场机制作用相结合:强化政府在基本医疗卫生制度中的责任,加强政府在制度、规划、筹资、服务、监管等方面的职责,维护公共医疗卫生的公益性,促进公平公正;同时,注重发挥市场机制作用,动员社会力量参与,促进有序竞争机制的形成,提高医疗卫生运行效率、服务水平和质量,满足人民群众多层次、多样化的医疗卫生需求。④坚持统筹兼顾,把解决当前突出问题与完善制度体系结合起来:从全局出发,统筹城乡、区域发展,兼顾供给方和需求方等各方利益,注重预防、治疗、康复三者的结合,正确处理政府、卫生机构、医药企业、医务人员和人民群众之间的关系;既着眼长远,创新体制机制,又立足当前,着力解决医药卫生事业中存在的突出问题。既注重整体设计,明确总体改革方向目标和基本框架,又突出重点,分步实施,积极稳妥地推进改革。

(3) 深化医药卫生体制改革的总体目标,要求建立健全覆盖城乡居民的基本医疗卫生制度,为群众提供安全、有效、方便、价廉的医疗卫生服务。

(4) 完善医药卫生四大体系,建立覆盖城乡居民的基本医疗卫生制度:建设覆盖城乡居民的公共卫生服务体系、医疗服务体系、医疗保障体系、药品供应保障体系,形成四位一体的基本医疗卫生制度;四大体系相辅相成,配套建设,协调发展。具体的实施步骤为:①到2011年,基本医疗保障制度全面覆盖城乡居民,基本药物制度初步建立,城乡基层医疗卫生服务体系进一步健全,基本公共卫生服务得到普及,公立医院改革试点取得突破,明显提高基本医疗卫生服务可及性,有效减轻居民就医费用负担,切实缓解"看病难、看病贵"问题。②到2020年,覆盖城乡居民的基本医疗卫生制度基本建立;普遍建立比较完善的公共卫生服务体系和医疗服务体系,比较健全的医疗保障体系,比较规范的药品供应保障体系,比较科学的医疗卫生机构管理体制和运行机制,形成多元办医格局,人人享有基本医疗卫生服务,基本适应人民群众多层次的医疗卫生需求,人民群众健康水平进一步提高。

进入新时代(根据中纪委官网 2017 年 11 月 14 日刊登之《新时代是从什么时候开始?》确定),国家更关注百姓的健康权利问题。2016 年 10 月 25 日,中共中央、国务院发布了《"健康中国 2030"规划纲要》(以下简称《纲要》),它包括序言和 8 篇 29 章。其中序言和第一～三章为价值论篇;第 3 篇优化健康服务(含第七～十章共 4 章)和第 4 篇完善健康保障(含第 11～12 章共 2 章)为与本(书之)章相关的方法论篇。

(1)《纲要》序言开宗明义:健康是促进人的全面发展的必然要求,是经济社会发展的基础条件。而实现国民健康长寿,是国家富强、民族振兴的重要标志,也是全国各族人民的共同愿望。推进健康中国建设,是全面建成小康社会、基本实现社会主义现代化的重要基础,是全面提升中华民族健康素质、实现人民健康与经济社会协调发展的国家战略,是积极参与全球健康治理、履行 2030 年可持续发展议程国际承诺的重大举措。指出未来 15 年是推进健康中国建设的重要战略机遇期。经济保持中高速增长将为维护人民健康奠定坚实基础,消费结构升级将为发展健康服务创造广阔空间,科技创新将为提高健康水平提供有力支撑,各方面制度更加成熟、更加定型将为健康领域可持续发展构建强大保障。

(2)《纲要》第一章明确,要实现该目标要遵循以下原则:①健康优先,要把健康摆在优先发展的战略地位,立足国情,将促进健康的理念融入公共政策制定实施的全过程,加快形成有利于健康的生活方式、生态环境和经济社会发展模式,实现健康与经济社会良性协调发展。②改革创新,要坚持政府主导,发挥市场机制作用,加快关键环节改革步伐,冲破思想观念束缚,破除利益固化藩篱,清除体制机制障碍,发挥科技创新和信息化的引领支撑作用,形成具有中国特色、促进全民健康的制度体系。③科学发展,要把握健康领域发展规律,坚持预防为主、防治结合、中西医并重,转变服务模式,构建整合型医疗卫生服务体系,推动健康服务从规模扩张的粗放型发展转变到质量效益提升的绿色集约式发展,推动中医药和西医药相互补充、协调发展,提升健康服务水平。④公平公正,要以农村和基层为重点,推动健康领域基本公共服务均等化,维护基本医疗卫生服务的公益性,逐步缩小城乡、地区、人群间基本健康服务和健康水平的差异,实现全民健康覆盖,促进社会公平。

(3)《纲要》第二章确定:①"共建共享、全民健康",是建设健康中国的战略主题;②核心是以人民健康为中心,坚持以基层为重点,以改革创新为动力,预防为主,中西医并重,把健康融入所有政策,人民共建共享的卫生与健康工作方针,针对生活行为方式、生产生活环境以及医疗卫生服务等健康影响因素,坚持政府主导与调动社会、个人的积极性相结合,推动人人参与、人人尽力、人人享有,落实预防为主,推行健康生活方式,减少疾病发生,强化早诊断、早治疗、早康复,实现全民健康。

(4)《纲要》第三章(战略目标)要求:到 2020 年,建立覆盖城乡居民的中国特色基本医疗卫生制度,健康素养水平持续提高,健康服务体系完善高效,人人享有基本医疗卫生服务和基本体育健身服务,基本形成内涵丰富、结构合理的健康产业体系,主要健康指标居于中高收入国家前列;到 2030 年,促进全民健康的制度体系更加完善,健康领域发展更加协调,健康生活方式得到普及,健康服务质量和健康保障水平不断提高,健康产业繁荣发展,基本实现健康公平,主要健康指标进入高收入国家行列。到2050年,建成与社会主义现代化国家相适应的健康国家。到2030年的具体目标为:①人民健康水平持续提升:人民身体素质明显增强,2030年人均预期寿命达到79.0岁,人均健康预期寿命显著提高;②主要健康危险因素得到有效控制:全民健康素养大幅提高,健康生活方式得到全面普及,有利于健康的生产生活环境基本形成,食品药品安全得到有效保障,消除一批重大疾病危害;③健康服务能力大幅提升:优质高效的整合型医疗卫生服务体系和完善的全民健身公共服务体系全面建立,健康保障体系进一步完善,健康科技创新整体实力位居世界前列,健康服务质量和水平明显提高;④健康产业规模显著扩大:建立起体系完整、结构优化的健康产业体系,形成一批具有较强创新能力和国际竞争力的大型企业,成为国民经济支柱性产业;⑤促进健康的制度体系更加完善。有利于健康的政策法律法规体系进一步健全,健康领域治理体系和治理能力基本实现现代化。

(5)《纲要》第七章强化覆盖全民的公共卫生服务,主要包括:①实施慢性病综合防控战略,加强国家慢性病综合防控示范区建设;强化慢性病筛查和早期发现,针对高发地区重点癌症开展早诊早治工作,推动癌症、脑卒中、冠心病等慢性病的机会性筛查;基本实现高血压、糖尿病患者管理干预全覆盖,逐步将符合条件的癌症、脑卒中等重大慢性病早诊早治适宜技术纳入诊疗常规。加强学生近视、肥胖等常见病防治;到2030年,实现全人群、全生命周期的慢性病健康管理,总体癌症5年生存率提高15%。②继续实施完善国家基本公共卫生服务项目和重大公共卫生服务项目,加强疾病经济负担研究,适时调整项目经费标准,不断丰富和拓展服务内容,提高服务质量,使城乡居民享有均等化的基本公共卫生服务,做好流动人口基本公共卫生计生服务均等化工作。

(6)《纲要》第八章提供优质高效的医疗服务,主要包括:①完善医疗卫生服务体系,要加强康复、老年病、长期护理、慢性病管理、安宁疗护等接续性医疗机构建设。实施健康扶贫工程,加大对中西部贫困地区医疗卫生机构建设支持力度,提升服务能力,保障贫困人口健康;到2030年,15分钟基本医疗卫生服务圈基本形成,每千常住人口注册护士数达到4.7人。②创新医疗卫生服务供给模式,要引导三级公立医院逐步减少普通门诊,重点发展危急重症、疑难病症诊疗。完善医疗联合体、医院集团等多种分工协作模式,提高服务体系整体绩效;要加快医疗卫生领域军民融合,积极发挥军队医疗卫生机构作用,更好为人民服务。③提升医疗服务水平和质量,要全面实施临床路径管理,规范诊疗行为,优化诊疗流程,增强患者就医获得感;要推进合理用药,保障临床用血安全,基本实现医疗机构检查、检验结果互认。加强医疗服务人文关怀,构建和谐医患关系;要依法严厉打击涉医违法犯罪行为特别是伤害医务人员的暴力犯罪行为,保护医务人员安全。

(7)《纲要》第十一章健全医疗保障体系,主要包括:①要健全基本医疗保险稳定可持续筹资和待遇水平调整机制,实现基金中长期精算平衡;要完善医保缴费参保政策,均衡单位和个人缴费负担,合理确定政府与个人分担比例;要改进职工医保个人账户,开展门诊统筹;要进一步健全重特大疾病医疗保障机制,加强基本医保、城乡居民大病保险、商业健康保险与医疗救助等的有效衔接。到2030年,全民医保体系成熟定型。②要加快推进基本医保异地就医结算,实现跨省异地安置退休人员住院医疗费用直接结算和符合转诊规定的异地就医住院费用直接结算;要全面实现医保智能监控,将医保对医疗机构的监管延伸到医务人员;要逐步引入社会力量参与医保经办;要加强医保基础标准建设和应用。到2030年,全民医保管理服务体系完善高效。③要落实税收等优惠政策,鼓励企业、个人参加商业健康保险及多种形式的补充保险;要丰富健康保险产品,鼓励开发与健康管理服务相关的健康保险产品;要促进商业保险公司与医疗、体检、护理等机构合作,发展健康管理组织等新型组织形式。到2030年,现代商业健康保险服务业进一步发展,商业健康保险赔付支出占卫生总费用比重显著提高。

(三) 近期跟进的制度形态

如果说,上述党中央、国务院《关于深化医药卫生体制改革的意见》和《"健康中国2030"规划纲要》为我国全社会的涵盖医保在内的各项卫生工作定调的话,那么,作为对上述基调贯彻落实的相关制度形态自有其能否为百姓感知和见效的功能了。这些制度形态主要包括以下方面。

1. 总体方面

(1) 2019年2月28日,国家医保局发布《2018年医疗保障事业发展统计快报》(以下简称"统计快报")显示,截至2018年末,基本医疗保险参保人数134 452万人,参保覆盖面稳定在95%以上[31]。

(2) 2019年10月8日中新网客户端电,国家医疗保障局下发了《关于印发医疗保障定点医疗机构等信息业务编码规则和方法的通知》,预计2020年全国医保系统实现"一码通"[32]。

(3) 2017年1月10日,国务院发布了《关于印发"十三五"卫生与健康规划的通知》,该规划是根据《国民经济和社会发展第十三个五年规划纲要》和《"健康中国2030"规划纲要》而编制。2015年(即"十二五"末年)与2020年(即"十三五"末年)的目标相比,该规划要求:①我国人民三大健康社会发展指标即人均预期寿命分别从76.34岁上升到77.3岁,孕产妇死亡率由20.1/10万下降到1.8/10万和婴儿死亡率从8.1‰下降至7.5‰。②医疗卫生服务体系则要求:每千人口医疗卫生机构床位数从5.11张达到6张;每千人口执业(助理)医师数从2.22人达到2.5人,每千人口注册护士数从2.37人达到3.14人,每万人口全科医生数从1.38人达到2人。③医疗卫生保障政策,要求:范围内住院费用基本医保支付比例依然维持在75%左右,个人卫生支出占卫生总费用的比重由29.27%下降至28%左右。另一方面,在所布置的加强重大疾病防治、妇幼卫生保健与生育服务、促进贫困人口等重点人群健康、提升医疗服务水平和加强人口健康信息化建设等14项任务均发布落实到卫生、人保、财政和发改等部委承担和负责。

(4) 2017年2月28日,国家卫计委发布了《国家基本公共卫生服务规范(第三版)》,它是对2011年编制的《国家基本公共卫生服务规范(2011年版)》修改,原规范中14个方面被修改,对卫生服务提出了更高的要求,主要包括:①进一步明确服务对象为常住人口;②将原版中的"考核指标"改为"工作指标",增加了对卫生服务主体的工作量化要求;③在"居民健康档案的建立"中做了6方面的调整和细化;④在0~6岁儿童健康管理项目中,强化对儿童心理行为发育和运动发展方面的管理;⑤在孕产妇健康管理项目中,调整孕早期时间、孕中期和产后随访时间;⑥在高血压患者健康管理项目中,增加筛查高血压患者高危人群的界定指标、细化血压控制满意标准、完善"管理人群血压控制率"指标定义、增加最近一次随访血压达标说明;⑦在糖尿病患者健康管理项目中,完善"管理人群血糖控制率"指标定义和增加最近一次随访空腹血糖达标说明等[33]。

(5) 2019年7月15日,国务院发布了《关于实施健康中国行动的意见》该意见确定以习近平新时代中国特色社会主义思想为指导;推动卫生健康工作理念、服务方式从以治病为中心转变为以人民健康为中心。在该意见要求:①实施妇幼健康促进行动,力争到2022年和2030年,婴儿死亡率分别控制在7.5‰及以下和5‰及以下,孕产妇死亡率分别下降到18/10万及以下和12/10万及以下;②实施心脑血管疾病防治行动,力争到2022年和2030年,心脑血管疾病死亡率分别下降到209.7/10万及以下和190.7/10万及以下;③实施糖尿病防治行动,力争到2022年和2030年,糖尿病患者规范管理率分别达到60%及以上和70%及以上;④实施癌症防治行动,力争到2022年和2030年,总体癌症5年生存率分别不低于43.3%和46.6%;⑤实施慢性呼吸系统疾病防治行动,力争到2022年和2030年,70岁及以下人群慢性呼吸系统疾病死亡率下降到9/10万及以下和8.1/10万及以下等[34]。

(6) 2019年12月28日,第13届全国人大常委会第15次会议通过了《基本医疗卫生与健康促进法》,将于2020年6月1日起施行。该法是我国卫生(医事)领域的基本法,不仅构建起了我国卫生法制的基本架构,也对我国现行医保制度的确认与巩固。与本章相关的内容主要包括:①第4条第2款规定,国家实施健康中国战略;②第1条和第5条明确国家提供"公民享有基本医疗卫生服务"的保障职责;③第15条明确了"基本医疗卫生服务"的定义,即维护人体健康所必需、与经济社会发展水平相适应、公民可公平获得的,采用适宜药物、适宜技术、适宜设备提供的疾病预防、诊断、治疗、护理和康复等服务;它包括基本公共卫生服务(由国家免费提供)和基本医疗服务;④第29条规定,基本医疗服务主要由政府举办的医疗卫生机构提供;鼓励社会力量举办的医疗卫生机构提供基本医疗服务;⑤第30条第1款前项规定,国家推进基本医疗服务实行分级诊疗制度,引导非急诊患者首先到基层医疗卫生机构就诊;⑥第31条规定,国家推进基层医疗卫生机构实行家庭医生签约服务,建立家庭医生服务团队,与居民签订协议,根据居民健康状况和医疗需求提供基本医疗卫生服务等。

2. 在帮扶贫困人口基本医疗方面

(1) 2017年9月26日,国家卫计委发布了《关于做好贫困人口慢病家庭医生签约服务工作的通知》,它要求:①各地扶贫部门进一步核实核准农村贫困人口中的慢病患者,并纳入家庭医生签约服务管理,优先覆盖高血压、糖尿病、结核病等慢病患者,逐步扩大到全部慢病人群,力争2017年底实现建档立卡农村贫困人口签约服务全覆盖;有条件的地区可逐步覆盖农村低保对象、特困人员、贫困残疾人等人群。②要使贫困人口慢病患者自愿选择1个家庭医生团队签订服务协议;签约医生和团队要在县级医院指导下,制订个性化签约管理方案,实施普通慢病患者和高危人群分类管理,开展基本医疗、公共卫生、慢病管理、健康咨询、中医干预等服务,动态掌握签约对象健康情况,并根据病情及时转诊,引导其合理就医。③要将贫困人口慢病签约一批纳入健康扶贫总体方案,统筹安排,制订有针对性的优惠政策。各地扶贫办统筹协调有关部门,设立贫困人口慢病签约专项经费,用于补助签约费中个人支付部分、签约管理费用、上级专家咨询和指导费用等,发挥民政救助、财政补助、医保基金等资金的最大保障效益;有条件的地区可探索建立面向贫困人口的健康扶贫补充保险、长期护理保险等,扩大签约服务筹资渠道等。此举着实为贫困家庭中慢病患者的就医治病提供了制度上的保障作用。

(2) 2018年01月24日,国家卫健委、发改委、财政部、医保局、中医药局和国务院扶贫办联合发布《关于印发解决贫困人口基本医疗有保障突出问题工作方案的通知》,该方案专是为贯彻落实党中央、国务院解决"两不愁三保障"(系习近平总书记于2019年4月16日在重庆调研考查主持召开欲解决问题座谈会的主题,两不愁即不愁吃、不愁穿;三保障即义务教育、基本医疗和住房安全有保障)突出问题决策部署,深入推进实施健康扶贫工程,以县医院能力建设、"县乡一体、乡村一体"机制建设、乡村医疗卫生机构标准化建设为主攻方向,全面解决贫困人口基本医疗有保障突出问题,确保到2020年全面完成健康扶贫任务,根据国务院扶贫开发领导小组《关于解决"两不愁三保障"突出问题的指导意见》而制定,该方案主要内容包括:①要将贫困人口全部纳入基本医疗保险、大病保险和医疗救助等制度保障范围,常见病、慢性病能够在县乡村三级医疗机构获得及时诊治,得了大病、重病后基本生活仍然有保障;要建立健全基本医疗保障制度,加强县乡村医疗卫生机构建设,配备合格医务人员,消除乡村两级机构人员"空白点",做到贫困人口看病有地方、有医生、有制度保障。②要加强县医院能力建设:做到加大中央和地方财政预算支持力度和责任落实,采取"组团式"支援方式强化对口帮扶和推进远程医疗(通过远程会诊、查房、示教、培训等形式,有效促进优质医疗资源下沉)。③要加强"县乡一体、乡村一体"机制建设,含:加强县乡村人员培养培训、统筹使用县域卫生人力资源和推进县域医共体建设。④要加强乡村医疗卫生机构标准化建设,消除"空白点"。⑤要加强贫困地区疾病综合防控。⑥全面落实重点传染病、地方病综合防控三年攻坚行动。⑦在保障措施上,要求明确(中央和地方)职责分工、制订实施方案和加大投入支持。该方案还附《基本医疗有保障工作标准》,内含:保障基本医疗的可及性,包括医疗卫生机构"三个一"、医疗技术人员"三合格"和医疗服务能力"三条线"[医疗机构"三个一"为:每个贫困县建好1所公立医院(含中医院),具有相应的功能用房和设施设备。靠近市级行政区的贫困县,市级公立医院能满足需求的,可结合当地实际不单独设立县医院;每个乡镇建1所政府办卫生院,具有相应功能用房和设施设备,能够承担常见病多发病诊治、急危重症病人初步现场急救和转诊等职责;每个行政村建成1个卫生室,具有相应的功能用房和设施设备,能够开展基本的医疗卫生服务。人口较少或面积较小的行政村可与邻村合设村卫生室,乡镇卫生院所在村可不设卫生室。医疗人员"三合格"为:每个县医院的每个专业科室至少有1名合格的执业医师;每个乡镇卫生院至少有1名合格的执业(助理)医师或全科医师;每个村卫生室至少有1名合格的乡村医生或执业(助理)医师。医疗服务能力"三条线"为常住人口:超过10万人的贫困县有1所县医院(中医院)达到二级医院医疗服务能力;超过1万人的乡镇卫生院达到《乡镇卫生院管理办法(试行)》要求;超过800人的行政村卫生室达到《村卫生室管理办法(试行)》要求];确保医疗保障制度全覆盖(农村建档立卡贫困人口全部纳入基本医疗保险、大病保险、医疗救助覆盖范围)。

3. 建设和普及全科医生方面 2018年1月14日,国务院办公厅发布了《关于改革完善全科医生培养与使用激励机制的意见》,该意见明确,全科医生是居民健康和控制医疗费用支出的"守门人",在基本医疗卫生服务中发挥着重要作用。加快培养大批合格的全科医生,对于加强基层医疗卫生服务体系建设、推进家庭医生签约服务、建立分级诊疗制度、维护和增进人民群众健康,具有重要意义。该意见还包括:①工作目标,要求:到2020年,适应行业特点的全科医生培养制度基本建立,适应全科医学人才发展的激励机制基本健全,全科医生职业吸引力显著提高,城乡分布趋于合理,服务能力显著增强,全科医生与城乡居民基本建立比较稳定的服务关系,城乡每万名居民拥有2~3名合格的全科医生;到2030年,适应行业特点的全科医生培养制度更加健全,使用激励机制更加完善,城乡每万名居民拥有5名合格的全科医生,全科医生队伍基本满足健康中国建设需求。②建立健全适应行业特点的全科医生培养制度,要求从2018年起,新增临床医学、中医硕士专业学位研究生招生计划重点向全科等紧缺专业倾斜;继续实施农村订单定向医学生免费培养,推进农村基层本地全科人才培养;改革完善高职临床医学、中医学等相关专业人才培养模式,推进教育教学标准与助理全科医生培训标准有机衔接。③建立健全毕业后全科医学教育制度;巩固完善全科继续医学教育。改革完善全科医生薪酬制度;推进家庭医生签约服务,签约服务费作为家庭医生团队所在基层医疗卫生机构收入组成部分,可用于人员薪酬分配。④完善全科医生聘用管理办法:对经住院医师规范化培训合格到农村基层执业的全科医生,可实行"县管乡用"(县级医疗卫生机构聘用管理、乡镇卫生院使用);对经助理全科医生培训合格到村卫生室工作的助理全科医生,可实行"乡管村用"(乡镇卫生院聘用管理、村卫生室使用)。⑤加快壮大贫困地区全科医生队伍:对集中连片特困地区县和国家扶贫开发工作重点县(以下统称贫困县)加大农村订单定向医学生免费培养力度;有关省份可结合实际,以贫困县为重点,订单定向免费培养农村高职(专科)医学生,毕业生经助理全科医生培训合格后,重点补充到村卫生室和艰苦边远地区乡镇卫生院;充分利用远程教育等信息化手段,面向贫困县免费实施国家继续医学教育培训项目。

4. 落实异地就医结算方面　①因与前述同,略。②记者张尼 2019 年 3 月 21 日从国家医保局获悉,截至 2019 年 2 月底,跨省异地就医定点医疗机构数量为 16 029 家;自 2017 年 1 月启动以来,累计实现跨省异地就医直接结算 182 万人次,医疗费用 436.7 亿元,基金支付 256.8 亿元;基金支付超过 1 万元为 69.0 万人次,超过 5 万元为 9.0 万人次,超过 10 万元为 1.5 万人次[35]。

5. 基本医保参保人员药费负担方面　众所周知,药品除用于预防和诊断外,更多的是用于治疗,而我国药费在整个医疗费用中占绝大部分。因此,药价的高低、药费能否进入基本医保范围直接影响着基本医保参保人员真正享有的医疗保障状况。

(1) 2016 年 11 月 8 日,中办和国办转发的国务院深化医卫体改领导小组《关于进一步推广深化医药卫生体制改革经验的若干意见》中规定"所有公立医院取消药品加成"。

(2) 2017 年 1 月 6 日,国家卫计委主任李斌表示,今年公立医院改革将在所有城市推开,全部取消药品加成,推进新旧运行机制平稳转换。

(3) 2018 年 9 月 30 日国家医保局决定、并于同年 10 月 10 日下发了《关于将 17 种抗癌药纳入国家基本医疗保险、工伤保险和生育保险药品目录乙类范围的通知》,将阿扎胞苷、西妥昔单抗、阿法替尼、阿昔替尼、安罗替尼、奥希替尼、克唑替尼、尼洛替尼、培唑帕尼、瑞戈菲尼、塞瑞替尼、舒尼替尼、维莫非尼、伊布替尼、伊沙佐米、培门冬酶和奥曲肽列入基本医保范围。

(4) 为有效降低药价,2019 年 1 月 1 日,国办下发《关于印发国家组织药品集中采购和使用试点方案的通知》,其内容主要包括:①确定四项基本原则:坚持以人民为中心,保障临床用药需求,切实减轻患者负担,确保药品质量及供应;坚持依法合规,严格执行相关政策规定,确保专项采购工作程序规范、公开透明,全程接受各方监督;坚持市场机制和政府作用相结合,既尊重以市场为主导的药品价格形成机制,又更好地发挥政府搭平台、促对接、保供应、强监管作用;坚持平稳过渡、妥当衔接,处理好试点工作与现有采购政策关系。②集中采购范围及形式为:适格企业均可报名参加;药品范围从通过一致性评价的仿制药对应的通用名药品中遴选试点品种;入围标准(含质量入围标准和供应入围标准:前者主要考虑药品临床疗效、不良反应、批次稳定性等,原则上以通过一致性评价为依据;后者主要考虑企业的生产能力、供应稳定性等,能够确保供应试点地区采购量的企业可以入围)的具体指标由联合采购办公室负责拟定;集中采购形式(若每种药品入围的生产企业数量分别采取相应的集中采购方式:入围生产企业在 3 家及以上的,采取招标采购的方式;入围生产企业为 2 家的,采取议价采购的方式;入围生产企业只有 1 家的,采取谈判采购的方式)。③具体措施为:带量采购,以量换价;招采合一,保证使用;确保质量,保障供应;保证回款(依约结清),降低交易成本。

(5) 开展和推进仿制药质量和疗效一致性评价,以确保药品功效(有效性)和降低药价"双赢"效果。事实上,早在 2016 年 3 月 5 日,国办就发布了《关于开展仿制药质量和疗效一致性评价的意见》;作为落实,2016年5月25日,国家食品药品监督管理总局发布了《关于落实国办〈关于开展仿制药质量和疗效一致性评价的意见〉有关事项的公告》,并确定2018年底前须完成仿制药一致性评价品种目录作为该公告的附录(共292个化学合成制剂药品种)[36]。2017年12月28日,国家食品药品监督管理总局发布了《关于发布通过仿制药质量和疗效一致性评价药品的公告(第一批)》,确定厄贝沙坦片等17个品种的制剂药已通过一致性评价,其中硫酸氢氯吡格雷片、盐酸帕罗西汀片、头孢呋辛酯片和利培酮片4个品种获准进入国家基本药物目录。2019年7月30日,国家药监局发布了《关于仿制药质量和疗效一致性评价工作中药品标准执行有关事宜的公告》,对药品注册标准严于《中国药典》的如何依照执行作出(从严的)具体规定。如果说,评定和生产是有效地使用仿制药的基础的话,那么,仿制药的供应和使用这一出口也至关重要:2018年4月3日,国办发布了《关于改革完善仿制药供应保障及使用政策的意见》,其内容主要包括:①促进仿制药研发,又含:制定鼓励仿制的药品目录、加强仿制药技术攻关和完善药品知识产权保护。②提升仿制药质量疗效,又含:加快推进仿制药质量和疗效一致性评价工作、提高药用原辅料和包装材料质量、提高工艺制造水平、严格药品审评审批和加强药品质量监管。③完善支持政策,又含及时纳入采购目录、促进仿制药替代使用、发挥基本医疗保险的激励作用、明确药品专利实施强制许可路径、落实税收优惠政策和价格政策、推动仿制药产业国际化和做好宣传引导。

(6) 2019年8月19日,国家医保局和人保部联合制发了《关于印发〈国家基本医疗保险、工伤保险和生育保险药品目录〉的通知》。该通知要求各省级医疗保障部门及时按规定将《药品目录》内药品纳入当地药品集中采购范围;现行的医保药品目录是2017年版,其医保药品目录中共有2 588个药品(含2017、2018年两次谈判准入药品),包括西药1 345个、中成药1 243个(含民族药88个);收载西药甲类药品402个,中成药甲类药品192;而将于2020年起施行的该药品目录常规准入部分共2 643个药品,包括西药1 322个、中成药1 321个(含民族药93个);收载西药甲类药品398个,中成药甲类药品242个。本次目录调整不仅有利于从整体上提升医保药品目录的保障能力和水平,提高有限医保资金的使用效益,而且将促进我国医药产业的创新发展,还将更好地满足广大参保人的基本用药需求,减轻广大参保人员的药品费用负担,有效提升广大人民群众的获得感;从常规准入的品种看,中西药基本平衡,调整前后药品数量变化不大,但调出、调入的品种数量较多,药品结构发生较大变化;常规准入部分共新增148个品种药品,其中西药47个,中成药101个,新增药品覆盖了要优先考虑的国家基本药物、癌症及罕见病等重大疾病治疗用药、慢性病药品和儿童用药,其中新增重大疾病治疗用药5个、糖尿病等慢性病用药36个、儿童用药38个;在确保基金安全的前提下,国家医保局会拿出一定数量的基金用于谈判药品,力争尽量多的品种谈判成功,让广大群众尽可能多地享受到改革红利;国家医保局将按程序征求拟谈判药品企业意愿,组织企业按要求提供材料,由测算专家进行药物经济学和基金承受能力评估,确定谈判底线,由谈判专家与企业谈判,形成双方认可的全国统一的支付标准后,按程序纳入目录范围,以确保基金安全;本次目录调整,对于临床价值高但价格昂贵或对基金影响较大的专利独家药品,初步确定128个药品纳入拟谈判准入范围,包括109个西药和19个中成药。据介绍,这些药品的治疗领域主要涉及癌症、罕见病等重大疾病、丙肝、乙肝及高血压、糖尿病等慢性病等。许多产品都是近几年国家药监局批准的新药,亦包括国内重大创新药品[37]。

6. 拓展医保支付方式适用范围方面　2019年3月6日,国办发布《关于全面推进生育保险和职工基本医疗保险合并实施的意见》,其主要内容为:①明确将生育医疗费用纳入医保支付方式改革范围,推动住院分娩等医疗费用按病种、产前检查按人头等方式付费;②要求两项保险合并实施后,将生育医疗费用纳入医保支付方式改革范围,推动住院分娩等医疗费用按病种、产前检查按人头等方式付费;生育医疗费用原则上实行医疗保险经办机构与定点医疗机构直接结算;③确保职工生育期间的生育保险待遇不变,生育保险待遇包括《社会保险法》规定的生育医疗费用和生育津贴,所需资金从职工基本医疗保险基金中支付,生育津贴支付期限按照《女职工劳动保护特别规定》等法律法规规定的产假期限执行;④各地要在2019年底前实现两项保险合并实施[38]。目前,医保支付方式范围尚还很有限,想必受社会医保基金这个总池子资金规模的限制。不过,可以确信,随着我国国力的持续增强、国家财政能力的不断充实,更重要的是中央对让人民有更多"获得感"的承诺,笔者有理由认为我国基本医保支付适用范围必将会进一步扩展。

7. 将社会资本引入医药领域方面

(1) 2017年8月8日,国家卫计委响应国务院在我国社会强力推出的"放管服"政策,发布了《关于深化"放管服"改革激发医疗领域投资活力的通知》,规定:①取消养老机构内设诊所的设置审批,实行备案制;②国家卫计委在已有医学影像诊断中心、病理诊断中心、血液透析中心、医学检验实验室、安宁疗护中心等五类独立设置机构基本标准及管理规范的基础上,再制定独立设置的康复医疗中心、护理中心、消毒供应中心、健康体检中心、中小型眼科医院等机构的基本标准及管理规范,拓展社会投资领域,推动健康服务业新业态发展;③要求各级卫计部门要加快推进医疗机构、医师和护士电子化注册管理改革进程,在当年7月1日各省份启动电子化线上注册管理的基础上,全国3715个开设医疗机构、医师、护士注册的政务服务大厅全部联网注册,为医疗机构执业登记和医师、护士执业注册提供快速便捷的服务;④进一步简化医疗机构审批程序。对二级及以下医疗机构的设置审批与执业登记"两证合一",进一步简化三级医院的设置审批;各级卫计部门积极配合相关部门建立医疗机构审批工作协作机制,推动审批信息共享;⑤将妇产科医师执业证书与母婴保健技术考核合格证书"两证合一"。符合条件的人员,在医师执业证书加注母婴保健技术服务相关内容;⑥进一步提升医疗领域对外开放水平:外国医疗机构、公司、企业和其他经济组织以合资或者合作形式设立的诊所,放宽外方投资股权比例不超过70%的限制;港、澳、台投资者在内地(大陆)投资举办医疗机构分别按照《内地与香港关于建立更紧密经贸关系的安排》《内地与澳门关于建立更紧密经贸关系的安排》(CEPA)和《海峡两岸经济合作框架协议》(ECFA)执行;⑦探索在国务院批准的自由贸易试验区内对社会办医疗机构配置乙类大型医用设备实行告知承诺制,省级卫计部门要制订相应的事中事后监管措施并加强监管;⑧推进信息共享和办事承诺制,为群众办事生活增便利;取消农村部分计生家庭奖扶申请人提交的计生相关证明材料,取消西部地区"少生快富"工程申请人生育史、落实长效避孕节育措施证明等相关材料,相关信息由卫计行政部门通过卫计信息系统查验。做好流动人口异地婚育信息查询,推动信息共享,取消纸质婚育证明;⑨各级卫计部门要全面清理相关文件或规范中存在的各种无谓证明,取消医疗机构申请医疗广告时提交的医疗机构执业许可证复印件加盖卫计行政部门公章,改为加盖申请人公章;开展社会办医疗机构需出具验资证明的相关材料清理取消工作,加强后续监管;⑩各级卫计部门要加强事中事后监管,全面推进全国卫计系统"双随机一公开"[依国务院办公厅《关于推广随机抽查规范事中事后监管的通知》规定,"双随机"即随机抽取检查对象和随机选派执法检查人员(第2条第2款);"一公开"即随机抽查事项公开、程序公开、结果公开(第1条第4款)]工作;在国家监督抽检工作中全面使用"双随机一公开"方式,做到"两个全覆盖",即覆盖全国31个省份、覆盖卫计监督执法工作所有领域;根据2017年工作重点,对新修订的《疫苗流通和预防接种管理条例》、抗菌药物使用、血站核酸检测等三项内容使用"双随机一公开"方式开展督导检查。

(2) 2019年6月10日,国家卫健委、发改委、科技部、财政部、人保部、自然资源部、住建部、市场监督总局、医保局和银保监会联合发布了《关于促进社会办医持续健康规范发展的意见》,要求:①加大政府支持社会办医力度,含:拓展社会办医空间(规范和引导社会力量举办康复医疗中心、护理中心、健康体检中心、眼科医院、妇儿医院等医疗机构和连锁化、集团化经营的医学检验实验室、病理诊断中心、医学影像中心、血液透析中心等独立设置医疗机构);扩大用地供给(社会力量可以通过政府划拨、协议出让、租赁等方式取得医疗卫生用地使用权,新供医疗卫生用地在出让信息公开披露的合理期限内只有一个意向用地者的,依法可按协议方式供应等);推广政府购买服务(支持向社会办基层医疗机构购买服务,为社区居民提供家庭医生签约和有关公共卫生服务,通过开展养老照护、家庭病床、上门诊疗等服务方便居民等)以及落实税收优惠政策。②推进"放管服",简化准入审批服务,含:提高准入审批效率;规范审核评价(设自溶时限);进一步放宽规划限制(政府对社会办医区域总量和空间布局不作规划限制;乙类大型医用设备配置实行告知承诺制,取消床位规模要求);试点诊所备案管理(2019—2020年在京、沪、沈、宁、杭、汉、穗、深、蓉和西安10市开展诊所备案管理试点;试点城市跨行政区域经营的连锁化、集团化诊所由上一级卫健行政部门统一备案,跨省级行政区划经营的,由所在省份卫健行政部门分别备案)。③公立医疗机构与社会办医分工合作,含:发挥三级公立医院带动作用(支持公办和社会办医按照平等自愿原则组建专科联盟;支持社会办医参加远程医疗协作网,提高诊疗服务能力;支持社会办医优先承接三级公立医院下转康复、护理、安宁疗护等业务,促进降低三级医院的平均住院日和运营成本,提高医疗服务效率,使其聚焦三级医院医疗主业等);探索医疗机构多种合作模式(引导和规范社会力量通过多种形式参与公立医院改制重组,完善改制重组过程中涉及的资产招拍挂、人员身份转换、无形资产评估等配套政策);拓展人才服务(全面实行医师、护士执业电子化注册制度;全面实施医师区域注册制度,推进护士区域注册管理。制定多机构执业医师与主要执业医疗机构聘用或劳动合同参考范本和其他医疗机构的劳务协议参考范本,合理约定执业期限、时间安排、工作任务、医疗责任、薪酬、相关保险等,明确双方人事或劳动关系和权利义务,支持和规范医师多机构执业;允许符合条件的在职、停薪留职医务人员申请设置医疗机构。完善"互联网+护理"服务标准,扩大优质医疗护理服务供给)。④优化运营管理服务,含:优化校验服务,优化职称评审,提升临床服务与学术水平和加大培训力度。⑤完善医疗保险支持政策,含:优化医保管理服务(基本医保、工伤保险、生育保险、医疗救助等社保的定点医疗机构实行动态化管理,将更多符合条件的社会办医纳入定点,进一步扩大社会办医纳入医保定点的覆盖面);支持社会办医发展"互联网+医疗健康"(支持社会办医之间通过"互联网+"开展跨区域医疗协作,与医联体开展横向资源共享、信息互通;鼓励医疗机构应用互联网等信息技术拓展医疗服务空间,构建一体化医疗服务模式;支持医疗卫生机构、符合条件的第三方机构搭建互联网信息平台,开展远程医疗、健康咨询、健康管理服务);支持商业健康保险发展(鼓励商业保险机构与社会办医联合开发多样化、个性化健康保险产品,与基本医疗保险形成互补;鼓励商业保险机构参与基本医疗保险经办服务,做好城乡居民大病保险承办服务工作,提高基金使用效率;支持商业保险机构信息系统与社会办医信息系统对接,方便为商业保险患者就医提供一站式直付结算服务;鼓励商业保险机构投资社会办医)。⑥完善综合监管体系,含:落实部门监管责任(切实贯彻"谁审批、谁监管,谁主管、谁监管"和"双随机、一公开"原则,卫健行政部门和有关部门要根据医疗卫生行业综合监管部门职责分工,严格落实部门监管责任;各级卫健行政部门要做好对社会办医的行业监管工作与服务,加强医疗卫生服务投诉举报平台建设,加大对举报违法行为的奖励力度,提高行业服务和监管水平,促进社会办医健康规范发展等);加强医疗质量安全管理(加强对医疗执业活动的评估和监管;卫健行政部门要将社会办医纳入医疗质量监测体系,建设完善医疗服务监管信息平台,建立医疗服务全程实时监管机制,监管结果及时反馈医疗机构,并以适当方式向社会公布;医疗机构要建立医疗信息系统,并按照规定及标准要求,将诊疗信息上传至医疗服务监管信息系统;加强医疗健康信息安全防护,保障个人隐私,对非法买卖、泄露个人信息行为依法依规严厉惩处);建立健全信用体系(卫健行政部门要依国务院有关规定公开区域内医疗机构、医务人员处罚等信息,建立医疗机构医疗保障信用评价体系和信息披露制度;各部门相关处罚信息统一纳入全国信用信息共享平台,形成可免费公开查阅的公共信用记录;在市场监管部门登记设立的医疗机构,各相关部门应当将对其作出的行政处罚信息按规定统一归集至国家企业信用信息公示系统并依法向社会公示;制定实施联合惩戒备忘录,对严重失信主体依法实施行业终生禁入)等。该意见还依上述10部门各自的职权,分别确定了其相应的服务和监管职责。

笔者认为,一方面,引入社会资本确实能弥补公共财政投入的不足,但社会民商资本是逐利而鲜有慈善的。它与接受政府信托的公有制医疗机构不同,其与政府(卫生行政部门)的关系始终是相对人与行政者的关系,即使其接受政府采购或接受政府部门服务亦改变不了系行政给付或行政服务的行政法律关系性质。另一方面,可适用于商事领域和旨在改善营商环境的"放管服"政策是否具有普适性?能否适用于政府履行其依法负担基本保障职责的医疗保障制度?这些均有待于时间和实践的检验。只是希望这个试验过程的代价不应由现刚过上脱贫或小康日子担忧因病致贫或返贫的普通百姓承受,因为从贫困中过来的人们大多持币不敢尽情消费,这也是长期以来我国经济部门一直期盼扩大内需、拉动消费的障碍,它既是社会存在(客观现实),也是社会意识(人们的普遍不放心或恐惧心理)。如前所述,健康权利是公民的基本人权,获得医疗保障则是公民健康积极权利的重要方面,也是政府(公民基本人权的相对方)的基本职责,正因如此,国家负有动用公共财政兴办或支助医疗卫生事业这一公共产品,政府则通过卫生行政部门为辖区居民履行为他们提供医疗保障服务的职责。据此,笔者认为真正解决百姓的医疗保障问题,除了现已制定并已正常运行的全民医保制度外,中央和地方财政部门应当如同如今每年教育费用与国民总收入之比固定挂钩那样,医疗费用的预算应当随着每年经济增长的比例固定同步上浮,且在该费用中逐步扩大进入全民医保资金池的占比。若能如此的话,相信在不久的将来,我国百姓会越来越有"获得感",越来越敢自如地花钱,我国的内需也将因此而被进一步拉动,经济也必然进一步良性循环而增长!

注释

[1] 吕学静,等. 各国社会保障制度[M]. 北京:经济管理出版社,2001:27-30.

[2] 参见前注,第31-33页。

[3] 美国医疗保险改革[EB/OL]. (2018-05-04)[2019-09-11]. https://baike.so.com/doc/8423332-8743141.htm.

[4] 权彤. 战后日本养老社会保障制度变迁研究[M]. 北京:人民出版社,2017:42.

[5] 刘戈,陈建军. 日参院厚生劳动委通过《健康保险法》修正案[EB/OL]. (2019-05-15)[2019-09-11]. http://japan.people.com.cn/n1/2019/0515/c35421-31085299.html.

[6] 参见注4,第45-46页。

[7] 中国商务部驻日使馆经商处. 日本社会保障制度[EB/OL]. (2008-02-28)[2019-09-11]. http://www.mofcom.gov.cn/aarticle/i/dxfw/cj/200802/20080205402702.html.

[8] 农村合作医疗制度[EB/OL]. (2016-02-09)[2019-09-12]. https://baike.

so. com/doc/6535136-6748874. html.

[9] 赤脚医生：农村非正式医疗人员[EB/OL].[2018-08-15]. https://baike. so. com/doc/6283532-6496997. html.

[10] 熊先军. 中国医疗保险制度的前世今生[EB/OL].（2016-09-26）[2018-08-15]. https://www. sohu. com/a/115127182_456062.

[11] 该资格审查制度于 2015 年 10 月 11 日为国务院决定取消,见国务院《第一批取消中央指定地方实施行政审批事项的决定》附件之第 6 项,载中国政府网-政务综合[EB/OL].（2015-10-14）[2019-09-16]. http://www. gov. cn/zhengce/content/2015-10/14/content_10222. htm.

[12] 国家医疗保障局:扩大异地就医直接结算覆盖范围将更多救命救急好药纳入医保[EB/OL].（2019-01-12）[2019-09-11]. http://news. sina. com. cn/c/2019-01-12/doc-ihqfskcn6413085. shtml.

[13] 陈青,潘明华. 好医生,就在我们身边"十佳家庭医生"与市民座谈[EB/OL].（2014-01-20）[2019-09-11]. http://www. jkb. com. cn/localnews/shanghai/2014/0120/299766. html.

[14] 贾晓宏. 北京去年家庭医生总签约率达 38% 累计总人数达 817 万人[EB/OL].（2019-01-09）[2019-09-11]. https://www. takefoto. cn/viewnews-1674712. html.

[15] 张静. 推进分级诊疗工作 天津将推广家庭医生签约慢病用药服务[EB/OL].（2019-04-08）[2019-09-11]. https://www. sohu. com/a/306625127_120045167.

[16] 乔晓娜,曹玉海,刘金志. 南阳市宛城区推广家庭医生签约服务经验[EB/OL].（2019-08-19）[2019-09-11]. http://www. yywsb. com/article/30847. html.

[17] 黄钢.《中国城市健康生活报告》发布 上海人均期望寿命 83.63 岁[EB/OL].（2019-12-03）[2020-06-09]. http://m. sh. bendibao. com/news/213726. html.

[18] 吉国杰. 揭医院骗保套路:老人没病却被安排住院出院发工资[EB/OL].（2018-11-16）[2019-09-11]. https://news. 163. com/18/1116/03/E0N1ILBO0001875P. html.

[19] 曹海东. 聚焦宿迁医改五年激变 全国最为彻底的改革样本[EB/OL].（2005-07-21）[2019-09-11]. http://news. sina. com. cn/c/2005-07-21/18156495244s. shtml.

[20] 王晨."卖光式"医改大回头！宿迁将重建多家公立医院[EB/OL].（2019-02-01）[2020-06-09]. https://www. sohu. com/a/292802474_502689.

[21] 伊一. 云南原副书记仇和受贿 2433 万获刑 14 年 6 个月[EB/OL].（2016-12-15）[2019-09-11]. http://district. ce. cn/newarea/sddy/201612/15/t20161215_18745441. shtml.

[22] 2016国家公务员申论热点：神木医改[EB/OL].(2015-12-02)[2019-09-11]. https://www.51test.net/show/6240846.html.

[23] 王翔.中国县域卫生[EB/OL].(2017-09-08)[2019-09-11]. http://www.sohu.com/a/190727702_456029.

[24] 刘晓军.医改十年 数据看"子长模式"[EB/OL].(2019-03-26)[2019-09-11]. https://www.360kuai.com/pc/90f47337a6651bc3d?cota_1.

[25] 王俊香.【砥砺奋进的五年】子长县：医改凸显公益性"平价医院"获全国点赞[EB/OL].(2017-09-19)[2019-09-11]. http://www.sohu.com/a/192971981_394265.

[26] 八点健闻.那些决定三明医改走向的关键时刻[EB/OL].(2019-09-23)[2019-10-11]. http://www.sohu.com/a/342893765_116132.

[27] 述峰.北大教授李玲：4万亿投入怎么养活不了200万医生？[EB/OL].(2018-08-19)[2019-10-11]. https://www.360kuai.com/pc/9915ee7eec34d740d.

[28] 海西医药交易中心.我所经历的三明医改[EB/OL].(2019-03-14)[2019-09-11]. https://www.360kuai.com/pc/9e6e86255a77b1e69?cota=4&tj_url=s360_1.

[29] 安徽医改已死,还让各省陪葬[EB/OL].(2016-06-25)[2019-10-11]. https://mp.weixin.qq.com/s?biz3.

[30] 安徽医改新政策[EB/OL].(2013-07-16)[2019-10-11]. https://www.iiyi.com/d-16-57476.html.

[31] 鲍一凡.国家医保局：打击骗取医保基金 追回医保资金10.08亿[EB/OL].(2019-02-28)[2019-10-11]. https://finance.sina.com.cn/roll/2019-02-28/doc-ihsxncvf8711196.shtml.

[32] 张宪超.国家医保局：预计2020年全国医保系统实现"一码通"[EB/OL].(2019-10-09)[2019-10-11]. https://news.163.com/19/1009/01/ER0PGCQI0001875N.html.

[33] 桂阳县人民政府.《国家基本公共卫生服务规范(第三版)》修订说明[EB/OL].(2017-05-17)[2020-3-21]. http://www.hngy.gov.cn/zwgk/6467/7238/7246/content_1471632.html.

[34] 国务院关于实施健康中国行动的意见[EB/OL].(2019-07-15)[2019-09-28]. http://www.gov.cn/zhengce/content/2019-07/15/content_5409492.htm.

[35] 马浩歌.国家医保局：182万人次实现跨省异地就医直接结算[EB/OL].(2019-03-21)[2019-09-28]. https://www.sohu.com/a/302808707_100253939.

[36] 张琼文.2018年底前须完成仿制药一致性评价品种292个[EB/OL].(2016-04-05)[2019-09-28]. http://www.mzyfz.com/html/425/2016-04-05/content-

1187631. html.

[37] 侯建斌. 医保药品目录全面调整 更多救命救急药纳入报销范围[EB/OL]. (2019 - 09 - 06)[2019 - 09 - 28]. http://www. chinanews. com/gn/2019/09 - 06/8948801. shtml.

[38] 肿瘤筛查、宫颈癌疫苗和健康体检能否纳入医保？国家医保局表态了[EB/OL]. (2019 - 09 - 24)[2020 - 3 - 21]. http://finance. ifeng. com/c/7qEjHTaondK.

第三章 医政法律制度(一)——准入制度

第一节 医师执业准入法律制度

一、法定的执业准入临床医学教育制度

(一)准入学制的(法律)初定

1998年6月26日,我国第9届全国人大常委会第3次会议通过了《执业医师法》(以下简称《医师法》),并于1999年5月1日实施,首次用法律的形式确立的医师执业一般通过考试取得资格后准入的制度。《医师法》对此作如下规定:①第9条规定,具有下列条件之一的,可参加执业医师资格考试:具有高等学校医学专业本科以上学历,在执业医师指导下,在医疗、预防、保健机构中试用期满1年的;取得执业助理医师执业证书后,具有高等学校医学专科学历,在医疗、预防、保健机构中工作满2年的;具有中等专业学校医学专业学历,在医疗、预防、保健机构中工作满5年的。②(针对我国边远和农村地区接受现代医学教育的人才相对短)第10条规定,具有高等学校医学专科学历或中等专业学校医学专业学历,在执业医师指导下,在医疗、预防、保健机构中试用期满1年的,可参加执业助理医师资格考试。③(为尊重和传承传统医学的中医和其他民族医学的人才培养)第11条规定,以师承方式学习传统医学满3年或经多年实践医术确有专长的,经县级以上卫生行政(医政)部门确定的传统医学专业组织或医疗、预防、保健机构考核合格并推荐,可参加执业医师资格或执业助理医师资格考试[考试的内容和办法由卫生部(现国家卫健委)另行制定]。

从上述规定可见,我国法定的医学教育入门制度分别为:①(国家教育行政部门认可的,下同,略)高等学校医学专业本科以上(法律上均包含本数或本级,略)学历,且满足在执业医师指导下,在医疗、预防、保健机构中试用期满1年的,可直接报考医师资格;②高等学校医学专科学历或中等专业学校医学专业学历,且在执业医师指导下,在医疗、

预防、保健机构中试用期满1年的,可参加执业助理医师资格考试;③高等学校医学专科学历者,在取得执业助理医师执业证书后,在医疗、预防、保健机构中工作满2年的,或者中等专业学校医学专业学历,且在医疗、预防、保健机构中工作满5年的,方可报考医师资格。可见,自1999年5月1日起,我国的医学专业本科以上、医学高等专科以及中等专业学校医学专业学历均为我国法律确认的医学教育起点学历;另一方面,当时我国医学专业本科学制已实行5年制、专科为3年制。上海地区中等医学专业为初中起点一般为4年。

(二) 准入学制的调整

随着医学科技和我国医学教育事业的发展,20世纪时医学人才绝对短缺的状况有了根本性的改变。另一方面,基于对人民健康权利及其状况的保障责任,政府调整我国临床医疗准入学制亦势在必行。国家卫生和教育行政部门除对北京协和医科大学从1917年一贯实施的8年学制予以保留外,2001—2015年,分7批先后依次批准在16所高等医学院校设置8年一贯制临床医学(专业博士)学制,其中,①2001年批准北京大学医学部;②2002年批准第一军医大学(现南方医科大学);③2004年批准第三军医大学(现陆军军医大学)、复旦大学上海医学院、华中科技大学同济医学院、中山大学中山医学院、四川大学华西医学中心、中南大学湘雅医学院、武汉大学医学部(兼招临床医学7年制)、第二军医大学(现海军军医大学)、第四军医大学(现空军军医大学);④2005年批准浙江大学医学院、上海交通大学医学院;⑤2006年批准山东大学医学院(齐鲁医学班在新生入学后从7年制学生中根据高考分数和综合素质择优选拔30名左右的学生进入齐鲁医学班学习);⑥2009年批准清华大学医学院(医学药学实验班);⑦2015年批准山东大学医学院(8年制)。

2014年11月27日,教育部、国家卫计委等6部委印发《关于医教协同深化临床医学人才培养改革的意见》,对我国的医生培养方式提出重大调整,它规定自次年起7年制临床医学教育将调整为"5+3"一体化临床医学人才培养模式,学生在完成5年相关课程学习并考核合格后,可免试进入临床医学硕士专业学位研究生阶段;不再招收7年制临床医学专业学生。2017年7月11日,国务院办公厅(以下简称国办)公布《关于深化医教协同进一步推进医学教育改革与发展的意见》,要求严控8年制医学教育高校数量和招生规模;到2020年,确立以"5+3"(5年临床医学本科教育+3年住院医师规范化培训或3年临床医学硕士专业学位研究生教育)为主体、"3+2"(3年临床医学专科教育+2年助理全科医生培训)为补充,自此,临床医学人才培养(准入学制)体系基本建立。换言之,我国现行一贯制临床医学准入学制由低至高为:3年专科、5年本科、8年硕士和8年(专业)博士4个层次。

二、住院医师规范化培训制度

(一) 住院医师规范化培训制度的出台

1993年2月17日,卫生部发布了《关于实施临床住院医师规范化培训试行办法的通知》,首次在全国范围内提出对临床住院医师实行规范化培训制度;2009年3月17日,中共中央和国务院联合发布了《关于深化医药卫生体制改革的意见》,该文件第4部分"完善体制机制,保障医药卫生体系有效规范运转"之(十三)第2款中明确提出"建立住院医师规范化培训制度,强化继续医学教育……"

作为落实,国家卫计委、发改委、中央编制办公室、教育部、财政部、人社部和中医药局7部门于2013年12月31日联合出台《关于建立住院医师规范化培训制度的指导意见》,共5部分,对指导思想、基本原则、工作进程、制度内涵、招收对象、培训模式、培训基地、培训内容、考核认证、编制保障、人员管理与待遇、经费保障、学位衔接、执业注册和供需匹配等各方面作了原则性的制度安排。

(二) 住院医师规范化培训制度的实施

1. 规培制度的内容　2014年8月22日,国家卫计委发布并于同日实施了《住院医师规范化培训管理办法(试行)》,该文件从培训对象、组织管理、培训基地、培训招收、培训实施和培训考核等方面作了整体性的安排。2015年9月14日,国家卫计委办公厅又下发了《住院医师规范化培训招收实施办法(试行)》和《住院医师规范化培训考核实施办法(试行)》2个文件,作为对《住院医师规范化培训管理办法(试行)》的具体实施规定。这些文件所确定的住院医师规范化培训(以下简称规培)制度内容大致包括:①住院医师规培是毕业后医学教育的重要组成部分,其目的是为各级医疗机构培养具有良好的职业道德、扎实的医学理论知识和临床技能,能独立、规范地承担本专业常见多发疾病诊疗工作的临床医师。②接受规培的对象为:拟从事临床医疗工作的高等院校(临床、口腔、中医和中西医结合等)医学类相应专业本科及以上学历毕业生;已从事临床医疗工作并获得执业医师资格,需要接受培训的人员;其他需要接受培训的人员。③培训基地应为:三级甲等医院;达到《住院医师规范化培训基地认定标准(试行)》要求;经所在地省级医政部门组建的专家委员会或其指定的行业组织、单位认定合格;根据培训内容需要,可将符合专业培训条件的其他三级医院、妇幼保健院和二级甲等医院及基层医疗卫生机构、专业公共卫生机构等作为协同单位,发挥其优势特色科室作用,形成培训基地网络。④培训基地应当:选拔职业道德高尚、临床经验丰富、具有带教能力和经验的临床医师作为带教师资,其数量应满足培训要求;带教师资应严格按照住院医师规范化培训内容与标准的要求实施培训工作,认真负责地指导和教育培训对象;按国家统一制定的《住院医师规范化培训内容与标准(试行)》,结合本单位具体情况,制订科学、严谨的培训方案,建立严格的培训管理制度并规范地实施,强化全过程监管与培训效果激励,确保培训质量。⑤培训基地对申请培训人员的申请材料进行审核,对审核合格者组织招收考核,依公开公平、择优录取、双向选择的原则确定培训对象。⑥培训对象是培训基地住院医师队伍的一部分,在培训基地接受以提高职业素养及临床规范诊疗能力为主的系统性、规范化培训。⑦培训年限一般为3年,已具有医学类相应专业学位研究生学历的人员和已从事临床医疗工作的医师参加培训,由培训基地根据其临床经历和诊疗能力确定接受培训的具体时间及内容;在规定时间内未按照要求完成培训或考核不合格者,培训时间可顺延,顺延时间一般不超过3年(顺延期间费用由个人承担)。⑧住院医师规培内容与标准,现已制定了内科(消化、神经、内分泌、精神等);外科(含普通、神经、心胸、骨科、皮肤、整形和颌面与口腔等);妇产科;儿科;眼和耳鼻喉科;全科;肿瘤科;急诊科;康复科;预防和医技辅助(麻醉、病理、检验、放射、超声、核医学和医学遗传等)的培训细则。⑨规定对通过住院医师规培结业考核的培训对象,颁发统一制式的住院医师规范化培训合格证书。⑩培训基地应依《医师法》相关规定,组织符合条件的培训对象参加医师资格考试,协助其办理执业注册和变更手续等。

2. 开展规培的指导思想和工作原则 开展住院医师规培应当坚持:①指导思想为:深入贯彻落实科学发展观,实施"科教兴国、人才强国"战略,紧密结合我国经济社会发展要求,按照深化医药卫生体制改革的总体部署,立足基本国情,借鉴国际经验,遵循医学教育和医学人才成长规律,从制度建设入手,完善政策,健全体系,严格管理,建立健全住院医师规培制度,全面提高我国医师队伍的综合素质和专业水平。②各级政府对此应遵循的基本原则为:政府主导、部门协同、行业牵头、多方参与,建立健全住院医师规范化培训工作机制;统筹规划、需求导向、稳妥推进、逐步完善,积极开展住院医师规范化培训工作;坚持统一标准、突出实践、规范管理、注重实效,切实提高医师队伍执业素质和实际诊疗能力。③规培基地的医院在开展培训工作中应遵循的工作原则为:坚持"红""专"结合;理论联系实践并以实践为主;坚持自学与辅导相结合并以自学为主;坚持工作与学习相结合,以工作为主;坚持"严谨作风、扎实基础、宽广知识",注意能力培养和坚持培训、考核,使用一体化;旨在能真正培养出既有坚实相关知识与理论,又具有相对的丰富临床经验,适合我国医事服务工作需要的诊疗实用性人才和医学高级专家。

2006年7月,昆明医学院第二附属医院作为试点医院,先行开展临床专科"3+2"共5年的规培模式;2009年9月,以天津为试点地区,该市的相关医院开始进行为期3年的规培工作;2014年2月13日,建立国家住院医师规培制度工作会议在上海召开,标志着我国住院医师规培制度建设正式启动。根据《关于建立住院医师规范化培训制度的指导意见》的规定,2015年,各省(自治区、直辖市)全面启动住院医师规培工作;到2020年,基本建立住院医师规培制度,所有新进医疗岗位的本科及以上学历临床医师均接受住院医师规培。

三、医师资格考试制度

(一) 报考条件

1. 医师资格报考条件 ①《医师法》规定的条件为:第9条规定,具有下列条件之一的,可参加执业医师资格考试:具有高等学校医学专业本科以上学历,在执业医师指导下,在医疗、预防、保健机构中试用期满1年的;取得执业助理医师执业证书后,具有高等学校医学专科学历,在医疗、预防、保健机构中工作满2年的;具有中等专业学校医学专业学历,在医疗、预防、保健机构中工作满5年的。第10条前款规定:以师承方式学习传统医学满3年或经多年实践医术确有专长的,经县级以上医政部门确定的传统医学专业组织或者医疗、预防、保健机构考核合格并推荐,可参加执业医师资格考试。②1999年7月16日卫生部发布并施行的《医师资格考试暂行办法》(以下简称《医考办法》)第11条第1款后项规定,在1998年6月26日前获得医士专业技术职务任职资格,后又取得执业助理医师资格的,医士从业时间和取得执业助理医师执业证书后执业时间累计满5年的,可申请参加执业医师资格考试。③2001年4月30日卫生部发布的《关于医师资格考试报名资格暂行规定》(以下简称《医考报规》)对医师资格考试条件进行分类,规定:具有临床医学专业学历,试用期在医疗机构检验科工作的,可以参加临床类别医师资格考试;中医类别专业的毕业生不得报考临床、口腔、公共卫生类别医师资格;具有医学营养学专业学历的,可以根据试用期的工作岗位报考临床或公共卫生类别的医师资格考试;已获得临床执业医师资格的人员,并取得省级以上教育行政部门认可的中医专业学历或者脱产2年以上系统学习中医药专业知识或参加过省级中医药局批准举办的西医学习中医培训班,并系统学习了中医药基础和中医临床主要课程的,可申请参加中西医结合执业医师资格考试;在《医师法》颁布前具有高等学校医学专业专科学历并已经转正,但未取得医师职务任职资格者,可凭转正证明和转正后连续工作2年以上并考核合格证明申请报考执业医师资格考试;在《医师法》颁布前具有中等专业学校医学专业学历并已经转正,取得医士职务任职资格,但未取得医师职务任职资格者,可凭医士职务任职资格证明和所在医疗、预防、保健机构连续从事医士业务工作5年以上或医士从业时间和取得执业助理医师执业证书后执业时间累计满5年的证明申请报考执业医师资格考试;7年制临床医学、口腔医学、中医学的临床硕士生和8年制毕业生在学习期间有相当于大学本科的1年生产实习和1年以上严格的临床实践训练,可在毕业当年参加医师资格考试;临床医学、口腔医学、中医学和公共卫生预防医学硕士或博士研究生在学习期间已具有1年以上的临床实践训练或公共卫生实践的经历,可在毕业当年参加医师资格考试;1998年6月30日以前,报名参加医学自学考试,其后取得医学专业学历的人员,其学历可以作为医师资格考试报名的学历依据;2003年12月31日前广播电视大学毕业并取得医学专业学历的人员,其学历可以作为医师资格考试报名的学历依据;具有医师资格的在职卫生技术人员经自学考试或广播电视大学毕业取得的医学专业学历,可以作为医师资格考试报名的学历依据等。④2006年12月21日卫生部发布并于2007年2月1日起施行的《传统医学师承和确有专长人员医师资格考核考试办法》(以下简称《师承办法》)作了专门安排:第28条规定,师承和确有专长人员取得执业助理医师执业证书后,在医疗机构中从事传统医学医疗工作满5年,可以申请参加执业医师资格考试;第26条规定,师承和确有专长人员医师资格考试方式分为实践技能考试和医学综合笔试,实践技能考试合格的方可参加医学综合笔试。

2. 助理医师的报考条件 ①《医师法》第 10 条规定,具有高等学校医学专科学历或中等专业学校医学专业学历,在执业医师指导下,在医疗、预防、保健机构中试用期满 1 年的,可以参加执业助理医师资格考试。②《医考报规》作专门规定:第 5 条第 2 款规定,已获得临床执业助理医师资格的人员,并取得省级以上教育行政部门认可的中医专业学历或者脱产 2 年以上系统学习中医药专业知识或者参加过省级中医(药)行政部门批准举办的西医学习中医培训班、并系统学习了中医药基础和中医临床主要课程的,可申请参加中西医结合执业助理医师资格考试;第 9 条后款规定,符合《师承办法》中有关规定,经执业助理医师资格考试资格考核合格并推荐的传统医学师承或确有专长人员,可申请报考中医类别执业助理医师资格考试。③《师承办法》第 27 条规定,师承和确有专长人员取得传统医学师承出师证书或传统医学医术确有专长证书后,在执业医师指导下,授予传统医学师承出师证书或传统医学医术确有专长证书的省(自治区、直辖市)内的医疗机构中试用期满 1 年并考核合格,可申请参加执业助理医师资格考试。

(二) 考试

1. 举办 《医师法》第 8 条规定,国家实行医师资格考试制度;医师资格统一考试的办法,由卫生部制定。医师资格考试由省级以上人民政府卫生行政部门(以下简称省级卫生厅或局)组织实施。《医考办法》第 4 条规定,医师资格考试实行国家统一考试,每年举行 1 次。考试时间由卫生部医师资格考试委员会确定,提前 3 个月向社会公告。

2. 分类 《医师法》第 8 条第 1 款后项和《医考办法》第 3 条第 1 款前项规定,医师资格考试分为执业医师资格考试和执业助理医师资格考试。《医考办法》第 3 条第 1 款中项规定,考试类别分为临床、中医(含中医、民族医、中西医结合)、口腔、公共卫生 4 类。《医考办法》第 3 条第 1 款后项规定,考试方式分为实践技能考试和医学综合笔试。《医考办法》第 3 条第 2 款规定,医师资格考试方式的具体内容和方案由卫生部医师资格考试委员会制定。

3. 实施及程序

(1) 公告,考试时间由卫生部确定后,在考试举行前 3 个月公告。

(2) 报考,申请报考者应依法定报考条件,在公告规定期限内到其户籍所在地的考点办公室报名;其所在地试用机构与户籍所在地跨省分离的,由试用机构推荐,可在试用机构所在地报名,经审查,符合报考条件,由考点发放准考证。

(3) 参考,考生应按准考证确定的时间、地点准时参加考试:①实践技能考试,它是医师资格考试的第 1 站[经省级医师资格考试领导小组批准,符合《医疗机构基本标准》二级以上医院(中医、民族医、中西医结合医院除外)、妇幼保健院,急救中心标准的机构,承担对本机构聘用的申请报考临床类别人员的实践技能考试],考生应按照其报考的类别依次在同一考站接受实践技能的测试,只有通过了医师实践技能考试才有机会参加医师资格考试的医学综合笔试;已取得执业助理医师执业证书,报考执业医师资格的,可免于实践技能考试。②医学综合笔试,实践技能考试合格的考生应持实践技能考试合格证明方能参加医学综合笔试。遵守考试规则和考场纪律;考生报名后不参加考试的,取消本次考试资格。③成绩公告,医师资格考试的合格线由医师资格考试委员会确定,并向社会公告;考生成绩单由考点发给考生(考生成绩在未正式公布前,应严格保密)。

4. 效力

(1) 考试成绩合格的,授予执业医师资格或执业助理医师资格,由省级卫生厅或局颁发国家卫生行政部门统一印制的医师资格证书;该证书是执业医师资格或执业助理医师资格的证明文件。

(2) 2008 年 6 月 5 日,卫生部发布关于修订《医考办法》第 34 条规定,考生违反考试规则,将视不同情形承担不同的不利后果:①考生有下列情形之一的,当年本单元考试成绩无效:进考场后未按要求将所携带的规定以外物品放在指定位置,并经告诫不改的;开考后未在规定的座位参加考试的;考试开始信号发出前答题或者考试结束信号发出后继续答题的;在考场或医师资格考试机构禁止范围内,喧哗、吸烟或实施其他影响考场秩序的行为经告诫不改的;未经考试工作人员同意在考试过程中擅自离开座位或考场的;用规定以外的笔或纸答题或在试卷规定以外地方书写姓名、考号、试题答案的,或者以其他方式在答卷(含答题卡,下同)上标记信息的。②考生有下列情形之一的,当年考试成绩无效:携带记载有与考试内容相关文字的纸质材料或存储有与考试内容相关资料的电子设备参加考试的;在考试过程中旁窥、交头接耳、互打暗号或手势的;抄袭、协助他人抄袭试题答案或与考试内容相关的资料的;故意损毁试卷、答卷或者考试材料的。③考生有下列情形之一的,当年考试成绩无效,2 年内不得报名参加医师资格考试:抢夺、窃取他人试卷、答卷或强迫他人为自己抄袭提供方便的;由他人冒名代替自己参加考试的;在规定时间内不在答卷上填写本人信息或填写他人身份信息的;传、接物品或者交换试卷、答卷的;将试卷、答卷或者涉及试题、答案内容的材料带出考场的;通过伪造证件、证明及其他材料获得考试资格和考试成绩的;同一类别同一考场实践技能考试主观题答卷答案雷同的;开考后被查出携带通讯工具或电子作弊设备的;故意扰乱考场、评卷场所等考试工作场所秩序,拒绝、妨碍考试工作人员履行管理职责,或者威胁、侮辱、殴打考试工作人员或其他考生的;其他严重违规行为的。④考生有下列情形之一的,当年考试成绩无效,终身不得报名参加医师资格考试:考生在考试区域利用通讯工具或电子设备发送试题答案或试卷内容的;参与有组织作弊的。

(3) 2015 年 8 月 29 日,第 9 次修正后的《刑法》第 284 条规定,在法律规定的国家考试中,组织作弊的,或者为实施考试作弊行为,向他人非法出售或者提供第 1 款规定的考试的试题、答案的,或者为他人实施前款犯罪提供作弊器材或其他帮助的,处 3 年以下有期徒刑或拘役,并处或单处罚金;情节严重的,处 3 年以上 7 年以下有期徒刑,并处罚金。代替他人或让他人代替自己参加此类考试的,处拘役或管制,并处或单处罚金。

四、医护执业注册制度

(一) 医生执业注册制度

依《辞海》，注册系登记备案[1]。备案，则是对主管部门对已具备成立条件或已成立的行为登记在册，以便追溯查究的制度。此处的注册，显非辞海所释含义，如前所述，医护人员执业注册是我国医政部门基于其对人民健康所负的保障职责，对其管辖范围医技人员依法定条件进行严格把关而进行的从业许可登记的一种范式和制度。其特征如下：①系一种行政许可制度，未经注册（注册前审批＋注册两个环节之和即完整的行政许可）不得执业，否则为非法行医行为；②该许可（注册）职权法定，源于《医师法》（原理上实源于《行政许可法》）；③系依申请而为的具体行政行为；④申请者仅为经考试获得医师资格，且在医疗、预防或保健机构工作的自然人；⑤此种许可采用登记（注册）的方式，其载体为执业执照。

(二) 医师执业注册制度

1. 申请

(1) 申请条件：依照《医师法》和2017年2月28日发布，同年4月1日起实施的《医师执业注册管理办法》（以下简称《师注办法》）的规定，我国实行医师执业注册制度，未经医师注册取得执业证书，不得从事医师执业活动。申请医师执业注册的条件含：①积极条件，即申请医师执业注册须同时具备、缺一不可的必备条件，主要包括：凡取得医师资格的，均可申请医师执业注册；医师资格的取得须经前述执业医师资格考试或执业助理医师资格考试合格；申请人须持有作为具有执业医师资格或执业助理医师资格证明文件的资格证书。②消极条件，即申请医师执业注册依法不得具有的任何一项情形，《师注办法》第6条规定，有下列情形之一的，不予注册：不具有完全民事行为能力的；因受刑事处罚，自刑罚执行完毕之日起至申请注册之日止不满2年的；受吊销医师执业证书行政处罚，自处罚决定之日起至申请注册之日止不满2年的；甲类、乙类传染病传染期、精神疾病发病期以及身体残疾等健康状况不适宜或不能胜任医疗、预防、保健业务工作的；重新申请注册，经考核不合格的；在医师资格考试中参与有组织作弊的；被查实曾使用伪造医师资格或者冒名使用他人医师资格进行注册的；国家卫健委规定不宜从事医疗、预防、保健业务的其他情形的。

(2) 申请地点：《医师法》第13条规定，取得医师资格的，可向所在地县级以上医政部门申请注册；医疗、预防、保健机构可为本机构中的医师集体办理注册手续。《师注办法》规定，拟在医疗、保健机构中执业的人员，应向批准该机构执业的医政部门申请注册；拟在预防机构中执业的人员，应向该机构的同级医政部门申请注册；在同一执业地点多个机构执业的医师，应确定1个机构作为其主要执业机构，并向批准该机构执业的医政部门申请注册；对于拟执业的其他机构，应向批准该机构执业的医政部门分别申请备案，注明所在执业机构的名称。

（3）申请材料：申请医师执业注册，应提交下列材料：①医师执业注册申请审核表；②近半年2寸白底免冠正面半身照；③医疗、预防、保健机构的聘用证明；④省级以上卫生行政部门规定的其他材料。获得医师资格后2年内未注册者、中止医师执业活动2年以上或上述不予注册的8种情形消失的医师申请注册时，还应提交在省级医政部门指定的机构接受连续6个月以上的培训，并经考核合格的证明。

（4）申请内容：申请内容包括执业地点、执业类别和执业范围。①执业地点，指执业医师执业的医疗、预防、保健机构所在地的省级行政区划和执业助理医师执业的医疗、预防、保健机构所在地的县级行政区划，医师经注册后，应在该注册确定的执业地点执业履职，除院外会诊、多点执业和法律规定外；在同一执业地点多个机构执业的医师，应确定1个机构作为其主要执业机构，并向批准该机构执业的医政部门申请注册；对拟执业的其他机构，应向批准该机构执业的卫生行政部门分别申请备案，注明所在执业机构的名称；《注管办法》第17条规定，医师跨执业地点增加执业机构，应向批准该机构执业的医政部门申请增加注册；执业助理医师只能注册一个执业地点。②执业类别，指被注册核准后所从事被依法划分的临床、中医（包括中医、民族医和中西医结合）、口腔、公共卫生大类中的一类。③执业范围，指经注册后医师在医疗、预防、保健活动中从事的与其执业能力相适应的具体专业技术边界。以临床为例，如内、外、妇、儿和五官科等。

《医师法》第14条规定，医师经注册后，可在医疗、预防、保健机构中按照注册的执业地点、执业类别、执业范围执业，从事相应的医疗、预防、保健业务；未经医师注册取得医师执业证书，不得从事医师执业活动。第19条第1款规定，申请个体行医的执业医师，须经注册后在医疗、预防、保健机构中执业满5年，并按国家有关规定办理审批手续；未经批准，不得行医。

2. 受理及结果 ①受理。医政部门应自收到注册申请之日起20个工作日内，对申请人提交的申请材料进行审核：审核合格的，予以注册并发放由国家卫健委统一印制的医师执业证书；《医师法》第15条第1款规定，有下列情形之一的，不予注册：不具有完全民事行为能力的；因受刑事处罚，自刑罚执行完毕之日起至申请注册之日止不满2年的；受吊销医师执业证书行政处罚，自处罚决定之日起至申请注册之日止不满2年的；有卫生部规定不宜从事医疗、预防、保健业务的其他情形的。对不符合注册条件不予注册的，医政部门应自收到注册申请之日起20个工作日内书面通知聘用单位和申请人，并说明理由。②救济。其含义见第一章，略。此处体现为申请人的申请事项未获注册机关的准许，《执业医师法》第15条第2款后项规定，申请人如有异议的，可自收到通知之日起15日内依法申请行政复议或向法院提起行政诉讼。

3. 注册变更 它是指原获得注册的执业医师或执业助理医师遇有法定情形，依法应予以注销或变更注册的制度。它包括：①报告与注销。《注管办法》第18条规定，医师注册后有下列情形之一的，医师个人或其所在的医疗、预防、保健机构，应于知道或应当知道之日起30日内报告医政部门,办理注销注册:死亡或被宣告失踪的;受刑事处罚的;受吊销医师执业证书行政处罚的;医师定期考核不合格,并经培训后再次考核仍不合格的;连续2个考核周期未参加医师定期考核的;中止医师执业活动满2年的;身体健康状况不适宜继续执业的;出借、出租、抵押、转让、涂改医师执业证书的;在医师资格考试中参与有组织作弊的;本人主动申请或国家卫计委规定不宜从事医疗、预防、保健业务的其他情形。该办法第23条规定医疗、预防、保健机构未按上述规定履行报告职责,导致严重后果的,由县级以上医政部门对该机构给予警告,并对其主要负责人、相关责任人依法给予处分。②离职备案。《注管办法》第19条规定,医师注册后有下列情况之一的,其所在的医疗、预防、保健机构应自办理相关手续之日起30日内报注册主管部门办理备案:调离、退休、退职、被辞退、开除;③省级卫生厅或局规定的其他情形。上述备案满2年且未继续执业的予以注销。④变更注册。医师变更执业地点、类别、范围等注册事项的,应通过国家医师管理信息系统提交医师变更执业注册申请及省级卫生厅或局规定的其他材料;医师因参加培训需要注册或者变更注册的,应按本办法规定办理相关手续;医师变更主要执业机构的,应按注册所需的材料重新办理注册;医师承担经主要执业机构批准的卫生支援、会诊、进修、学术交流、政府交办事项等任务和参加医政部门批准的义诊,以及在签订帮扶或托管协议医疗机构内执业等,不需办理执业地点变更和执业机构备案手续。《医师法》第18条规定,中止医师执业活动2年以上以及有法定不予注册情形消失的,申请重新执业,应由法定机构考核合格,并依法重新注册。《医师法》第31条第3款规定,对(业务水平、工作成绩和职业道德状况)考核不合格的医师,县级以上医政部门可责令其暂停执业活动3~6个月,并接受培训和继续医学教育;暂停执业活动期满,再次进行考核,对考核合格的,允许其继续执业;对考核不合格的,由县级以上医政部门注销注册,收回医师执业证书。

4. 注册信息公开　国家实行医师注册内容公开制度和查询制度;地方各级医政部门应按规定提供医师注册信息查询服务,并对注销注册的人员名单予以公告。医师的主要执业机构以及批准该机构执业的医政部门应在医师管理信息系统及时更新医师定期考核结果。

5. 执业助理医师注册制度　《师注办法》第15条规定,执业助理医师取得执业医师资格后,继续在医疗、预防、保健机构中执业的,应按本办法规定申请执业医师注册。第17条第2款规定,执业助理医师只能注册1个执业地点。目前,电子化注册也应覆盖和适用于执业助理医师的注册活动。

(三) 乡村医生执业注册制度

《乡村医生从业管理条例》(以下简称《乡医条例》)对此作出如下专门规定。

1. 申请条件　包括:①积极条件。第10条规定,本条例公布前的乡村医生,取得县级以上医政部门颁发的乡村医生证书,并符合下列条件之一的,可向县级医政主管部门申请乡村医生执业注册,取得乡村医生执业证书后,继续在村医疗卫生机构执业;已经取得中等以上医学专业学历的;在村医疗卫生机构连续工作20年以上的;按照省级卫生厅或局制定的培训规划,接受培训取得合格证书的。该条例第12条规定,本条例公布之日(2003年8月5日)起进入村医疗卫生机构从事预防、保健和医疗服务的人员,应具备执业医师资格或者执业助理医师资格;不具备前款规定条件的地区,根据实际需要,可允许具有中等医学专业学历的人员,或者经培训达到中等医学专业水平的其他人员申请执业注册,进入村医疗卫生机构执业;具体办法由省级人民政府制定。②消极条件。第14条规定,有下列情形之一的,不予注册:不具有完全民事行为能力的;受刑事处罚,自刑罚执行完毕之日起至申请执业注册之日止不满2年的;受吊销乡村医生执业证书行政处罚,自处罚决定之日起至申请执业注册之日止不满2年的。

2. *注册程序* ①申请。第13条第1款规定,符合本条例规定申请在村医疗卫生机构执业的人员,应持村医疗卫生机构出具的拟聘用证明和相关学历证明、证书,向村医疗卫生机构所在地的县级医政部门申请执业注册。②受理与注册。第13条第2款规定,县级医政部门应自受理申请之日起15日内完成审核工作,对符合本条例规定条件的,准予执业注册,发给乡村医生执业证书;对不符合本条例规定条件的,不予注册,并书面说明理由。

3. *注册效力* 该条例第9条规定,国家实行乡村医生执业注册制度;县级医政部门负责乡村医生执业注册工作。第15条第2款规定,未经注册取得乡村医生执业证书的,不得执业。

效力期限包括:①该条例第15条第1款规定,乡村医生经注册取得执业证书后,方可在聘用其执业的村医疗卫生机构从事预防、保健和一般医疗服务。②第17条规定,乡村医生应在聘用其执业的村医疗卫生机构执业;变更执业的村医疗卫生机构的,应依照本条例第13条规定的程序办理变更注册手续。③第16条规定:乡村医生执业证书有效期为5年;乡村医生执业证书有效期满需要继续执业的,应在有效期满前3个月申请再注册;县级医政部门应自受理申请之日起15日内进行审核,对符合省级卫生厅或局规定条件的,准予再注册,换发乡村医生执业证书;对不符合条件的,不予再注册,由发证部门收回原乡村医生执业证书。

4. *变更注册* 第17条规定,乡村医生应在聘用其执业的村医疗卫生机构执业;变更执业的村医疗卫生机构的,应依本条例第13条规定的程序办理变更注册手续。

5. *注销注册* ①第18条规定:乡村医生有下列情形之一的,由原注册的医政部门注销执业注册,收回乡村医生执业证书:死亡或者被宣告失踪的;受刑事处罚的;中止执业活动满2年的;考核不合格,逾期未提出再次考核申请或者经再次考核仍不合格的。②若该乡村医生对此不服的,可依《行政复议法》第9条第1款前项规定,自知道该具体行政行为之日起60日内向同级或上级医政部门申请行政复议;也可依《行政诉讼法》第46条第1款前项规定,自知道或应当知道该注销行为之日起6个月内提起行政诉讼。

6. *电子化注册* 在当下具备条件的地方,电子化注册也应适用于乡村医师的注册活动。

(四) 电子化注册问题

2017年4月19日,国家卫计委和中医药局发布《关于加快医疗机构、医师、护士电子化注册管理改革的指导意见》,要求根据国务院《关于加快推进"互联网＋政务服务"工作的指导意见》的精神,加快在全国医疗机构、医师、护士电子化注册管理改革的步伐,推进医疗机构、医师、护士电子化注册进程。同年5月8日,国家卫计委办公厅、中医药局办公室联合制发了《医疗机构、医师、护士电子化注册管理规范(试行)》(以下简称《电注规范》),并于同日施行。电子化注册,指依法医师执业注册事项的社会组织和个人,通过电子化注册系统办理申请、变更、查询等相关业务,以及卫生行政(含中医药,以下简称医政)部门实施的相关管理活动。《电注规范》规定如下。

1. 相关各方所承受的义务或职责(权) ①国家卫生行政部门建立电子化注册系统,实施电子化登记注册统一管理。②地方各级卫健委负担如下职责(权):应依法依规办理申请人提交的业务申请,并提供相关业务咨询服务;通过电子化注册系统,记录并储存医师执业注册有关事项;应根据电子化注册系统相关要求建设本辖区注册子系统及相关应用系统,并向国家电子化注册系统申请数据交换权限,实现与国家电子化注册系统对接和数据无障碍交换;应及时将注册信息上传至电子化注册系统,对本辖区内注册信息进行统计、分析并将结果逐级上报上级卫健委;应依法对电子注册相关信息予以公开(医师公开的信息应包括:姓名、性别、医师级别、执业类别、证书编码、执业地点、执业机构、执业范围、发证机关);可依申请程序向业务办理申请人提供查询服务(查询服务方式和查询内容应当符合有关规定)。③申请人(医师)负担的义务为:应妥善保管自己的操作账户(由于自身账户保管不慎造成的不良后果由申请人自行承担);应如实填报提交各项信息,并承诺信息的真实性。④执业(即医师所任职于的医疗、预防、保健)机构负担的义务为:应对在本执业机构或拟在本执业机构执业的医师的个人注册信息进行核实确认;应按要求完善配套设施,使用电子化注册系统,为医师办理相关注册业务提供咨询服务等帮助;通过电子化注册系统,记录并储存医师执业注册有关事项。

2. 注册程序 ①申请。拟办理医师执业注册事项申请、变更等业务的个人,通过登录电子化注册系统,提交业务办理申请。②受理和完成。各级卫健委应当:根据授权,依法对提交的医师登记或注册申请进行办理;将审批后的登记和注册数据完整交换至国家电子化注册系统统一赋码。

3. 管理监督 ①监督职权:国家卫健委负责对全国电子化注册工作进行管理和监督;省级卫健委负责本辖区电子化注册工作的组织实施、监督管理,组织建设本辖区电子化注册子系统,做好与现有系统的衔接,数据应用的沟通协调,监督管理各项工作;各级卫健委应对有蓄意作假、提交虚假信息或证明材料,未严格履行申请信息核实确认职责等情形依照有关规定予以纠正,并依法进行处理。②基层机构的义务或职责:各级卫健委应对电子化注册系统实施安全管理;执业机构应对所掌握的注册信息进行安全管理,加强对电子化注册各类敏感数据的采集、利用、存储等环节的安全管理。③对信息的监管：电子化注册系统的数据信息，按"谁提供、谁负责"的原则由数据提供者确保信息真实、准确和安全；电子化注册系统相关信息将纳入国家卫健委信用信息；对存在蓄意作假、提交虚假信息或证明材料，未严格履行申请信息核实确认职责等情形的执业机构或个人，各级卫健委应依有关规定予以纠正，并依法进行处理。

（五）多点执业注册制度

1. 多点执业制度的出台 2009年3月17日，中共中央、国务院《关于深化医药卫生体制改革的意见》中提出，要"稳步推动医务人员的合理流动，促进不同医疗机构之间人才的纵向和横向交流，研究探索注册医师多点执业"，同年9月11日卫生部下发了《关于医师多点执业有关问题的通知》，要求从如下方面具体落实医师多点执业政策。

2. 概述

（1）医师多点执业是指医师在2个以上医疗机构从事诊疗活动，不包括医师外出会诊。

（2）分类管理。①医师执行政府指令任务，如卫生支农、支援社区和急救中心（站）、医疗机构对口支援等，由所在医疗机构批准；②多个医院（社区卫生服务中心）以整合医疗资源、方便患者就医和提高医疗技术水平为目的，通过签订协议等形式，开展横向或纵向医疗合作的，相关医院（社区卫生服务中心）经向医疗机构执业许可证登记机关备案，医师可以在开展医疗合作的其他医院（社区卫生服务中心）执业；备案内容包括医师姓名、执业类别、职称、工作时间和执业地点。卫生行政部门应做好备案医师执业注册信息管理，便于查询和监督；③医师受聘在2个以上医疗机构执业的，应向医政部门申请增加注册的执业地点。

（3）试点。①属于上述③情形的，因涉及医师执业管理和人事管理制度的重大调整，应当遵照《意见》提出的"先行试点，逐步推开"的要求进行试点。②拟开展以上述③情形为主要内容医师多点执业试点的，应由省级医政部门向卫生部提出申请，经批准后实施。④试点中应遵循以下原则：医师受聘到其他医疗机构执业，应经所在单位和相关医政部门批准，并在医师执业证书中增加执业地点；医师受聘在2个以上医疗机构执业应符合省级医政部门规定的条件，如专业技术任职资格、身体健康状况、工作任务完成情况等；医师原则上应在同一省、自治区、直辖市内执业，地点不超过3个；医师在执业前，应与受聘的各医疗机构就发生医疗事故或者民事纠纷时的法律责任分担以及其他相关事宜签订协议；试点必须保证医疗质量和医疗安全。医师应加强自律；医疗机构应做好人员和工作安排，并采取相关医疗质量保障措施；医政部门应做好指导和监督检查；医政部门应及时发布医师需求信息，引导医师合理流动，并鼓励医师主动自愿到基层和农村多点执业；医政部门应加强对多点执业医师的注册、考核和监管，保证试点工作规范进行。

3. 正式落地与实施 2014年11月5日，国家卫计委、发改委、人保部、中医药局和保监会联合发布了《关于推进和规范医师多点执业的若干意见》，其主要内容包括以下几部分。

(1) 明确界定。医师多点执业是指医师于有效注册期内在2个以上医疗机构定期从事执业活动的行为;医师参加慈善或公益性巡回医疗、义诊、突发事件或灾害事故医疗救援工作及参与实施基本和重大公共卫生服务项目,或者医师外出会诊均不属于医师多点执业,医师会诊按《医师外出会诊管理暂行规定》等有关规定执行;允许临床、口腔和中医类别医师多点执业。多点执业的医师应具有中级及以上专业技术职务任职资格,从事同一专业工作满5年;身体健康,能够胜任医师多点执业工作;最近连续2个周期的医师定期考核无不合格记录。

(2) 医师多点执业的注册管理。实行注册管理,相应简化注册程序,同时探索实行备案管理的可行性;条件成熟的地方可以探索实行区域注册,以促进区域医疗卫生人才充分有序流动,具体办法由各省(区、市)卫计委制定;医师在参加城乡医院对口支援、支援基层,或在签订医疗机构帮扶或托管协议、建立医疗集团或医疗联合体的医疗机构间多点执业时,不需办理多点执业相关手续(其中在公立医院担任院级领导职务的,除前述情形外一般不能从事其他形式的多点执业);医师在第一执业地点医疗机构外的其他医疗机构执业,执业类别应当与第一执业地点医疗机构一致,执业范围涉及的专业应与第一执业地点医疗机构二级诊疗科目相同;经全科医师培训合格的医师到基层医疗卫生机构多点执业的,在执业类别不变情况下,可增加注册全科医学专业;医师变更执业类别、执业范围,以及变更第一执业地点医疗机构的,应按《医师执业注册暂行办法》的规定办理,变更后原多点执业注册同时失效。

(3) 医师多点执业的人事管理和医疗责任。①医师多点执业的人事(劳动)关系:医师与第一执业地点医疗机构在协商一致的基础上,签订聘用劳动合同,明确人事(劳动)关系和权利义务,并按照国家有关规定参加社会保险;与拟多点执业的其他医疗机构分别签订劳务协议,鼓励通过补充保险或商业保险等方式提高医师的医疗、养老保障水平。②医师多点执业的劳务协议:医师与执业的医疗机构在协议中应约定执业期限、时间安排、工作任务、医疗责任、薪酬、相关保险等。多点执业医师的薪酬,根据实际工作时间、工作量和工作业绩等因素,由执业地点医疗机构与医师协商确定;其中医师在第一执业地点医疗机构的工作时间和工作量未达到全职医师要求的,不能领取全职薪酬;拟多点执业的医师应当获得第一执业地点医疗机构的同意,选择有条件的地方探索医师向第一执业地点医疗机构履行知情报备手续即可开展多点执业试点。③医师多点执业医疗责任承担:医师多点执业过程中发生医疗损害或纠纷,应由发生医疗损害或纠纷的当事医疗机构和医师按照有关法律法规处理,其他非当事医疗机构均不承担相关的医疗损害或纠纷处理责任。医疗机构和医师应当通过合同或协议明确发生医疗损害或纠纷时各自应当承担的责任及解决方法。支持医疗机构和医师个人购买医疗责任保险等医疗执业保险,医师个人购买的医疗执业保险适用于任一执业地点。④医师多点执业过程中出现违反法律规范性文件情形的,由医政部门及有关部门依法依规处理;第一执业地点医疗机构为公立医院的医师,在其他医疗机构执业过程中出现违规违纪情形的,由当事医疗机构通报第一执业地点医疗机构,由第一执业地点医疗机构或有关部门和单位按《事业单位工作人员处分暂行规定》等进行处分;多点执业医师在执业过程中出现违反医疗机构内部规定情形的,由当事医疗机构依据本医疗机构相关规定和合同或协议进行处理。

《师注办法》对此作了专门规定:①第17条规定,医师跨执业地点增加执业机构,应向批准该机构执业的医政部门申请增加注册;执业助理医师只能注册一个执业地点。该条规定有些地解决了上述注册中可能出现的不明确情形。②第22条规定,国家实行医师注册内容公开制度和查询制度;地方各级医政部门应按照规定提供医师注册信息查询服务,并对注销注册的人员名单予以公告。

(六) 护士执业注册

1. 概述 依2008年1月底国务院发布,同年5月12日施行的《护士条例》(以下简称条例)第2条规定,护士,指经执业注册取得护士执业证书,依法或其行业职责从事护理活动,履行保护生命、减轻痛苦、增进健康职责的卫生技术人员。可见,在我国,护士亦须经依法注册取得执业证书方具执业主体资格。

2. 护士资格考试 根据2010年5月10日卫生部会同人社部发布,并于同年7月1日起施行了《护士执业资格考试办法》(以下简称《护考办法》),《护考办法》规定如下。

(1) 国家统一考试制度。第3条规定:护士执业资格考试实行国家统一考试制度;采用统一考试大纲、命题和合格标准;护士执业资格考试原则上每年举行1次,具体考试日期在举行考试3个月前向社会公布。

(2) 报考的资格、材料和地点。①报考资格。第2条规定,具有护理专业中专学历的人员、具有助产专业中专学历的人员;护理大专学历的人员,具备报考资格。事实上,因为护理执业资格只有此一种国家资格统考,因此,即使护理专业本科以上学历的人员欲从事护理职业均须参加并通过该考试。②须提交的材料。第13条第1款规定,申请参加护士执业资格考试的人员,应在公告规定的期限内报名,并提交以下材料:护士执业资格考试报名申请表;本人身份证明;近半年2寸免冠正面半身照片3张;本人毕业证书(申请人为在校应届毕业生的,可持有所在学校出具的应届毕业生毕业证明);报考所需的其他材料。③考试地点。第13条第2和第3款规定,申请人为在校应届毕业生的,应持有所在学校出具的应届毕业生毕业证明,到学校所在地的考点报名(学校可以为本校应届毕业生办理集体报名手续);申请人为非应届毕业生的,可选择到人事档案所在地报名。

(3) 资格取得。①护士执业资格考试包括专业实务和实践能力2个科目;一次考试通过2个科目为考试成绩合格;②参加护士执业资格考试并成绩合格,可取得护理初(士)级专业技术资格证书;③护理初(师)级专业技术资格按照有关规定通过参加全国卫生专业技术资格考试取得;④具有护理、助产专业本科以上学历的人员,参加护士执业资格考试并成绩合格,可以取得护理初(士)级专业技术资格证书;⑤在达到《卫生技术人员职务试行条例》规定的护师专业技术职务任职资格年限后,可直接聘任护师专业技术职务;⑥护士执业资格考试成绩于考试结束后 45 个工作日内公布,考生成绩单由报名考点发给考生;⑦考试成绩合格者,取得考试成绩合格证明,作为申请护士执业注册的有效证明。

3. 护士执业资格注册制度

(1) 注册效力:条例第 7 条第 1 款规定,护士执业,应经执业注册取得护士执业证书。《护士执业注册管理办法》(以下简称办法)第 2 条规定,护士经执业注册取得护士执业证书后,方可按照注册的执业地点从事护理工作;未经执业注册取得护士执业证书者,不得从事诊疗技术规范规定的护理活动。

(2) 申请条件:它含积极条件和消极条件两方面。条例第 7 条第 2 款规定,申请护士执业注册,应具备下列(积极)条件:①具有完全民事行为能力;②在中等职业学校、高等学校完成教育部和卫生部规定的普通全日制 3 年以上的护理、助产专业课程学习,包括在教学、综合医院完成 8 个月以上护理临床实习,并取得相应学历证书;③通过卫生部组织的护士执业资格考试;④符合卫生部规定的健康标准(办法第 6 条规定,该健康标准为:无精神病史;无色盲、色弱、双耳听力障碍;无影响履行护理职责的疾病、残疾或功能障碍);⑤护士执业注册申请,应自通过护士执业资格考试之日起 3 年内提出;逾期提出申请的,除应具备前款①②④项规定条件外,还应在符合卫生部规定条件的医疗卫生机构接受 3 个月临床护理培训并考核合格。

(3) 申请程序:①管辖。条例第 8 条第 1 款前项规定,申请护士执业注册的,应向批准设立拟执业医疗机构或为该医疗机构备案的卫生主管部门提出申请。②申请。办法第 7 条规定,申请护士执业注册,应提交下列材料:护士执业注册申请审核表;申请人身份证明;申请人学历证书及专业学习中的临床实习证明;护士执业资格考试成绩合格证明;省级卫生厅或局指定的医疗机构出具的申请人 6 个月内健康体检证明;医疗卫生机构拟聘用的相关材料;办法第 9 条后款规定:逾(3 年)期提出申请的,还应提交在省级卫生厅或局规定的教学、综合医院接受 3 个月临床护理培训并考核合格的证明。

(4) 受理与注册:条例第 8 条第 1 款后项规定,收到申请的医政部门应自收到申请之日起 20 个工作日内做出决定,对具备本条例规定条件的,准予注册,并发给护士执业证书;对不具备本条例规定条件的,不予注册,并书面说明理由。

(5) 注册的内容:①条例第 8 条第 2 款规定,护士执业注册有效期为 5 年;办法第 10 条后款规定,护士执业注册有效期届满需要继续执业的,应在有效期届满前 30 日,向原注册部门申请延续注册。②办法第 8 条第 2 款规定,护士执业证书上应注明护士的姓名、性别、出生日期等个人信息及证书编号、注册日期和执业地点。

(6) 变更注册:①条例第 9 条规定,护士在其执业注册有效期内变更执业地点的,应向拟执业地省级卫生厅或局报告,收到报告的医政部门应自收到报告之日起 7 个工作日内为其办理变更手续;护士跨省、自治区、直辖市变更执业地点的,收到报告的医政部门还应向其原执业地省级卫生厅或局通报。②办法第 17 条第 1 款规定,护士在其执业注册有效期内变更执业地点的,应向拟执业地医政部门报告,并提交其申请书和护士执业证书。

(7) 注销注册与不予注册:①注销注册。条例第10条第2款规定,护士有行政许可法规定的应予以注销执业注册情形的,原注册部门应依行政许可法的规定注销其执业注册。办法第18条规定,护士执业注册后有下列情形之一的,原注册部门办理注销执业注册:注册有效期届满未延续注册;受吊销护士执业证书处罚;护士死亡或丧失民事行为能力。②不予注册或注销注册。办法第20条规定,护士执业注册申请人隐瞒有关情况或提供虚假材料申请护士执业注册的,医政部门不予受理或不予执业注册,并给予警告;已经注册的,应撤销注册。

(8) 电子化注册:《医疗机构、医师、护士电子化注册管理规范(试行)》第16条规定,拟办理护士执业注册事项申请、变更等业务的个人,通过登录电子化注册系统,提交业务办理申请。第17条规定,各级医政部门根据授权,依法对提交的护士登记或注册申请进行办理。第13条规定:地方各级医政部门应依法对电子注册相关信息予以公开;护士公开的信息应当包括:姓名、性别、执业证书编号、执业地点、发证机关。

(9) 救济制度:与《乡医条例》一样,条例和办法均未无救济条款。因此,对不予注册、撤销或注销注册不服的,当事人可依《行政复议法》第9条第1款前项规定,自知道该具体行政行为之日起60日内向同级人民政府或上级医政部门申请行政复议;也可依《行政诉讼法》第46条第1款前项规定,自知道或应当知道该注销行为之日起6个月内提起行政诉讼。

4. 网约护士问题 2019年2月14日,国家卫健委向全国下发了《关于开展"互联网+护理服务"试点工作的通知》。所谓"互联网+护理服务"主要指医疗机构利用在本机构注册的护士,依托互联网等信息技术,以"线上申请、线下服务"的模式为主,为出院患者或罹患疾病且行动不便的特殊人群提供的护理服务。该通知主要包括:①确定试点地区和时间。北京、天津、上海、江苏、浙江、广东作为"互联网+护理服务"为试点省份;时间为2019年2—12月。②服务主体。为试点地区卫健行政部门可结合实际确定取得医疗机构执业许可证并已具备家庭病床、巡诊等服务方式的实体医疗机构(以下简称试点医疗机构),依托互联网信息技术平台,派出本机构注册护士提供"互联网+护理服务",将护理服务从机构内延伸至社区、家庭。派出的注册护士应至少具备5年以上临床护理工作经验和护师以上技术职称,能够在全国护士电子注册系统中查询;鼓励有条件的试点医疗机构通过人脸识别等人体特征识别技术加强护士管理,并配备护理记录仪。③服务对象。重点为高龄或失能老年人、康复期患者和终末期患者等行动不便的人群,提供慢病管理、康复护理、专项护理、健康教育、安宁疗护等方面的护理服务。④服务项目。试点地区应当结合实际,在调查研究群众服务需求,充分评估环境因素和执业风险的基础上,组织制订本地区"互联网+护理服务"项目。原则上,服务项目以需求量大、医疗风险低、易操作实施的技术为宜,可采用正面和面清单相结合的方式予以明确,切实保障医疗质量和安全。⑤规范行为。试点医疗机构在提供"互联网+护理服务"前对申请者进行首诊,对其疾病情况、健康需求等情况进行评估;经评估认为可以提供的,可派出具备相应资质和技术能力的护士提供相关服务;护士在执业过程中应严格遵守有关法律法规、职业道德规范和技术操作标准,规范服务行为,切实保障医疗质量和安全。服务过程中产生的数据资料应当全程留痕,可查询、可追溯,满足行业监管需求。⑥完善管理制度和服务规范。试点地区卫生健康委和试点医疗机构要按照国家相关管理规定和技术规范等,结合实际建立完善"互联网+护理服务"相关管理制度和服务规范,如护理管理制度、医疗质量安全管理制度、医疗风险防范制度、医学文书书写管理规定、个人隐私保护和信息安全管理制度、医疗废物处置流程、居家护理服务流程、纠纷投诉处理程序、不良事件防范和处置流程、相关服务规范和技术指南等。⑦加强管理。试点医疗机构可自主开发互联网信息技术平台或与具备资质的第三方信息技术平台建立合作机制。互联网信息技术平台应具备开展该服务要求的设备设施、信息技术、技术人员、信息安全系统等。基本功能至少包括服务对象身份认证、病历资料采集存储、服务人员定位追踪、个人隐私和信息安全保护、服务行为全程留痕追溯、工作量统计分析等。不得买卖、泄露个人信息。⑧明确责任。试点医疗机构与第三方互联网信息技术平台应签订合作协议,在合作协议中,应明确各自在医疗服务、信息安全、隐私保护、护患安全、纠纷处理等方面的责权利;试点医疗机构实施"互联网+护理服务",应与服务对象签订协议,并在协议中告知患者服务内容、流程、双方责任和权利以及可能出现的风险等,签订知情同意书。⑨防控风险。试点地区和试点医疗机构要总结部分地方前期探索开展该服务的经验做法,并借鉴互联网+其他行业的风险防范和安全管理措施。可要求服务对象上传身份信息、病历资料、家庭签约协议等资料进行验证;对提供该服务的护士资质、服务范围和项目内容提出要求;互联网信息技术平台可购买或共享公安系统个人身份信息或通过人脸识别等人体特征识别技术进行比对核验;试点医疗机构或互联网信息技术平台应按协议要求,为护士提供手机APP定位追踪系统,配置护理工作记录仪,使服务行为全程留痕可追溯,配备一键报警装置,购买责任险、医疗意外险和人身意外险等,切实保障护士执业安全和人身安全,有效防范和应对风险;要建立医疗纠纷和风险防范机制,制订应急处置预案,维护双方合法权益。

第二节 医疗机构管理制度

一、医疗机构执业主体资格的取得

(一)医疗机构概述

1. 医疗机构的概念 医疗机构,指依法经登记取得执业许可证,专门从事疾病诊断、治疗活动的机构。如前所述之原理,如何从事疾病的诊断、治疗的执业活动均与就医者的健康乃至生命安全直接相关,依《行政许可法》第 12 条第 1 项规定须经行政许可方可实施,因此在我国,所有的医疗机构均需由卫生行政部门依《医疗机构管理条例》(本章中简称《医管条例》)规定审查合格,经登记取得医疗机构执业许可证(中医诊所除外),依《医管条例》第 24 条规定,任何单位或个人,未取得医疗机构执业许可证,不得开展诊疗活动;否则,属无证的非法(行医)机构。

2. 医疗机构的种类　依《医疗机构管理条例实施细则》(本章中简称《医管细则》)第 3 条规定,我国医疗机构的类别,主要包括:①综合医院、中医医院、中西医结合医院、民族医医院、专科(又含口腔、肿瘤、儿童、精神病、传染病、心血管病、血液病、皮肤病、整形外科和美容)医院、康复医院;②(一级、二级和三级)妇幼保健院、妇幼保健计划生育服务中心;③中心卫生院、乡(镇)卫生院、街道卫生院;④疗养院;⑤综合(及专科、中医、中西医结合或民族医)门诊部;⑥诊所及中(含民族)医诊所、卫生所、医务室、卫生保健所、卫生站;⑦村卫生室(所);⑧急救中心或站;⑨临床检验中心;⑩专科疾病防治院(所或站);⑪护理院或站;⑫其他诊疗机构;⑬医学检验实验室、病理诊断中心、医学影像诊断中心、血液透析中心、安宁疗护中心。

3. 医疗机构设置的规划布局　亦如前述,正是基于对辖区人民健康保障的职责,负责该辖区的政府卫生行政主管部门依法应履行对该辖区医疗资源的合理配置,在此体现为医疗机构的规划布局。《医管条例》第 6 条规定,县级以上卫生行政部门应根据本行政区域内的人口、医疗资源、医疗需求和现有医疗机构的分布状况,制定本行政区域医疗机构设置规划;机关、企业和事业单位可根据需要设置医疗机构,并纳入当地医疗机构的设置规划。该条例第 7 条规定,县级以上地方人民政府应把医疗机构设置规划纳入当地的区域卫生发展规划和城乡建设发展总体规划。《医管细则》第 8 条规定,各省、自治区、直辖市应按当地医疗机构设置规划合理配置和合理利用医疗资源;医疗机构设置规划由县级以上卫生行政部门依《医疗机构设置规划指导原则》制定,经上一级卫生行政部门审核,报同级政府批准,在本行政区域内发布实施。《医管细则》第 9 条规定,县级以上卫生行政部门按《医疗机构设置规划指导原则》规定的权限和程序组织实施本行政区域医疗机构设置规划,定期评价实施情况,并将评价结果按年度向上一级卫生行政部门和同级政府报告。

(二) 医疗机构的设立

1. 医疗机构的法定标准　《医管条例》第 8 条规定,设置医疗机构应当符合医疗机构设置规划和医疗机构基本标准。卫生部于 1994 年 9 月 4 日发布了《医疗机构基本标准(试行)》,对我国各级各类医疗机构的设置标准和条件作了明确的规定。限于篇幅,此处仅以一二和三级综合医院设置标准为例予以列举,根据该试行标准规定,凡以"医院"命名的医疗机构,住院床位总数应在 20 张以上。依《医院分级管理办法(试行草案)》(以下简称《分级办法》)规定,我国医院分为 3 级共 10 个等。在该一、二级和三级医院体系中,一二级医院各包括甲乙丙3等;三级医院为甲乙丙特4个等。此外,国家对诊所设立标准作了特别规定。

(1) 一级综合性医院的基本标准:《分级办法》第4条第2款规定,一级医院是直接为社区提供医疗、预防、康复、保健综合服务的基层医院,是初级卫生保健机构(乡镇级),如城市的社区卫生服务中心、乡镇的卫生院等。其主要功能是直接对人群提供第一层级预防,在社区管理多发病常见病现症病人并对疑难重症做好正确转诊,协助高层次医院搞好中间或院后服务,合理分流病人。一级综合性医院应具备:①床位。住院床位总数20~99张。②科室。临床科室:至少设有急诊室、内科、外科、妇(产)科、预防保健科;医技科室:至少设有药房、化验室、X光室、消毒供应室。③人员。每床至少配备0.7名卫生技术人员;至少有3名医师、5名护士和相应的药剂、检验、放射等卫生技术人员;至少有1名具有主治医师以上职称的医师。④房屋。每床建筑面积不少于45平方米。⑤设备。基本设备应具备:心电图机、洗胃器、电动吸引器、呼吸球囊、妇科检查床、冲洗车、气管插管、万能手术床、必要的手术器械、显微镜、离心机、X光机、电冰箱、药品柜、恒温培养箱、高压灭菌设备、紫外线灯、洗衣机及常水、热水、蒸馏水、净化过滤系统等;病房每床单元必须配备的设备标准为:床×1、床垫×1.2、被子×1.2、褥子×1.2、被套×2、床单×2、枕芯×2、枕套×4、床头柜×1、暖水瓶×1、面盆×2、痰盂或痰杯×1和病员服×2套;有与开展的诊疗科目相应的其他设备,如牙科治疗椅等。⑥制度。制订各项规章制度、人员岗位责任制;有国家制定或认可的医疗护理技术操作规程,并成册可用。⑦资金。注册资金到位;数额由各级卫生厅或局确定。

(2) 二级综合性医院的基本标准:《分级办法》第4条第3款规定,二级医院是跨几个社区提供医疗卫生服务的地区性医院,是地区性医疗预防的技术中心(区县级)。其主要功能是参与指导对高危人群的监测,接受一级转诊,对一级医院进行业务技术指导,并能进行一定程度的教学和科研。二级综合性医院应具备:①床位。住院床位总数100~499张。②科室。临床科室:至少设有急诊科、内科、外科、妇产科、儿科、眼科、耳鼻喉科、口腔科、皮肤科、麻醉科、传染科、预防保健科,其中眼科、耳鼻喉科、口腔科可合并建科,皮肤科可并入内科或外科,附近已有传染病医院的,根据当地医疗机构设置规划可不设传染科;医技科室:至少设有药剂科、检验科、放射科、手术室、病理科、血库(可与检验科合设)、理疗科、消毒供应室、病案室。③人员。每床至少配备0.88名卫生技术人员;每床至少配备0.4名护士;至少有3名具有副主任医师以上职称的医师;各专业科室至少有1名具有主治医师以上职称的医师。④房屋。每床建筑面积不少于45平方米;病房每床净使用面积不少于5平方米;日平均每诊人次占门诊建筑面积不少于3平方米。⑤设备。基本设备,在一级医院基本设备的基础上还至少必须具备:给氧装置、呼吸机、自动洗胃机、心脏除颤器(AED)、心电监护仪、多功能抢救床、无影灯、麻醉机、胃镜、万能产床、产程监护仪、婴儿保温箱、裂隙灯、牙科治疗椅、涡轮机、牙钻机、银汞搅拌机、恒温箱、分析天平、钾钠氯分析仪、尿分析仪、B超检查仪、冷冻切片机、石蜡切片机、敷料柜、器械柜、手套烘干上粉机、蒸馏器、下收下送密闭车、冲洗工具、净物存放和消毒灭菌密闭柜、热源监测设备(含恒温箱、净化台、干燥箱);病房每床单元设备:除增加床头信号灯1台外,其他与一级综合医院相同;有与开展的诊疗科目相应的其他设备。⑥制度。制订各项规章制度、人员岗位责任制,有国家制定或认可的医疗护理技术操作规程,并成册可用。⑦资金。注册资金到位;数额由各省级卫生厅或局确定。

(3) 三级综合性医院的基本标准:《分级办法》第4条第4款规定,三级医院是跨地区、省、市以及向全国范围提供医疗卫生服务的医院,是具有全面医疗、教学、科研能力的医疗预防技术中心(省市级)。其主要功能是提供专科(包括特殊专科)的医疗服务,解决危重疑难病症,接受二级转诊,对下级医院进行业务技术指导和培训人才;完成培养各种高级医疗专业人才的教学和承担省以上科研项目的任务;参与和指导一二级预防工作。三级综合性医院应具备:①床位。住院床位总数500张以上。②科室。临床科室:至少设有急诊科、内科、外科、妇产科、儿科、中医科、耳鼻喉科、口腔科、眼科、皮肤科、麻醉科、康复科、预防保健科;医技科室:至少设有药剂科、检验科、放射科、手术室、病理科、输血科、核医学科、理疗科(可与康复科合设)、消毒供应室、病案室、营养部和相应的临床功能检查室。③人员。每床至少配备1.03名卫生技术人员;每床至少配备0.4名护士;各专业科室的主任应具有副主任医师以上职称;临床营养师不少于2人;工程技术人员(技师、助理工程师及以上人员)占卫生技术人员总数的比例不低于1%。④房屋。每床建筑面积不少于60平方米;病房每床净使用面积不少于6平方米;日平均每门诊人次占门诊建筑面积不少于4平方米。⑤设备。基本设备,在二级医院基本设备的基础上还至少必须具备:麻醉监护仪、高频电刀、移动式X光机、多普勒成像仪、动态心电图机、脑电图机、脑血流图机、血液透析器、肺功能仪、支气管镜、食道镜、十二指肠镜、乙状结肠镜、结肠镜、直肠镜、腹腔镜、膀胱镜、宫腔镜、产程监护仪、胎儿监护仪、婴儿保温箱、骨科牵引床、生化分析仪、紫外线分光光度计、酶标分光光度计、自动生化分析仪、酶标分析仪、尿分析仪、分析天平、细胞自动筛选器、恒温箱离心机、通风降温和烘干设备等;病房每床单元设备:与二级综合医院相同;有与开展的诊疗科目相应的其他设备,如核磁共振机等。⑥制度。制订各项规章制度、人员岗位责任制,有国家制定或认可的医疗护理技术操作规程,并成册可用。⑦资金。注册资金到位;数额由各省级卫生厅或局确定。

(4) 关于诊所的基本标准问题:继中医诊所采用备案设立后,2019年4月28日,国家卫健委、发改委、财政部、人保部和医保局联合发布了《关于开展促进诊所发展试点的意见》,并要求全社会深化医疗领域"放管服"改革,认真贯彻落实该意见;同年6月10日,国家卫健委、发改委、科技报、财政部、人保部、自资部、住建部、市监局、医保局和保监局联合发布《关于促进社会办医持续健康规范发展的意见》,提出为深化"放管服"改革,推动"非禁即入"的政策取向。但该两《意见》均未具体设计出新的设立基本标准。因此,诊所的设立基本标准还是适用2010年8月2日卫生部发布的《诊所基本标准》。依该标准,诊所是为患者提供门诊诊断和治疗的医疗机构,不设住院病床(产床),只提供易于诊断的常见病和多发病的诊疗服务。

1) 设立诊所应具备的要求。

A. 一般诊所须具备如下条件。①人员：至少有1名取得执业医师资格,经注册后在医疗、保健机构中执业满5年,身体健康的执业医师;至少有1名注册护士;设医技科室的,每医技科室至少有1名相应专业的卫生技术人员。②房屋：建筑面积不少于40平方米;至少设有诊室、治疗室、处置室;每室独立且符合卫生学布局及流程。其中治疗室、处置室的使用面积均不少于10平方米;如设观察室,其使用面积不少于15平方米。③基本设备：诊桌、诊椅、方盘、纱布罐、诊察凳、听诊器、血压计、体温表、压舌板、药品柜、紫外线消毒灯、污物桶、高压灭菌设备、处置台;急救设备：氧气瓶(袋)、开口器、牙垫、口腔通气道、人工呼吸器;有与开展的诊疗科目相应的其他设备：其中,临床检验、消毒供应与其他合法机构签订相关服务合同,由其他机构提供服务的,可不配备化验室和消毒供应室设备。④制度：具有国家统一规定的各项规章制度和技术操作规范,制定诊所人员岗位职责。⑤资金：注册资金到位,数额由各省、自治区、直辖市卫生行政部门确定。

B. 卫生所(室)、医务室所须具备的条件,参照诊所的基本标准执行。

C. 口腔诊所须具备的条件如下。①人员：至少有1名取得口腔类别执业医师资格,经注册后在医疗、保健机构中从事口腔诊疗工作满5年,身体健康的执业医师;每增设2台口腔综合治疗台,至少增加1名口腔医师;设4台以上口腔综合治疗台的,至少有1名具有口腔主治医师以上职称者。②房屋：设1台口腔综合治疗台的,建筑面积不少于30平方米,设2台以上口腔综合治疗台的,每台建筑面积不少于25平方米;诊室中每口腔综合治疗台净使用面积不少于9平方米;房屋设置要符合卫生学布局及流程。护士：至少有1名注册护士;每增加3台口腔综合治疗台,至少增加1名注册护士。③设备：至少设口腔综合治疗台1台。具体设备：基本设备：光固化灯、超声洁治器、空气净化设备、高压灭菌设备;急救设备：氧气(袋)、开口器、牙垫、口腔通气道、人工呼吸器;每口腔综合治疗台单元设备：牙科治疗椅(附手术灯1个、痰盂1个、器械盘1个)1台,高速和低速牙科切割装置1套,吸唾装置1套,三用喷枪1支,医师座椅1张,病历书写桌1张,口腔检查器械1套;诊疗器械符合一人一用一消毒配置(其中,临床检验、消毒供应与其他合法机构签订相关服务合同,由其他机构提供服务的,可不配备化验室和消毒供应室设备)。④制度：具有国家统一规定的各项规章制度和技术操作规范,制定诊所人员岗位职责。⑤资金：注册资金到位,数额由各级卫生厅或局确定。

2) 中医诊所的基本标准：2017年12月1日,国家卫计委发布了《关于印发中医诊所基本标准和中医(综合)诊所基本标准的通知》,其中,对原《中医诊所基本标准》进行了修订,规定(现)《中医诊所基本标准》适用于备案管理的中医诊所,是举办备案中医诊所应当具备的条件之一;《中医(综合)诊所基本标准》适用于提供中西两法服务和不符合《中医诊所备案管理暂行办法》规定的服务范围或存在不可控的医疗安全风险的中医(综合)诊所,是中医(综合)诊所执业必须达到的最低标准,是医政部门(含卫生行政部门和中医药局)核发医疗机构执业许可证和校验的依据。其中《中医诊所基本标准》对人员、房屋、设备和制度都作了具体规定。主要包括以下几方面。

A. 定义:①中医诊所是在中医药理论指导下,运用中药和针灸、拔罐、推拿等非药物疗法开展诊疗服务,以及中药调剂、汤剂煎煮等中药药事服务的诊所。②中医(综合)诊所是指以提供中医药门诊诊断和治疗为主的诊所,中医药治疗率不低于85%。

B. 一般中医诊所须具备的条件:①人员。至少有1名执业医师,并符合具有中医类别《医师资格证书》并经注册后在医疗、预防、保健机构中执业满5年或《中医(专长)医师资格证书》且经注册依法执业,身体健康条件者;开展中药饮片调剂活动的,至少有1名具备资质的中药技术人员;设置医技科室的,每室至少有1名相应专业的卫生技术人员。②房屋。建筑面积不少于40平方米,卫生技术人员人均面积不少于10平方米;至少设有诊室、治疗室。开展有创性治疗的,应当设置观察室和处置室;各功能区域相对独立,符合卫生学布局与流程,每室(含中药存放、调剂区)不少于10平方米。③设备。有诊察床、诊桌、诊椅、脉枕、听诊器、血压计、体温计、压舌板、污物桶及高压灭菌和紫外线消毒等基本设备;有与开展诊疗范围相适应的其他(含中医诊疗)设备和必要的急救设备。④制度。有各项规章制度、人员岗位责任制,有国家制定或认可的医疗技术操作规程,并成册可用;制定感染控制制度和流程,中医药技术操作符合中医医疗技术相关性感染预防与控制等有关规定。

C. 中医(综合)诊所须具备的条件:①人员要求同上,略。②房屋要求同上,略。③设备要求同上,略。④制度要求,亦同上,略。

(5) 互联网医院的设立要求:

1) 规则落地。2018年4月28日,国办发布了《关于促进"互联网+医疗健康"发展的意见》,要求:发展"互联网+"医疗服务;创新"互联网+"公共卫生服务;优化"互联网+"家庭医生签约服务等。作为落实,2018年7月17日,国家卫健委、中医药局联合印发了《互联网医院管理办法(试行)》(以下简称《网院办法》)等3个文件。

2) 前提。《网院办法》第6条规定,实施互联网医院准入前,省级卫健委应建立省级互联网医疗服务监管平台,与互联网医院信息平台对接,实现实时监管。

3) 设立标准《互联网医院基本标准(试行)》主要包括以下。①诊疗科目要求:互联网医院根据开展业务内容确定诊疗科目,不得超出所依托的实体医疗机构诊疗科目范围。②科室设置要求:互联网医院根据开展业务内容设置相应临床科室,并与所依托的实体医疗机构临床科室保持一致;还须设置医疗质量管理部门、信息技术服务与管理部门、药学服务部门。③人员要求:互联网医院开设的临床科室,其对应的实体医疗机构临床科室至少有1名正高级、1名副高级职称的执业医师注册在本机构(可多点执业);互联网医院有专人负责互联网医院的医疗质量、医疗安全、电子病历的管理,提供互联网医院信息系统维护等技术服务、确保互联网医院系统稳定运行;有专职药师负责在线处方审核工作,确保业务时间至少有 1 名药师在岗审核处方。药师人力资源不足时,可通过合作方式,由具备资格的第三方机构药师进行处方审核;相关人员必须经过医疗卫生法律法规、医疗服务相关政策、各项规章制度、岗位职责、流程规范和应急预案的培训,确保其掌握服务流程,明确可能存在的风险。④房屋和设备设施要求:用于互联网医院运行的服务器不少于 2 套,数据库服务器与应用系统服务器需划分。存放服务器的机房应具备双路供电或紧急发电设施。存储医疗数据的服务器不得存放在境外;拥有至少 2 套开展互联网医院业务的音视频通讯系统(含必要的软件系统和硬件设备);具备高速率高可靠的网络接入,业务使用的网络带宽不低于 10 Mbps,且至少由两家宽带网络供应商提供服务。鼓励有条件的互联网医院接入互联网专线、虚拟专用网(VPN),保障医疗相关数据传输服务质量;建立数据访问控制信息系统,确保系统稳定和服务全程留痕,并与实体医疗机构的 HIS、PACS/RIS、LIS 系统实现数据交换与共享;具备远程会诊、远程门诊、远程病理诊断、远程医学影像诊断和远程心电诊断等功能;信息系统实施第三级信息安全等级保护。⑤规章制度要求:建立互联网医疗服务管理体系和相关管理制度、人员岗位职责、服务流程。规章制度应包括:互联网医疗服务管理制度;互联网医院信息系统使用管理制度;互联网医疗质量控制和评价制度;在线处方管理制度;患者知情同意与登记制度;在线医疗文书管理制度;在线复诊患者风险评估与突发状况预防处置制度;人员培训考核制度;停电、断网、设备故障、网络信息安全等突发事件的应急预案。

(6)医联体的设立:即某一区域内由多个医疗机构组成的医疗联合体的简称。其前提是在某一医联体内,其所有的成员单位均须为合法的医疗机构。在北京、上海等地通常在某区域内由一个三级医院、若干二级医院和若干社区医院组成。2017 年 4 月 26 日,国办下发了《关于推进医疗联合体建设和发展的指导意见》,提出如下要求。

1)坚持以人民为中心的发展思想,立足我国经济社会和医药卫生事业发展实际,以落实医疗机构功能定位、提升基层服务能力、理顺双向转诊流程为重点,不断完善医联体组织管理模式、运行机制和激励机制,逐步建立完善不同级别、不同类别医疗机构间目标明确、权责清晰、公平有效的分工协作机制,推动构建分级诊疗制度,实现发展方式由以治病为中心向以健康为中心转变。

2)逐步形成多种形式的医联体组织模式:①在城市主要组建医疗集团。在设区的市级以上城市,由三级公立医院或者业务能力较强的医院牵头,联合社区卫生服务机构、护理院、专业康复机构等,形成资源共享、分工协作的管理模式。在医联体内以人才共享、技术支持、检查互认、处方流动、服务衔接等为纽带进行合作;三级公立医院可向县级医院派驻管理团队和专家团队,重点帮扶提升县级医院医疗服务能力与水平。国家级和省级公立医院除参加属地医联体外,可跨区域与若干医联体建立合作关系,组建高层次、优势互补的医联体,开展创新型协同研究、技术普及推广和人才培养,辐射带动区域医疗服务能力提升。②在县域主要组建医疗共同体。重点探索以县级医院为龙头、乡镇卫生院为枢纽、村卫生室为基础的县乡一体化管理,与乡村一体化管理有效衔接。充分发挥县级医院的城乡纽带作用和县域龙头作用,形成县乡村三级医疗卫生机构分工协作机制,构建三级联动的县域医疗服务体系。③跨区域组建专科联盟。根据不同区域医疗机构优势专科资源,以若干所医疗机构特色专科技术力量为支撑,充分发挥国家医学中心、国家临床医学研究中心及其协同网络的作用,以专科协作为纽带,组建区域间若干特色专科联盟,形成补位发展模式,重点提升重大疾病救治能力。④在边远贫困地区发展远程医疗协作网。大力发展面向基层、边远和欠发达地区的远程医疗协作网,鼓励公立医院向基层医疗卫生机构提供远程医疗、远程教学、远程培训等服务,利用信息化手段促进资源纵向流动,提高优质医疗资源可及性和医疗服务整体效率。

3) 完善医联体内部分工协作机制:①完善组织管理和协作制度;②落实医疗机构功能定位;③扎实推进家庭医生签约服务;④为患者提供连续性诊疗服务。

4) 促进医联体内部优质医疗资源上下贯通:①促进人力资源有序流动;②提升基层医疗服务能力;③统一信息平台;④实现区域资源共享,医联体内可建立医学影像中心、检查检验中心、消毒供应中心、后勤服务中心等,为医联体内各医疗机构提供一体化服务。

2. 设立程序

(1) 许可管辖:《分级办法》第15条规定:三级特等医院由卫生部审批;二、三级甲、乙、丙等医院由省级卫生厅或局审批;一级甲、乙、丙等医院由地、设区的市或自治州卫生局审批。《医管条例》第9条规定:单位或个人设置医疗机构,必须经县级以上医政部门审查批准,并取得设置医疗机构批准书,方可向有关部门办理其他手续。该条例第11条规定,单位或个人设置医疗机构,应按以下规定提出设置申请:①不设床位或者床位不满100张的医疗机构,向所在地的县级医政部门申请;②床位在100张以上的医疗机构和专科医院按省级医政部门的规定申请。《医管细则》第11条规定:①床位在100张以上的综合医院、中医医院、中西医结合医院、民族医医院以及专科医院、疗养院、康复医院、妇幼保健院、急救中心、临床检验中心和专科疾病防治机构的设置审批权限的划分,由省级卫生厅或局规定;②其他医疗机构的设置,由县级医政部门负责审批;医学检验实验室、病理诊断中心、医学影像诊断中心、血液透析中心、安宁疗护中心的设置审批权限另行规定。

(2) 申请主体:《医管细则》规定如下。

1) 对设立申请人(代表)。第12条规定下列为消极申请人:①不能独立承担民事责任的单位;②正在服刑或者不具有完全民事行为能力的个人;③发生二级以上医疗事故未满5年的医务人员;④因违反有关法律、法规和规章,已被吊销执业证书的医务人员;⑤被吊销医疗机构执业许可证的医疗机构法定代表人或者主要负责人;⑥省级卫生厅或局规定的其他情形。其中②~⑤项所列情形之一者,不得充任医疗机构的法定代表人或主要负责人。

2) 医师个人。第13条规定:①在城市设置诊所的个人,须同时具备下列条件:经医师执业技术考核合格,取得《医师执业证书》;取得医师执业证书或医师职称后,从事5年以上同一专业的临床工作;省级卫生厅或局规定的其他条件。②医师执业技术标准另行制定。③在乡镇和村设置诊所的个人的条件,由省、自治区、直辖市卫生厅或局规定。

3) 其他主体。第14条又规定:①地方各级人民政府设置医疗机构,由政府指定或任命的拟设医疗机构的筹建负责人申请;②法人或他组织设置医疗机构,由其代表人申请;③个人设置医疗机构,由设置人申请;④两人以上合伙设置医疗机构,由合伙人共同申请。

(3) 申请文件:①基本要求。《医管条例》第10条规定,申请设置医疗机构,应提交下列文件:设置申请书;设置可行性研究报告;选址报告和建筑设计平面图。②《医管细则》第15条第1款规定,《医管条例》第10条第2项规定提交的设置可行性研究报告包括以下内容:申请单位名称、基本情况以及申请人姓名、年龄、专业履历、身份证号码;所在地区的人口、经济和社会发展等概况;所在地区人群健康状况和疾病流行以及有关疾病患病率;所在地区医疗资源分布情况以及医疗服务需求分析;拟设医疗机构的名称、选址、功能、任务、服务半径;拟设医疗机构的服务方式、时间、诊疗科目和床位编制;拟设医疗机构的组织结构、人员配备;拟设医疗机构的仪器、设备配备;拟设医疗机构与服务半径区域内其他医疗机构的关系和影响;拟设医疗机构的污水、污物、粪便处理方案;拟设医疗机构的通讯、供电、上下水道、消防设施情况;资金来源、投资方式、投资总额、注册资金(资本);拟设医疗机构的投资预算;拟设医疗机构5年内的成本效益预测分析[第3款规定:申请设置门诊部、诊所、(村)卫生所(室)、医务室、卫生保健所、卫生站、护理站等医疗机构的,可根据情况适当简化设置可行性研究报告内容]。③第16条规定,《医管条例》第10规定提交的选址报告须包括:选址的依据;选址所在地区的环境和公用设施情况;选址与周围托幼机构、中小学校、食品生产经营单位布局的关系;占地和建筑面积。④第17条规定,由两个以上法人或其他组织共同申请设置医疗机构及由两人以上合伙申请设置医疗机构的,除提交可行性研究报告和选址报告外,还须提交由各方共同签署的协议书。⑤第15条第2款规定,所附申请设置单位或设置人的资信证明。

(4) 受理与审批:《医管条例》第12条规定,县级以上地方医政部门应自受理设置申请之日起30日内,作出批准或不批准的书面答复;批准设置的,发给设置医疗机构批准书。《医管细则》第19条规定,《医管条例》第12条规定的设置申请的受理时间,自申请人提供条例和本细则规定的全部材料之日起算。《医管细则》第18条规定,医疗机构建筑设计须经设置审批机关审查同意后,方可施工。《医管细则》第20条规定,县级以上地方医政部门依当地《医疗机构设置规划》及本细则审查和批准医疗机构的设置;申请设置医疗机构有下列情形之一的,不予批准:①不符合当地医疗机构设置规划;②设置人不符合规定的条件;③不能提供满足投资总额的资信证明;④投资总额不能满足各项预算开支;⑤医疗机构选址不合理;⑥污水、污物、粪便处理方案不合理;⑦省级卫生厅或局规定的其他情形。《医管条例》第13条规定,国家统一规划的医疗机构设置,由卫生部决定。为此,国家卫生计生委于 2016 年 7 月 21 日下发了《关于印发医疗机构设置规划指导原则(2016—2020 年)的通知》,并附《医疗机构设置规划指导原则(2016—2020 年)》,在该指导原则中,要求全国医疗机构设置规划主要指标能达到如下标准,如下表 3-1[2]所示。

表 3-1 2020 年全国医疗机构设置规划主要指标

主 要 指 标	2020 年目标	指标性质
每千常住人口医疗卫生机构床位数(张)	6	指导性
医院	4.8	指导性
公立医院	3.3	指导性
社会办医院	1.5	指导性
基层医疗卫生机构	1.2	指导性
每千常住人口执业(助理)医师数(人)	2.5	指导性
每千常住人口注册护士数(人)	3.14	指导性
医护比	1∶1.25	指导性
市办及以上医院床护比	1∶0.6	指导性
县办综合性医院适宜床位规模(张)	500	指导性
市办综合性医院适宜床位规模(张)	800	指导性
省办及以上综合性医院适宜床位规模(张)	1 000	指导性

《医管细则》第 21 条规定,医政部门应在核发设置医疗机构批准书(该批准书的有效期,由省级卫生厅或局规定)的同时,向上一级医政部门备案;上级医政部门有权在接到备案报告之日起 30 日内纠正或撤销下级医政部门作出的不符合当地医疗机构设置规划的设置审批。《医管细则》第 23 条规定,变更设置医疗机构批准书中核准的医疗机构的类别、规模、选址和诊疗科目,须按条例和本细则的规定,重新申请办理设置审批手续。《医管条例》第 14 条规定,机关、企业和事业单位按国家医疗机构基本标准设置为内部职工服务的门诊部、诊所、卫生所(室),报所在地的县级医政部门备案。《医管细则》第 24 条规定,法人和其他组织设置的为内部职工服务的门诊部、诊所、卫生所(室),由设置单位在该医疗机构执业登记前,向当地县级医政部门备案,并提交下列材料:①设置单位或其主管部门设置医疗机构的决定;②医政部门应在接到备案后 15 日内给予设置医疗机构备案回执。

(5) 登记

1) 设立登记:①《医管条例》规定登记的条件。第 15 条规定,医疗机构执业,须进行登记,领取医疗机构执业许可证。第 16 条规定,申请医疗机构执业登记,应具备下列条件:有设置医疗机构的批准书;符合医疗机构的基本标准;有适合的名称、组织机构和场所;有与其开展的业务相适应的经费、设施、设备和专业卫生技术人员;有相应的规章制度;能够独立承担民事责任。②登记管辖。第17条规定:医疗机构的执业登记,由批准其设置的医政部门办理;按本条例第13条规定(即国家统一规划)设置的医疗机构的执业登记,由所在地的省级卫生厅或局办理;机关、企业和事业单位设置的为内部职工服务的门诊部、诊所、卫生所(室)的执业登记,由所在地的县级医政部门办理。③申请文件。《医管细则》第25条规定,申请医疗机构执业登记须填写医疗机构申请执业登记注册书,并向登记机关提交下列材料:设置医疗机构批准书或设置医疗机构备案回执;医疗机构用房产权证明或使用证明;医疗机构建筑设计平面图;验资证明、资产评估报告;医疗机构规章制度;医疗机构法定代表人或主要负责人及各科室负责人名录和有关资格证书、执业证书复印件;省级卫生厅或局规定提交的其他材料;申请门诊部、诊所、卫生所(站)、医务室、卫生保健所登记的,还应提交附设药房(柜)的药品种类清单、卫生技术人员名录及其有关资格证书、执业证书复印件及省级卫生厅或局规定提交的其他材料。④登记前审核。《医管条例》第19条前款规定,县级以上地方医政部门自受理执业登记申请之日起45日内(该受理时间,自申请人提供条例及细则规定的全部材料之日起算),依本条例和医疗机构基本标准进行审核。《医管细则》第26条第1款前项规定,登记机关在受理医疗机构执业登记申请后,应按条例第16条规定的条件和条例第19条规定的时限进行审查和实地考察、核实,并对有关执业人员进行消毒、隔离和无菌操作等基本知识和技能的现场抽查考核。《医管条例》第19条后款规定,审核合格的,予以登记,发给医疗机构执业许可证(该许可证及其副本由卫生部统一印制);审核不合格的,将审核结果以书面形式通知申请人。⑤登记事项。《医管条例》第18条规定,医疗机构执业登记的主要事项为:名称、地址、主要负责人;所有制形式;诊疗科目、床位;注册资金。《医管细则》第28条规定,登记的事项包括:类别、名称、地址、法定代表人或主要负责人;所有制形式;注册资金;服务方式;诊疗科目(医疗机构诊疗科目名录由卫生部另行制定);房屋建筑面积、床位(牙椅);服务对象;职工人数;执业许可证登记号(医疗机构代码);省级卫生厅或局规定的其他登记事项。门诊部、诊所、医务室、卫生所(站)、卫生保健所除登记前款所列事项外,还应核准登记附设药房(柜)的药品种类。⑥不予登记的情形(之一)。《医管细则》第27条规定如下:不符合设置医疗机构批准书核准的事项;不符合《医疗机构基本标准》;投资不到位;医疗机构用房不能满足诊疗服务功能;通讯、供电、上下水道等公共设施不能满足医疗机构正常运转;医疗机构规章制度不符合要求;消毒、隔离和无菌操作等基本知识和技能的现场抽查考核不合格;省级卫生厅或局规定的其他情形。

2) 变更和注销:①登记基本要求。《医管条例》第20条规定,医疗机构改变名称、场所、主要负责人、诊疗科目、床位,必须向原登记机关办理变更登记。《医管细则》第29条规定,因分立或合并而保留的医疗机构应申请变更登记;因分立或合并而新设置的医疗机构应申请设置许可和执业登记;因合并而终止的医疗机构应申请注销登记。《医管细则》第31条规定,机关、企业和事业单位设置的为内部职工服务的医疗机构向社会开放,必须按前条规定申请办理变更登记。②登记管辖。《医管细则》第32条：医疗机构在原登记机关管辖权限范围内变更登记事项的,由原登记机关办理变更登记;因变更登记超出原登记机关管辖权限的,由有管辖权的医政部门办理变更登记;医疗机构在原登记机关管辖区域内迁移,由原登记机关办理变更登记;向原登记机关管辖区域外迁移的,应在取得迁移目的地的医政部门发给的设置医疗机构批准书,并经原登记机关核准办理注销登记后,再向迁移目的地的医政部门申请办理执业登记。③申请文件。《医管细则》第30条规定,医疗机构变更名称、地址、法定代表人或主要负责人、所有制形式、服务对象、服务方式、注册资金、诊疗科目、床位(牙椅)的,必须向登记机关申请办理变更登记,并提交下列材料：医疗机构法定代表人或主要负责人签署的医疗机构申请变更登记注册书;申请变更登记的原因和理由;登记机关规定提交的其他材料。④审核与登记。《医管细则》第33条规定：登记机关在受理变更登记申请后,依条例和本细则的有关规定及当地医疗机构设置规划进行审核,按登记程序或简化程序办理变更登记,并作出核准变更登记或不予变更登记的决定。⑤歇业与停业。《医管条例》第21条规定,医疗机构歇业,必须向原登记机关办理注销登记。经登记机关核准后,收缴医疗机构执业许可证;医疗机构非因改建、扩建、迁建原因停业超过1年的,视为歇业。《医管细则》第34条规定,医疗机构停业,必须经登记机关批准;除改建、扩建、迁建原因,医疗机构停业不得超过1年。

(6)医疗机构名称的确定:《医管细则》对此作了明确规定：①第40条规定,医疗机构的名称由识别名称和通用名称依次组成,其通用名称为：医院、中心卫生院、卫生院、疗养院、妇幼保健院、门诊部、诊所、卫生所(室)、医务室、卫生保健所、急救中心(站)、临床检验中心、防治院(站)、护理院(站)、中心及卫生部规定或认可的其他名称;医疗机构可以下列名称作为识别名称：地名、单位名称、个人姓名、医学学科名称、医学专业和专科名称、诊疗科目名称和核准机关批准使用的名称。②第41条规定,医疗机构的命名须符合以下原则：医疗机构的通用名称以前条第2款所列的(即通用)名称为限;所列的医疗机构的识别名称可合并使用;名称须名副其实;名称须与医疗机构类别或诊疗科目相适应;各级地方政府设置的医疗机构的识别名称中应含有省、市、县、区、街道、乡、镇、村等行政区划名称,其他医疗机构的识别名称中不得含有行政区划名称;国家机关、企业和事业单位、社会团体或个人设置的医疗机构的名称中应含有设置单位名称或个人的姓名。③取名禁止。第42条规定,医疗机构不得使用：有损于国家、社会或公共利益的名称;侵犯他人利益的名称;以外文字母、汉语拼音组成的名称;以医疗仪器、药品、医用产品命名的名称;含有"疑难病""专治""专家""名医"或同类含义文字的名称及其他宣传或者暗示诊疗效果的名称;超出登记的诊疗科目范围的名称;省级以上卫生厅或局规定不得使用的名称。④取名限制。第45条规定,除专科疾病防治机构以外,医疗机构不得以具体疾病名称作为识别名称,确有需要的由省级卫生厅或局核准;第44条第2款规定,含有"中心"字样的医疗机构名称须同时含有行政区划名称或地名。⑤核准管辖。第43条规定,以下医疗机构名称由卫生部(属于中医、中西医结合和民族医医疗机构的,由国家中医药局)核准；含有外国国家(地区)名称及其简称、国际组织名称的[后卫生部又专门发文对该项进行限定(卫生部于2006年11月1日发布《关于进一步规范医疗机构命名有关问题的通知》规定,医疗机构申请的名称涉及《医管细则》第43条第1款规定,含有外国国家(地区)名称及其简称、国际组织名称的,如"××国际医院""中×医院"等,应当符合以下条件：医疗机构的设置或命名具有中国政府(卫生部)与其他国家政府(卫生部)友好合作协议或技术合作协议背景；医疗机构的设置或命名具有中国政府(卫生部)同意与国际组织友好合作或技术合作项目背景；医疗机构的设置或命名具有中国政府(卫生部)指定的国际多边或双边诊疗服务业务项目背景；具有历史沿革的习惯名称)]；含有"中国""全国""中华""国家"等字样以及跨省地域名称的；各级地方政府设置的医疗机构的识别名称中不含有行政区划名称的。第44条第1款规定：以"中心"作为医疗机构通用名称的医疗机构名称,由省级以上卫生行政部门核准；在识别名称中含有"中心"字样的医疗机构名称的核准,由省级卫生厅或局规定。⑥核准后果。第46条规定,医疗机构名称经核准登记,于领取医疗机构执业许可证后方可使用,在核准机关管辖范围内享有专用权。第49条规定,两个以上申请人向同一核准机关申请相同的医疗机构名称,核准机关依申请在先原则核定。属于同一天申请的,应由申请人双方协商解决；协商不成的,由核准机关作出裁决；两个以上医疗机构因已经核准登记的医疗机构名称相同发生争议时,核准机关依照登记在先原则处理。属于同一天登记的,应当由双方协商解决；协商不成的,由核准机关报上一级医政部门作出裁决。第48条规定,医政部门有权纠正已经核准登记的不适宜的医疗机构名称,上级医政部门有权纠正下级医政部门已经核准登记的不适宜的医疗机构名称。第50条第2款规定,未经核准机关许可,医疗机构名称不得转让。⑦名称使用。第48条规定,医疗机构只准使用1个名称；确有需要,经核准机关核准可以使用2个以上名称,但必须确定1个第一名称。医疗机构名称不得买卖、出借。

(7) 诊所备案设立方式：

1) 中医诊所的设立：《中医诊所备案管理暂行办法》(以下简称《中所办法》)作了具体规定。①申请人员条件。第5条第1款规定,举办中医诊所,应具备：积极条件：个人举办中医诊所的,应具有中医类别医师资格证书并经注册后在医疗、预防、保健机构中执业满3年或具有中医(专长)医师资格证书；法人或其他组织举办中医诊所的,诊所主要负责人应当符合上述要求；符合《中医诊所基本标准》(见前文)；中医诊所名称符合《医管细则》的相关规定；符合环保、消防的相关规定；能够独立承担民事责任。消极条件为：《医管细则》规定不得申请设置医疗机构的单位和个人,不得举办中医诊所。②申请文件。第6条规定,中医诊所备案,应提交：中医诊所备案信息表；中医诊所主要负责人有效身份证明、医师资格证书、医师执业证书；其他卫生技术人员名录、有效身份证明、执业资格证件；中医诊所管理规章制度；医疗废物处理方案、诊所周边环境情况说明；消防应急预案。法人或其他组织举办中医诊所的,还应提供法人或其他组织的资质证明、法定代表人身份证明或其他组织的代表人身份证明。第7条规定,备案人应如实提供有关材料和反映真实情况,并对其备案材料实质内容的真实性负责。③备案。第8条规定:县级中医药局收到备案材料后,对材料齐全且符合备案要求的予以备案,并当场发放中医诊所备案证;材料不全或者不符合备案要求的,应当场或在收到备案材料之日起5日内一次告知备案人需要补正的全部内容。④备案信息。国家逐步推进中医诊所管理信息化,有条件的地方可实行网上申请备案。⑤执业要求。第4条规定,举办中医诊所的,报拟举办诊所所在地县级中医药主管部门备案后即可开展执业活动。第11条规定,中医诊所应按备案的诊疗科目、技术开展诊疗活动,加强对诊疗行为、医疗质量、医疗安全的管理,并符合中医医疗技术相关性感染预防与控制等有关规定;中医诊所发布医疗广告应遵守法律法规规定,禁止虚假、夸大宣传。⑥信息真实。第9条规定,中医诊所应将中医诊所备案证、卫生技术人员信息在诊所的明显位置公示。第10条第2款规定,中医诊所的人员、名称、地址等实际设置应与中医诊所备案证记载事项相一致。⑦监督核查。第12条规定,县级中医药局应在发放中医诊所备案证之日起20日内将辖区内备案的中医诊所信息在其政府网站公开,便于社会查询、监督,并及时向上一级中医药局报送本辖区内中医诊所备案信息;上一级中医药局应进行核查,发现不符合本办法规定的备案事项,应在30日内予以纠正。⑧备案变更。第10条第2款规定,中医诊所名称、场所、主要负责人、诊疗科目、技术等备案事项发生变动的,应及时到原备案机关对变动事项进行备案。

2) 诊所的设立:2019年4月28日,国家卫健委、发改委、财政部、人保部和医保局联合发布了《关于开展促进诊所发展试点的意见》,6月10日,国家卫健委、发改委、科技报、财政部、人保部、自然资源部、住建部、市场监督总局、医保局和银保监会10部门联合发布《关于促进社会办医持续健康规范发展的意见》,提出为深化"放管服"改革,推动"非禁即入"的政策取向:在采取拓展社会办医空间、扩大用地供给、推广政府购买服务和落实税收优惠政策等加大政府支持社会办医力度措施外,还在方法论上推进"放管服",简化准入审批服务,其中第8条规定,试点诊所备案管理:2019—2020年,在北京、上海、沈阳、南京、杭州、武汉、广州、深圳、成都、西安10个城市开展诊所备案管理试点;试点城市跨行政区域经营的连锁化、集团化诊所由上一级卫健行政部门统一备案,跨省级行政区划经营的,由所在省份卫健行政部门分别备案;在分工上,确定此项任务由国家卫健委和中医药局等部门会同各地负责落实。

(8) 门诊部、诊所、卫生所(室)的设立:《医管细则》第24条规定,法人和其他组织设置的为内部职工服务的门诊部、诊所、卫生所(室),由设置单位在该医疗机构执业登记前,向当地县级卫生行政部门备案,略。

(9) 互联网医院的设立:《网院办法》对此作出具体规定。①申请。第7条规定,设置互联网医院,应向其依托(已合法设立且正常运行,下同)的实体医政机关提出设置申请,并提交以下材料:设置申请书;设置可行性研究报告,可根据情况适当简化报告内容;所依托实体医疗机构的地址;申请设置方与实体医疗机构共同签署的合作建立互联网医院的协议书。第10条规定,已取得医疗机构执业许可证的实体医疗机构拟建立互联网医院,将互联网医院作为第二名称的,应向其医疗机构执业许可证发证机关提出增加互联网医院作为第二名称的申请,并提交下列材料:医疗机构法定代表人或主要负责人签署同意的申请书,提出申请增加互联网医院作为第二名称的原因和理由;与省级互联网医疗服务监管平台对接情况;如果与第三方机构合作建立互联网医院,应提交合作协议;登记机关规定提交的其他材料。变更申请。第13条规定,合作建立的互联网医院,合作方发生变更或出现其他合作协议失效的情况时,需要重新申请设置互联网医院。②受理。第9条规定:卫健行政部门受理设置申请后,依据《医管条例》《医管细则》的有关规定进行审核,在规定时间内作出同意或不同意的书面答复;批准设置并同意其将互联网医院作为第二名称的,在设置医疗机构批准书中注明;批准第三方机构申请设置互联网医院的,发给设置医疗机构批准书;医疗机构按有关法律法规和规章申请执业登记。③审核。第11条规定,执业登记机关按有关法律法规和规章对互联网医院登记申请材料进行审核。审核合格的,予以登记;审核不合格的,将审核结果以书面形式通知申请人。④对名称的特别规定。第11条规定,互联网医院的命名应符合有关规定,并满足以下要求:实体医疗机构独立申请互联网医院作为第二名称,应包括"本机构名称+互联网医院";实体医疗机构与第三方机构合作申请互联网医院作为第二名称,应包括"本机构名称+合作方识别名称+互联网医院";独立设置的互联网医院,名称应包括"申请设置方识别名称+互联网医院"。

3. **医疗机构执业登记信息的披露** 《医管细则》第39条规定,医疗机构开业、迁移、更名、改变诊疗科目以及停业、歇业和校验结果由登记机关予以公告。第38条规定,各级医政部门应采用电子证照等信息化手段对医疗机构实行全程管理和动态监管。有关管理办法另行制定。《医疗机构、医师、护士电子化注册管理规范(试行)》第13条第4款规定,医疗机构公开的信息应包括:机构名称、地址、诊疗科目、法定代表人、主要负责人、登记号、医疗机构执业许可证有效期限、审批机关。中医诊所的登记信息披露,见前文。

二、医疗机构运行的基本制度要求

(一) 持续性执业许可制度

1. **校验制度** 校,即校核,验,查验;这里的校验,实为卫生行政部门对通过登记取得医疗机构执业许可证的医疗机构在其执业满一定期间后依法进行校核、复查和评估,以确定其是否具有继续执业资格的制度。除《医管条例》《医管细则》对此有相关规定外,2009年6月15日,卫生部发布,并于同日起施行了《医疗机构校验管理办法(试行)》(以下简称《校管办法》)。

(1) 期限：《医管条例》第 22 条前款规定，床位不满 100 张的医疗机构，其医疗机构执业许可证每年校验 1 次；床位在 100 张以上的医疗机构，其医疗机构执业许可证每 3 年校验 1 次。《医管细则》第 35 条第 1 款将"床位在 100 张以上的医疗机构"界定为床位在 100 张以上的综合医院、中(含中西、民族)医医院及专科医院、疗养院、康复医院、妇幼保健院、急救中心、临床检验中心和专科疾病防治机构。《校管办法》第 6 条规定，达到校验期的医疗机构应当申请校验；医疗机构的校验期为：①床位在 100 张以上的综合医院、中(含中西、民族)医医院及专科医院、疗养院、康复医院、妇幼保健院、急救中心、临床检验中心和专科疾病防治机构校验期为 3 年；②其他医疗机构校验期为 1 年；③中外合资合作医疗机构校验期为 1 年；④暂缓校验后再次校验合格医疗机构的校验期为 1 年。

(2) 申请：《医管细则》第 35 条第 2 款和第 3 款规定，医疗机构应于校验期满前 3 个月向登记机关申请办理校验手续；办理校验应交验医疗机构执业许可证，并提交下列文件：①医疗机构校验申请书；②医疗机构执业许可证副本；③省级卫生厅或局规定提交的其他材料。《校管办法》第 7 条规定，医疗机构应于校验期满前 3 个月向登记机关申请校验，并提交下列材料(以下称校验申请材料)：①《医疗机构校验申请书》；②《医疗机构执业许可证》及其副本；③各年度工作总结；④诊疗科目、床位(牙椅)等执业登记项目以及卫生技术人员、业务科室和大型医用设备变更情况；⑤校验期内接受医政部门检查、指导结果及整改情况；⑥校验期内发生的医疗民事赔(补)偿情况(含医疗事故)及卫生技术人员违法违规执业及其处理情况；⑦特殊医疗技术项目开展情况；⑧省级卫生厅或局规定提交的其他材料。

(3) 审理：《医管条例》第 22 条后款规定，校验由原登记机关办理。《校管办法》第 4 条第 2 款规定，县级以上医政部门(即登记机关)负责其核发医疗机构执业许可证的医疗机构校验工作。《医管细则》第 36 条规定，医政部门应在受理校验申请后的 30 日内完成校验。《校管办法》第 12 条规定，医疗机构校验审查包括书面审查和现场审查两部分。办法第 13 条规定，书面审查的内容和项目包括：校验申请材料；日常监督管理和不良执业行为记分情况；省级卫生厅或局规定的其他校验内容和项目。第 14 条规定，现场审查的主要内容包括：医疗机构基本标准符合情况；与医药卫生相关法律规范性文件执行情况；医疗质量和医疗安全保障措施的落实情况；省级卫生厅或局规定的其他内容。第 15 条规定：现场审查由登记机关组织有关专家或委托有关机构进行；有下列情形之一的，须进行现场审查：2 个校验期内未曾进行现场审查的；医疗机构在执业登记后首次校验的；暂缓校验后再次校验的；省级卫生厅或局规定的其他情形。第 16 条规定，登记机关应在受理校验申请之日起 30 日内完成校验审查，做出校验结论，办理相应的校验执业登记手续。第 17 条规定，校验结论包括"校验合格"(校验合格的，登记机关应在医疗机构执业许可证副本上加盖校验合格章)和"暂缓校验"，暂缓校验应确定暂缓校验期。

《医管细则》第37条第1款规定,医疗机构有下列情形之一的,登记机关可根据情况,给予1至6个月的暂缓校验期:①不符合《医疗机构基本标准》;②限期改正期间;③省级卫生厅或局规定的其他情形。《校管办法》第19条规定:①医疗机构有下列情形之一的,登记机关应作出"暂缓校验"结论,下达整改通知书,并根据情况,给予1~6个月的暂缓校验期:校验审查所涉及的有关文件、病案和材料存在隐瞒、弄虚作假情况;不符合医疗机构基本标准;限期整改期间;停业整顿期间;省级卫生厅或局规定的其他情形。②医疗机构在暂缓校验期内应当对存在的问题进行整改。办法第24条规定,暂缓校验期内:医疗机构不得发布医疗服务信息和广告;未设床位的医疗机构不得执业;除急救外,设床位的医疗机构不得开展门诊业务、收治新病人;医疗机构应向登记机关提交法定代表人或主要负责人签署的书面检查。《医管细则》第37条第2款规定,不设床位的医疗机构在暂缓校验期内不得执业。《校管办法》第25条规定,暂缓校验期内,暂缓校验的医疗机构有下列情形之一的,登记机关可按《医管细则》的有关规定,注销其医疗机构执业许可证:①违反规定擅自开展诊疗活动;②发布医疗服务信息和广告;③省级卫生厅或局规定的其他情形。办法第20条第1款前项规定:医疗机构应于暂缓校验期满后5日内向医政部门提出再次校验申请,由卫生行政部门再次进行校验;再次校验合格的,允许继续执业。《医管细则》第37条第3款规定,暂缓校验期满仍不能通过校验的,由登记机关注销其医疗机构执业许可证。《校管办法》第20条规定:①再次校验不合格的,由登记机关注销其医疗机构执业许可证;②医疗机构暂缓校验期满后规定时间内未提出再次校验申请的,由医政部门注销其医疗机构执业许可证。

2. 主体资格依核准使用制度 医疗机构执业许可证是医疗机构依法执业的外观主义凭证,具有特定主体身份性、公示性和专有性。为此,《医管条例》第23条规定,医疗机构执业许可证遗失的,应及时申明,并向原登记机关申请补发;医疗机关执业许可证不得伪造、涂改、出卖、转让、出借。同理,医疗机构的名称也是合法医疗机构外观主义要素,亦具有特定主体身份性、公示性和专有性。为此,《医管细则》第50条规定,医疗机构名称不得买卖、出借;未经核准机关许可,医疗机构名称不得转让(含许可使用)。《中医诊所备案管理暂行办法》第11条规定,禁止伪造、出卖、转让、出借中医诊所备案证。

(二) 执业监管制度

1. 医疗机构的法定基本执业制度 根据《医管条例》和《医管细则》规定,医疗机构执业中必须建立、健全并执行如下制度。

(1) 适格亮名:①适格,即符合特定的条件或资格,在此,主体适格是指只有持有效的执业证(必须符合特定要求)方可开展与其被许可内容或项目的诊疗活动,体现在:《医管条例》第24条规定,任何单位或个人未取得(有效的)医疗机构执业许可证,不得开展诊疗活动;无论是机构还是个人未取得医疗机构执业许可证开展诊疗活动(含医学美容)就是无证非法行医行为。《医管细则》第65条规定,医疗机构被吊销或注销执业许可证后,不得继续开展诊疗活动。细则第64条规定,为内部职工服务的医疗机构未经许可和变更登记不得向社会开放。《医管条例》第 28 条规定,医疗机构不得使用非卫生技术人员从事医疗卫生技术工作。②亮名,即执业时医疗机构及其医务人员须向就医者展示其真实身份或名称,这是就医者知情权的重要方面,体现在:《医管条例》第 30 条规定,医疗机构工作人员上岗工作,须佩带载有本人姓名、职务或职称的标牌。《医管细则》第 51 条规定,医疗机构的印章、银行账户、牌匾及医疗文件中使用的名称应与核准登记的医疗机构名称相同;使用 2 个以上名称的,应与第一名称相同。

（2）禁止借证(名)：①借证,是指医疗机构将自己的医疗机构执业许可证租借给未经许可执业的主体开展诊疗活动,该行为实质上是帮助他人非法行医的共同违法行为,甚至是和借入者共同蒙骗就医者的欺诈行为。为此,《医管条例》第 23 条规定,医疗机关执业许可证不得伪造、涂改、出卖、转让、出借;医疗机构执业许可证遗失的,应及时申明,并向原登记机关申请补发。医疗机构的名称,从外观主义角度,是其在社会上开展诊疗活动具有主体资格的符号和标志,它具有特定的身份性和公信力。②借名,是指医疗机构将自己具有执业主体资格的标志借给非自己的主体甚至不具有执业资格的主体使用,本质上与借证行为一样,既是帮助借入者非法行医,也是与之一同欺骗就医者的共谋行为。为此,《院管细则》第 50 条第 1 款规定：医疗机构名称不得买卖、出借。该细则第 54 条规定,标有医疗机构标识的票据和病历本册以及处方笺、各种检查的申请单、报告单、证明文书单、药品分装袋、制剂标签等不得买卖、出借和转让;医疗机构不得冒用标有其他医疗机构标识的票据和病历本册及处方笺、各种检查的申请单、报告单、证明文书单、药品分装袋和制剂标签等。

（3）守法尚德：①守法,体现在:《医管条例》第 25 条规定,医疗机构执业,必须遵守有关法律、法规和医疗技术规范。②尚德,体现在:《医管条例》第 29 条规定,医疗机构应加强对医务人员的医德教育;《医管细则》第 58 条规定,医疗机构应组织医务人员学习医德规范和有关教材,督促医务人员恪守职业道德。

（4）依准执业：这里的准,是指被核准(许可)的内容或项目。该制度包括：①《医管条例》第 26 条规定,医疗机构须将医疗机构执业许可证、诊疗科目、诊疗时间和收费标准悬挂于明显处所;②第 27 条规定,医疗机构须按照核准登记的诊疗科目开展诊疗活动;③第 37 条规定,医疗机构须按政府或物价部门的有关规定收取医疗费用,详列细项,并出具收据。

（5）尽力救治：这是医疗机构及医务人员的首要职责,《医管条例》第 31 条规定,医疗机构对危重病人应立即抢救;对限于设备或者技术条件不能诊治的病人,应及时转诊。

（6）保质提准：这里的准即诊疗水准,它是尽职的基础和保障,为此,《医管细则》第 55 条规定,医疗机构应按医政部门的有关规定、标准加强医疗质量管理,实施医疗质量保证方案,确保医疗安全和服务质量,不断提高服务水平。第 57 条规定,医疗机构应经常对医务人员进行"基础理论、基本知识、基本技能"的训练与考核,把"严格要求、严密组织、严谨态度"落实到各项工作中(此处受篇幅所限,保质提准问题将在第五章中专题叙述)。

(7) 亲察慎证:《医管条例》第32条规定,未经医师(士)亲自诊查病人,医疗机构不得出具疾病诊断书、健康证明书或死亡证明文件;未经医师(士)、助产人员亲自接产,医疗机构不得出具出生证明书或死产报告书。《医管细则》第60条规定,医疗机构为死因不明者出具的死亡医学证明书,只作是否死亡的诊断,不作死亡原因的诊断;如有关方面要求进行死亡原因诊断的,医疗机构必须指派医生对尸体进行解剖和有关死因检查后方能作出死因诊断。

(8) 严防院感:《医管细则》第52条规定,医疗机构应严格执行无菌消毒、隔离制度,采取科学有效的措施处理污水和废弃物,预防和减少医院感染。

(9) 知情同意-保护性措施:①前者体现在:《医管条例》第33条规定,医疗机构施行手术、特殊检查或特殊治疗时,必须征得患者同意,并应取得其家属或者关系人同意并签字;无法取得患者意见时,应取得家属或关系人同意并签字;无法取得患者意见又无家属或关系人在场,或者遇到其他特殊情况时,经治医师应当提出医疗处置方案,在取得医疗机构负责人或被授权负责人员的批准后实施。《医管细则》第62条前款规定,医疗机构应尊重患者对自己的病情、诊断、治疗的知情权利;在实施手术、特殊检查、特殊治疗时,应向患者作必要的解释。②后者体现在:《医管细则》第61条规定,医疗机构在诊疗活动中,应对患者实行保护性医疗措施,并取得患者家属和有关人员的配合(此处仅列明《医管条例》和《医管细则》所载各相关规定,暂不予学理阐述,该问题后几章中还会涉及)。第62条后款规定,因实施保护性医疗措施不宜向患者说明情况的,应将有关情况通知患者家属。

(10) 自查自纠:《医管细则》第56条规定,医疗机构应定期检查、考核各项规章制度和各级各类人员岗位责任制的执行和落实情况。

(11) 病历保存:《医管细则》第53条规定,医疗机构的门诊病历的保存期不得少于15年;住院病历的保存期不得少于30年(此处亦仅列明《医管细则》第53条规定,后几章还会再现)。

(12) 药事管理:《医管条例》第36条规定,医疗机构须按有关药品管理的法律、法规,加强药品管理。《医管细则》也作了具体规定:第59条规定,医疗机构不得使用假劣药品、过期和失效药品、违禁药品、非药品物质和非法药品[因新修订的《药品管理法》确定药品注册制度,且不再将未获注册或未获批准文号的"药品"以及未获准擅自进口的境外药品按假药处理,故医疗机构的药事制度中应当禁止使用的除假药、劣药外,还应当包括非药品物质(除属合法医疗器械范畴的试剂外)和非法"药物"]。第63条规定,门诊部、诊所、卫生所、医务室、卫生保健所和卫生站附设药房(柜)的药品种类由登记机关核定,具体办法由省级卫生厅或局规定。

(13) 依法治特:特,即有别一般就医者或病种,对此应给予有别于一般就医者或病种特殊的诊疗或处理。《医管条例》第35条规定,医疗机构对传染病、精神病、职业病等患者的特殊诊治和处理,应按国家有关法律、法规的规定办理。

(14) 听遣履职:《医管条例》第38条规定,医疗机构必须承担相应的预防保健工作,承担县级以上卫生行政部门委托的支援农村、指导基层医疗卫生工作等任务。第39条规定,发生重大灾害、事故、疾病流行或其他意外情况时,医疗机构及其卫生技术人员必须服从县级以上卫生行政部门的调遣。

(15) 事故报告:《医管条例》第34条规定,医疗机构发生医疗事故,按国家有关规定处理。(此问题将在第六章中再现,此略)。

2. 监管制度

(1) 主管部门及其职责:①主管。《医管条例》第5条规定:卫生部负责全国医疗机构的监督管理工作;县级以上地方医政部门负责本行政区域内医疗机构的监督管理工作;中国人民解放军卫生主管部门依本条例和国家有关规定,对军队的医疗机构实施监督管理。②职权。该条例第40条规定,县级以上医政部门行使下列监督管理职权:负责医疗机构的设置审批、执业登记和校验;对医疗机构的执业活动进行检查指导;负责组织对医疗机构的评审;对违反本条例的行为给予处罚。《医管细则》第68条规定,县级以上医政部门设立医疗机构监督管理办公室;各级医疗机构监督管理办公室在同级医政部门的领导下开展工作。该细则第69条规定,各级医疗机构监督管理办公室的职责:拟订医疗机构监督管理工作计划;办理医疗机构监督员的审查、发证、换证;负责医疗机构登记、校验和有关监督管理工作的统计,并向同级医政部门报告;负责接待、办理群众对医疗机构的投诉;完成卫生行政部门交给的其他监督管理工作。

(2) 检查制度:①《医管细则》第70条规定:县级以上医政部门设医疗机构监督员,履行规定的监督管理职责。医疗机构监督员由同级医政部门聘任。医疗机构监督员应严格执行国家有关法律、法规和规章,其主要职责是:对医疗机构执行有关法律、法规、规章和标准的情况进行监督、检查、指导;对医疗机构执业活动进行监督、检查、指导;对医疗机构违反条例和本细则的案件进行调查、取证;对经查证属实的案件向卫生行政部门提出处理或者处罚意见;实施职权范围内的处罚;完成卫生行政部门交付的其他监督管理工作。②细则第71条规定:医疗机构监督员有权对医疗机构进行现场检查,无偿索取有关资料,医疗机构不得拒绝、隐匿或者隐瞒。医疗机构监督员在履职时应佩戴证章、出示证件(该证章、证件由卫生部监制)。③细则第72条规定,各级医部门对医疗机构的执业活动检查、指导主要包括:执行国家有关法律规范性文件和标准情况;执行医疗机构内部各项规章制度和各级各类人员岗位责任制情况;医德医风情况;服务质量和服务水平情况;执行医疗收费标准情况;组织管理情况;人员任用情况;省级卫生厅或局规定的其他检查、指导项目。④《校管办法》第5条规定:地方医政部门建立医疗机构不良执业行为记分制度,对医疗机构的不良执业行为进行记录和评分,记录和评分结果作为医疗机构校验的依据;医疗机构不良执业行为记分以1年为1个周期;医疗机构不良执业行为记分的具体办法和记分标准由省级卫生厅或局制定。

(3) 评审制度：①建制。《医管条例》第 41 条规定：国家实行医疗机构评审制度,由专家组成的评审委员会(以下简称医评委)按医疗机构评审办法和评审标准,对医疗机构的执业活动、医疗服务质量等进行综合评价。医疗机构评审办法和评审标准由卫生部制定。《医管细则》第 73 条前款规定,国家实行医疗机构评审制度,对医疗机构的基本标准、服务质量、技术水平、管理水平等进行综合评价。②医评委。《医管条例》第 42 条规定,县级以上地方医政部门负责组织本行政区域医评委;医评会由医院管理、医学教育、医疗、医技、护理和财务等有关专家组成;评委会成员由县级以上地方医政部门聘任。《医管细则》第 74 条规定,县级以上中医(药)行政主管部门成立医评委,负责中医、中西医结合和民族医疗机构的评审。第 73 条后款规定,县级以上医政部门负责医评的组织和管理;各级医评委负责医疗机构评审的具体实施。③评审与监督。《医管条例》第 43 条规定,县级以上地方医政部门根据评委会的评审意见,对达到评审标准的医疗机构,发给评审合格证书;对未达到评审标准的医疗机构,提出处理意见。《医管细则》第 75 条规定,医疗机构评审包括周期性评审、不定期重点检查;医评委在对医疗机构进行评审时,发现有违反《医管条例》和本细则的情节,应及时报告医政部门;医评委委员为医疗机构监督员的,可直接行使监督权。

(4) 责令限期改正：《医管细则》第 83 条规定：医疗机构有下列情形之一的,登记机关可以责令其限期改正：①发生重大医疗事故;②连续发生同类医疗事故,不采取有效防范措施;③连续发生原因不明的同类患者死亡事件,同时存在管理不善因素;④管理混乱,有严重事故隐患,可能直接影响医疗安全;⑤省级卫生厅或局规定的其他情形。

(三) 违反执业准入制度的法律责任

1. 行医机构的违法(行政)责任

(1) 无证行医：①《医管条例》第 44 条规定,违反本条例第 24 条规定,未取得医疗机构执业许可证擅自执业的,由县级以上医政部门责令其停止执业活动,没收非法所得和药品、器械,并可根据情节处以 1 万元以下的罚款。②《医管细则》第 77 条规定,对未取得医疗机构执业许可证擅自执业的,责令其停止执业活动,没收非法所得和药品、器械,并处以 3 000 元以下的罚款;有下列情形之一的,责令其停止执业活动,没收非法所得的药品、器械,处以 3 000～10 000 元以下的罚款：因擅自执业曾受过医政部门处罚;擅自执业的人员为非卫生技术专业人员;擅自执业时间在 3 个月以上;给患者造成伤害;使用假药、劣药、非法药品及非药品物质蒙骗患者;以行医为名骗取患者钱物;省级卫生厅或局规定的其他情形。无证行医的行政查处与责任追究。③2016 年 6 月 5 日,国家卫计委、中医药局联合发布了《无证行医查处工作规范》,该规范第 2 条列举的无证行医行为主要包括：未取得医疗机构执业许可证开展诊疗活动的;使用伪造、变造的医疗机构执业许可证开展诊疗活动的;医疗机构执业许可证被撤销、吊销或已经办理注销登记,继续开展诊疗活动的;法律、法规、规章规定的其他无证行医行为。

(2) 证失效执业：《医管条例》第 45 条和《医管细则》第 78 条规定,违反本条例第 22

条规定,逾期不校验医疗机构执业许可证仍从事诊疗活动的,由县级以上医政部门责令其限期补办校验手续;在限期内仍不办理或拒不校验的,吊销其医疗机构执业许可证。《无证行医查处工作规范》第2条第4项规定,当事人未按规定申请延续及医政部门不予受理延续或不批准延续,医疗机构执业许可证有效期届满后继续开展诊疗活动的。

(3) 卖转借执业证:①《医管条例》第46条规定,违反本条例第23条规定,出卖、转让、出借医疗机构执业许可证的,由县级以上医政部门没收非法所得,并可以处以5 000元以下的罚款;情节严重的,吊销其医疗机构执业许可证。②《医管细则》第79条规定,转让、出借医疗机构执业许可证的,没收其非法所得,并处以3 000元以下的罚款;有下列情形之一的,没收其非法所得,处以3 000~5 000元以下的罚款,并吊销医疗机构执业许可证:出卖医疗机构执业许可证;以营利为目转让或出借医疗机构执业许可证;受让方或承借方给患者造成伤害;转让、出借医疗机构执业许可证给非卫生技术专业人员;省级卫生厅或局规定的其他情形。

(4) 超范围执业:①《医管条例》第47条规定,违反本条例第27条规定,诊疗活动超出登记范围的,由县级以上医政部门予以警告、责令其改正,并可以根据情节处以3 000元以下的罚款;情节严重的,吊销其医疗机构执业许可证。②《医管细则》第80条规定,除急诊和急救外,医疗机构诊疗活动超出登记的诊疗科目范围,情节轻微的,处以警告;有下列情形之一的,责令其限期改正,并可处以3 000元以下罚款;超出登记的诊疗科目范围的诊疗活动累计收入在3 000元以下或给患者造成伤害;有下列情形之一的,处以3 000元罚款,并吊销医疗机构执业许可证:超出登记的诊疗科目范围的诊疗活动累计收入在3 000元以上、给患者造成伤害或省级卫生厅或局规定的其他情形。

(5) 使用非医技人员执业:①《医管条例》第48条规定,违反本条例第28条规定,使用非卫生技术人员从事医疗卫生技术工作(含使用医技人员从事本专业以外的其他医技工作。《医管细则》第81条第2款规定,医疗机构使用卫生技术人员从事本专业以外的诊疗活动的按使用非卫生技术人员处理)的,由县级以上医政部门责令其限期改正,并可以处以5 000元以下的罚款;情节严重的,吊销其医疗机构执业许可证。②《医管细则》第81条规定任用非卫生技术人员从事医疗卫生技术工作的,责令其立即改正,并可处以3 000元以下罚款;有下列情形之一的,处以3 000~5 000元以下罚款,并可吊销其医疗机构执业许可证:任用2名以上非卫生技术人员从事诊疗活动;任用的非卫生技术人员给患者造成伤害。

(6) 出具虚假文件:①《医管条例》第49条规定,违反本条例第32条规定,出具虚假证明文件的,由县级以上医政部门予以警告;对造成危害后果的,可处以1 000元以下的罚款;对直接责任人员由所在单位或上级机关给予行政处分。②《医管细则》第82条规定,出具虚假证明文件,情节轻微的,给予警告,并可处以500元以下的罚款;有下列情形之一的,处以500元以上1 000元以下的罚款(对直接责任人员由所在单位或上给机关给予行政处分):出具虚假证明文件造成延误诊治的;出具虚假证明文件给患者精神造成伤害的;造成其他危害后果的。

(7) 后处罚制度:①对行政处罚的救济。《医管条例》第 51 条前款规定,被处罚人对行政处罚决定不服的,可依国家法律、法规的规定申请行政复议或提起行政诉讼(2017 年 4 月 1 日,国家卫计委修正的《医管细则》第 84 条第 2 款规定:当事人对行政处罚决定不服的,也可以在收到行政处罚决定通知书之日起 15 日内向法院提起诉讼。因它仅系规章而非法律,该规定明显有悖于现行《行政诉讼法》第 46 条第 1 款关于"知道或应当知道"该行政行为作出之日起 6 个月内的规定,故予忽略);《医管细则》第 84 条规定,受处分人对行政处罚决定不服的,可在接到行政处罚决定通知书之日起 15 日内向作出行政处罚的上一级医政部门申请复议(或提起行政诉讼);上级医政部门应在接到申请书之日起 30 日内作出书面答复。②申请强制执行。《医管条例》第 51 条后款和《医管细则》第 84 条第 3 款规定,受处罚人对罚款及没收药品、器械的处罚决定未在法定期限内申请复议或提起诉讼又不履行的,县级以上医政部门可申请法院强制执行。

2. 自然人的违法(非刑事)责任 医师违反执业规定:①《执业医师法》第 38 条规定,医师在执业活动中,违反本法规定,有下列行为之一的,由县级以上医政部门给予警告或责令暂停 6 个月以上 1 年以下执业活动;情节严重的,吊销其执业证书;构成犯罪的,依法追究刑事责任:由于违反卫生行政规章制度或技术操作规范或不负责任延误急危患者的抢救和诊治,造成严重后果的;造成医疗责任事故的;未经亲自诊查、调查,签署诊断、治疗、流行病学等证明文件或有关出生、死亡等证明文件的;隐匿、伪造或擅自销毁医学文书及有关资料的;使用未经批准使用的药品、消毒药剂和医疗器械,或者不按照规定使用麻醉药品、医疗用毒性药品、精神药品和放射性药品的;未经患者或其家属同意,对患者进行实验性临床医疗的;泄露患者隐私,造成严重后果的;利用职务之便,索取、非法收受患者财物或牟取其他不正当利益的;发生自然灾害、传染病流行、突发重大伤亡事故以及其他严重威胁人民生命健康的紧急情况时,不服从医政部门调遣的;发生医疗事故或发现传染病疫情,患者涉嫌伤害事件或非正常死亡,不按照规定报告的。②第 39 条规定,未经批准擅自开办医疗机构行医或非医师行医的,由县级以上医政部门予以取缔,没收其违法所得及其药品、器械,并处 10 000 元以下的罚款;对医师吊销其执业证书;给患者造成损害的,依法承担赔偿责任。

3. 刑事责任 ①无证行医的刑事责任追究。《无证行医查处工作规范》第 21 条规定,(县级以上医政部门)在无证行医查处中,发现有下列涉嫌非法行医犯罪情形之一的,应在依法查处的同时制作《涉嫌犯罪案件移送书》,按规定及时将案件移送属地公安机关,并将《涉嫌犯罪案件移送书》抄送同级人民检察院:无证行医被医政部门行政处罚 2 次以后,再次无证行医的;造成就诊人轻度残疾、器官组织损伤导致一般功能障碍或中度以上残疾、器官组织损伤导致严重功能障碍或死亡的;造成甲类传染病传播、流行或有传播、流行危险的;使用假药、劣药(非法药品、非药物质)或不符合国家规定标准的卫生材料、医疗器械,足以严重危害人体健康的;其他情节严重的情形。对已经作出行政处罚涉嫌非法行医犯罪案件,县级以上地方医政部门应于作出行政处罚之日起 10 日内按前款规定移送。②相关犯罪行为及其刑事责任。我国现行《刑法》:第 336 条第 1 款(非法行医罪)规定:未取得医生执业资格的人非法行医,情节严重的,处 3 年以下有期徒刑、拘役或管制,并处或单处罚金;严重损害就诊人身体健康的,处 3 年以上 10 年以下有期徒刑,并处罚金;造成就诊人死亡的,处 10 年以上有期徒刑,并处罚金。第 336 条第 2 款(非法进行节育手术罪)规定:未取得医生执业资格的人擅自为他人进行节育复通手术、假节育手术、终止妊娠手术或摘取宫内节育器,情节严重的,处 3 年以下有期徒刑、拘役或管制,并处或单处罚金;严重损害就诊人身体健康的,处 3 年以上 10 年以下有期徒刑,并处罚金;造成就诊人死亡的,处 10 年以上有期徒刑,并处罚金。第 234 条第 3 款(组织出卖人体器官罪)规定,组织他人出卖人体器官的,处 5 年以下有期徒刑,并处罚金;情节严重的,处 5 年以上有期徒刑,并处罚金或没收财产。第 234 条第 4 款规定,未经本人同意摘取其器官,或者摘取不满 18 周岁的人的器官,或者强迫、欺骗他人捐献器官的,依本法第 234 条(故意伤害罪)、第 232 条(故意杀人罪)的规定定罪处罚[我国《刑法》第 232 条(故意杀人罪)规定:故意杀人的,处死刑、无期徒刑或 10 年以上有期徒刑;情节较轻的,处 3 年以上 10 年以下有期徒刑。第 234 条第 1 款(故意伤害罪)规定:故意伤害他人身体的,处 3 年以下有期徒刑、拘役或者管制。第 2 款(故意伤害罪)规定:犯前款罪,致人重伤的,处 3 年以上 10 年以下有期徒刑;致人死亡或者以特别残忍手段致人重伤造成严重残疾的,处 10 年以上有期徒刑、无期徒刑或者死刑。本法另有规定的,依照规定]。第 234 条第 4 款规定,违背本人生前意愿摘取其尸体器官,或者本人生前未表示同意,违反国家规定,违背其近亲属意愿摘取其尸体器官的,依本法第 302 条(侮辱、故意毁坏尸体罪)[我国《刑法》第 302 条(盗窃、侮辱、故意毁坏尸体、尸骨、骨灰罪)规定:盗窃、侮辱、故意毁坏尸体、尸骨、骨灰的,处 3 年以下有期徒刑、拘役或管制]的规定定罪处罚。

注释

[1] 夏征农.辞海(第六版,缩印本)[M].上海:上海辞书出版社,2010:2520.
[2] 医政医管局.该表来源于国家卫生计生委《关于印发医疗机构设置规划指导原则(2016—2020 年)的通知》所附之《医疗机构设置规划指导原则(2016—2020 年)》,国家卫计委官网 2016 年 8 月 8 日(医政医管局)发布。

第四章 医政法律制度（二）——执业制度

第一节 医疗机构工作制度

一、医疗机构工作制度（上）

除前述《医管条例》《医管细则》对医疗机构执业的基本要求外，我国相关法律规范性文件对医疗机构的执业要求还主要体现为如下法定制度。2017年7月14日，国办下发《关于建立现代医院管理制度的指导意见》，指出现代医院管理制度是中国特色基本医疗卫生制度的重要组成部分，确定全国148个医院[北京15个、新疆（自治区＋兵团）9个、四川和上海（中山医院、妇产科医院、瑞金医院、第十人民医院、肺科医院和龙华医院）各6个，广东等6省各5个、海南2个、其他20个省区市各4个试点医院]建立健全现代医院管理制度重点任务，主要包括：制定章程、完善议事决策、发挥专家治院作用、落实医疗质量安全核心制度、推进药品和耗材合理使用、健全医院财务资产管理、优化医院收入结构、调动医务人员积极性、健全完善后勤管理、加强医院文化和医德医风建设、全面开展便民惠民服务、积极参与分级诊疗建设、完善内部监管及加强党建工作14项制度。医院执业制度包括如下方面。

（一）门急诊制度

1. 门诊制度

（1）概述：门诊，系医疗机构均开设、且日常执行的用于为上门就医者提供诊断、预防、（产前）检查和治疗的基本坐诊接待式服务。其基本特征为：①是一般医疗机构（含门诊部、中医诊所）均开展且作为其为社会提供医疗服务的基本活动方式（护理院、颐养院等除外）；②是对上门就诊的就医者进行接诊服务的方式；③对某一特定医疗机构或医生而言，就医者包括初诊者、复诊者和曾住院就医者的出院后的随访者；④以完成挂号手续作为建立医疗服务关系为前提（抢救类的急诊门诊除外）；⑤是住院接受诊疗的对称,但可作为住院的前置,住院诊疗往往是由门诊医生处置安排的;⑥一般分科室或专业,如华山医院西医内科又被细分为消化科、心内科、神经内科、内分泌科、呼吸科等,就医者应选择对应的科室或专业挂号,可先找预检服务台确定。

(2) 种类:根据功能的不同,门诊可被分为一般门诊、保健门诊和急诊门诊。①一般门诊又被分为普通门诊、专家门诊和特需门诊。一般医疗机构均开设前者,指定其具有独立接诊资格的医生轮值当班,坐诊接待,为就医者提供医疗的门诊服务;中者是指就医者可自行选定由医疗机构安排坐诊的有高级职称的(专家)医师提供具有更高技术含量诊疗服务;后者则一般是高等级(二甲以上)才开设的、由正高级专家坐诊提供、就医者一般无需排队(含网上)等候,挂号费高于专家门诊的个性化的门诊服务方式。②保健门诊,其特点是不以疾患存在为前提,而是就医者为预防疾病或有目的地处理好特定生理期的生理现象而主动地寻求医学帮助,由相关医疗机构的医生提供的坐诊式服务。它又可被分为预防保健门诊(如疫苗注射)、儿童保健门诊、青春期保健门诊、围生期(含孕前期、孕期、分娩期、产褥期和新生儿期)门诊和旅行医疗保健门诊等。③急诊门诊,它亦属门诊(部)范畴,但又有其不同于其他门诊的特殊性,故此处略,详见后文。

(3) 管理体制:我国《医院工作制度》(以下简称《医制》)系医疗机构门诊工作的基本法律依据。它对领导体制(至少由1副院长挂帅、各科主任或副主任或业务骨干支撑)、人力资源(各科室参加门诊的医技人员在医务科和门办的领导和安排下工作)、诊察要求(含疑难重病伤处理、专科设立等)、防交叉感染(含检诊、分诊、消毒隔离和疫情报告等)、衔接配套(含检验、放射、门诊手术、换药、治疗等)、接诊服务(含预检、导医、接诊、候诊环境,卫生宣传和服务态度等)、挂号制度[挂号时间、预检分科、初诊复诊、事项填写、病卡送达和(检验)报告粘贴等]、对接住院(与病房联系,安排住院)和其他(含门历书写、处方和用药)等均作出明确规定。

(4) 工作制度

1) 门诊工作体制:《医制》规定,医院应有1名副院长分工负责领导门诊工作;各科主任、副主任应加强对本科门诊的业务技术领导;各科(特别是内、外、妇产、小儿等科)应确定1位主治医师或高年住院医师协助科主任领导本科的门诊工作。

2) 具体人力资源配置:《医制》规定,各科室参加门诊工作的医务人员,在医务科或门诊部统一领导下进行工作;人员调换时,应与医务科或门诊部共同商量;门诊医护人员应派有一定经验的医师、护士担任,实行医师兼管门诊和病房的医院和科室,必须安排好人力;科主任、主任医师应定期出门诊,解决疑难病例。

3) 诊察:《医制》规定,对疑难重病员不能确诊,病员两次复诊仍不能确诊者,应及时请上级医师诊视;对高热病员、重病员、60岁以上老人及来自远地的病员,应提前安排门诊;对某些慢性病员和专科病员,应根据医院具体情况设立专科门诊。

4) 防交叉感染:《医制》规定,加强检诊做好分诊工作,严格执行消毒隔离制度,防止交叉感染;小儿科、内科应建立传染病诊室。做好疫情报告。

5) 相关配套工作：《医制》规定，门诊检验、放射等各种检查结果，必须做到准确及时；门诊手术应根据条件规定一定范围；医师要加强对换药室、治疗室的检查指导，必要时，要亲自操作。

6) 接诊态度：《医制》规定，门诊应经常保持清洁整齐，改善候诊环境，加强候诊教育，宣传卫生防病、计划生育和优生学知识；工作人员要做到关心体贴病员，态度和蔼，有礼貌，耐心地解答问题。尽量简化手续，有计划地安排病员就诊；对基层或外地转诊病人，要认真诊治。在转回基层或原地时要提出诊治意见。

7) 挂号制度：《医制》规定如下。①门诊病号，应先挂号后诊病；②开诊前半小时即应挂号；③挂号室分科挂号(病儿先预检后挂号)；④初诊病历要填齐首页上端各栏，包括姓名、性别、年龄、职业、籍贯、住址、就诊日期，留下复写卡片入档；复诊病员收下挂号证，找出病历，分别送至就诊科室(复诊病员遗失挂号证者，应代为查阅卡片，找到门诊号码，抽出病历，送至就诊科室)；⑤初诊、复诊病历，均应直接送至就诊科室，不能由病员携带；⑥挂号诊病当日一次有效，继续就诊应重新挂号；同时就诊两个科室或转科病员，重新挂号(会诊除外)；⑦按病历号将(同一就医者的)各种检验报告贴到病历页上。

8) 对接住院：《医制》规定，门诊各科与住院处及病房应加强联系，以便根据病床使用及病员情况，有计划地收容病员住院治疗。

9) 其他：门诊的病历书写、处方和用药，此处略，详见后文中的病历、处方和用药部分。

2. 急诊制度

(1) 概述：急诊，顾名思义为紧急诊治，是指医疗机构对急、危、重伤或病员根据"对症治疗"的原则，尽可能争分夺秒，快速对进行诊断与治疗以缓解症状，挽救其生命和健康的活动。从狭义意义上说，较之门诊，它具有如下特点：①(急诊科或部)全年无休，每天24小时执业；而门诊则为早上8时至下午5时(有些医疗机构更早些)，且双休日及国定假日休息。②接诊时以"对症治疗"为原则，争取在最短时间内缓解症状，而非如门诊那般尽可能查明原因，明确诊断，若伤病员症状缓解则建议其通过门诊或住院后查明病(伤或毒)因。③不是所有医疗机构都设置急诊科的，如综合门诊部和中医诊所，但根据《医疗机构基本标准(试行)》的规定，一级综合医院就必须设置急诊科，二三级医院则自不待言。④系诸交叉临床医学学科的集合，具有学科的综合性和协同性。⑤在制度设计上，另行安排就医通道和场所，在时间优先于门诊和住院就医者获得就诊。⑥其工作上体现为快速诊断、有效抢救与合理回归。⑦对就医者应予预检查与鉴别确定。

(2) 急诊范围：

1) 依我国《医制》，就医者因疾病发作，突然外伤受害及异物侵入体内，身体处于危险状态或非常痛苦的状态时，医院均须作急诊抢救，其范围主要包括：①急性外伤、脑外伤、骨折、脱臼、撕裂伤、烧伤等的；②突然之急性腹痛的；③突发高热；④突发出血、吐血、有内出血征象、流产、小儿腹泻、严重脱水、休克的；⑤有抽风症状或昏迷不醒的；

⑥耳道、鼻道、咽部、眼内、气管、支气管及食道中有异物的；⑦眼睛急性疼痛、红肿或急性视力障碍的；⑧颜面青紫、呼吸困难的；⑨中毒、服毒、刎颈、自缢、淹溺、触电的；⑩急性尿闭的；⑪发病突然、症状剧烈、发病后迅速恶化的；⑫疑似烈性传染病的；⑬急性过敏性疾病的；⑭其他经医师认为合于急诊抢救条件的。属上述情形之一的，不得机械执行耽误，如情况模糊难定，应由医师根据就医者全面情况斟酌决定。

2) 2011年8月31日卫生部医政司下发《急诊病人病情分级试点指导原则（征求意见稿）》，根据就医者病（伤）情评估结果进行分（共四）级和分（共红、黄和绿三）区处置，要求就医者病（伤）情的严重程度决定病人就诊及处置的优先次序。①一级（濒危）病（伤）员：即病情可能随时危及病（伤）员生命，需立即采取挽救生命的干预措施，急诊科应合理分配人力和医疗资源进行抢救；临床上出现下列情况要考虑为濒危病（伤）员：气管插管者，无呼吸或无脉搏者，急性意识障碍者，以及其他需要采取挽救生命干预措施者，这类病（伤）员应立即送入急诊抢救室。②二级（危重）病（伤）员：即病情有可能在短时间内进展至一级，或可能导致严重致残者，应尽快安排接诊，并给与病（伤）员相应处置及治疗；病（伤）员来诊时呼吸循环状况尚稳定，但其症状的严重性需要很早就引起重视，病（伤）员有可能发展为一级，如急性意识模糊/定向力障碍、复合伤、心绞痛等；急诊科需要立即给这类病（伤）员提供平车和必要的监护设备；严重影响病（伤）员自身舒适感的主诉，如严重疼痛（疼痛评分≥7/10），也属于该级别。③三级（急症）病（伤）员：其目前明确没有在短时间内危及生命或严重致残的征象，应在一定的时间段内安排病（伤）员就诊；病（伤）情进展为严重疾病和出现严重并发症的可能性很低，也无严重影响病（伤）员舒适性的不适，但需要急诊处理缓解其症状；在留观和候诊过程中出现生命体征异常者，病（伤）情分级应考虑上调1级。④四级即非急症病人：其目前没有急性发病症状，无或很少不适主诉，且临床判断需要很少急诊医疗资源的病人。如需要急诊医疗资源，病情分级上调1级，定为三级。分区则为：①红区：为抢救监护区，适用于一级和二级病人处置，快速评估和初始化稳定。②黄区：即密切观察诊疗区，适用于三级病人，原则上按照时间顺序处置病人，当出现病情变化或分诊护士认为有必要时可考虑提前应诊，病情恶化的病人应被立即送入红区。③绿区，即四级病人诊疗区。

(3) 急诊室制度，主要包括如下方面：

1) 急诊室：《医制》规定：①各临床科室应选派有一定临床经验和技术水平的医师、护士担任急诊室工作，轮换不应过勤；实习医师和实习护士不得单独值急诊班；进修医师由科主任批准方可参加值班。②对急诊病（伤）员应以高度的责任心和同情心，及时、严肃、敏捷地进行救治，严密观察病（伤）情变化，做好各项记录。疑难、危重病（伤）员应即请上级医师诊视或急会诊；对危重不宜搬动的病（伤）员，应在急诊室就地组织抢救，待病（伤）情稳定后再护送病房；对需即行手术的病（伤）员应及时送手术室施行手术；急诊医师应向病房或手术医师直接交班。③急诊室各类抢救药品及器材要准备完善，保证随时可用。由专人管理，放置固定位置，便于使用，经常检查，及时补充、更新、修理和消毒。

④急诊室工作人员须坚守岗位,做好交接班,严格执行急诊各项规章制度和技术操作规程;要建立各种危重病(伤)员抢救技术操作程序。⑤急诊室应设立若干观察病床,病(伤)员由有关科室急诊医师和急诊室护士负责诊治护理;要写好病历,开好医嘱,密切观察病(伤)情变化,及时有效地采取诊治措施;观察时间一般不超过3天。⑥遇重大抢救,需立即报请科主任和院领导亲临参加指挥;凡涉及法律及纠纷的病(伤)员,在积极救治的同时,要及时向有关部门报告。

2)急诊抢救室:《医制》规定:①抢救室专为抢救病员设置,其他任何情况不得占用;②一切抢救药品、物品、器械、敷料均须放在指定位置,并有明显标记,不准任意挪用或外借;③药品、器械用后均需及时清理、消毒,消耗部分应及时补充,放回原处,以备再用;④每日核对1次物品,班班交接,做到账物相符;⑤无菌物品须注明灭菌日期,超过1周时重新灭菌;⑥每周须彻底清扫、消毒1次,室内禁止吸烟(现多地已通过地方性法规,禁止在任何公共室内场所吸烟);⑦抢救时抢救人员要按岗定位,遵照各种疾病的抢救常规程序,进行工作;⑧每次抢救病员完毕后,要做现场评论和初步总结。

3)急诊观察室:《医制》规定:①不符合住院条件,但根据病情尚须急诊观察的病员,可留观察室进行观察;②各科急诊值班医师和护士,根据病情严密注意观察、治疗;凡收入观察室的病员,必须开好医嘱,按格式规定及时填写病历,随时记录病情及处理经过;③急诊值班医师早晚各查床一次,重病随时;主治医师每日查床一次,及时修订诊疗计划,指出重点工作;④急诊室值班护士,随时主动巡视病员,按时进行诊疗护理并及时记录、反映情况;⑤值班医护人员对观察病员的临时变化,要随找随到床边看视,以免贻误病情;⑥急诊值班医护人员对观察床病员,要按时详细认真地进行交接班工作,必要情况书面记录。

(二) 病房(含查房)管理制度

1. 病房概述 病房是指医疗机构为就医者提供住院诊疗的、具有一定条件的待诊待疗的分割型室内居住场所与空间。依不同的标准,病房可被分为:依病情伤势程度的不同,可被分为普通病房和重症监护病房(intensive care unit,ICU);依功能的不同,可被分为一般病房、干部病房和贵宾病房;依人群的不同,可被分为儿科病房和老年病房;依学科分类,可分为外科病房、内科病房和产科病房等。

2. 病房的基本要求 《医制》规定:①病房由护士长负责管理,主治或高年住院医师积极协助;②定期向病员宣传讲解卫生知识,根据情况可选出病员小组长,协助做好病员思想、生活管理等工作;③保持病房整洁、舒适、肃静、安全,避免噪音,做到走路轻、关门轻、操作轻、说话轻;④统一病房陈设,室内物品和床位要摆放整齐,固定位置,未经护士长同意,不得任意搬动;⑤保持病房清洁卫生,注意通风,每日至少清扫2次,每周大清扫1次;⑥医务人员必须穿戴工作服帽,着装整洁,必要时戴口罩;⑦病房内不准吸烟(如前所述,现多地已制定地方性法规,禁止在任何公共室内场所吸烟);⑧病员被服、用具按基数配给病员管理,出院时清点收回;⑨护士长全面负责保管病房财产、设备,并分别指派专人管理,建立账目,定期清点;如有遗失,及时查明原因,按规定处理。管理人员调动时,要办好交接手续;⑩定期召开病人座谈会,征求意见,改进病房工作;⑪病房内不得接待非住院病人,不会客。医师查房时不接私人电话,病人不得离开病房。

3. 相关工作人员职责

对医疗机构的病房(医、护、工等)工作人员,《医制》规定如下。①对新入院的病(伤)员介绍医院的制度和情况,了解病(伤)员想法和要求,鼓励病(伤)员树立战胜病伤的信心;②对病(伤)员的态度要亲切和蔼,语言要温和,避免恶性刺激;对个别病(伤)员提出的不合理要求,应耐心劝解,既要体贴关怀,又要掌握治疗原则;③保护性原则:有关病情恶化,预后不良等情况,不宜告诉病(伤)员,必要时由负责医师或上级医师进行解释;④不贬低同行原则:不对病(伤)员谈论其他医院治疗和工作中的缺点或错误,以免造成不良影响;⑤在检查、治疗和处理中要耐心细致,选用合适的器械,不增加病(伤)员痛苦;行有关检查和治疗时,如换药、洗胃、灌肠、导尿等,应用屏风挡遮或到治疗室处理(保护隐私之一);⑥有条件的医院对危重和痛苦呻吟的病(伤)员应分别安置;病(伤)员死亡或病情恶化时应保持镇静,尽力避免影响其他病(伤)员;⑦对手术的病(伤)员,术前应做好解释安慰工作,以消除病员的恐惧和顾虑;术后要告诉病(伤)员良好的转归情况,使其安心休养;⑧合理安排工作时间,避免紊乱嘈杂,早晨6时前,晚上9时后及午睡时间,尤应保持病房安静;在不影响医疗效果的情况下,有些处置可待病(伤)员醒后施行;⑨保持病房空气流通,大、小便器随时洗刷。痰盂、废料桶和垃圾要及时处理,厕所随时洗扫,保持清洁卫生;⑩按病(伤)员患病的轻、重类型,分别规定生活制度,建立动静相结合的、有规律的休养生活。合理地组织病(伤)员参加文娱活动;⑪重视病员的思想工作,对其治疗、生活、饮食、护理等各方面的问题,应尽可能设法解决。

4. 查房制度

《医制》规定:①科主任、主任医师或主治医师查房,应有住院医师、护士长和有关人员参加;科主任、主任医师查房每周1~2次,主治医师查房每日1次,查房一般在上午进行;住院医师对所管病员每日至少查房2次;②对危重病(伤)员,住院医师应随时观察病情变化并及时处理,必要时可请主治医师、科主任、主任医师临时检查病员;③查房前医护人员要做好准备工作,如病历、X光片,各项有关检查报告及所需用的检查器材等;查房时要自上而下逐级严格要求,认真负责。经治的住院医师要报告简要病历、当前病情并提出需要解决的问题;主任或主治医师可根据情况做必要的检查和病情分析,并做出肯定性的指示;④护士长组织护理人员每周进行1次护理查房,主要检查护理质量,研究解决疑难问题,结合实际教学;⑤院领导以及机关各科负责人,应有计划、有目的地定期参加各科的查房,检查了解对病员治疗情况和各方面存在的问题,及时研究解决。

查房的内容包括:①科主任、主任医师查房,要解决疑难病例;审查对新入院、重危病员的诊断、治疗计划;决定重大手术及特殊检查治疗;抽查医嘱、病历、护理质量;听取医师、护士对诊疗护理的意见;进行必要的教学工作;②主治医生查房,要求对所管病人分组进行系统查房;对新入院、重危、诊断未明、治疗效果不好的病员尤其要进行重点检查与讨论;听取医师和护士的反映;倾听病员的陈述;检查病历并纠正其中错误的记录;了解病员病情变化并征求对饮食、生活的意见;检查医嘱执行情况及治疗效果;决定出、转院问题;③住院医师查房,要求重点巡视重危、疑难、待诊断、新入院、手术后的病员,同时巡视一般病员;检查化验报告单,分析检查结果,提出进一步检查或治疗意见;检查当天医嘱执行情况;给予必要的临时医嘱并开写次晨特殊检查的医嘱;检查病员饮食情况;主动征求病员对医疗、护理、生活等方面的意见。

5. **对住院病(伤)员的要求** 《医制》也对住院病(伤)员作了如下"规则",要求他们:①应遵守住院规则,听从医护人员的指导,与医护人员密切合作,服从治疗和护理,安心休养;②应遵守病房作息时间,经常保持病室内外环境整洁与安静,不随地吐痰,不在室内吸烟和喧哗;③饮食须遵照医师的决定,不能随便更改;院外送进的食物,需经医师或护士同意后方可食用;④不得自行邀请院外医师诊治,不得要求不必要的治疗或指名要药;也不得随意到院外购药服用;⑤未经许可不得进入诊疗场所;不得翻阅病案及其他有关医疗记录;⑥不得随意外出或在院外住宿,如有特殊情况经医师批准后,方可离开;⑦应爱护公共财物,如有损坏按价赔偿。儿科病员损坏物品可以酌情处理;⑧可以携带必需之生活用品,其他物品不得带入;贵重财物自行保管,严防遗失;⑨为了避免交叉感染病员不得乱串病房或自行调换床位,非探视时间不许会客;⑩可随时对医院工作提出意见(或建议),帮助医院改进工作;⑪如有不遵守院规或违反纪律者,院方应给予劝阻教育,必要时应通知原工作单位或请有关部门处理。

在法理上,作为国家卫生行政部门,时卫生部(现卫健委)依法(《宪法》和《立法法》)自有立法权,该《医院制度》系行政(或部门)规章,亦属我国法律规范性文件(法源)具有法律效力,但其管辖权:①在主体上,仅及于全国所有的医疗机构及其工作人员,不及于就医者本身;②在客体上,一方面,它及于拘束医疗机构和医务人员的与(诊疗)执业相关的行为;另一方面,它也及于用于诊疗行为、实现保障就医者健康安全的物,包括国家卫生行政部门辖下的药品主管机关所辖之医疗器械、卫生材料和药品等物。至于就医者不损害他人利益,仅处分自己(不涉及基本人权的)人身或财产利益的行为,不属该规章管辖范围,亦即《医院制度》对住院病(伤)员的"规则"属越权抽象行政行为,当无(法律)效力。

(三) 转院(科)和出院制度

1. 转院(科)制度

(1) 转院:转院是指经治医疗机构因自身技术能力或设备等手段难以对就医者有效诊治,或者经治医疗机构在明确诊断并进行有效治疗(如手术成功)后为优化配置医疗资源实无必要继续滞留于原医疗机构而转至其他医疗机构进行有效诊疗的医疗活动。可见,它包括向上(即医疗技术水平更高的医疗机构)转和向下(如脑外科手术后转入康复院)转。对向上转,《医制》规定:①医院因限于技术和设备条件,对不能诊治的病(伤)员,由科内讨论或由科主任提出,经医务科报请院长或主管业务副院长批准,提前与转入医院联系,征得同意后方可转院;②各省、市、自治区级医院(含门诊)病(伤)员需转外地医院治疗时,应由所在医院科主任提出,经院长或业务副院长同意,报请省、市、自治区卫生厅或局批准;急性传染病、麻风病、精神病、截瘫病人,不得转外省市治疗;③病(伤)员转院,如估计途中可能加重病情或死亡者,应留院处置,待病情稳定或危险过后,再行转院;较重病(伤)员转院时应派医护人员护送;病(伤)员转院时,应将病历摘要随病(伤)员转去;病(伤)员在转入医院出院时,应写治疗小结,交病案室,退回转出医院。转入疗养院的病(伤)员只带病历摘要。对于向下转的病历处理,也可参照办理。

(2) 转科:转科,指同一医疗机构的某科室将其经治病(伤)员转至另一科室治疗的医疗活动,如某三级医院普外科对因交通事故而受复合受的伤员行肠道修复术后将转至骨科行骨盆复位手术。《医制》规定:①病(伤)员转科须经转入科会诊同意;②转科前,由经治医师开转科医嘱,并写好转科记录,通知住院处登记,按联系的时间转科;③转出科需派人陪送到转入科,向值班人员交代有关情况;④转入科写转入记录,并通知住院处和营养室。

2. 出院制度 出院,即原住院病(伤)员在经治后,在办理相关手续后,使之离开原医疗机构的事实,它包括实现预期医疗终极目的(如痊愈后)的出院、完成阶段性(疗程)医疗出院、诊疗失败(如死亡)和其他原因(如医保结算限制)出院。对一般病(伤)员出院,《医制》规定:①病(伤)员出院由主治医师或负责医师决定,并提前一天通知住院处办理出院手续;病房护理人员应赁结账单发给出院证,并清点收回病(伤)员住院期间所用医院的物品。②病(伤)员出院前,经治医师应告知出院后注意事项,并主动征求其对医疗、护理等各方面的意见。③病情不宜出院而病(伤)员或家属要求出院者,医师应加以劝阻,如说服无效应报科主任批准,并由病员或其家属出具手续;应出院而不出院者,通知所在单位或有关部门接回或送回。④病(伤)员出院时凭放行证,须经过检查后方可放行,否则传达室有权查问或扣留;病(伤)员(家属)办理出院手续前,经治医生应该在其自管病历卡上书写出院小结,以备后用(如门诊随访、注销户口等)。

二、医疗机构工作制度(下)

(一) 手术室制度

1. 手术概述 手术,根据《医疗机构手术分级管理办法(试行)》第2条规定,它是指医疗机构及其医务人员使用手术器械在人体局部进行操作,以去除病变组织、修复损伤、移植组织或器官、植入医疗器械、缓解病痛、改善机体功能或形态等为目的的诊断或者治疗措施。一般属治疗的范畴,也不排除用以查明病因(如剖腹探查等)的诊断行为。卫生部2009年9月18日发布,次年10月1日起施行的《医院手术部(室)管理规范(试行)》(本章中简称《规范》)是该具体规制制度的重要法律文件依据。

2. 手术室基本要求 《规范》规定如下。

(1) 手术部(室)的设置和安排：①具备与医院等级、功能和任务相适应的场所、设施、仪器设备、药品、手术器械、相关医疗用品和技术力量，保障手术工作安全、及时、有效地开展；②建筑布局应遵循医院感染预防与控制的原则，能布局合理、分区明确、标识清楚，符合功能流程合理和洁污区域分开的基本原则；③手术间的数量应根据医院手术科室的床位数及手术量进行设置，满足医院日常手术工作的需要；④医院应设立急诊手术患者绿色通道；手术部(室)的手术部(室)应设有工作人员出入通道、患者出入通道，物流做到洁污分开，流向合理；⑤手术间内部设施和标准、温控、湿控要求应符合环境卫生学管理和医院感染控制的基本要求。

(2) 内部设施：①应配备常规用药，基本设施、仪器、设备、器械等物品配备齐全，功能完好并处于备用状态；②洁净手术部的建筑布局、基本配备、净化标准和用房分级等应符合《医院洁净手术部建筑技术规范 GB50333—2002》的标准，辅助用房应按规定分洁净和非洁净辅助用房，并设置在洁净和非洁净手术部的不同区域内。

(3) 人员配备：①应根据手术量配备足够数量的手术室护士，人员梯队结构合理；②三级医院手术部(室)护士长应具备主管护师及以上专业技术职务任职资格和5年及以上手术室工作经验，具备一定管理能力；二级医院手术部(室)护士长应具备护师及以上专业技术职务任职资格和3年及以上手术室工作经验，具备一定管理能力；③手术室护士应接受岗位培训并定期接受手术室护理知识与技术的再培训；④根据工作需要，手术室应配备适当数量的辅助工作人员和设备技术人员。

(4) 手术室安全管理方面：①应与临床科室等有关部门加强联系，密切合作，以患者为中心，保证患者围手术期各项工作的顺利进行；②应建立手术标本管理制度，规范标本的保存、登记、送检等流程，有效防止标本差错；③应建立手术安全核查制度，与临床科室等有关部门共同实施，确保手术患者、部位、术式和用物的正确；④应加强手术患者体位安全管理，安置合适体位，防止因体位不当造成手术患者的皮肤、神经、肢体等损伤；⑤应建立并实施手术中安全用药制度，加强特殊药品的管理，指定专人负责，防止用药差错；⑥应当建立并实施手术物品清点制度，有效预防患者在手术过程中的意外伤害，保证患者安全；⑦应加强手术安全管理，妥善保管和安全使用易燃易爆设备、设施及气体等，有效预防患者在手术过程中的意外灼伤；⑧应制订并完善各类突发事件应急预案和处置流程，快速有效应对意外事件，并加强消防安全管理，提高防范风险的能力；⑨应根据手术分级管理制度安排手术及工作人员；⑩工作人员应按病历书写有关规定书写有关医疗文书。

(5) 在院内感染预防与控制上，它要求手术室应当：①加强医院感染管理，建立并落实医院感染预防与控制相关规章制度和工作规范，并按照医院感染控制原则设置工作流程，降低发生医院感染的风险；②通过有效的医院感染监测、空气质量控制、环境清洁管理、医疗设备和手术器械的清洗消毒灭菌等措施，降低发生感染的危险，并严格限制非手术人员的进入；③严格按《医院感染管理办法》及有关文件的要求，使用手术器械、器具及物品,保证医疗安全;④工作区域应每24小时清洁消毒1次;连台手术之间、当天手术全部完毕后,应对手术间及时进行清洁消毒处理;实施感染手术的手术间应严格按医院感染控制的要求进行清洁消毒处理;⑤与临床科室等有关部门共同实施患者手术部位感染的预防措施,包括正确准备皮肤、有效控制血糖、合理使用抗菌药物及预防患者在手术过程中发生低体温等;⑥医务人员在实施手术过程中,须遵守无菌技术原则,严格执行手卫生规范,实施标准预防;⑦加强医务人员的职业卫生安全防护工作,制订具体措施,提供必要的防护用品,保障医务人员的职业安全;⑧手术后的医疗废物管理应按《医疗废物管理条例》及有关规定进行分类、处理。

(6) 质量管理方面:①医院应建立健全手术部(室)的质量控制和持续改进机制,加强质量管理和手术相关不良事件的报告、调查和分析,定期实施考核;②医院应建立手术部(室)质量管理档案追溯制度,加强质量过程和关键环节的监督管理;③各级医政部门应加强对所辖区域医院手术部(室)工作的检查与指导,促进手术部(室)工作质量的持续改进和提高。

3. 手术施行规则 《医制》则规定了如下手术规则:①凡需施行手术的病(伤)员,术前要完成必要的检查,尽可能明确诊断,并做出术前小结;②凡较大手术或复杂手术,均需进行术前讨论,进一步明确诊断、手术适应症(系法条原文)、手术方法、步骤、麻醉及术中、术后发生的问题及对策,确定术者和助手;③一般手术如阑尾摘除术、疝修补、简单的乳房切除、神经压榨、急性脓胸、膀胱结石摘除、尿道扩张、鞘膜积液、一般四肢手术(不包括截肢)、刮宫术、一般体表肿瘤摘除、内窥镜检查、穿刺、石膏固定等由主治医师或科主任批准;由有一定经验的医师(士)担任手术者(实习医师担任手术者必须在主治医师或高年住院医师带领和指导下进行);④重大手术的讨论由科主任、主任医师或主治医师主持,如内脏手术、食道手术、甲状腺、血管瘤、内耳、各种复杂的矫形术及移植术、脊髓神经手术和手术后可能导致病员残废者,应经科主任或院长、业务副院长批准,由主治医师或主任医师担任术者或负责指导手术;⑤凡危险性较大手术、新开展的手术、诊断未确定的探查手术,或病情危重又必须手术时,除术前仔细讨论外应由有经验的主治医师或主任医师担任术者,同时应报院长、业务副院长批准,必要时报请上级批准;⑥实行手术前必须由病(伤)员家属、或单位签字同意(体表手术可以不签字),紧急手术来不及征求家属或机关同意时,可由主治医师签字,经科主任或院长、业务副院长批准执行;⑦手术前的各项准备工作,必须及时完成,如有脱水、休克、贫血等不利于手术的现象应先行治疗;同时做好病员的思想工作,减少或消除不必要的顾虑;⑧手术医师或第一助手,应在术前一日开好医嘱,并检查手术前护理工作的实施情况,必要时协助手术室护士准备特殊器械;⑨病(伤)员去手术室前应摘下假牙,贵重物品交护士长代管;手术室工作人员应热情接待病员,核对病(伤)员姓名、床号、诊断、手术部位、麻醉等,然后再施行手术;⑩一般情况下术者在手术过程中,对病(伤)员负完全责任;助手应按术者要求协助手术,发现不利于病(伤)员情况时,助手有责任提醒术者注意,但必须互相配合,紧密合作;如在手术当中发生疑难问题,可互相商讨,必要时应请示上级医师;当手术是在上级医师指导下,由低年医师或实习医师任术者时,仍由上级医师对病员负完全责任,术者必须服从指导。

(二) 检验科制度

1. 检验科的含义及要求　　该检验是广义的,指医疗机构中专门的用来查明病因伤情的诸技术手段及其活动;该检验科亦指所有用以支持接诊医师诊断、帮助其查明病因而专门设立的各技术部门,包括(狭义)检验科、病理科和影像等特殊检查室等。事实上,它们所应对包括门诊和住院两方面就医者的辅助诊断工作:对广义门诊而言,它又需应对急诊和非急诊门诊;对住院病(伤)员而言,它又有手术中(病理科)急待检和一般之分。对狭义检验科,《医制》规定:①检验单由医师逐项填写,要求字迹清楚,目的明确;急诊检验单上注明"急"字;②收标本时严格执行查对制度。标本不符合要求,应重新采集。对不能立即检验的标本,要妥善保管。普通检验,一般应于当天下班前发出报告;急诊检验标本随时做完随时发出报告;③要认真核对检验结果,填写检验报告单,作好登记,签名后发出报告;检验结果与临床不符或可疑时,主动与临床科联系,重新检查;④特殊标本发出报告后保留24小时,一般标本和用具应立即消毒;被污染的器皿应高压灭菌后方可洗涤,对可疑病原微生物的标本应于指定地点焚烧,防止交叉感染;⑤发现检验目的以外的阳性结果应主动报告;院外检验报告,应由主任审签;⑥菌种、毒种、剧毒试剂、易燃、易爆、强酸、强碱及贵重仪器应指定专人严加保管,定期检查;⑦保证检验质量,定期检查试剂和校对仪器的灵敏度;定期抽查检验质量;建立实验室内质量控制制度,积极参加室间质量控制,以保证检验质量;⑧积极配合医疗、科研,开展新的检验项目和技术革新。

2. 病理科制度　　《医制》规定:①活体组织标本应及时用固定液固定,注明科别及姓名,连同申请单及时送病理科;②送检脏器和较大的标本,不要切开和翻转,对较小病灶加以标记;做冰冻切片时,一般应在前一日与病理科联系;③凡各科室需检癌细胞的分泌物,穿刺标本必须新鲜,取材后立即送交病理科;盛检癌细胞标本的用具必须干净,以免污染,混淆诊断;④凡病理切片应编号长期保存。有价值的病理标本要妥善保管:活检大体标本一般保存半年;尸检大体标本一般保存数年;组织切片和蜡片以及有科研、教学价值的标本均应分类整理,长期保存;⑤活体组织检查应于3日内报告,冰冻切片随时报告,均应留副页存档;⑥院内借片需办理登记手续,院外借片需凭医疗单位证明经医务科批准;⑦尸检按《解剖尸体规则》第2条规定执行[即尸体解剖包括普通(系统或局部)解剖、法医解剖或病理解剖]。

3. 放射科(室)制度　　《医制》规定:①各项X线检查,须由临床医师详细填写申请单。急诊就医者随到随检。各种特殊造影检查,应事先预约;②重要摄片,由医师和技术员共同确定投照技术。特检摄片和重要摄片,待观察湿片合格后方嘱病人离开;③重危或做特殊造影的病(伤)员,必要时应由医师携带急救药品陪同检查,对不宜搬动的病

(伤)员应到床旁检查;④X线诊断要密切结合临床。进修或实习医师写的诊断报告,应经上级医师签名;⑤X线是医院工作的原始记录,对医疗、教学、科研都有重要作用。全部X线照片都应由放射科登记、归档、统一保管。借阅照片要填写借片单,并有经治医师签名负责;院外借片,除经医务科批准外,应有一定手续,以保证归还;⑥严格遵守操作规程,做好防护工作。工作人员要定期进行健康检查,并要妥善安排休假;⑦每天集体阅片,经常研究诊断和投照技术,解决疑难问题,不断提高工作质量;⑧注意用电安全,严防差错事故。X线机应指定专人保养,定期进行检修。

4. **影像等特殊检查(科)室制度** 《医制》规定:①特殊检查包括心电图、基础代谢、超声波、脑电图、脑血流图、肌电图、超声心动图、内窥镜、肺功能检查等;②需做检查的病员,由临床医师填写申请单,必要时经有关医师检诊同意;检查前应详细阅读申请单,了解病(伤)员是否按要求做好准备;危重病(伤)员检查时应有医护人员护送或到床边检查;需预约时间的检查应详细交待注意事项。发现有患传染病患者,应排于最后检查,检查完毕严密消毒仪器和用具;③及时准确报告检查结果,遇疑难问题应与临床医师联系,共同研究解决;④严格遵守操作规程,认真执行医疗器械管理制度,注意安全,定期保养、维修,并对机器进行检测;⑤各种检查记录应保管好,建立档案,经过批准和登记手续后才能借出。

(三) 病例讨论与会诊制度

1. **病例讨论制度** 病例讨论对提高诊疗水平、加强与就医者沟通和改善服务质量均有重要的作用。《医制》对各种类型的病例讨论分别作出如下规定。

(1) 临床病例(理)讨论会。《医制》要求:①医院应选择适当的在院或已出院(或死亡)的病例举行定期或不定期的临床病例(理)讨论会。②临床病例(理)讨论会,可一科举行,也可以几科联合举行;有条件的医院与病理科联合举行时,称"临床病理讨论会"。③每次医院举办临床病例(理)讨论会时,须事先做好准备,负责主治的科应将有关材料加以整理,尽可能作出书面摘要,事先发给参加讨论的人员,预作发言准备。④开会时由主治科的主任或主治医师主持,负责介绍及解答有关病情、诊断、治疗等方面的问题并提出分析意见(病历由住院医师报告);会议结束时由主持人作总结。⑤临床病例(理)讨论会应有记录,可全部或摘要归入病历内。

(2) 出院病例讨论会。《医制》要求:①有条件的医院应定期(每月1~2次)举行出院病例讨论会,作为出院病历归档的最后审查。②出院病例讨论会可以分科举行(由主任主持)或分病室(组)举行(由主治医师主持),经管的住院医师和实习医师参加。③出院病例讨论会对该期间出院的病历依次进行审查:记录内容有无错误或遗漏;是否按规律顺序排列;确定出院诊断和治疗结果;是否存在问题,取得那些经验教训。④一般死亡病例可与其他出院病例一起讨论,但意外死亡的病例不论有无医疗事故,均应单独讨论。

(3) 疑难病例讨论会。《医制》规定:凡遇疑难病例,由科主任或主治医师主持,有关人员参加,认真进行讨论,尽早明确诊断,提出治疗方案。

（4）术前病例讨论会。对重大、疑难及新开展的手术，须进行术前讨论，《医制》要求：①科主任或主治医师主持讨论会，手术医师、麻醉医师、护士长、护士及有关人员参加。②订出手术方案、术后观察事项、护理要求等；讨论情况记入病历。③一般手术，也要进行相应讨论。

（5）死亡病例讨论会。《医制》要求：①凡死亡病例，一般应在死后1周内召开，特殊病例应及时讨论。②尸检病例，待病理报告后进行，但不迟于2周。③会议由科主任主持，医护和有关人员参加，必要时，请医务科派人参加。④讨论情况记入病历。

2. **会诊制度** 会诊，是指医疗机构对同一（组）已接诊涉疑难病（伤）例，召集或邀请若干相关科室或专业的医生或专家就诊断或治疗进行讨论确定的活动。它可被分为：科（室）内会诊、院内（跨科）会诊、（聘请）院外会诊和集体会诊；现场会诊、书面会诊和（通话或视频等）远程在线会诊。

（1）一般会诊。《医制》对之规定，包括：

1）原则：凡遇疑难病例，应及时申请会诊。

2）本院主持下的会诊，主要包括：①科间会诊：由经治医师提出，上级医师同意，填写会诊单。应邀医师一般要在两天内完成，并写会诊记录。如需专科会诊的轻病员，可到专科检查。②急诊会诊：被邀请的人员，必须随请随到。③科内会诊：由经治医师或主治医师提出，科主任召集有关医务人员参加。④院内会诊：由科主任提出，经医务科同意，并确定会诊时间，通知有关人员参加。一般由申请科主任主持，医务科要有人参加。⑤院外会诊：本院一时不能诊治的疑难病例，由科主任提出，经医务科同意，并与有关单位联系，确定会诊时间；应邀医院应指派科主任或主治医师前往会诊；会诊由申请科主任主持；必要时，携带病历，陪同病员到院外会诊；也可将病历资料，寄发有关单位，进行书面会诊。

3）科内、院内、院外的集体会诊：经治医师要详细介绍病史，做好会诊前的准备和会诊记录；会诊中，要详细检查，发扬技术民主，明确提出会诊意见。主持人要进行小结，认真组织实施。

（2）外出会诊。《医师外出会诊管理暂行规定》规定：①受邀医师未经所在医疗机构批准，不得擅自外出会诊；②医师接受会诊任务后，应详细了解患者的病情，亲自诊查患者，完成相应的会诊工作，并按规定书写医疗文书；③医师在会诊过程中发现邀请医疗机构的技术力量、设备、设施条件不适宜收治该患者，或者难以保障会诊质量和安全的，应建议将该患者转往其他具备收治条件的医疗机构诊治；④医师在会诊过程中发现难以胜任会诊工作，应及时、如实告知邀请医疗机构，并终止会诊；⑤会诊结束后，邀请医疗机构应将会诊情况通报会诊医疗机构；医师应在返回本单位2个工作日内将外出会诊的有关情况报告所在科室负责人和医务管理部门；⑥医师在外出会诊过程中发生的医疗事故争议，由邀请医疗机构按《医疗事故处理条例》的规定进行处理；必要时，会诊医疗机构应协助处理；⑦会诊医疗机构应按有关规定给付会诊医师合理报酬；医师在国家法定节假日完成会诊任务的,会诊医疗机构应当按照国家有关规定提高会诊医师的报酬标准医师在外出会诊时不得违反规定接受邀请医疗机构报酬,不得收受或者索要患者及其家属的钱物,不得牟取其他不正当利益。

第二节 远程医疗制度

一、制度的落地

2015年7月4日,国务院发布《关于积极推进"互联网+"行动的指导意见》,认为"近年来,我国在互联网技术、产业、应用以及跨界融合等方面取得了积极进展,已具备加快推进'互联网+'发展的坚实基础……(要求)充分发挥'互联网+'对稳增长、促改革、调结构、惠民生、防风险的重要作用"。在该指导意见的第二部分"重点行动"(六)"互联网+"益民服务之三,明确要求:推广在线医疗卫生新模式,"发展基于互联网的医疗卫生服务,支持第三方机构构建医学影像、健康档案、检验报告、电子病历等医疗信息共享服务平台,逐步建立跨医院的医疗数据共享交换标准体系。积极利用移动互联网提供在线预约诊疗、候诊提醒、划价缴费、诊疗报告查询、药品配送等便捷服务。引导医疗机构面向中小城市和农村地区开展基层检查、上级诊断等远程医疗服务。鼓励互联网企业与医疗机构合作建立医疗网络信息平台,加强区域医疗卫生服务资源整合,充分利用互联网、大数据等手段,提高重大疾病和突发公共卫生事件防控能力。积极探索互联网延伸医嘱、电子处方等网络医疗健康服务应用。鼓励有资质的医学检验机构、医疗服务机构联合互联网企业,发展基因检测、疾病预防等健康服务模式。

2018年4月28日,国办根据《"健康中国2030"规划纲要》和《国务院关于积极推进"互联网+"行动的指导意见》的精神,发布了《关于促进"互联网+医疗健康"发展的意见》,明确要求"健全'互联网+医疗健康'服务体系(含发展'互联网+'医疗服务、创新'互联网+'公共卫生服务、优化'互联网+'家庭医生签约服务、完善'互联网+'药品供应保障服务、推进'互联网+'医疗保障结算服务、加强'互联网+'医学教育和科普服务和推进'互联网+'人工智能应用服务7个方面)、完善'互联网+医疗健康'支撑体系(含加快实现医疗健康信息互通共享、健全'互联网+医疗健康'标准体系、提高医院管理和便民服务水平、提升医疗机构基础设施保障能力和及时制订完善相关配套政策5个方面)、加强行业监管和安全保障(含强化医疗质量监管和保障数据信息安全2个方面)",并要求全国"各地区、各有关部门要结合工作实际,及时出台配套政策措施,确保各项部署落到实处。中西部地区、农村贫困地区、偏远边疆地区要因地制宜,积极发展'互联网+医疗健康',引入优质医疗资源,提高医疗健康服务的可及性"。

事实上,卫生部早在 20 世纪初就将互联网技术运用于卫生领域并颁行了行政规章。2001 年 1 月 8 日,卫生就发布并施行过《互联网医疗卫生信息服务办法》;2009 年 6 月 23 日,卫生部发布《互联网医疗保健信息服务管理办法》,并于同年 7 月 1 日起施行,替代前者。2018 年 7 月 17 日,国家卫健委印发了《互联网医院管理办法(试行)》《互联网诊疗管理办法(试行)》《远程医疗服务管理规范(试行)》3 个文件,并于同年 9 月 14 日起施行。

二、互联网医疗制度

(一) 概述

1. **概念** 互联网诊疗是指医疗机构利用在本机构注册的医师,通过互联网等信息技术开展部分常见病、慢性病复诊和"互联网+"家庭医生签约服务。值得注意的是,互联网诊疗适用范围仅限于:①部分常见病;②复诊。

2. **国家主管** 《互联网诊疗管理办法(试行)》(本节中简称《网诊办法》)第 3 条规定,国家对互联网诊疗活动实行(行政许可)准入管理。《网诊办法》第 4 条规定,国家卫健委和中医药局负责全国互联网诊疗活动的监督管理;地方各级卫健行政部门(含中医药局,下同)负责辖区内互联网诊疗活动的监督管理。

(二) 准入制度

1. **申请** 《网诊办法》第 5 条规定,互联网诊疗活动应由取得医疗机构执业许可证的医疗机构提供。第 6 条规定,新申请设置的医疗机构拟开展互联网诊疗活动,应在设置申请书注明,并在设置可行性研究报告中写明开展互联网诊疗活动的有关情况(若与第三方机构合作建立互联网诊疗服务信息系统,应提交合作协议)。第 8 条规定,已取得医疗机构执业许可证的医疗机构拟开展互联网诊疗活动,应向其医疗机构执业许可证发证机关提出开展互联网诊疗活动的执业登记申请,并提交下列材料:①医疗机构法定代表人或主要负责人签署同意的申请书,提出申请开展互联网诊疗活动的原因和理由;②如果与第三方机构合作建立互联网诊疗服务信息系统,应提交合作协议(依该办法第 10 条规定该合作协议应明确医疗机构与第三方机构在医疗服务、信息安全、隐私保护等方面的权责);③登记机关规定提交的其他材料。

2. **审核及结果** 《网诊办法》第 9 条规定:执业登记机关按有关法律规范性文件对医疗机构登记申请材料进行审核;审核合格的,予以登记,在医疗机构执业许可证副本服务方式中增加"互联网诊疗";审核不合格的,将审核结果以书面形式通知申请人。

(三) 执业制度

1. **基本要求** 《网诊办法》第 11 条规定,医疗机构开展互联网诊疗活动应与其诊疗科目相一致;未经卫生健康行政部门核准的诊疗科目,医疗机构不得开展相应的互联网诊疗活动。第 12 条规定,医疗机构开展互联网诊疗活动应符合医疗管理要求,建立医质量和医疗安全规章制度。第21条规定，医疗机构开展互联网诊疗活动应符合分级诊疗相关规定，与其功能定位相适应。第24条规定，医疗机构应加强互联网诊疗活动管理，建立完善相关管理制度、服务流程，保证互联网诊疗活动全程留痕、可追溯，并向监管部门开放数据接口。

2. 资源要求　《网诊办法》第13条规定，医疗机构开展互联网诊疗活动，应具备满足互联网技术要求的设备设施、信息系统、技术人员以及信息安全系统，并实施第三级信息安全等级保护。第14条规定，开展互联网诊疗活动的医师、护士应能够在国家医师、护士电子注册系统中查询；医疗机构应对开展互联网诊疗活动的医务人员进行电子实名认证，鼓励有条件的医疗机构通过人脸识别等人体特征识别技术加强医务人员管理。第25条规定，医师开展互联网诊疗活动应依法取得相应执业资质，具有3年以上独立临床工作经验，并经其执业注册的医疗机构同意。

3. 具体执业要求　《网诊办法》第15～19条作如下规定：①基层医疗卫生机构实施"互联网＋"家庭医生签约服务，在协议中告知患者服务内容、流程、双方责任和权利及可能出现的风险等，签订知情同意书。②医疗机构在线开展部分常见病、慢性病复诊时，医师应掌握患者病历资料，确定患者在实体医疗机构明确诊断为某（或几）种常见病、慢性病后，可以针对相同诊断进行复诊；当患者出现期情变化需要医务人员亲自诊查时，医疗机构及其医务人员应立即终止互联网诊疗活动，引导患者到实体医疗机构就诊；不得对首诊患者开展互联网诊疗活动。③医疗机构开展互联网诊疗活动应按《医疗机构病历管理规定》《电子病历基本规范（试行）》等相关文件要求，为患者建立电子病历，并按规定进行管理。④医疗机构开展互联网诊疗活动应严守《处方管理办法》等处方管理规定；医师掌握患者病历资料后，可为部分常见病、慢性病患者在线开具处方；在线开具的处方须有医师电子签名，经药师审核后，医疗机构、药品经营企业可委托符合条件的第三方机构配送。⑤医疗机构开展互联网诊疗活动时，不得开具麻醉药品、精神药品等特殊管理药品的处方；为低龄（6岁以下）儿童开具互联网儿童用药处方时，应确认患儿有监护人和相关专业医师陪伴。

4. 上下互助　《网诊办法》第22条规定：鼓励医联体内利用互联网技术，加快实现医疗资源上下贯通，提高基层医疗服务能力和效率，推动构建有序的分级诊疗格局；鼓励三级医院在医联体内通过互联网诊疗信息系统向下转诊患者。第23条规定，三级医院应优先发展与二级医院、基层医疗卫生机构之间的互联网医疗服务，为基层医疗卫生机构开展的互联网诊疗活动提供技术支持。

5. 信息安全　《网诊办法》第20条规定：医疗机构应严格执行信息安全和医疗数据保密的有关法律法规，妥善保管患者信息，不得非法买卖、泄露患者信息；发生患者信息和医疗数据泄露后，医疗机构应及时向主管的卫健行政部门报告，并立即采取有效应对措施。第24条规定，医疗机构应加强互联网诊疗活动管理，建立完善相关管理制度、服务流程，保证互联网诊疗活动全程留痕、可追溯，并向监管部门开放数据接口。

(四) 监管制度

1. **监管体系** 《网诊办法》第 4 条规定：国务院卫健委和中医药局负责全国互联网诊疗活动的监督管理；地方各级卫健行政部门负责辖区内互联网诊疗活动的监督管理。第 26 条规定，医疗机构开展互联网诊疗活动按照属地化管理的原则，由县级以上地方卫健行政部门进行监督管理。第 28 条规定，下级卫健行政部门未按《医管条例》和本办法规定管理互联网诊疗活动的，上级卫健行政部门应及时予以纠正。

2. **执业监管** 《网诊办法》第 24 条规定，医疗机构应加强互联网诊疗活动管理，建立完善相关管理制度、服务流程，保证互联网诊疗活动全程留痕、可追溯，并向监管部门开放数据接口。第 25 条规定，医师开展互联网诊疗活动应依法取得相应执业资质，具有 3 年以上独立临床工作经验，并经其执业注册的医疗机构同意。

3. **社会监督** 《网诊办法》第 27 条规定，县级及以上地方卫健行政部门应向社会公布允许开展互联网诊疗活动的医疗机构名单，公布监督电话或其他监督方式，及时受理和处置违法违规互联网诊疗服务举报。发现不符合本办法规定的，应及时告知有关主管部门。第 29 条规定，县级以上地方卫健行政部门应充分发挥社会组织作用，加强互联网诊疗活动的行业监督和自律。

三、互联网医院管理制度

(一) 概述

1. **概念** 互联网医院，是指利用互联网对就医者开展远程诊疗而依法专门设立的医院。依我国《互联网医院管理办法(试行)》(本节中简称《网院办法》)第 2 条规定，它包括作为实体医疗机构第二名称的互联网医院和依托实体医疗机构独立设置的互联网医院。

2. **国家主管** 《网院办法》第 3 条规定，国家按《医管条例》《医管细则》对互联网医院实行(行政许可)准入管理，并且为此特别制定了《互联网医院基本标准》。第 4 条规定，国家卫健委和中医药局负责全国互联网医院的监督管理；地方各级卫健行政部门负责辖区内互联网医院的监督管理。

(二) 准入制度

前已述，略，见第三章。

(三) 执业制度

1. **前提要求** ①《网院办法》第 14 条规定，互联网医院执行由国家或行业学协会制定的诊疗技术规范和操作规程。第 27 条规定，互联网医院应严格按国家法律法规加强内部各项管理。②信安保障：第 15 条规定，互联网医院信息系统按国家有关法律法规和规定，实施第三级信息安全等级保护。

2. **人才履职保障要求** ①《网院办法》第 16 条规定，在互联网医院提供医疗服务的医师、护士应当能够在国家医师、护士电子注册系统中进行查询；互联网医院应当对医务人员进行电子实名认证；鼓励有条件的互联网医院通过人脸识别等人体特征识别技术加强医务人员管理。②第17条规定，第三方机构依托实体医疗机构共同建立互联网医院的，应为实体医疗机构提供医师、药师等专业人员服务和信息技术支持服务，通过协议、合同等方式明确各方在医疗服务、信息安全、隐私保护等方面的责权利。③第24条规定，实体医疗机构或者与实体医疗机构共同申请互联网医院的第三方，应为医师购买医疗责任保险。

3. 具体执业要求　《网院办法》第18～23条作如下规定。

(1) 充分告知：互联网医院必须对患者进行风险提示，获得患者的知情同意。

(2) 恪尽职守：互联网医院邀请其他医师进行会诊时，会诊医师可以出具诊断意见并开具处方；患者未在实体医疗机构就诊，医师只能通过互联网医院为部分常见病、慢性病患者提供复诊服务；互联网医院可以提供家庭医生签约服务；当患者期情出现变化或存在其他不适宜在线诊疗服务的、医师应当引导患者到实体医疗机构就诊。

(3) 规范处方：①互联网医院应严格遵守《处方管理办法》等处方管理规定；②在线开具处方前，医师应掌握患者病历资料，确定患者在实体医疗机构明确诊断为某种或某几种常见病、慢性病后，可针对相同诊断的疾病在线开具处方；③所有在线诊断、处方须有医师电子签名；④处方经药师审核合格后方可生效，医疗机构、药品经营企业可委托符合条件的第三方机构配送；⑤不得在互联网上开具麻醉药品、精神类药品处方及其他用药风险较高、有其他特殊管理规定的药品处方；⑥为低龄（6岁以下）儿童开具互联网儿童用药处方时，应确定患儿有监护人和相关专业医师陪伴。

(4) 规范病历：①互联网医院开展互联网诊疗活动应按《医疗机构病历管理规定》《电子病历基本规范（试行）》等相关文件要求，为患者建立电子病历，并按照规定进行管理；②患者可在线查询检查检验结果和资料、诊断治疗方案、处方和医嘱等病历资料。

(5) 事件上报：互联网医院发生的医疗服务不良事件和药品不良事件按照国家有关规定上报。

(6) 信息管理：互联网医院应严格执行信息安全和医疗数据保密的有关法律法规，妥善保管患者信息，不得非法买卖、泄露患者信息；发生患者信息和医疗数据泄露时，医疗机构应及时向主管的卫生健康行政部门报告，并立即采取有效应对措施。

4. 上下互助　《网院办法》第25条规定，互联网医院提供医疗服务应符合分级诊疗相关规定，与依托的实体医疗机构功能定位相适应。第26条规定，鼓励城市三级医院通过互联网医院与偏远地区医疗机构、基层医疗卫生机构、全科医生与专科医生的数据资源共享和业务协同，促进优质医疗资源下沉。

(四) 监管制度

1. 内部监管　《网院办法》第27～29条作如下规定：①互联网医院应严格按照国家法律法规加强内部各项管理。②互联网医院应建立互联网医疗服务不良事件防范和处置流程,落实个人隐私信息保护措施,加强互联网医院信息平台内容审核管理,保证互联网医疗服务安全、有效、有序开展。③互联网医院提供诊疗服务的医师,应依法取得相应执业资质,在依托的实体医疗机构或其他医疗机构注册,具有3年以上独立临床工作经验;互联网医院提供服务的医师,应确保完成主要执业机构规定的诊疗工作。

2. **行政监管** ①《网院办法》第30条规定:省级卫健行政部门与互联网医院登记机关,通过省级互联网医疗服务监管平台,对互联网医院共同实施监管,重点监管互联网医院的人员、处方、诊疗行为、患者隐私保护和信息安全等内容;将互联网医院纳入当地医疗质量控制体系,相关服务纳入行政部门对实体医疗机构的绩效考核和医疗机构评审,开展线上线下一体化监管,确保医疗质量和医疗安全。②第33条规定,医疗机构和医务人员在开展互联网医疗服务过程中,有违反《医师法》《医管条例》《医疗事故处理条例》《护士条例》等违法行为的,按有关法律、法规、规章规定处理。③第34条规定,下级卫健行政部门未按《医疗机构管理条例》和本办法规定管理互联网医院的,上级卫健行政部门应及时予以纠正。

3. **社会监督** 《网院办法》第31条规定,县级以上地方卫健行政部门应向社会公布互联网医院名单及监督电话或其他监督方式,及时受理和处置违法违规互联网医疗服务的举报。发现不符合本办法规定的,应及时告知相关主管部门。

4. **担责主体** 《网院办法》第32条规定:取得医疗机构执业许可证的互联网医院,独立作为法律责任主体;实体医疗机构以互联网医院作为第二名称时,实体医疗机构为法律责任主体;互联网医院合作各方按合作协议书承担相应法律责任。

四、远程医疗服务制度

(一) 依据与界定

1. **运行和管理依据** 《远程医疗服务管理规范(试行)》(本节中简称《远医规范》)。

2. **界定** 《远医规范》第一部分(管理范围)规定,本规范所称远程医疗服务包括以下情形:①某医疗机构(以下简称邀请方)直接向其他医疗机构(以下简称受邀方)发出邀请,受邀方运用通讯、计算机及网络技术等信息化技术,为邀请方患者诊疗提供技术支持的医疗活动,双方通过协议明确责权利。②邀请方或第三方机构搭建远程医疗服务平台,受邀方以机构身份在该平台注册,邀请方通过该平台发布需求,由平台匹配受邀方或其他医疗机构主动对需求做出应答,运用通讯、计算机及网络技术等信息化技术,为邀请方患者诊疗提供技术支持的医疗活动。邀请方、平台建设运营方、受邀方通过协议明确责权利。③邀请方通过信息平台直接邀请医务人员提供在线医疗服务的、必须申请设置互联网医院,按《网院办法》管理。

(二) 开展(此项服务)条件

1. **医疗机构基本条件** 必须同时具备:①有卫健行政部门批准、与所开展远程医疗服务相应的诊疗科目；②有在本机构注册、符合远程医疗服务要求的专业技术人员；③有完善的远程医疗服务管理制度、医疗质量与医疗安全、信息化技术保障措施。

2. **人员基本条件** 必须符合：①邀请方与受邀方应根据患者病情安排相应医务人员参与远程医疗服务；邀请方至少有 1 名执业医师（可多点执业）陪同，若邀请方为基层医疗卫生机构，可由执业助理医师或乡村医生陪同；受邀方至少有 1 名具有相应诊疗服务能力、独立开展临床工作 3 年以上的执业医师（可多点执业）为患者提供远程医疗服务；根据患者病情，可提供远程多学科联合诊疗服务。②有专职人员负责仪器、设备、设施、信息系统的定期检测、登记、维护、改造、升级，符合远程医疗相关卫生信息标准和信息安全的规定，保障远程医疗服务信息系统（硬件和软件）处于正常运行状态，满足医疗机构开展远程医疗服务的需要。

3. **设备设施基本条件** 必须同时满足：①远程医疗信息系统应满足图像、声音、文字及诊疗所需其他医疗信息的安全、实时传输，图像清晰，数据准确，符合《远程医疗信息系统建设技术指南》，满足临床诊疗要求；②重要设备和网络应有不间断电源；③远程医疗服务网络应至少有 2 家网络供应商提供的网络，保障远程医疗服务信息传输通畅，有条件的可建设远程医疗专网。

(三) 运行要求

1. **签订合作协议** 医疗机构间直接或通过第三方平台开展远程医疗服务的，应签订远程医疗合作协议，约定合作目的、合作条件、合作内容、远程医疗流程、各方责任权利义务、医疗损害风险和责任分担等事项；合作协议可以电子文件形式签订。

2. **知情同意** 邀请方应根据患者的病情和意愿组织远程医疗服务，并向患者说明远程医疗服务内容、费用等情况，征得患者书面同意，签署远程医疗服务知情同意书；不宜向患者说明病情的，应征得其监护人或近亲属书面同意。

3. **远程会诊** 医疗机构之间通过远程进行会诊，受邀方提供诊断治疗意见，邀请方明确诊断治疗方案。其具体步骤为：①发出邀请：邀请方需要与受邀方通过远程医疗服务开展个案病例讨论的，需向受邀方直接或通过第三方平台提出邀请，邀请至少应包括邀请事由、目的、时间安排、患者相关病历摘要及拟邀请医师的专业和技术职务任职资格等；医疗联合体内可协商建立稳定的远程心电诊断、远程影像诊断、远程病理诊断等机制，加强上级医院对基层医疗机构的技术支持。②接受邀请：受邀方接到邀请方或第三方平台发出的远程医疗服务邀请后，要及时作出是否接受邀请的决定；接受邀请的，须告知邀请方，并做好相关准备工作；不接受邀请的，及时告知邀请方并说明理由；第三方平台参与匹配的，还要同时将是否接受邀请告知第三方平台运营方。③实施服务：受邀方应认真负责地安排具备相应资质和技术能力的医务人员，按相关法律、法规和诊疗规范的要求，提供远程医疗服务，及时将诊疗意见告知邀请方，并出具由相关医师签名的诊疗意见报告；邀请方根据患者临床资料，参考受邀方的诊疗意见，决定诊断与治疗方案。

4. **远程诊断** 邀请方和受邀方建立对口支援或者形成医疗联合体等合作关系，由邀请方实施医学影像、病理、心电、超声等辅助检查,由受邀的上级医疗机构进行诊断,具体流程由邀请方和受邀方通过协议明确。

5. **妥善保存资料**　邀请方和受邀方要按照病历书写及保管有关规定共同完成病历资料,原件由邀请方和受邀方分别归档保存。远程医疗服务相关文书可通过传真、扫描文件及电子签名的电子文件等方式发送。医务人员为患者提供咨询服务后,应当记录咨询信息。

(四) 管理要求

1. **机构要求**　开展远程医疗服务的医疗机构应按照以下要求开展工作：①制定并落实管理规章制度,执行国家发布或者认可的技术规范和操作规程,建立应急预案,保障医疗质量与安全。②设置专门的医疗质量安全管理部门或配备专职人员,负责远程医疗服务质量管理与控制工作,履行以下职责；对规章制度、技术规范、操作规程的落实情况进行检查；对医疗质量、器械和设备管理等方面进行检查；对重点环节和影响医疗质量与安全的高危因素进行监测、分析和反馈,提出预防与控制措施；对病历书写、资料保存进行指导和检查等。③医疗质量安全管理人员应具备相关专业知识和工作经验。④参与远程医疗运行各方应加强信息安全和患者隐私保护,防止违法传输、修改,防止数据丢失,建立数据安全管理规程,确保网络安全、操作安全、数据安全、隐私安全。⑤与第三方机构合作发展远程医疗服务的,要通过协议明确各方权利、义务和法律责任,落实财务管理各项制度。

2. **人员要求**　①医疗机构应制定并落实远程医疗服务相关医务人员的培训计划。使其具备与本职工作相关的专业知识;建立对技术人员的专业知识更新、专业技能维持与培养等管理的相关制度和记录;落实相关管理制度和工作规范。②医务人员对患者进行远程医疗服务时应遵守医疗护理常规和诊疗规范。

3. **质量要求**　远程医疗服务在医疗质量上要求：①按国家发布或认可的诊疗技术规范和操作规程有关要求,建立并实施医疗质量管理体系,遵守相关技术规范和标准,实行患者实名制管理,持续改进医疗质量。②积极参与省级以上远程医疗服务质控中心组织的医疗质量管理与控制相关工作,接受卫健行政部门和质控中心的业务指导与监管。③医疗质量安全管理人员督促落实各项规章制度和日常管理工作,并对本机构远程医疗服务行为进行定期巡视。④信息技术专业人员做好远程医疗设备的日常维护,保证其正常运转。⑤受邀方参与远程医疗服务的医务人员应具有应急处理能力。⑥提供医学检查检验等服务的远程医疗服务中心,应配备具有相应资质的卫生专业技术人员,按相应的规范开展工作。⑦建立良好的医患沟通机制,保障患者知情同意权,维护患者合法权益。⑧严格按有关规定与要求,规范使用和管理医疗设备、医疗耗材、消毒药械和医疗用品等。

(五) 加强监管

(1) 地方各级卫健行政部门应加强对辖区内医疗机构提供远程医疗服务的监督管

理,将远程医疗服务纳入当地医疗质量控制体系,确保远程医疗服务质量和安全。

(2) 在远程医疗服务过程中发生医疗争议时,患者向邀请方所在地卫健行政部门提出处理申请。远程会诊由邀请方承担相应法律责任,远程诊断由邀请方和受通方共同承担相应法律责任。

(3) 医疗机构与第三方机构合作开展远程医疗服务发生争议时,由邀请方、受邀方、第三方机构按相关法律、法规和各方达成的协议进行处理,并承担相应的责任。

(4) 医疗机构和医务人员在开展远程医疗服务过程中,违反《执业医师法》《医管条例》《医疗事故处理条例》《护士条例》等法律、法规行为的,由卫健行政部门按有关法律、法规规定处理。

第三节 医务人员执业制度

一、诊疗行为的特点及其基本要求

(一) 诊疗行为的特点

1. 诊疗行为 这里的诊疗是执业行为,仅指医护等人员在执业地点,按照执业类别和范围,在执业时间段(含加班)内,对建立医疗服务关系的就医者所施行的诊和疗等行为。从字面上看,诊疗是诊断和治疗的合称,它一般被指适格医疗机构及医务人员运用医学知识和技术为就医者提供医技服务和帮助,旨在解决其就医需求的各环节专业活动的总和,包括诊断、预防、治疗和保健等。其中:①诊断,是指医疗机构及医生运用或凭借其所掌握医学科学认知和技术手段对就医者的身体状况和临床表现对病因或伤情及其程度和原因作出的判断与确定,如今,即使是中医,诊断也离不开前述广义的检验环节;在特殊情形下也不排除用药物等对症治疗和外科(穿刺或剖腹探查等)方式。②预防,在此特指对疾病的预防,该疾病既包括传染病,也包括非传染(含常见和多发性)疾病;在方式上既采用药物免疫或手术干预,也采用健康教育(以改变不良生活习惯);在阶段和方式上,它也包括体检和疾病筛查。③治疗,在此指为特定目的而对病(伤)者采用药物(服用、注射、涂贴等)、手术和其他物理等方式以改变其原有(因病或伤等而受损的)生理状态使之趋向痊愈或控制恶变,或者缓解、改善症状的医疗活动;它一般以诊断明确为前提,但也可(因情况紧迫等而)对症施行;依执行主体的不同,它可由医生(处方等)、护士(注射等)和技师(理疗等)施行;依环节的不同,仅以骨科为例,它可从手术复位固定起,一直延伸至旨在恢复功能的康复阶段。④保健,指医疗机构中的医务人员为保护和促进人体健康、防治疾病所采取的包括技术(含药物)干预、健康教育与指导和锻炼等综合性措施;依服务对象的不同,可分为儿童保健、妇女保健、老年保健和劳动保健等。

2. 诊疗的特点 主要体现在：①无论处于哪个环节，它均与就医者的健康安全相关；②此类行为并非法无禁止皆可为的自由开放型，而是依法须经卫生行政许可方可为，这是卫健行政部门履行其保障人民健康（基本人）权之职责的具体体现；③只能由适格的医护人员施行，此适格指具有执业资格、持有医师（含助理医师或乡村医生）执业证书，或者具有护士执业资格、持有护士执照；④如前所述，透过诊疗的医技专业活动，医护人员的执业行为从本质上说系（政府）信托关系的受托性质，是对肩负使命的履职行为，应符合以就医者为受益人施行时须符合有利于就医者健康权利和状况（与医学伦理之有利原则一致）；⑤基于前一特点，决定了诊疗行为的目的应是利他（就医者）而非利己（医疗机构及其工作人员，因此"投资"医疗领域，欲通过诊疗营利实与该目的背道而驰），该利他要求实现其利益最大化，尽可能做到以最小损害（或付出）求得最佳利益（与医学伦理之无害原则一致）；⑥一般由（医、技、护等）人实施，即使是再先进的医疗器械（含胶囊内窥镜、人工智能设备），也只能是医务人员实施诊疗行为的工具，不具有独立于医护人员的主体地位；⑦施行诊疗行为须遵循相关规范，该规范包括执业范围、相关法律规范和操作规程等技术规范（略，见后文）；⑧如同医学是不断发展中的学科一样，诊疗行为亦是存有风险的行为：它受制于整体科技和医学技术发展水平，它还受制于我国目前整体诊断能力以及各诊疗主体能力的个体差异，即使同一医技高超且一直恪尽职责的医生也可能因其自身身体或精神状况的影响而"失手"；⑨作为一个有能力、有抱负的社会人，选择医生职业，就"人尽其才"角度，就意味着他（她）须忘其部分私权；如前所述，就不应施展财能（通过经营获利，更不得受贿索贿），依《专利法》第25条第1款第3项规定，疾病的诊疗方法不能授予专利权；⑩医护人员施行诊疗行为时必然负担且须履行相关的附随义务，诸如（就医者的）知情同意、依规制作病历和恪尽职责（含查对）等（略，详见本章后文）。

（二）诊疗行为的基本要求

1. 医护人员在执业中的基本义务 《医师法》第22条规定，医师在执业活动中履行下列（基本）义务：①遵守法律、法规，遵守技术操作规范；②树立敬业精神，遵守职业道德，履行医师职责，尽职尽责为患者服务；③关心、爱护、尊重患者，保护患者的隐私和其他个人信息；④努力钻研业务，更新知识，提高专业技术水平；⑤宣传卫生保健知识，对患者进行健康教育。

《乡医条例》第24条规定，乡村医生在执业活动中应履行下列义务：①遵守法律、法规、规章和诊疗护理技术规范、常规；②树立敬业精神，遵守职业道德，履行乡村医生职责，为村民健康服务；③关心、爱护、尊重患者，保护患者的隐私和其他个人信息；④努力钻研业务，更新知识，提高专业技术水平；⑤向村民宣传卫生保健知识，对患者进行健康教育。

《护士条例》第16条规定，护士执业，应遵守法律、法规、规章和诊疗技术规范的规定；第18条后款规定，（护士）应保护患者的隐私和其他个人信息。

2. 按注册规定执业　①《医师法》第 14 条第 1 款规定，医师经注册后，在医疗、预防、保健机构中按照注册的执业地点、执业类别、执业范围执业，从事相应的医疗、预防、保健业务。②该法第 30 条规定，助理医师应在执业医师的指导下，在医疗、预防、保健机构中按其执业类别执业；在乡、民族乡、镇的医疗、预防、保健机构中工作的执业助理医师，可根据医疗诊治的情况和需要，独立从事一般的执业活动。③《护士条例》第 9 条也对其执业地点予以规定。

3. 亲自诊查并对所签相关书证负责　①《医师法》第 22 条规定：医师实施医疗、预防、保健措施，签署有关医学证明文件，必须亲自诊查、调查，并按照规定及时填写医学文书，不得隐匿、伪造或销毁医学文书及有关资料；医师不得出具与自己执业范围无关或与执业类别不相符的医学证明文件。②《乡医条例》第 28 条规定，乡村医生不得出具与执业范围无关或与执业范围不相符的医学证明。

4. 对病(伤)者的积极作为义务　①《医师法》第 23 条规定，对急危患者，医师应采取紧急措施进行诊治；(对之)不得拒绝急救处置。②《乡医条例》第 27 条规定，(乡村医生)对超出一般医疗服务范围或者限于医疗条件和技术水平不能诊治的病人，应及时转诊；情况紧急不能转诊的，应先行抢救并及时向有抢救条件的医疗卫生机构求助。③《护士条例》第 17 条第 1 款规定：护士在执业活动中，发现患者病情危急，应当立即通知医师；在紧急情况下为抢救垂危患者生命，应先行实施必要的紧急救护。

5. 尊重就医者方的知情同意权　①《医师法》第 26 条规定，医师应如实向患者或其家属介绍病情，但应注意避免对患者产生不利后果；医师进行实验性临床医疗，应经医院批准并征得患者本人或其家属同意。②《侵权责任法》第 55 条第 1 款规定，医务人员在诊疗活动中应向患者说明病情和医疗措施；需要实施手术、特殊检查、特殊治疗的，医务人员应及时向患者说明医疗风险、替代医疗方案等情况，并取得其书面同意；不宜向患者说明的，应向患者的近亲属说明，并取得其书面同意。该法第 56 条规定，因抢救生命垂危的患者等紧急情况，不能取得患者或其近亲属意见的，经医疗机构负责人或授权的负责人批准，可以立即实施相应的医疗措施。③《乡医条例》第 27 条前款规定，乡村医生应如实向患者或者其家属介绍病情。④《医管条例》第 33 条规定，医疗机构施行手术、特殊检查或特殊治疗时须征得患者同意，并应取得其家属或关系人同意并签字；无法取得患者意见时，应取得家属或关系人同意并签字；无法取得患者意见又无家属或关系人在场，或者遇到其他特殊情况时，经治医师应提出医疗处置方案，在取得医疗机构负责人或被授权负责人员的批准后实施。

6. 依法用物　①《医师法》第 25 条规定：医师应使用经国家有关部门批准使用的药品、消毒药剂和医疗器械；除正当诊断治疗外，不得使用麻醉药品、医疗用毒性药品、精神药品和放射性药品。②《乡医生条例》第 29 条后款规定，乡村医生应在乡村医生基本用药目录规定的范围内用药；第 26 条规定，乡村医生在执业活动中，不得重复使用一次性医疗器械和卫生材料；对使用过的一次性医疗器械和卫生材料，应当按照规定处置。

7. **报告义务**　①《执业医师法》第 29 条规定,医师发生医疗事故或发现传染病疫情时,应按有关规定及时向所在机构或卫生行政部门报告;医师发现患者涉嫌伤害事件或非正常死亡时,应按照有关规定向有关部门报告。②《乡医条例》第 25 条后款规定,(乡村医生应)按规定及时报告传染病疫情和中毒事件,如实填写并上报有关卫生统计报表,妥善保管有关资料。③《护士条例》第 17 条第 2 款后项规定,护士发现医嘱违反法律规范性文件或诊疗技术规范规定的,必要时,应向该医师所在科室的负责人或医疗卫生机构负责医疗服务管理的人员报告。

8. **紧急情形受调遣**　①《医师法》第 28 条规定,遇有自然灾害、传染病流行、突发重大伤亡事故及其他严重威胁人民生命健康的紧急情况时,医师应服从县级以上医政部门的调遣。②《医管条例》第 39 条规定,发生重大灾害、事故、疾病流行或其他意外情况时,医疗机构及其卫生技术人员须服从县级以上医政部门的调遣。③《护士条例》第 19 条后款规定,发生自然灾害、公共卫生事件等严重威胁公众生命健康的突发事件,护士应服从县级以上医政部门或所在医疗卫生机构的安排,参加医疗救护。

9. **禁止收取不正当利益**　①《医师法》第 27 条规定,医师不得利用职务之便,索取、非法收受患者财物或牟取其他不正当利益。②《侵权责任法》第 63 条规定,医疗机构及其医务人员不得违反诊疗规范实施不必要的检查。

10. **乡村医生、护士的其他特有义务**　①乡村医生的特有义务:《乡医条例》第 25 条前款规定乡村医生应协助有关部门做好初级卫生保健服务工作;该条例第 28 条后款规定,不得进行实验性临床医疗活动。②护士特有义务:《护士条例》第 17 条第 2 款规定护士发现医嘱违反法律规范性文件或诊疗技术规范规定的,应及时向开具医嘱的医师提出;必要时,应向该医师所在科室的负责人或医疗卫生机构负责医疗服务管理的人员报告。第 18 条前款规定护士应尊重、关心、爱护患者。第 19 条前款规定护士有义务参与公共卫生和疾病预防控制工作。

二、执业注册制度

前已述,略,见第三章。

三、处方(用药)制度

(一) 处方概述

处方,是指由注册的执业医师或助理医师在诊疗活动中为病(伤)者开具的、由取得药学专业技术职务任职资格的药学专业技术人员(即依《卫生技术人员职务试行条例》规定,取得药学专业技术职务任职资格人员,含主任药师、副主任药师、主管药师、药师、药士)审核、调配、核对,并作为该病(伤)者用药凭证的医疗文书。处方的特征为:①系经治医师在明确诊断或针对病(伤)者临床表现后采用药物治疗的行为载体;②须由适格药技人员审核并据此调配的凭证,亦系处方药获取的凭证,更系该病(伤)者如何(自行或由护士执行)用药的凭证;③它只能由具有处方权者(经注册的执业医师或助理医师)开具,一般以医疗机构为具有处方权的执业医师或助理医师统一刻制并经确认和备案的医师处方签章为标志;④它受国家卫生行政部门制度规制,2007年2月卫生部发布并于同年5月起施行的《处方管理办法》(本节中简称《处方办法》)是规制医师处方行为的具体法律依据。处方也含医疗机构病区用药医嘱单。

(二) 处方的开具

1. 基本要求

(1) 基本要求:《处方办法》第5条规定,处方标准(附件)由卫生部统一规定,处方格式由省级卫生厅或局统一制定,处方由医疗机构按规定的标准和格式印制。该附件确定了处方的标准:①内容,主要包括:前记:含医疗机构名称、费别、患者姓名、性别、年龄、门诊或住院病历号,科别或病区和床位号、临床诊断、开具日期等(可添列特殊要求的项目);麻醉药品和第一类精神药品处方还应包括患者身份证明编号,代办人姓名、身份证明编号;正文:以Rp或R(拉丁文Recipe"请取"的缩写)标示,分列药品名称、剂型、规格、数量、用法用量;后记:医师签名或者加盖专用签章,药品金额以及审核、调配、核对、发药药师签名或者加盖专用签章。②颜色标志:普通处方的印刷用纸为白色;急诊处方印刷用纸为淡黄色,右上角标注"急诊";儿科处方印刷用纸为淡绿色,右上角标注"儿科";麻醉药品和第一类精神药品处方印刷用纸为淡红色,右上角标注"麻、精一";第二类精神药品处方印刷用纸为白色,右上角标注"精二"。

(2) 基本原则:《处方办法》第4条规定,医师开具处方和药师调剂处方应遵循安全、有效、经济的原则。第15条规定,医疗机构应根据本机构性质、功能、任务,制定药品处方集。

(3) 基本规则:《处方办法》第6条规定,处方书写应符合下列规则:①患者一般情况、临床诊断填写清晰、完整,并与病历记载相一致;②每张处方限于一名患者的用药;③字迹清楚,不得涂改;如需修改,应在修改处签名并注明修改日期;④药品名称应使用规范的中文名称书写,没有中文名称的可以使用规范的英文名称书写;医疗机构或医师、药师不得自行编制药品缩写名称或使用代号;书写药品名称、剂量、规格、用法、用量要准确规范,药品用法可用规范的中文、英文、拉丁文或缩写体书写,但不得使用"遵医嘱""自用"等含糊不清字句;⑤就医者年龄应填写实足年龄,新生儿、婴幼儿写日、月龄,必要时要注明体重;⑥西药和中成药可分别开具处方,也可开具一张处方,中药饮片应单独开具处方;中药饮片处方的书写,一般应按"君、臣、佐、使"的顺序排列;调剂、煎煮的特殊要求注明在药品右上方,并加括号,如布包、先煎、后下等;对饮片的产地、炮制有特殊要求的,应当在药品名称之前写明;⑦开具西药、中成药处方,每一种药品应另起一行,每张处方不得超过5种药品;⑧药品用法用量应按药品说明书规定的常规用法用量使用,特殊情况需要超剂量使用时,应注明原因,并再次签名;⑨除特殊情况外,应注明临床诊断;⑩开具处方后的空白处划一斜线以示处方完毕。处方医师的签名式样和专用签章应与院内药学部门留样备查的式样相一致,不得任意改动,否则应当重新登记留样备案。

(4) 剂量和数量:《处方办法》第 7 条规定:①药品剂量与数量用阿拉伯数字书写;②剂量应当使用法定剂量单位:重量以克(g)、毫克(mg)、微克(μg)、纳克(ng)为单位;容量以升(L)、毫升(ml)为单位;国际单位(IU)、单位(U)、中药饮片以克(g)为单位;③片剂、丸剂、胶囊剂、颗粒剂分别以片、丸、粒、袋为单位;溶液剂以支、瓶为单位;软膏及乳膏剂以支、盒为单位;注射剂以支、瓶为单位,应当注明含量;中药饮片以剂为单位。

2. 处方权和调剂权

(1) 取得。《处方办法》规定:①经注册的执业地点取得相应的处方权;经注册的执业助理医师在医疗机构开具的处方,应经所在执业地点执业医师签名或加盖专用签章后方有效。②经注册的执业助理医师在乡、民族乡、镇、村的医疗机构独立从事一般的执业活动,可在注册的执业地点取得相应的处方权。③医师应在注册的医疗机构签名留样或专用签章备案后,方可开具处方。④医疗机构应按有关规定,对本机构执业医师和药师进行麻醉药品和精神药品使用知识和规范化管理的培训;执业医师经考核合格后取得麻醉药品和第一类精神药品的处方权,药师经考核合格后取得麻醉药品和第一类精神药品调剂资格。

(2) 行使。《处方办法》规定:①医师取得麻醉药品和第一类精神药品处方权后,方可在本机构开具麻醉药品和第一类精神药品处方,但不得为自己开具该类药品处方;药师取得麻醉药品和第一类精神药品调剂资格后,方可在本机构调剂麻醉药品和第一类精神药品;②试用期人员开具处方,应经所在医疗机构有处方权的执业医师审核、并签名或加盖专用签章后方有效;③进修医师由接收进修的医疗机构对其胜任本专业工作的实际情况进行认定后授予相应的处方权。

3. 开具 它涉及以下方面。

(1) 原则性规定。①《处方办法》第 14 条规定:医师应根据医疗、预防、保健需要,按照诊疗规范、药品说明书中的药品适应证、药理作用、用法、用量、禁忌、不良反应和注意事项等开具处方;开具医疗用毒性药品、放射性药品的处方应严格遵守有关法律、法规和规章的规定。②第 28 条前款规定,医师利用计算机开具、传递普通处方时,应同时打印出纸质处方,其格式与手写处方一致;打印的纸质处方经签名或者加盖签章后有效。③第 50 条规定:处方由调剂处方药品的医疗机构妥善保存;普通处方、急诊处方、儿科处方保存期限为 1 年,医疗用毒性药品、第二类精神药品处方保存期限为 2 年,麻醉药品和第一类精神药品处方保存期限为 3 年;处方保存期满后,经医疗机构主要负责人批准、登记备案,方可销毁。

(2) 时效。办法第 18 条规定,处方开具当日有效;特殊情况下需延长有效期的,由开具处方的医师注明有效期限,但有效期最长不得超过 3 天。

(3) 药名。《处方办法》第 17 条规定：①医师开具处方应使用经药品监管部门批准并公布的药品通用名称、新活性化合物的专利药品名称和复方制剂药品名称;②医师开具院内制剂处方时应使用经省级卫生行政部门审核、药品监督管理部门批准的名称;③医师可使用由卫生部公布的药品习惯名称开具处方。

(4) 用量的基本要求。《处方办法》第 19 条规定：①处方一般不得超过 7 日用量;急诊处方一般不得超过 3 日用量;②对于某些慢性病、老年病或特殊情况,处方用量可适当延长,但医师应当注明理由;③医疗用毒性药品、放射性药品的处方用量应严格按照国家有关规定执行。

(5) 麻精毒药品处方。《处方办法》第 20～26 条规定：①基本要求：除治疗需要外,医师不得开具麻醉药品、精神药品、医疗用毒性药品和放射性药品处方;医师应按照卫生部制定的麻醉药品和精神药品临床应用指导原则,开具麻醉药品、第一类精神药品处方;未取得处方权的人员及被取消处方权的医师不得开具处方;医疗机构应根据麻醉药品和精神药品处方开具情况,按麻醉药品和精神药品品种、规格对其消耗量进行专册登记,登记内容包括发药日期、患者姓名、用药数量。专册保存期限为 3 年。②门(急)诊癌症疼痛患者和中、重度慢性疼痛患者需长期使用麻醉药品和第一类精神药品的,首诊医师应亲自诊查患者,建立相应的病历,要求其签署知情同意书;病历中应留存下列材料复印件：二级以上医院开具的诊断证明;患者户籍簿、身份证或者其他相关有效身份证明文件;为患者代办人员身份证明文件。③除需长期使用麻醉药品和第一类精神药品的门(急)诊癌症疼痛患者和中、重度慢性疼痛患者外,麻醉药品注射剂仅限于医疗机构内使用;④为门(急)诊患者开具的麻醉药品注射剂,每张处方为一次常用量;控缓释制剂,每张处方不得超过 7 日常用量;其他剂型,每张处方不得超过 3 日常用量。⑤第一类精神药品注射剂,每张处方为一次常用量;控缓释制剂,每张处方不得超过 7 日常用量;其他剂型,每张处方不得超过 3 日常用量;哌醋甲酯用于治疗儿童多动症时,每张处方不得超过 15 日常用量。⑥第二类精神药品,一般每张处方不得超过 7 日常用量;对于慢性病或某些特殊情况的患者,处方用量可以适当延长,医师应当注明理由。⑦为门(急)诊癌症疼痛患者和中、重度慢性疼痛患者开具的麻醉药品、第一类精神药品注射剂,每张处方不得超过 3 日常用量;控缓释制剂,每张处方不得超过 15 日常用量;其他剂型,每张处方不得超过 7 日常用量。⑧为住院患者开具的麻醉药品和第一类精神药品处方应当逐日开具,每张处方为 1 日常用量。⑨对于需要特别加强管制的麻醉药品,盐酸二氢埃托啡处方为一次常用量,仅限于二级以上医院内使用;盐酸哌替啶处方为一次常用量,仅限于医疗机构内使用。

4. 监督

(1) 内部监督。《处方办法》第 43～45 条规定,①医疗机构应履行如下监督职责：加强对本机构处方开具、调剂和保管的管理;建立处方点评制度,填写处方评价表,对处方实施动态监测及超常预警,登记并通报不合理处方,对不合理用药及时予以干预;对出现超常处方 3 次以上且无正当理由的医师提出警告,限制其处方权;限制处方权后,仍连续 2 次以上出现超常处方且无正当理由的,取消其处方权;根据麻醉药品和精神药品处方开具情况,按麻醉药品和精神药品品种、规格对其消耗量进行专册登记,登记内容包括发药日期、患者姓名、用药数量。专册保存期限为 3 年。②取向处方权。《处方办法》第 46 条规定,医师有下列情形之一的,处方权由其所在医疗机构予以取消:被责令暂停执业;考核不合格离岗培训期间;被注销、吊销执业证书;不按照规定开具处方,造成严重后果的;不按照规定使用药品,造成严重后果的;因开具处方牟取私利。③上述关于处方调配后的保存制度,系重要的监督制度,此处略。

(2) 行政机关的监督。办法第 52 条规定,县级以上地方医政部门应定期对本行政区域内医疗机构处方管理情况进行监督检查;县级以上医政部门在对医疗机构实施监督管理过程中,发现医师出现本办法第 46 条规定情形的,应责令医疗机构取消其医师处方权。

(3) 药师对处方的审核与调配。①基本含义与相关规定:处方审核是指药学专业技术人员运用专业知识与实践技能,根据相关法律法规、规章制度与技术规范等,对医师在诊疗活动中为患者开具的处方,进行合法性、规范性和适宜性审核,并作出是否同意调配发药决定的药学技术服务。2018 年 6 月 29 日,国家卫健委、中医药局和中央军委后勤保障部联合制发的《医疗机构处方审核规范》是药师履行职责的依据。②关于药学人员对处方的审核、调配等的职责,虽对医师处方的正确与否具有监督和否定效力,应当引起高度重视,临床医生特别是已获得处方权的医师,以便使之在每次开处方时能尽到专家注意义务,保证每一处方的正确性;但因它不属临床医技人员本身的职责,此处略。

5. 关于处方中避免抗生素滥用问题 我国关于滥用抗生素的负面报道屡见不鲜,事实上我国自 2011 年以来,国家卫生行政部门多次发布"限抗令",2018 年 5 月,国家卫健委又发布了《关于持续做好抗菌药物临床应用管理有关工作的通知》予以限制[1]。因篇幅及本书主题所限,笔者在此不予展开,仅以引起读者注意为愿。

四、医嘱制度

(一) 概述

医嘱,即医生作出的嘱咐,是指在对已经治病(伤)员诊疗后向执行者用特定的书面形式下达的下一步须执行的医技专业指令,其执行者通常为下级医生和护理人员。它一般可被分为:长期医嘱、临时医嘱、备用医嘱、口头医嘱和重整医嘱等。长期医嘱,是指执行期为两次以上,有效期至少为 24 小时,医生明确停止执行时间的书面医嘱。临时医嘱,即医生对执行者作出的、有效期不超过 24 小时、执行效力为一次性(可两项以上)的指令。备用医嘱,又称预测医嘱或预案医嘱,是为正在执行的(长期或临时)医嘱作备用方案的医嘱,根据未来执行期限的不同,又可被分为长期备用医嘱(prn 医嘱)和临时备用医嘱(sos 医嘱)。其中,前者的有效时间在 24 小时以上,需由医师明示停止时间后方为失效;后者则仅在规定的时间内有效,过期尚未执行则失效。口头医嘱,则一般是医生在紧急情况或不具备作书面医嘱的条件下,以口头形式作出的医嘱,若在场的下级医生或护理人员书面记录的,可在复述一遍后交指令医生书面签字确认。重整医嘱,指对已更改过多或有效医嘱过于分散,为了一目了然,防止差错,而重新梳理后形成的整合性的医嘱。此外,根据不同功能,还有手术医嘱和转院医嘱等。

(二) 制作要求

1. **医嘱的基本内容**　主要包括:①《病历书写基本规范》第 28 条第 2 款规定,长期医嘱单内容包括患者姓名、科别、住院病历号(或病案号)、页码、起始日期和时间、长期医嘱内容(护理级别、隔离种类、饮食、体位、各种检查和治疗、药物名称、剂量、用法)、停止日期和时间、执行时间、医嘱制作日期、医师签名执行护士签名。②临时医嘱单内容包括医嘱时间、临时医嘱内容、医师签名、执行时间、执行护士签名等。

2. **制作医嘱的基本要求**　依《病历书写基本规范》第 28 条第 3 款和第 4 款规定,应包括:①医嘱内容及起始、停止时间应当由医师书写;②医嘱内容应准确、清楚,每项医嘱应只包含一个内容,并注明下达时间,应具体到分钟;③医嘱不得涂改;④需要取消时,应使用红色墨水标注"取消"字样并签名;⑤一般情况下,医师不得下达口头医嘱;因抢救急危患者需要下达口头医嘱时,护士应复诵一遍;抢救结束后,医师应当即刻据实补记医嘱。

此外,《医制》第 27 条还规定:①医嘱一般在上班后 2 小时内开出,要求层次分明,内容清楚;②转抄和整理须准确;③临时医嘱应向护士交代清楚;④开写、执行和取消医嘱必须签名并注明时间;⑤医师写出医嘱后,要复查一遍;⑥除抢救或手术中不得下达口头医嘱,下达口头医嘱,护士需复诵一遍,经医师查对药物后执行,医师要及时补记医嘱;⑦每项医嘱一般只能包含一个内容;⑧手术后和分娩后要停止术前和产前医嘱,重开医嘱,并分别转抄于医嘱记录单和各项执行单上;⑨严禁不看病人就开医嘱的草率作风。

3. **具体制作要求**　主要包括如下两方面。

(1) 对药物的专业书写要求:①药名:药名用拉丁、英或中文,不得使用化学分子式;用全药名或规定的缩写药名,不可用自编药名缩写。②含量:液体必须写浓度(合剂此外)。③剂型:药名前应标明剂型,但一般常用药可以省略。④剂量:液体以毫升(ml)表示,固体以克(g)或毫克(mg)、微克(μg)表示;以克为单位的,单位克可以省略。⑤书写一致:药物名称、剂量、单位、用法的字体要一致,即用英文都用英文,用中文都用中文,不能中英文混合应用。⑥给药指导:静脉给药或数药并用时,先写溶药的溶剂(如5%葡萄糖)名,后按主次顺序排写药名;用法另起一行,并注明滴数。⑦凡试敏药物,应记录在临时医嘱单上,医生在药物后画以蓝色括号,试敏后用红色"＋""－"表示"过敏"

"不过敏",如:青霉素过敏则表示为:青霉素(+)。⑧每项医嘱前填写日期、时间,医嘱后签名。⑨取消医嘱在医嘱执行时间栏里以红色标记"取消"字样。

(2) 内容安排:①对长期医嘱,一般依次为:护理常规,如骨科护理,产科护理等;护理级别,如一级护理,特级护理等;饮食,如普食、限糖等;(是否属)病重病危,若一般疾病不用写;卧位,如绝对卧床或半卧位;特殊处理要求,如测 Bp(血压)、R(呼吸)、P(脉搏)半小时一次或雾化吸入等;给药途径,按静脉、肌肉、口服顺序书写。②临时医嘱,则按处理的时间顺序书写。

(三) 执行制度

1. 《护士条例》的规定　　条例第17条第2款规定:护士发现医嘱违反法律、法规、规章或诊疗技术规范规定的,应及时向开具医嘱的医师提出;必要时,应向该医师所在科室的负责人或医疗卫生机构负责医疗服务管理的人员报告。

2. 《医制》的规定　　该制度第27条规定:①履行"三查七对"义务(略,见后文)。②除抢救或手术中外,一般不执行口头医嘱;执行此类口头医嘱时,护士需复诵一遍,经医师查对药物后方可执行;应监督医师及时据实补记医嘱。③转抄、整理医嘱后,需经另一人查对,方可执行。④护士每班要查对医嘱,夜班查对当日医嘱;每周由护士长组织总查对1次。⑤凡需下一班执行的临时医嘱,要交代清楚,并在护士值班记录上注明。⑥护士对可疑医嘱,必须查清后方可执行。⑦无医嘱时,护士一般不得给病员做对症处理;但遇抢救危重病人的紧急情况下,医师不在,护士可针对病情临时给予必要处理,但应做好记录,并及时向经治医师报告。

五、病历制度

(一) 概述

病历,是指医务人员在对病(伤)者的医疗活动过程中形成的文字、符号、图表、影像、切片等资料的总和,包括门(急)诊病历和住院病历。病历书写是指医务人员通过问诊、查体、辅助检查、诊断、治疗、护理等医疗活动获得有关资料,并进行归纳、分析、整理形成医疗活动记录的行为。2010年1月22日卫生部修订发布、并于次月起施行的《病历书写基本规范》(本节中简称规范);2013年11月20日国家卫计委、中医药局联合发布的《医疗机构病历管理规定》(以下简称规定)系专门用于规范病历制作和管理的基本法律依据。

(二) 书写

1. 内容要求　　种类及内容包括以下方面。

(1) 门(急)诊病历。规范规定:①门(急)诊病历内容包括门(急)诊病历首页[门(急)诊手册封面]、病历记录、化验单(检验报告)、医学影像检查资料等。②门(急)诊病历记录分为初诊病历记录和复诊病历记录。③首页要求:门(急)诊病历首页内容应当包括患者姓名、性别、出生年月日、民族、婚姻状况、职业、工作单位、住址、药物过敏史等项目；门诊手册封面内容应当包括患者姓名、性别、年龄、工作单位或住址、药物过敏史等项目。④初诊病历记录书写内容应包括就诊时间、科别、主诉、现病史、既往史，阳性体征、必要的阴性体征和辅助检查结果，诊断及治疗意见和医师签名等。⑤复诊病历记录书写内容应包括就诊时间、科别、主诉、病史、必要的体格检查和辅助检查结果、诊断、治疗处理意见和医师签名等。

（2）住院病历。基本规范规定：①住院病历内容包括住院病案首页、入院记录、病程记录、手术同意书、麻醉同意书、输血治疗知情同意书、特殊检查（特殊治疗）同意书、病危通知书、医嘱单、辅助检查报告单、体温单、医学影像检查资料、病理资料等。②入院记录：它系患者入院后，由经治医师通过问诊、查体、辅助检查获得有关资料，并对这些资料归纳分析书写而成的记录；它可分为入院记录、再次或多次入院记录、24小时内入出院记录、24小时内入院死亡记录；它包括：患者一般情况（含姓名、性别、年龄、民族、婚姻状况、出生地、职业、入院时间、记录时间、病史陈述者）、主诉、现病史（含发病情况、主要症状特点及其发展变化情况、伴随症状、发病以来诊治经过及结果、发病以来一般情况等）、既往史、个人（婚育、月经和家族）史、体格检查、辅助检查、专科情况和初步诊断。③病程记录：它系继入院记录之后，对患者病情和诊疗过程所进行的连续性记录；包括：病例特点、拟诊讨论（诊断依据及鉴别诊断）、诊疗计划等。④日常病程记录（系对患者住院期间诊疗过程的经常性、连续性记录）。⑤上级医师查房（时对患者病情、诊断、鉴别诊断、当前治疗措施疗效的分析及下一步诊疗意见等所作的）记录。⑥疑难病例讨论记录，含讨论日期、主持人、参加人员姓名及专业技术职务、具体讨论意见及主持人小结意见等。⑦交（接）班记录。⑧转（入或出）科记录。⑨阶段小结，含入院日期、小结日期，患者姓名、性别、年龄、主诉、入院情况、入院诊断、诊疗经过、目前情况、目前诊断、诊疗计划、医师签名等。⑩抢救记录。⑪有创诊疗操作记录，含操作名称、操作时间、操作步骤、结果及患者一般情况，记录过程是否顺利、有无不良反应，术后注意事项及是否向患者说明，操作医师签名等。⑫会诊记录（含会诊意见）。⑬术前小结（含简要病情、术前诊断、手术指征、拟施手术名称和方式、拟施麻醉方式、注意事项，并记录手术者术前查看患者相关情况等）和术前讨论记录（含术前准备情况、手术指征、手术方案、可能出现的意外及防范措施）。⑭麻醉术前访视记录（含姓名、性别、年龄、科别、病案号，患者一般情况、简要病史、与麻醉相关的辅助检查结果、拟行手术方式、拟行麻醉方式、麻醉适应证及麻醉中需注意的问题、术前麻醉医嘱、麻醉医师签字并填写日期）、麻醉记录（患者一般情况、术前特殊情况、麻醉前用药、术前诊断、术中诊断、手术方式及日期、麻醉方式、麻醉诱导及各项操作开始及结束时间、麻醉期间用药名称、方式及剂量、麻醉期间特殊或突发情况及处理、手术起止时间、麻醉医师签名等）和麻醉术后访视记录（姓名、性别、年龄、科别、病案号，患者一般情况、麻醉恢复情况、清醒时间、术后医嘱、是否拔除气管插管等，如有特殊情况应详细记录，麻醉医师签字并填写日期）。⑮手术记录，含一般项目（患者姓名、性别、科别、病房、床位号、住院病历号或病案号)、手术日期、术前诊断、术中诊断、手术名称、手术者及助手姓名、麻醉方法、手术经过、术中出现的情况及处理等。⑯手术安全核查记录和手术清点记录(含患者姓名、住院病历号或病案号、手术日期、手术名称、术中所用各种器械和敷料数量的清点核对、巡回护士和手术器械护士签名等)。⑰术后首次病程记录,含手术时间、术中诊断、麻醉方式、手术方式、手术简要经过、术后处理措施、术后应当特别注意观察的事项等。⑱出院记录,含入院日期、出院日期、入院情况、入院诊断、诊疗经过、出院诊断、出院情况、出院医嘱、医师签名等。⑲病重(病危)患者护理记录,含患者姓名、科别、住院病历号(或病案号)、床位号、页码、记录日期和时间、出入液量、体温、脉搏、呼吸、血压等病情观察、护理措施和效果、护士签名等(记录时间应具体到分钟)。⑳死亡记录,含入院日期、死亡时间、入院情况、入院诊断、诊疗经过(重点记录病情演变、抢救经过)、死亡原因、死亡诊断等。

2. 书写要求

(1) 基本要求。规范要求病历书写应当:①客观、真实、准确、及时、完整、规范;②使用蓝黑墨水、碳素墨水,需复写的病历资料可使用蓝或黑色油水的圆珠笔;计算机打印的病历应符合病历保存的要求;③使用中文,通用的外文缩写和无正式中文译名的症状、体征、疾病名称等可使用外文;④规范使用医学术语,文字工整,字迹清晰,表述准确,语句通顺,标点正确;⑤书写过程中出现错字时,应用双线划在错字上,保留原记录清楚、可辨,并注明修改时间,修改人签名;不得采用刮、粘、涂等方法掩盖或去除原来的字迹(上级医务人员有审查修改下级医务人员书写的病历的职责);⑥按照规定的内容书写,并由相应医务人员签名;实习医务人员、试用期医务人员书写的病历,应经过本医疗机构注册的医务人员审阅、修改并签名;进修医务人员由医疗机构根据其胜任本专业工作实际情况认定后书写病历;⑦书写一律使用阿拉伯数字书写日期和时间,采用24小时制记录;⑧知情同意书:对需取得患者书面同意方可进行的医疗活动,应当由患者本人签署知情同意书。患者不具备完全民事行为能力时,应当由其法定代理人签字;患者因病无法签字时,应当由其授权的人员签字;为抢救患者,在法定代理人或被授权人无法及时签字的情况下,可由医疗机构负责人或授权的负责人签字;因实施保护性医疗措施不宜向患者说明情况的,应将有关情况告知患者近亲属,由患者近亲属签署知情同意书,并及时记录。患者无近亲属的或患者近亲属无法签署同意书的,由患者的法定代理人或关系人签署同意书。

(2) 具体要求。规范规定主要包括:①门(急)诊病历记录应由接诊医师在患者就诊时及时完成;②急诊病历书写就诊时间应具体到分钟;③急诊留观记录是急诊患者因病情需要留院观察期间的记录,重点记录观察期间病情变化和诊疗措施,记录简明扼要,并注明患者去向;抢救危重患者时,应当书写抢救记录;门(急)诊抢救记录书写内容及要求按住院病历抢救记录书写内容及要求执行;④入院记录、再次或多次入院记录应于患者入院后24小时内完成;24小时内入出院记录应于患者出院后24小时内完成,24小时内入院死亡记录应于患者死亡后 24 小时内完成;⑤患者入院不足 24 小时出院的,可书写 24 小时内入出院记录;患者入院不足 24 小时死亡的,可书写 24 小时内入院死亡记录;⑥首次病程记录应当在患者入院 8 小时内完成;⑦日常病程记录由经治医师书写,也可由实习医务人员或试用期医务人员书写,但应有经治医师签名。书写日常病程记录时,首先标明记录时间,另起一行记录具体内容;对病危患者应根据病情变化随时书写病程记录,每天至少 1 次,记录时间应具体到分钟;对病重患者,至少 2 天记录 1 次病程记录,对病情稳定的患者,至少 3 天记录 1 次病程记录;⑧交(接)班记录应在交班前由交班医师书写完成;接班记录应由接班医师于接班后 24 小时内完成;⑨主治医师首次查房记录应于患者入院 48 小时内完成;⑩转入记录由转入科室医师于患者转入后 24 小时内完成;⑪抢救记录因抢救急危患者,未能及时书写病历的,有关医务人员应在抢救结束后 6 小时内据实补记,并加以注明,记录抢救时间应具体到分钟;⑫有创诊疗操作记录应在操作完成后即刻书写;⑬会诊记录(含会诊意见)分别由申请医师和会诊医师书写,会诊记录应另页书写,常规会诊意见记录应当由会诊医师在会诊申请发出后 48 小时内完成,急会诊时会诊医师应在会诊申请发出后 10 分钟内到场,并在会诊结束后即刻完成会诊记录;⑭麻醉记录由麻醉医师在麻醉实施中书记录,它应另页书写、麻醉医师签名;⑮手术记录应在术后 24 小时内完成;⑯手术安全核查记录由手术医师、麻醉医师和巡回护士三方在麻醉实施前、手术开始前和病人离室前,共同对病人身份、手术部位、手术方式、麻醉及手术风险、手术使用物品清点等内容进行核对的记录,输血的病人还应对血型、用血量进行核对、确认并签字;⑰出院记录应在患者出院后 24 小时内完成;⑱死亡记录,记录死亡时间应具体到分钟;⑲病重(危)患者护理记录应根据相应专科的护理特点书写,由执行护士签名,记录时间应具体到分钟;⑳病危(重)通知书由经治医师或值班医师签名并填写日期,一式两份:一份交患者方保存,另一份归档病历中保存。上述病历均须由相关医护人员签字。

3. 电子病历制作要求 2010 年 2 月 22 日,卫生部发布并于同年 4 月 1 日起实施了《电子病历基本规范(试行)》;国家卫计委、中医药局于 2017 年 2 月 15 日发布、并于同年 4 月 1 日实施了《电子病历应用管理规范(试行)》(以下简称《电历规范》),替代的原基本规范(试行)。依应用管理规范(试行)规定,其中的基本概念为:①电子病历是指医务人员在医疗活动过程中,使用信息系统生成的文字、符号、图表、图形、数字、影像等数字化信息,并能实现存储、管理、传输和重现的医疗记录,是病历的一种记录形式,包括门(急)诊病历和住院病历。②电子签名是指《电子签名法》第 2 条规定的数据电文中以电子形式所含、所附用于识别签名人身份并表明签名人认可其中内容的数据。"可靠的电子签名"是指符合《电子签名法》第 13 条有关条件的电子签名。③电子病历书写是指医务人员使用电子病历系统,对通过问诊、查体、辅助检查、诊断、治疗、护理等医疗活动获得的有关资料进行归纳、分析、整理形成医疗活动记录的行为。

(1)基本要求。《电历规范》第 6 条规定:①医疗机构应用电子病历应具备以下条件：具有专门的技术支持部门和人员，负责电子病历相关信息系统建设、运行和维护等工作；具有专门的管理部门和人员，负责电子病历的业务监管等工作；建立、健全电子病历使用的相关制度和规程；具备电子病历的安全管理体系和安全保障机制；具备对电子病历创建、修改、归档等操作的追溯能力；其他有关法律、法规、规范性文件及省级卫生行政部门规定的条件。②电子病历使用的术语、编码、模板和数据应当符合相关行业标准和规范的要求，在保障信息安全的前提下，促进电子病历信息有效共享。③电子病历系统应为操作人员提供专有的身份标识和识别手段，并设置相应权限；操作人员对本人身份标识的使用负责。④有条件的医疗机构电子病历系统可使用电子签名进行身份认证，可靠的电子签名与手写签名或盖章具有同等的法律效力。⑤电子病历系统应采用权威可靠时间源。

（2）书写与存储。①书写基本要求：《电历规范》第12条规定，医疗机构使用电子病历系统进行病历书写，应遵循客观、真实、准确、及时、完整、规范的原则；门（急）诊病历书写内容包括门（急）诊病历首页、病历记录、化验报告、医学影像检查资料等；住院病历书写内容包括住院病案首页、入院记录、病程记录、手术同意书、麻醉同意书、输血治疗知情同意书、特殊检查（特殊治疗）同意书、病危（重）通知单、医嘱单、辅助检查报告单、体温单、医学影像检查报告、病理报告单等。②第13条规定，医疗机构应为就医者电子病历赋予唯一就医者身份标识，以确保就医者基本信息及其医疗记录的真实性、一致性、连续性、完整性。③第14条规定，电子病历系统应对操作人员进行身份识别，并保存历次操作印痕，标记操作时间和操作人员信息，并保证历次操作印痕、标记操作时间和操作人员信息可查询、可追溯。④第15条规定，医务人员采用身份标识登录电子病历系统完成书写、审阅、修改等操作并予以确认后，系统应当显示医务人员姓名及完成时间。⑤第16条规定，电子病历系统应当设置医务人员书写、审阅、修改的权限和时限；实习医务人员、试用期医务人员记录的病历，应由具有本医疗机构执业资格的上级医务人员审阅、修改并予确认；上级医务人员审阅、修改、确认电子病历内容时，电子病历系统应进行身份识别、保存历次操作痕迹、标记准确的操作时间和操作人信息。⑥第17条规定，电子病历应设置归档状态，医疗机构应当按照病历管理相关规定，在就医者门（急）诊就诊结束或出院后，适时将电子病历转为归档状态；电子病历归档后原则上不得修改，特殊情况下确需修改的，经医疗机构医务部门批准后进行修改，并保留修改痕迹。⑦第18条规定，医疗机构因存档等需要可将电子病历打印后与非电子化的资料合并形成病案保存；具备条件的医疗机构可对知情同意书、植入材料条形码等非电子化的资料进行数字化采集后纳入电子病历系统管理，原件另行妥善保存。

（3）使用与封存。①《电历规范》第20条规定，电子病历系统应设置病历查阅权限，并保证医务人员查阅病历的需要，能够及时提供并完整呈现该患者的电子病历资料；呈现的电子病历应显示就医者个人信息、诊疗记录、记录时间及记录人员、上级审核人员的姓名等。②第21条规定，医疗机构应为申请人提供电子病历的复制服务；医疗机构可提供电子版或打印版病历;复制的电子病历文档应可供独立读取,打印的电子病历纸质版应加盖医疗机构病历管理专用章。③第 22 条规定,有条件的医疗机构可为就医者提供医学影像检查图像、手术录像、介入操作录像等电子资料复制服务。④第 23 条规定,依法需要封存电子病历时,应在医疗机构或者其委托代理人、患者或其代理人双方共同在场的情况下,对电子病历共同进行确认,并进行复制后封存;封存的电子病历复制件可以是电子版;也可对打印的纸质版进行复印,并加盖病案管理章后进行封存。⑤第 24 条规定,封存的电子病历复制件应满足以下技术条件及要求:储存于独立可靠的存储介质,并由医患双方或双方代理人共同签封;可在原系统内读取,但不可修改;操作痕迹、操作时间、操作人员信息可查询、可追溯;其他有关法律、法规、规范性文件和省级卫生行政部门规定的条件及要求。⑥第 25 条规定,封存后电子病历的原件可以继续使用。电子病历尚未完成,需要封存时,可以对已完成的电子病历先行封存,当医务人员按照规定完成后,再对新完成部分进行封存。

(三) 管理

1. 保管 对于各种(含中医和电子病历)病历的保管。《电历规范》第 10~14 条规定:①门(急)诊病历原则上由患者负责保管;医疗机构建有门(急)诊病历档案室或已建立门(急)诊电子病历的,经患者或者其法定代理人同意,其门(急)诊病历可以由医疗机构负责保管;住院病历由医疗机构负责保管。②门(急)诊病历由患者保管的,医疗机构应将检查检验结果及时交由患者保管。③门(急)诊病历由医疗机构保管的,医疗机构应在收到检查检验结果后 24 小时内,将检查检验结果归入或录入门(急)诊病历,并在每次诊疗活动结束后首个工作日内将门(急)诊病历归档。④患者住院期间,住院病历由所在病区统一保管;因医疗活动或工作需要,须将住院病历带离病区时,应由病区指定的专门人员负责携带和保管;医疗机构应在收到住院患者检查检验结果和相关资料后 24 小时内归入或录入住院病历。⑤患者出院后,住院病历由病案管理部门或专(兼)职人员统一保存、管理。⑥医疗机构应严格病历管理,任何人不得随意涂改病历,严禁伪造、隐匿、销毁、抢夺、窃取病历。

2. 借阅和复制

(1) 借阅。《电历规范》第 15~17 条规定:①除为患者提供诊疗服务的医务人员,以及经医政部门或医疗机构授权的负责病案管理、医疗管理的部门或人员外,其他任何机构和个人不得擅自查阅患者病历。②其他医疗机构及医务人员因科研、教学需要查阅、借阅病历的,应向患者就诊医疗机构提出申请,经同意并办理相应手续后方可查阅、借阅;查阅后应立即归还,借阅病历应在 3 个工作日内归还;查阅的病历资料不得带离患者就诊医疗机构。③医疗机构应受理下列人员和机构复制或查阅病历资料的申请,并依规定提供病历复制或查阅服务:患者本人或其委托代理人;死亡患者法定继承人或其代理人。

(2) 复制。此略,详见第六章。

3. **封存与启封** 略,详见第六章。

4. **保存** 《电历规范》第28~30条规定:①医疗机构可采用符合档案管理要求的缩微技术等对纸质病历进行处理后保存。②门(急)诊病历由医疗机构保管的,保存时间自患者最后一次就诊之日起不少于15年;住院病历保存时间自患者最后一次住院出院之日起不少于30年。③医疗机构变更名称时,所保管的病历应由变更后医疗机构继续保管;医疗机构撤销后,所保管的病历可由省级卫生行政部门、中医药局或其指定的机构按照规定妥善保管。

六、报告制度

(一) 概述

报告一词有两种解释,常见的是指某一主体在承接某一任务或负担某一职责,向其他有关主体就其对该任务或职责的完成或履行情况所作的终局性或阶段性的汇报,如政府工作报告等;这里的报告仅为《辞海》之解一,即宣告,是将事情或意见正式告诉有关部门或人[2]。对医疗机构和医护人员而言,此处仅指医疗机构和医护人员对在接诊中所发现的法定情形(事实)依法履行及时向法定机构如实告知义务的制度。该报告具有如下特点:①报告主体为医疗执业主体,包括医疗机构和医护人员;②负担来源于法定(报告)义务;③依法应报告的事项是就医者身上所存在的客观事实,如传染病、伤情或(初步判定的)致死原因等;④报告指向的主体为依法有权接受报告的有关机构,如卫生行政机关或公安机关;⑤报告应及时,在法定时限范围内或不影响接报机关依法履行职责。

(二) 相关报告制度

1. 传染病报告制度 《医师法》第29条第1款规定,医师发现传染病疫情时,应按有关规定及时向所在机构或卫生行政部门报告。《乡医条例》第25条规定,乡村医生应协助有关部门做好初级卫生保健服务工作;按规定及时报告传染病疫情,如实填写并上报有关卫生统计报表,妥善保管有关资料。《传染病防治法》第30条第1款规定,医疗等机构及其执行职务的人员发现本法规定的传染病疫情或发现其他传染病暴发、流行以及突发原因不明的传染病时,应遵循疫情报告属地管理原则,按国务院或卫生部规定的内容、程序、方式和时限报告。《传染病防治法实施办法》第35条规定:①(医疗机构等)责任疫情报告人发现甲类传染病和乙类传染病中的艾滋病、肺炭疽的病人、病原携带者和疑似传染病病人时,城镇于6小时内,农村于12小时内,以最快的通讯方式向发病地的卫生防疫机构报告,并同时报出传染病报告卡;②责任疫情报告人发现乙类传染病病人、病原携带者和疑似传染病病人时,城镇于12小时内,农村于24小时内向发病地的卫生防疫机构报出传染病报告卡;③责任疫情报告人在丙类传染病监测区内发现丙类传染病病人时,应在24小时内向发病地的卫生防疫机构报出传染病报告卡。《突发公共卫生事件应急条例》第21条规定,任何单位和个人对突发(公共卫生)事件,不得隐瞒、缓报、谎报或者授意他人隐瞒、缓报、谎报。2004年1月20日卫生部发布的《突发人间禽流感应急预案及有关防治方案》之附件一《突发人间禽流行性感冒疫情应急处理预案(试行)》第2条第2项第3目规定,各级各类医疗卫生机构和卫生人员,发现人间禽流感疑似或确诊病例时,须按《突发公共卫生事件应急条例》和《突发公共卫生事件与传染病疫情监测信息报告管理办法》的有关规定进行报告。

国家卫计委2015年10月29日发布并于次年1月1日起施行的《传染病信息报告管理规范》第2条对传染病信息报告作出了具体规定:①责任报告单位及报告人为各级各类医疗卫生机构为责任报告单位;其执行职务的人员和乡村医生、个体开业医生均为责任疫情报告人。②应报告的病种包括法定传染病和其他传染病,其中前者含:甲类传染病(鼠疫、霍乱);乙类传染病[传染性非典型肺炎、艾滋病(艾滋病病毒感染者)、病毒性肝炎、脊髓灰质炎、人感染高致病性禽流感、麻疹、流行性出血热、狂犬病、流行性乙型脑炎、登革热、炭疽、细菌性和阿米巴性痢疾、肺结核、伤寒和副伤寒、流行性脑脊髓膜炎、百日咳、白喉、新生儿破伤风、猩红热、布鲁氏菌病、淋病、梅毒、钩端螺旋体病、血吸虫病、疟疾和人感染H7N9禽流感];丙类传染病(流行性感冒、流行性腮腺炎、风疹、急性出血性结膜炎、麻风病、流行性和地方性斑疹伤寒、黑热病、包虫病、丝虫病,除霍乱、细菌性和阿米巴性痢疾、伤寒和副伤寒以外的感染性腹泻病、手足口病);国家卫计委决定列入乙类、丙类传染病管理的其他传染病和按照甲类管理开展应急监测报告的其他传染病。后者含其他传染病(省级人民政府决定按乙类、丙类管理的其他地方性传染病和其他暴发、流行或原因不明的传染病)和不明原因肺炎病例和不明原因死亡病例等重点监测疾病。③登记与报告:责任报告单位或责任报告人在诊疗过程中应规范填写或由电子病历、电子健康档案自动生成规范的门诊日志、入/出院登记、检测检验和放射登记;首诊医生在诊疗过程中发现传染病病人、疑似病人和规定报告的病原携带者后应按要求填写传染病报告卡或通过电子病历、电子健康档案自动抽取符合交换文档标准的电子传染病报告卡;省级人民政府决定按乙类、丙类管理的其他地方性传染病和其他暴发、流行或原因不明的传染病也应填报(或抽取)传染病报告卡信息。④报告程序与方式:传染病报告实行属地化管理,首诊负责制;传染病报告卡由首诊医生或其他执行职务的人员负责填写;现场调查时发现的传染病病例,由属地医疗机构诊断并报告;传染病疫情信息实行网络直报或直接数据交换;不具备网络直报条件的医疗机构,在规定的时限内将传染病报告卡信息报告属地乡镇卫生院、城市社区卫生服务中心或县级疾病预防控制机构进行网络报告,同时传真或寄送传染病报告卡至代报单位;区域信息平台或医疗机构的电子健康档案、电子病历系统应当具备传染病信息报告管理功能,已具备传染病信息报告管理功能的要逐步实现与传染病报告信息管理系统的数据自动交换功能;军队医疗卫生机构向社会公众提供医疗服务时,发现传染病疫情,应当按照本规定进行传染病网络报告或数据交换。⑤报告时限:责任报告单位和责任疫情报告人发现甲类传染病和乙类传染病中的肺炭疽、传染性非典型肺炎等按照甲类管理的传染病人或疑似病人时,或发现其他传染病和不明原因疾病暴发时,应于2小时内将传染病报告卡通过网络报告;对其他乙、丙类传染病病人、疑似病人和规定报告的传染病病原携带者在诊断后,应于24小时内进行网络报告;不具备网络直报条件的医疗机构及时向属地乡镇卫生院、城市社区卫生服务中心或县级疾病预防控制机构报告,并于24小时内寄送出传染病报告卡至代报单位。

第3条报告数据管理中对报告的订正和补报作了规定:①订正:医疗卫生机构发生报告病例诊断变更、已报告病例因该病死亡或填卡错误时,应由该医疗卫生机构及时进行订正报告,并重新填写传染病报告卡或抽取电子传染病报告卡,卡片类别选择订正项,并注明原报告病名;对报告的疑似病例,应及时进行排除或确诊;实行专病报告管理的传染病,由相应的专病管理机构或部门对报告的病例进行追踪调查,发现传染病报告卡信息有误或排除病例时应当在24小时内订正;已具备电子病历、电子健康档案数据自动抽取交换功能时,以唯一身份标识实现传染病个案报告与专病的数据动态管理。暂不具备条件的,应及时在传染病报告信息管理系统中完成相关信息的动态订正,保证数据的一致性。②补报:责任报告单位发现本年度内漏报的传染病病例,应及时补报。

卫生部于2012年11月23日发布、并于次年1月1日起施行的《性病防治管理办法》也作了相关规定:①第35条确定了相关报告的主体:开展性病诊疗业务的医疗机构是性病疫情责任报告单位,开展性病诊疗的医务人员是性病疫情责任报告人;性病疫情责任报告单位应建立健全性病疫情登记和报告制度;性病疫情责任报告人发现应报告的性病病例时,应当按照要求及时报告疫情。②第36条对如何联系报告义务作了规定:开展性病诊疗业务的医疗机构应结合流行病学史、临床表现和实验室检验结果等做出诊断,按规定进行疫情报告,不得隐瞒、谎报、缓报疫情;艾滋病自愿咨询检测机构和社区药物维持治疗门诊应按要求收集和上报相关信息;医疗卫生机构不得泄露性病患者涉及个人隐私的有关信息、资料。

2. **其他报告义务制度** 《医师法》第29条规定:①医师发生医疗事故时,应按有关规定及时向所在机构或卫生行政部门报告;②医师发现就医者涉嫌伤害事件或非正常死亡时,应按有关规定向有关部门报告。《乡医条例》第25条规定,乡村医生应协助有关部门做好初级卫生保健服务工作;按照规定及时报告中毒事件,如实填写并上报有关卫生统计报表,妥善保管有关资料。《医制》第3条(请求报告制度之)第5项规定,收治涉及法律和政治问题以及有自杀迹象的病员时必须及时向院领导或有关部门请求报告。如浙江1女子百枯草毒杀丈夫案[3],正是经治医师及时履行该义务才使该案得以告破。上述法律规范性文件所确定的(除传染病外的)该部分应报告情形均有失偏颇,如《医师法》第29条第2款仅规定就医者涉嫌伤害或非正常死亡情形,《乡村医生从业管理条例》第25条则错位地规定了中毒情形,倒是20世纪80年代制定的《医院制度》还规定得更宽泛些,包括涉及法律问题和自杀情形。事实上,这些情形无论是执业医师、执业助理医师、乡村医生或者护士,还是医疗机构遇上,均负有报告义务。我国《反家庭暴力法》第14条规定,学校、幼儿园、医疗机构、居民委员会、村民委员会、社会工作服务机构、救助管理机构、福利机构及其工作人员在工作中发现无民事行为能力人、限制民事行为能力人遭受或疑似遭受家庭暴力的,应及时向公安机关报案;公安机关应对报案人的信息予以保密。《禁毒法》第 9 条规定,国家鼓励公民举报毒品违法犯罪行为;各级人民政府和有关部门应对举报人予以保护,对举报有功人员以及在禁毒工作中有突出贡献的单位和个人,给予表彰和奖励。该法第 37 条第 2 款规定,发现接受戒毒治疗的戒毒人员在治疗期间吸食、注射毒品的,医疗机构应及时向公安机关报告。此外,医疗机构及其医务人员若在接诊中发现未满 14 岁幼女有性行为迹象或根据其临床表现可断定未满 14 岁幼女有性行为经历的,依法也负有向公安机关报告(涉强奸案)的义务。

七、护理制度

(一) 概述

护理的概念和特点。这里的护理,一般是指由护理人员所承担的,以照料病伤者为主的医疗技术专业活动[4]。但它是一个动态的概念,随着人们对健康和医学范畴认识的深化而有所变化和发展:当医学以疾病为中心阶段(1860—20 世纪 50 年代),它是协助医生诊疗,消除身体的疾患,恢复正常功能的专业活动;当医学以病人为中心阶段(20 世纪 50—70 年代),美国的莉迪亚·海尔(L. Hall)认为:"护理是一种艺术和科学的结合,包括照顾病人的一切,增进其智力、精神、身体的健康"的活动;1977 年,美国医学家恩格尔(G. L. Engel)提出医学由生物向生理和社会发展的模式后,1980 年,美国护士协会(American Nurses Association,ANA)提出"护理是诊断和处理人类对存在的和潜在的健康问题的反应"的专业活动的概念,并为业界所认同[5]。由此,护士不再是从属于医疗的技术性职业,而进入诊断领域。在当下我国的医疗体系内,它具有如下特征:①它是一种医疗领域内的专业活动;②在医疗体系内不可或缺,所谓"三分医、七分护";③由依法取得执业资格,并经注册后的人员方可为之;④是执行医嘱的重要环节和主要行为,并对医嘱具有法定的核查职责;⑤其范围已从个体到群体,从医院到家庭、社区;⑥是为人类健康服务的、自然科学与社会科学结合的一门综合性应用学科,是科学、艺术和人道主义的结合并体现人文关怀的平台。

(二) 护理 14 项核心制度

在我国长期的临床护理实践中,归纳、总结出 14 项临床护理核心制度,虽各家学说不尽相同,但大致相似或多数重合。该 14 项核心制度,主要包括以下方面。

(1) 质量管理制度,可被细化为:①医院成立由分管院长、护理部主任(副主任)、科护士长组成的护理质量管理委员会,负责全院护理质量管理目标及各项护理质量标准制定并对护理质量实施控制与管理。②护理质量实行护理部、科室、病区 3 级控制和管理:病区护理质量控制组(Ⅰ级):由 2~3 人组成、病区护士长参加并负责,按质量标准对护理质量实施全面控制,及时发现工作中存在的问题与不足,对出现的质量缺陷进行分析,制定改进措施;检查有登记、记录并及时反馈,每月填写检查登记表及护理质量月报表报上一级质控组;科护理质量控制组(Ⅱ级):由3～5人组成、科护士长参加并负责,每月有计划地或根据科室护理质量的薄弱环节进行检查,填写检查登记表及护理质量月报表报护理部控制组,对于检查中发现的问题及时研究分析,制定切实可行的措施并落实;护理部护理质量控制组(Ⅲ级):由8～10人组成、护理部主任参加并负责,每月按护理质量控制项目有计划、有目的、有针对性地对各病区护理工作进行检查评价,填写检查登记表及综合报表,及时研究、分析、解决检查中发现的问题,每月在护士长会议上反馈检查结果,提出整改意见,限期整改。③建立专职护理文书终末质量控制督察小组,由主管护师以上人员承担负责全院护理文书质量检查。每月对出院患者的体温单、医嘱单、护理记录单、手术护理记录单等进行检查评价,不定期到临床科室抽查护理文书书写质量,填写检查登记表上报护理部。④对护理质量缺陷进行跟踪监控,实现护理质量的持续改进。⑤各级质控组每月按时上报检查结果,科及病区于每月30日以前报护理部,护理部负责对全院检查结果进行综合评价,填写报表并在护士长例会上反馈检查评价结果。⑥护理部随时向主管院长汇报全院护理质量控制与管理情况,每季度召开1次护理质量分析会,每年进行护理质量控制与管理总结并向全院护理人员通报。⑦护理工作质量检查考评结果作为各级护理人员的考核内容。

(2) 病房管理制度,可被细化为:①在科主任的领导下,病房管理由护士长负责,科主任积极协助,全体医护人员参与;②严格执行陪护制度,加强对陪护人员的管理,积极开展卫生宣教和健康教育;主管护士应及时向新住院患者介绍住院规则、医院规章制度,及时进行安全教育,签署住院患者告知书,教育患者共同参与病房管理;③保持病房整洁、舒适、安静、安全,避免噪音,做到走路轻、关门轻、操作轻、说话轻;注意通风,每日至少清扫2次,每周大清扫1次。病房卫生间清洁、无味;④统一病房陈设,室内物品和床位应摆放整齐,固定位置,未经护士长同意不得任意搬动;⑤工作人员应遵守工作纪律,坚守岗位。工作时间内必须按规定着装;病房内不准吸烟,工作时间不聊天、不闲坐、不做私事;治疗室、护士站不得存放私人物品;原则上,工作时间不接私人电话;⑥患者被服、用具按基数配给给患者使用,出院时清点收回并做终末处理;⑦护士长全面负责保管病房财产、设备,并分别指派专人管理,建立账目,定期清点;如有遗失,及时查明原因,按规定处理;管理人员调动时,要办好交接手续;⑧定期召开公休座谈会,听取患者对医疗、护理、医技、后勤等方面的意见,对患者反映的问题要有处理意见及反馈,不断改进工作;⑨病房内不接待非住院患者,不会客;值班医生与护士及时清理非陪护人员,对可疑人员进行询问;严禁散发各种传单、广告及推销人员进入病房;⑩注意节约水电、按时熄灯和关水龙头,杜绝长流水,长明灯。

(3) 抢救工作制度,可被细化为:①定期对护理人员进行急救知识培训,提高其抢救意识和抢救水平,抢救患者时做到人员到位、行动敏捷、有条不紊、分秒必争;②抢救时做到分工明确,密切配合,听从指挥,坚守岗位;③每日核对抢救物品,班班交接,做到账物相符;各种急救药品、器材及物品应做到"5 定"(即定数量品种、定点放置、定专人管理、定期消毒与灭菌、定期检查维修);抢救物品不准任意挪用或外借,必须处于应急状态;无菌物品须注明灭菌日期,保证在有效期内使用;④参加抢救人员须掌握各种抢救技术和抢救常规,确保抢救的顺利进行;⑤严密观察病情变化,准确、及时填写患者护理记录单,记录内容完整、准确;⑥严格交接班制度和查对制度,在抢救患者过程中,正确执行医嘱;口头医嘱要求准确清楚,护士执行前必须复述 1 遍,确认无误后再执行;保留安瓿以备事后查对;及时记录护理记录单,来不及记录的于抢救结束后 6 小时内据实补记,并加以说明;⑦抢救结束后及时清理各种物品并进行初步处理、登记;⑧认真做好抢救患者的各项基础护理及生活护理;烦躁、昏迷及神志不清者,加床档并采取保护性约束,确保患者安全;预防和减少并发症的发生。

(4) 分级制度,共分为以下几级。

1) 特级护理:①适用对象:病情危重,随时可能发生病情变化需要进行抢救的患者;重症监护患者;各种复杂或者大手术后的患者;严重创伤或大面积烧伤的患者;使用呼吸机辅助呼吸,并需要严密监护病情的患者;实施连续性肾脏替代治疗(CRRT[6]),并需要严密监护生命体征的患者;其他有生命危险,需要严密监护生命体征的患者。②护理要点:严密观察患者病情变化,监测生命体征;根据医嘱,正确实施治疗、给药措施;根据医嘱,准确测量出入量;根据患者病情,正确实施基础护理和专科护理,如口腔护理、压疮护理、气道护理及管路护理等,实施安全措施;保持患者的舒适和功能体位;实施床旁交接班。

2) 一级护理:①适用对象:病情趋向稳定的重症患者;手术后或者治疗期间需要严格卧床的患者;生活完全不能自理,且病情不稳定的患者;生活部分自理,病情随时可能发生变化的患者。②护理要点:每小时巡视患者,观察患者病情变化;根据患者病情,测量生命体征;根据医嘱,正确实施治疗、给药措施;根据患者病情,正确实施基础护理和专科护理,如口腔护理、压疮护理、气道护理及管路护理等,实施安全措施;提供护理相关的健康指导。

3) 二级护理:①适用对象:病情稳定,仍需卧床的患者;生活部分自理的患者。②护理要点:每 2 小时巡视患者,观察患者病情变化;根据患者病情,测量生命体征;根据医嘱,正确实施治疗、给药措施;根据患者病情,正确实施护理措施和安全措施;提供护理相关的健康指导。

4) 三级护理:①适用对象:生活完全自理且病情稳定的患者;生活完全自理且处于康复期的患者。②护理要点:每 3 小时巡视患者,观察患者病情变化;根据患者病情,测量生命体征;根据医嘱,正确实施治疗、给药措施;提供护理相关的健康指导。

(5) 交接班制度:可被细化为:①病房护士实行 24 小时轮流值班制,值班人员履行各班职责护理患者;②每天晨会集体交接班,全体医护人员参加,一般不超过 15 分钟;由夜班护士详细报告重危及新入院患者的病情、诊断及护理等有关事项,护士长根据报告作必要的总结,扼要的布置当天的工作;③交班后,由护士长带领接班者共同巡视病房,对危重患者、手术后患者、待产妇、分娩后产妇、小儿患者及有特殊情况的患者进行床头交接班;④对规定交接班的毒、麻、剧、限药品及医疗器械、被服等当面交接清楚并签字;⑤除每天集体交接班外,各班均需按时交接;接班者应提前 10~15 分钟到科室,清点应接物品,阅读交接班报告和护理记录单;交班者向接班者交清患者病情,并对危重、手术、小儿患者及新入院患者进行床头交接;未交接清楚前,交班者不得离开岗位,凡因交接不清所出现的问题由接班者负责;⑥值班者在交班前除完成本班各项工作外,需整理好所用物品,保持治疗室、护士站清洁,并为下一班做好必要的准备;⑦交班内容:患者的心理情况、病情变化、当天或次日手术患者及特殊检查患者的准备工作及注意事项;当天患者的总数、新入院、出院、手术、分娩、病危、死亡、转科(院)等及急救药品器械、特殊治疗和特殊标本的留取等;⑧交班方法:文字交接:每班书写护理记录单,进行交班;床头交接:与接班者共同巡视病房,重点交接危重及大手术患者、老年患者、小儿患者及特殊心理状况的患者;口头交接:一般患者采取口头交接。

(6) 查对制度,可被细化为:

1) 处理医嘱、转抄服药卡、注射卡、护理单等时,必须认真核对患者的床号、姓名,执行医嘱时应注明时间并签字;医嘱要班班查对,每天总查对;每周大查对一次,护士长参加并签名;每次查对后进行登记,参与查对者签名。

2) 执行医嘱及各项处置时要做到三查(操作前、操作中、操作后查对)、七对(床号、姓名、药名、剂量、时间、用法、浓度)。

3) 一般情况下不执行口头医嘱;抢救时医师下达口头医嘱的,护士执行时须复诵一遍,确定无误后执行,并暂保留用过的空安瓿;抢救结束后及时补开医嘱(不超过 6 小时)。

4) 输血:取血时应和血库发血者共同查对:①三查(血的有效期、血的质量及输血装置是否完好);②八对[姓名、床号、住院号、瓶(袋)号、血型、交叉配血试验结果、血液种类及剂量];在确定无误后方可取回,输血前由 2 人按上述项目复查 1 遍;输血完毕应保留血袋 12~24 小时,以备必要时查对;将血袋上的条形码粘贴于交叉配血报告单上,入病历保存。

5) 使用药品前要检查药瓶标签上的药名、失效期、批号和药品质量,不符合要求者不得使用。摆药后须经两人查对后再执行。

6) 抽取各种血标本在注入容器前,应再次核对标签上的各项内容,确保无误。

7) 手术查对制度:①六查(到病房接患者时查、患者入手术间时查、麻醉前查、消毒皮肤前查、开刀时查和关闭体腔前后查)十二对(科别、床号、姓名、性别、年龄、住院号、手术间号、手术名称、手术部位、所带物品药品、药物过敏史及有无特殊感染、手术所用灭菌器械、敷料是否合格及数量是否符合);②手术取下标本,巡回护士与手术者核对无误后方可与病理检验单一并送检;③手术标本送检过程中各环节严格交接查对,并双方签字。

8) 供应室九对制度：①回收器械物品时：查对名称、数量，初步处理情况，器物完好程度；②清洗消毒时：查对消毒液的有效浓度及配制浓度；浸泡消毒时间、酶洗前残余消毒液是否冲洗干净；③包装时：查对器械敷料的名称、数量、质量、湿度；④灭菌前：查对器械敷料包装规格是否符合要求，装放方法是否正确；灭菌器各种仪表、程序控制是否符合标准要求；⑤灭菌后：查试验包化学指示卡是否变色、有无湿包。植入器械是否每次灭菌时进行生物学监测；⑥发放各类灭菌物品时：查对名称、数量、外观质量、灭菌标识等；⑦随时查供应室备用的各种诊疗包是否在有效期内及保存条件是否符合要求；⑧一次性使用无菌物品：要查对每批次检验报告单，并进行抽样检查；⑨及时对护理缺陷进行分析，查找原因并改进。

(7) 给药制度：可被细化为：①护士必须严格根据医嘱给药，不得擅自更改，对有疑问的医嘱，应了解清楚后方可给药，避免盲目执行；②了解患者病情及治疗目的，熟悉各种常用药物的性能、用法、用量及副作用（系法条原文），向患者进行药物知识的介绍；③严格执行三（操作前、操作中、操作后）查七对（床号、姓名、药名、浓度、剂量、用法、时间）制度；④做治疗前，护士要洗手、戴帽子、口罩，严格遵守操作规程；⑤给药前要询问患者有无药物过敏史（需要时作过敏试验）并向患者解释以取得合作。用药后要注意观察药物反应及治疗效果，如有不良反应要及时报告医师，并记录护理记录单，填写药物不良反应登记本；⑥用药时要检查药物有效期及有无变质。静脉输液时要检查瓶盖有无松动、瓶口有无裂缝，液体有无沉淀及絮状物等。多种药物联合应用时，要注意配伍禁忌；⑦安全正确用药，合理掌握给药时间、方法，药物要做到现配现用，避免久置引起药物污染或药效降低；⑧治疗后所用的各种物品进行初步清理后，由中心供应室回收处理。口服药杯定期清洗消毒备用；⑨如发现给药错误，应及时报告、处理，积极采取补救措施。向患者做好解释工作。

(8) 查房制度，可被细化为：

1) 护理部主任查房：①护理部主任每日随时轮流巡回查房，查护士劳动纪律，无菌技术操作，岗位责任制的执行情况，以重病护理、消毒隔离、服务态度等为主要内容，并记录查房结果；②每月进行专科护理大查房1次，有详细查房结果；③选择好疑难病例、危重患者或特殊病种进行查房。事先通知病房所查房内容，由病房护士长指定报告病例的护理人员进行准备，查房时要简单报告病史、诊断、护理问题、治疗护理措施等，查房完毕进行讨论，并及时修订护理计划；④每月按护理工作要求，进行分项查房，严格考核、评价，促使护理质量达标。

2) 科护士长查房：①每日上午巡视病房，查病房秩序和护士岗位责任制执行情况；②每2周进行1次专科护理业务查房，方法同护理部主任查房的要求；③定期抽查护理表格书写情况和各种表格登记情况。

3) 护士长查房：①护士长随时巡视病房，查各班护士职责执行情况、工作纪律、无菌操作规程等执行情况;②每2周1次护理业务查房,典型病例或危重患者随时查房,并做好查房记录;③组织教学查房,有目的、有计划,根据教学要求,查典型病例,事先通知学员熟悉病历及患者情况,组织大家共同讨论,也可进行提问,由护士长做总结。

4) 参加医生查房:病区护士长或责任护士每周参加主任或科室大查房,以便进一步了解病情和护理工作质量。

5) 有条件的医院,开展主任(副主任)护师、主管护师、护师3级业务查房。

(9) 护理会诊制度,可被细化为:①凡属复杂、疑难或跨科室和专业的护理问题和护理操作技术,均可申请护理会诊;②科间会诊时,由要求会诊科室的责任护士提出,护士长同意后填写会诊申请单,送至被邀请科室;被邀请科室接到通知后两天内完成(急会诊者应及时完成),并书写会诊记录;③科内会诊,由责任护士提出,护士长或主管护师主持,召集有关人员参加,并进行总结;责任护士负责汇总会诊意见;④参加会诊人员原则上应由副主任护师以上人员,或由被邀请科室护士长指派人员承担;⑤集体会诊者,由护理部组织,申请科室主管护士负责介绍患者的病情,并认真记录会诊意见。

(10) 病房一般消毒隔离管理制度,可被细化为:①病房内收住患者应按感染与非感染性疾病分别收治,感染性疾病的患者在患者一览表卡片上做标记;②医务人员进入感染患者房间,应严格执行相应疾病的消毒隔离及防护措施,必要时穿隔离衣、戴手套等;③一般情况下,病房应定时开窗通风,每日2次。地面湿式清扫,必要时进行空气消毒。发现明确污染时,应立即消毒。患者出院、转院、转科、死亡后均要进行终末消毒;④患者的衣服、被单每周更换1次。被血液、体液污染时及时更换,在规定地点清点更换下的衣物及床单元用品;⑤医护人员在诊治护理不同患者前后,应洗手或用手快速消毒剂擦洗;⑥各种诊疗护理用品用后按医院感染管理要求进行处理,特殊感染的患者采用一次性用品,用后装入黄色塑料袋内并粘贴标识,专人负责回收;⑦对特殊感染患者要严格限制探视及陪护人员,必要时穿隔离衣裤、戴口罩及帽子;⑧患者的餐具、便器固定使用,特殊感染患者的排泄物及剩余饭菜,按相关规定进行处理;⑨各种医疗废物按规定收集、包装、专人回收;⑩病房及卫生间的拖把等卫生清洁用具,要分开使用,且标记清楚。用后消毒液浸泡,并清洗后晾挂备用;⑪患者的床头柜用消毒液擦拭,做到1桌1巾,每日1~2次。病床湿式清扫,做到1床1巾,每日1~2次;⑫重点部门:如手术室、中心供应室、产房、重症监护室{ICU、CCU、NICU[ICU(前已述,略);CCU的首字母系英文coronary heart disease(冠心病),CCU即冠心病重症监护室;NICU的首字母系英文newborn(新生儿)的缩写,NICU即新生儿重症监护室]等}、导管介入治疗室、内镜室、口腔科、透析室等执行相应部门的消毒隔离要求;⑬特殊疾病和感染者按相关要求执行。

(11) 就医者身份识别制度,可被细化为:①护士在进行各项诊疗护理活动中,严格执行查对制度,至少同时使用姓名、性别、床号3项内容确认就医者身份,不得仅以床号作为识别的依据;②手术就医者、昏迷、神志不清、无自主能力的重症病伤员以及小儿和一级护理的病伤员,均使用"腕带"作为操作前识别其身份的重要标识。护士在使用腕带时,实行"双核对"(腕带与床头卡同时核对),准确识别就医者身份;③使用腕带前向就医者或家属做好宣教,使就医者或家属认识到使用腕带的目的及重要性;④填入腕带的识别信息必须由两名医务人员核对后方可使用,若损坏需更新时,需要经两人重新核对;腕带内容填写要求字迹清晰、准确规范,项目包括:病区、床号、姓名、性别、年龄、住院号、诊断等;⑤在病房、手术室、ICU之间转运交接就医者时,除使用"腕带"作为识别其身份的标识外,严格按照交接程序进行交接,填写交接登记本,双方签名;⑥手术当日,手术室人员应与病区护士共同核对病伤员腕带标识上的内容,并与病历、病伤员或家属核对,无误后方能送入手术间;麻醉前、手术开始前,巡回护士、麻醉医师、手术医师共同核对患者手术部位等;术毕手术室护士应与病区护士认真核对腕带、病历,做好病伤员、病情、药品及物品的交接,核对无误后方可离开。

(12) 就医者健康教育制度,可被细化为:

1) 护理人员对住院及门诊就医者必须进行一般卫生知识的宣教及健康教育。

2) 健康教育方式为:①个体指导:内容包括一般卫生知识,如个人卫生、公共卫生、饮食卫生;常见病、多发病、季节性传染病的防病知识;急救常识、妇幼卫生、婴儿保健、计划生育等知识。在护理就医者时,结合病情、家庭情况和生活条件做具体指导。②集体讲解:门诊就医者可利用候诊时间,住院就医者根据作息时间。采取集中讲解、示范、模拟操作相结合及播放电视录像等形式进行。③文字宣传:以黑板报、宣传栏、编写短文、健康教育处方、图画、诗歌等形式进行。

3) 对就医者的卫生宣教要贯穿亲切就医的全过程,体系为:①门诊就医者在挂号、分诊、诊治等各环节均应有相应的卫生知识宣传。②住院就医者在入院介绍、诊治护理过程、出院指导内容中均应有卫生常识及防病知识的宣教。住院就医者的宣教要记录在健康教育登记表中,并及时进行效果评价,责任护士及就医者或家属签名。

(13) 安全管理制度,可被细化为:①严格执行各项规章制度及操作规程,确保治疗、护理工作的正常进行,护理部定期检查考核。②严格执行查对制度,坚持医嘱班班查对,每天总查对,护士长每周总查对1次并登记、签名。③毒、麻、限、剧药品做到安全使用,专人管理,专柜保管并加锁,保持固定基数,用后督促医师及时开处方补齐,每班交接并登记。④内服、外用药品分开放置,瓶签清晰。⑤各种抢救器械保持清洁、性能良好;急救药品符合规定,用后及时补充,专人管理,每周清点2次并登记;无菌物品标识清晰,保存符合要求,确保在有效期内。⑥供应室供应的各种无菌物品经检验合格后方可发放。⑦对于所发生的护理差错,科室应及时组织讨论,并上报护理部。⑧对于有异常心理状况的患者要加强监护及交接班,防止意外事故的发生。⑨工作场所及病房内严禁患者使用非医院配置的各种电炉、电磁炉、电饭锅等电器,确保用电安全。⑩制定并落实突发事件的应急处理预案和危重患者抢救护理预案。

(14) 不良事件报告制度,可被细化为:①建立不良事件报告登记本和护理不良事件上报登记表,内容包括:皮肤压疮、患者跌倒、导管滑脱、意外伤害、用错药、打错针等护理事件。②一旦发生不良事件后,当事人应立即向护士长报告、护士长及当事人第一时间做好病人及家属的安抚工作,积极采取补救措施,以减少或消除由于不良事件造成的不良后果。③护士长及时组织人员对不良事件进行调查,针对具体情况,组织科室有关人员开展讨论,进行原因分析、总结经验教训、制定防范措施,并进行详细的记录;同时填写护理不良事件上报登记表,记录护理不良事件发生的具体时间、地点、过程、后果、处理及防范措施,上报科护士长和护理部。④科室在组织调查护理不良事件过程中,应专人保管相关病案和资料,任何人不得涂改、伪造、隐藏、丢失,违者按情节轻重予以严肃处理。⑤一般不良事件发生后要求24小时内报告;重大不良事件,情况紧急者应在处理的同时立即报告护理部及医教办。对发生不良事件的科室和个人有意隐瞒不报者,按情节轻重给予处理[7]。

八、查对制度

(一) 概述

1. 概念与性质　查者,检查;对者,核对。查对,即检查与核对的合称,它是保证医疗安全,防止事故差错的一项重要制度,是各类医务人员在将要以作为或不作为的方式实施下一行为前必须履行检查、核对的前一必经行为步骤;是为提高医疗技术工作质量。确保病人安全,防止医疗事故、差错的发生,所有工作人员必须严格执行本岗位查对制度;它既是医务人员必须履行的注意义务和专业要式行为,也是卫生法上恪尽职责原则的具体体现。

2. 特点　主要包括:①适用主体极其广泛,几乎涉及医疗机构中其即将实施或结束的行为环节对就医者安全或利益有影响,包括医生、护士、(广义)医检、药剂、管理和工勤等各类医务人员;②是须履行的作为性、义务性制度;③是恪尽职责义务的重要组成部分;④与医务人员的注意义务相关;⑤对它的疏忽或罔顾,将极有可能造成严重损害后果。事实上,相当部分的(疏忽大意过失的)医疗事故就是未尽该义务所致;⑥它与就医者的健康乃至生命安全息息相关,尽到该义务本质上就是对就医者健康乃至生命负责。

(二) 各项查对制度

涉及查对的法律规范性文件很多,此处仅以覆盖主体最广的《医制》第28条进行梳理与展开,除前文已涉外,它们还主要包括如下方面。

1. 临床科室的查对制度　该条第1款第1项规定:①开医嘱、处方或进行治疗时,应查对病员姓名、性别、床号、住院号(门诊号),它又被细化为如下要求:(医生)开医嘱、处方或进行治疗时,应查对病员姓名、性别、床号、住院号;医嘱做到班班查对;建立医嘱查对登记本,每日查对登记,转抄医嘱者与参加查对者都须签名;临时医嘱记录执行时间并签名，对有疑问的医嘱必须问清楚方可执行；抢救危重病人时，医师的口头医嘱，执行者须复诵一遍后才可执行；保留用过的空安瓿，须经过2人核对无误后方可弃去；整理医嘱单后，必须经第二人查对；护士长每周查对医嘱1~2次。②执行医嘱时要进行"三查七对"："三查"为：摆药后查；服药、注射、处置前查；服药、注射处置后查。"七对"为：对床号、对姓名、对服用药的药名、对剂量、对浓度、对时间和对用法。③清点药品时和使用药品前，要检查质量、标签、失效期和批号，如不符合要求，不得使用。④给药前，注意询问有无过敏史；使用毒、麻、限剧药时要经过反复核对；静脉给药要注意有无变质，瓶口有无松动、裂缝；给多种药物时，要注意配伍禁忌。⑤输血前，需经两人查对，无误后，方可输入；输血时须注意观察，保证安全。

2. **手术室的查对制度** 该条第1款第2项规定：①接病员时，要查对科别、床号、姓名、性别、诊断、手术名称、术前用药、药物敏试、配血报告。②手术前，必须查对姓名、年龄、(床号)、诊断、手术部位、麻醉方法及麻醉用药。③无菌手术操作前，须查对用物灭菌日期及物品质量。④凡进行体腔或深部组织手术，要在术前与缝合前清点所有敷料和器械数。⑤对术中留取标本应妥善放置、保管，按医嘱及时送病检。

3. **药房查对制度** 该条第1款第3项规定：①药学专业技术人员调剂处方时必须做到"四查十对"，包括：查处方，对科别、姓名、年龄；查药品，对药名、规格、数量、标签；查配伍禁忌，对药品性状、用法用量；查用药合理性，对临床诊断。②配方时，查对处方的内容、药物剂量、配伍禁忌。③发药时，查对药名、规格、剂量、用法与处方内容是否相符；查对标签（药袋）与处方内容是否相符；查对药品有无变质，是否超过有效期；查对姓名、年龄，并交代用法及注意事项。

4. **血库查对制度** 该条第1款第4项规定：①配血及其他检查须对患者的标本（姓名、病区、床号、住院号、供血者姓名、编号）进行严格查对，不清楚或错误时，请申请者改正。本科人员不得涂改。②血型鉴定和交叉配血试验，应执行患者及供血者的血型做正反定性的鉴定制度；配血发血两人工作时，要"双查双签"，1人工作时要重做1次。③发血时，要与取血人共同查对科别、病房、床号、姓名、血型、交叉配合试验结果、血瓶号、采血日期、血液质量。

5. **检验科查对制度** 该条第1款第5项规定：①采取标本时，查对科别、床号、姓名、检验目的。②收集标本时，查对科别、姓名、性别、床号、标本数量和质量。③检验时，查对试剂、项目，化验单与标本是否相符；所采标本是否符合检验要求，不符合要求的标本立即与科室联系重新留取。④检验后，查对目的、结果，看是否有漏项，对特殊结果，及时复查或与临床联系。⑤发报告时，查对科别、病房。

6. **病理科查对制度** 该条第1款第6项规定：①收集标本时，查对单位、姓名、性别、联号、标本、固定液；②制片时，查对编号、标本种类、切片数量和质量；③诊断时，查对编号、标本种类、临床诊断、病理诊断；④发报告时，查对单位、科别、床号。

7. **放射科查对制度** 该条第1款第7项规定：①检查时，查对科别、病房、姓名、年龄、片号、部位、目的；②治疗时,查对科别、病房、姓名、部位、条件、时间、角度、剂量；③发报告时,查对科别、病房。

8. 理疗科及针灸室查对制度 该条第1款第8项规定：①各种治疗时,查对科别、病房、姓名、部位、种类、剂量、时间、皮肤；②低频治疗时,并查对极性、电流量、次数；③高频治疗时,并检查体表、体内有无金属异常；④针刺治疗前,检查针的数量和质量,取针时,检查针数和有无断针。

9. 供应室查对制度 该条第1款第9项规定：①准备器械包时,查对品名、数量、质量、清洁度；②发器械包时,查对名称、消毒日期；③收器械包时,查对数量、质量、清洁处理情况。

10. (心电图、脑电图、超声波、基础代谢等)特殊检查室查对制度 该条第1款第10项规定：①检查时,查对科别、床号、姓名、性别、检查目的；②诊断时,查对姓名、编号、临床诊断、检查结果；③发报告时查对科别、病房。

11. 其他 该条第2款规定：其他科室亦应根据上述要求精神,制定本科室工作的查对制度。如今,临床实践中形成的比较成熟的相关查对制度典型的代表：

(1) 服药、注射、输液查对制度,内容主要包括：①服药、注射、输液前必须严格执行"三查十对"制度,"十对"即床号、姓名、性别、年龄、药名、剂量、浓度、时间、用法、药品有效期；②用药前要检查药品质量,水剂、片剂注意有无变质；安瓿、输液瓶等有无裂痕；有效期和批号如有不符合要求或标签不清者则不得使用；③摆药后必须经第2人核对方可执行；④易致过敏药物,用药前应询问有无过敏史；使用毒、麻、限剧药品时,经过反复核对,用后保留空安瓿。给多种药物时,要注意有无配伍禁忌；⑤发药、注射、输液时,如病人提出疑问,应及时查清,方可执行。

(2) 输血查对制度,内容主要包括：①查采血日期,血液有无凝血块和瘀血,血瓶(袋)有无裂痕；②查输血单与血袋(瓶)标签上供血者姓名、血型是否相符,血袋(瓶)号、血量是否相符,交叉配血报告有无凝集；③查病人床号、姓名、住院号、血型、血瓶及血量；④输血前交叉配血报告必须经2人核(查)对无误并登记后方可执行,并注意观察输血过程,输血结束后,保留瓶(袋)24小时,以备必要时核对；⑤输血完毕,应保留血瓶或血袋,以便必要时送检。

事实上,护理中的查对是该制度的重要组成部分,该内容见前文(七、护理制度),略。

九、执业中履行几项特别义务的制度

(一) 恪尽职责

恪尽职责,是指负有特定职责的行为人,在以作为或不作为方式履行其所负义务的过程中,根据现有条件(客观条件和自身能力)和现行规定的前提下,穷尽其全部的注意义务、竭尽其全部的能力的行为。它具有如下特征：①行为人可为自然人,亦可为组织

（单位或其某内部室、组）；②本负有特定的义务或职责；③在履行该职责或义务过程中；④履行方式可为作为，亦可为不作为；⑤须穷尽行为人全部（毫无保留）的注意义务和能力；⑥这种穷尽是基于其现有的自身能力及其现有制度对其的要求而言；⑦其法律后果为：在过错（推定）责任归责原则制下，恪尽职责的，可作为行为（责任）人承担侵权责任的抗辩事由，豁免责任；在无过错责任归责原则制下，也可以此为抗辩，减轻行为（责任）人的责任。

《侵权责任法》第60条第1款规定：医疗机构因其医务人员在抢救生命垂危的患者等紧急情况下已经尽到合理诊疗义务的，不承担赔偿责任。该法第57条明确规定：医务人员在诊疗活动中未尽到与当时的医疗水平相应的诊疗义务，造成患者损害的，医疗机构应承担赔偿责任。据此，可见其对关系到就医者生命安全的医务工作人员履行职责工作中的重要性，理应成为所有医务工作人员入脑铭记且常怀的意识，用以指导自己和团队成员的履职行为。事实上，卫生法上普遍适用的"查对"制度就是该制度的具体体现。

（二）廉洁行医

从社会分工精细化且政府负担社会保障职责的现代社会中，医生是专门从事旨在为他人治病疗伤救人职业的自然人，其社会定位角色不仅要求利他（就医者）。事实上，相当部分公立医院及其医生是肩负政府托付其的辖区人民健康权利保障职责的具体实施使命，是实际履行公共职责的行为人。该理应"利他"的社会角色不应在公共社会给予的正当报酬和其他保障外谋求私利。在法理上，早在2000多年前，苏格拉底被指定在参加对"十将军"审判就该案的社情背景时提出了著名的"自然正义原则"[8]，该原则的第一要义现被引申为任何人利用公共资源为自己或其亲友谋得好处的，均是非正义的。换言之，为公众办事（服务）者谋取私利的，均为非法。医生所负担的接受政府信托、代为其履行治病救人的职责，由此可见，履职中的医生非一般的私主体，我国《公职人员政务处分暂行规定》将公立医院的医务人员列入其适用范围就是基于该原理。因此，医务人员利用所充当该特定社会角色和为不特定就医者服务的机会牟取私利（含收受红包）的当属非法。

为在制度上确立廉洁行医，制止收受"红包"和其他贿赂行为，2010年6月21日卫生部发布并施行的《关于进一步深化治理医药购销领域商业贿赂工作的通知》第3条后款规定：对于收受商业贿赂但尚未触犯刑律的从业人员，由卫生行政部门或所在单位视情节给予通报批评、取消当年评优、评职称资格或缓聘、解职待聘，直至解聘，以及相应的党纪政纪处分；对于收受商业贿赂数额较大、时间较长、情节比较严重的，依据《医师法》等有关规定，视情节给予警告、责令暂停执业活动，直至吊销执业证书；构成犯罪的，要及时移送司法机关，坚决依法追究其刑事责任。2014年2月20日，国家卫计委决定自同年5月1日起，开展医疗机构和住院患者签署《医患双方不收和不送"红包"协议书》的工作。

(三) 知情同意

知情同意是医学伦理中的主要原则,而且自其被(医学伦理界)认为源自"纽伦堡法典"之时起,至今已有数十年的实践操作史。但纵观该学科对之的各解读与要求以及鉴于我国现行相关法律规范性所确认的该制度及其实践中的执行情况,笔者认为,为纠正若干年来该原则在实践中存在的问题,甚至因制度设计者与执行者不谙基本法理而出现的背离初衷的严重侵害基本人权的现象,对此确有重新铺陈解读之必要。无论是作为原则还是制度,这里的知情同意在法理上具有本质性的特征:①知情和同意的权利主体均为就医者方,其相对方为医疗机构及其医务人员;②在知情环节,就医方享有知情权,医方则负有告知义务;现在的一个关键在于医方如何才能算是有效地履行告知义务问题?③告知与同意:至少早在21世纪初,医学伦理学者已明确如此的关系,即告知是同意的前提与基础[9];④如前,知情同意是偏正词组,同意为主,知情是为同意服务的,从管理学意义上说,同意是决策,决策须基础于事实前提即信息源的充分与可靠(即真实度和知情程度);⑤现制或医学伦理实践操作中存在最大的问题在于如下两个方面:同意权的主体是谁?用何种方式方可被认为是医方有效地穷尽了告知义务?

在此,用法理来回答上述两个待解的问题。首先,在此问题上又可被分为:

(1) 对何同意?《医师法》第26条第2款规定,医师进行实验性临床医疗,应当经医院批准并征得患者本人或者其家属同意;《医管条例》第33条前款和中款规定,医疗机构施行手术、特殊检查或者特殊治疗时,须征得患者同意,并应取得其家属或关系人同意并签字;无法取得患者意见时,应当取得家属或关系人同意并签字;《侵权责任法》第55条第1款规定,需要实施手术、特殊检查、特殊治疗的,医务人员应及时向患者说明医疗风险、替代医疗方案等情况,并取得其书面同意;不宜向患者说明的,应向患者的近亲属说明,并取得其书面同意。可见,上述三法条规定的情形均是对医方即将以作为的方式实施的医疗措施(诊疗行为),而该措施或行为将对(应为)就医者的健康乃至生命安全有影响,存在风险。需要指出的是,该三情形的规定(即制度设计)尚有缺陷,即如果医方即将以不作为方式进行医疗性冒险,难道就可不告知,就可不征得就医方同意了吗?

(2) 由谁同意?由前得知,事关就医者健康乃至生命安全,而该事项属于就医者生存权这一基本人权范畴,它由健康权一直延伸至生命权。而医疗技术的高风险性决定了其不具有百分之百的确定性,因此该即将以作为或不作为的方式实施的医疗行为均涉及就医者的权利应高至生命(决定)权,而生命(决定)权这一基本人权不可被代理[10]。由此可见,只要尚具有法律认可的意思能力的就医者未丧失表意能力时,在法理上其同意(生命决定)权只能本人行使,他人不得代理。从这个意义上说:①《医师法》第26条第2款、《医管条例》第33条前款和中款中在同意和签字上就患者(应为就医者)作可选择地并列,实乃(不谙法理的)立法瑕疵,换言之,只要就医者未丧失现实的意思能力,其"家属或关系人"无权"同意"或"签字";在此情形下,医方找其"家属或关系人同意"或"签字"的,实为对就医者生命决定权的共同侵害。②只有在就医者不具有现实意思能力的前提下,方可由其"家属或关系人同意并签字"。这里的不具有现实的意思能力包括两类:一是不具有完全民事行为能力的自然人。对此,依法应当由其监护人行使法定代理权,而此种法定代理权依《民法总则》第34条受利他原则(保护被监护人的人身权利、财产权利以及其他合法权益)的限制;二是本具有完全民事行为能力的自然人因突发疾病[如脑卒中或急性心肌梗塞(系法条原文)等]或(因车祸或其他原因)突然受伤而丧失意思能力的情形下,才能由其"家属或关系人同意并签字",这只能是在其本人无法有效表意的前提下的补充措施。其次,医方如何在法理上有效地穷尽其告知义务:2010年3月4日起,卫生部医政司数次发函推荐使用《医疗知情同意书》,各医疗机构亦结合各自的具体情况,将该知情同意书情形越设越多、越编越细,页码越来越厚。遗憾的是,各医疗机构的医方实际上作的全是无用功。因为现已施行的我国《民法总则》第137条第1款规定,以对话方式作出的意思表示,相对人知道其内容时生效。它意味着:①即使情形设计得再多、再细,只要就医方不真正知道(明白)该知情同意书所记载的内容,就是签了字也不能生效。②所有知情同意书均只能采用对话方式让就医方签字(即书面同意),而不可能适用非对话方式完成同意(签字)。因此,现有的只顾让就医方签署厚厚一叠数十页的"知情同意书",在现行法制前提下,一旦发生医疗纠纷,就医方完全可以并不"知道其内容"作为有效的抗辩理由而予以否认。因此,如何穷尽地履行充分告知且让同意方懂得(真正知晓)的义务且做好取证工作,才能实现真正的"知情同意",才能有效地实现医方的初衷、维护其自身的合法权益。

此外,知情同意是在有同意本位主体(即就医者本人或其监护人)或补充同意主体(家属或关系人)在场的情形下可依法完成;如果患者或伤者因突发疾病或突然受伤丧失意思能力而又无其"家属或关系人"在场或者其"家属或关系人"不作或不愿作补充同意的情形下,医方可基于保护此等情况下患者或伤者的生命或健康,无需经知情同意程序(或环节)而主动实施必要的医疗行为以挽救其生命,该制度即医学伦理及医事法制中的"保护性措施"。《医管细则》第61和62条规定,医疗机构在诊疗活动中,应对患者实行保护性医疗措施,并取得患者家属和有关人员的配合;因实施保护性医疗措施不宜向患者说明情况的,应将有关情况通知患者家属。《医管条例》第33条后款规定,无法取得患者意见又无家属或者关系人在场,或者遇到其他特殊情况时,经治医师应提出医疗处置方案,在取得医疗机构负责人或者被授权负责人员的批准后实施;《侵权责任法》第56条规定,因抢救生命垂危的患者等紧急情况,不能取得患者或者其近亲属意见的,经医疗机构负责人或授权的负责人批准,可以立即实施相应的医疗措施。最高人民法院于2017年12月13日发布《关于审理医疗损害责任纠纷案件适用法律若干问题的解释》,其中第18条对此予以强化与细化,其第1款规定:因抢救生命垂危的患者等紧急情况且不能取得患者意见时,下列情形可认定为侵权责任法第56条规定的不能取得患者近亲属意见:①近亲属不明的;②不能及时联系到近亲属的;③近亲属拒绝发表意见的;④近亲属达不成一致意见的;⑤法律、法规规定的其他情形。第2款规定:前款情形,医务人员经医疗机构负责人或授权的负责人批准立即实施相应医疗措施,患者因此请求医疗机构承担赔偿责任的,不予支持;医疗机构及其医务人员怠于实施相应医疗措施造成损害,患者请求医疗机构承担赔偿责任的,应予支持。

(四) 禁止过度医疗

如前所述,社会角色决定了医生应当"利他"(就医者)而非商人(以法律许可范围内的以营利为目的),决不可违背其社会角色和治病救人的基本职责而唯利是图。所谓过度医疗,一般是指医方(医疗机构及其医务人员)违背其治病救人的社会角色和基本职责,不是为解决就医者的客观就医需要服务,而是在主观上想方设法地利用双方信息不对称采用欺瞒、吓唬、诱导的方式迫使就医方接受远超正常满足该医疗需求应付价值的费用或者乘就医者处于手术中或已麻醉待手术的被动境地违背约定而"加项而(超出原定价格数倍)加价"[11]甚至直接采用多记账[12]的方式损人(就医方)利己(医方)的财产掠夺行为。此类行为从表面上看仅侵害就医方的财产权利,但造成极其恶劣的社会影响。此类行为还会侵害社会公共财产(医保基金)利益,甚至由于故意误导就医者选错医疗方式或途径而贻误救治时机而使之丧命。

对此,作为为就医者提供保障义务的官方价值取向非常明确,即禁止过度医疗行为: 2006 年 3 月 10 日,第 10 届全国人大第 4 次会议期间,卫生部召开例行新闻发布会,新闻发言人毛群安表示,卫生部今年将设立专门的医疗服务监督机构,会同各地建立对医院的评价和巡查制度,要求严禁医务人员为提高收入进行过度医疗;医院实行费用清单制,清理纠正重复收费等措施,减轻患者负担;医务人员收入不能同医疗服务收费挂钩,坚决取缔科室承包、开单提成、小金库等违规行为[13]。《侵权责任法》第 63 条规定,医疗机构及其医务人员不得违反诊疗规范实施不必要的检查。

笔者认为,过度"医疗"行为,是故意的违法"契约"行为,其主观上具有欺诈的故意,其危害性前已述,自不待言;若经证实欺诈成立,受害(就医)方可依照《消费者权益保护法》第 55 条第 1 款规定,行使"退一赔三"的请求权。其原因在于,此类行为打的是"医疗"的幌子,行的是商事经营之实,而且还是欺诈性经营,已完全背离了医疗的性质,自当不能获得该法的豁免。依笔者之见,无论是民营医疗机构,还是国有医疗机构,只要背离医疗的利他本性,选择过度"医疗"就是选择商业"经营",就是自绝于社会,社会亦不应将之混同于真正的医疗机构而予以特殊待遇。

注释

[1] 赛柏蓝. 国家卫健委发文"限抗令"再升级[EB/OL]. (2018 - 05 - 16)[2019 - 09 - 11]. https://www.cn-healthcare.com/article/20180516/content-503374.html.

[2] 夏征农. 辞海(第六版,缩印本)[M]. 上海:上海辞书出版社,2010:84.

[3] 梁新语. 妻子毒杀丈夫,丈夫遗言"还想再见她一面"[EB/OL]. (2018 - 08 - 02) [2009 - 09 - 11]. http://www.sohu.com/a/244885977_100237578.

[4] 夏征农. 辞海(第六版,缩印本)[M]. 上海:上海辞书出版社,2010:764.

[5] 常雁. 护理学的发展史[EB/OL]. [2019-10-03]. http://www.mednur.com/hukao/jihu/xl1.html.

[6] 笔者注:CRRT 系英文 Continuous Renal Replacement Therapy 的缩写,即连续性肾脏替代治疗的英文简称。

[7] 张艳茹. 护理 14 项核心制度[EB/OL]. (2016-07-06)[2018-11-05]. http://www.sohu.com/a/101552102_100663.

[8] 佟德志,等. 宪政与文明. 南京:江苏人民出版社,2007:1.

[9] 曹开宾,等. 医学伦理学教程. 3 版. 上海:复旦大学出版社,2004:55.

[10] 姚军. 生命决定权:安乐死不可逾越的法理之坎. 医学与法学,2014(5):3.

[11] 余晖,张乐怡. 男子割包皮躺手术台上 医生说问题严重要加价 1.2 万[EB/OL]. (2018-05-03)[2019-09-11]. http://news.163.com/18/0503/04/DGRSUANA0001875P.html.

[12] 王国柱. 7 旬老汉住院账单含妇科检查项目[EB/OL]. (2010-08-24)[2019-09-11]. http://news.sina.com.cn/s/2010-08-24/030220959729.shtml.

[13] 卫生部. 卫生部谈强化医院管理及规范医疗收费(实录)[EB/OL]. (2006-03-10)[2018-06-26]. http://news.sina.com.cn/c/2006-03-10/15319318596.shtml.

第五章 医政法律制度(三)——医疗质量控制制度

第一节 医疗技术临床应用管理制度

一、概述

(一) 概念

医疗技术,是[尤为医(学)界]人们在与伤病长期"较量"过程中,不断地摸索、研究而寻求出的具有针对性且有助于提高诊疗能力或效果的手段和方法的总和。诊疗方案、医疗器械、药品和耗材则是医疗技术的载体。一方面,医疗技术的推出与更新有利于诊疗水平的进步,但另一方面,由于人们认识能力的局限,不少新技术从诞生到被成熟应用往往要经过很长的历程,一些新医疗技术因缺乏安全性保障而夭折。为推进医疗技术进步,确保医疗技术的安全、有效,提高医疗技术整体水平,真正保障人民的健康权利,2009年3月2日,卫生部发布了《医疗技术临床应用管理办法》,2018年8月13日,国家卫健委对之进行了修订(以下简称《应管办法》),并于同年11月起重新施行。2013年12月27日,国家卫计委发布了《内镜诊疗技术临床应用管理暂行规定》,并附呼吸等13个具体的内镜诊疗技术管理规范。修订后的《应管办法》对医疗技术作了法定的定义,其第2条第1款规定,医疗技术是指医疗机构及其医务人员以诊断和治疗疾病为目的,对疾病作出判断和消除疾病、缓解病情、减轻痛苦、改善功能、延长生命、帮助患者恢复健康而采取的医学专业手段和措施。该条第2款规定,医疗技术应用,是指(医主体在临床活动中)将经过临床研究论证且安全性、有效性确切的医疗技术应用于临床,用以诊断或治疗疾病的过程。在调整范围问题上,其第47条规定,人体器官移植技术、人类辅助生殖技术、细胞治疗技术的监督管理不适用本办法。

(二) 医疗技术应用所遵循的原则

《应管办法》第4条及第一章中的其他条款规定,开展医疗技术临床应用应遵循如下原则：①科学。现代医学以科学的认识论为前提，以可复制、循证的方法论和诸相关学科为基础，要求开展医疗技术应用的医务人员须秉持科学态度、理性精神，为病伤员谋利。②安全。它是包括药品、医疗器械在内的所有开展的相关技术首要价值取向和新技术推出初衷，因为任何医疗新技术的推出和应用都是以保障提高人们健康状况为前提的，而绝非以有损人的安全与健康为代价。该条第2款规定，安全性不确切的医疗技术，医疗机构不得开展临床应用。③规范。它是科学与安全原则的具体体现，也是应用医疗技术初衷(提高医疗水平、保障人民健康权利)的必然要求。应用行为必须受严格的规则规制，它要求：主体须适格，符合特定的资质；须在确保安全的前提下，严格按照已设定的适应症(系法条原文)和操作规程进行，不得有丝毫冒险和"任性"，以免发生可预见危害后果的发生。第3条规定，开展医疗技术应当"遵守本办法"。④有效。医学是旨在提高诊疗技术、服务于人的健康的实践性学科。与安全一样，具有实效是其另一个基本的价值取向。换言之，任何一项对提高诊疗技术能力和人体健康水平缺乏实效的医疗"技术"，在应用后经评估确定，将被淘汰或"封杀"。第4条第2款规定，有效性不确切的医疗技术，医疗机构不得开展临床应用。⑤经济。一方面，我国尚不是一个高度发达的国家，人均收入水平并未达到富裕水平；另一方面，医疗技术本身也须社会实践的"土壤"，技术的可被复制特性也就决定了它应当具有可被人们(病伤者或社会医保支付)可承受的程度，否则可能因不能服务于大众而缺乏生命力。⑥合伦循法。第4条第1款后项规定，(开展)医疗技术临床应用应"符合伦理"，可见，(医学)伦理这一观念形态在医疗领域已具有了不可撼动的牢固地位，已然成为医学界医疗行为实施前的取向或实施后(正当与否)的评判标准。当然在它的背后有着制度形态的确认与保障，该办法将它确定为法定原则便是例证之一。该原则意味着在医疗技术应用前或应用后，同样以诸医学伦理作为取向和标准。第3条规定，医疗机构和医务人员开展医疗技术临床应用应"遵守本办法"。⑦分类管理。第5条规定，国家建立医疗技术临床应用负面清单管理制度：对禁止临床应用的医疗技术实施负面清单管理；对部分需要严格监管的医疗技术进行重点管理；其他临床应用的医疗技术由决定使用该类技术的医疗机构自我管理。⑧险责明确。一方面，第5条后款规定，(禁止和严格监管以外的)其他临床应用的医疗技术由决定使用该类技术的医疗机构自我管理；第6条第1款后项规定，医疗机构开展医疗技术服务应与其技术能力相适应；第8条规定，鼓励卫生行业组织参与医疗技术临床应用质量控制、规范化培训和技术评估工作，各级医政部门应为卫生行业组织参与医疗技术临床应用管理创造条件。另一方面，第6条规定：医疗机构对本机构医疗技术临床应用和管理承担主体责任；医疗机构主要负责人是本机构医疗技术临床应用管理的第一责任人。⑨禁止用负。即列入国家禁止使用的医疗技术不得应用于临床。办法第9条第2款规定，禁止类技术目录由国家卫健委制定发布或委托专业组织制定发布，并根据情况适时予以调整。⑩政府主管。第7条规定：国家卫健委负责全国医疗技术临床应用管理工作；县级以上地方卫健委负责本行政区域内的该工作。

二、管理制度

（一）分类制度

1. 原则规定 《应管办法》第5条规定，国家：①对禁止临床应用的医疗技术实施负面清单管理；②对部分需要严格监管的医疗技术进行重点管理；③其他临床应用的医疗技术由决定使用该类技术的医疗机构自我管理。

2. 禁止使用的医疗技术 《应管办法》第9条第1款规定，医疗技术具有下列情形之一的，禁止应用于临床（即禁止类技术）：①临床应用安全性、有效性不确切；②存在重大伦理问题；③该技术已经被临床淘汰；④未经临床研究论证的医疗新技术。第2款规定，禁止类技术目录由国家卫健委制定发布或者委托专业组织制定发布，并根据情况适时予以调整。

3. 限制使用的医疗技术 《应管办法》第10条第1款规定，禁止类技术目录以外并具有下列情形之一的，作为需要重点加强管理的医疗技术（即限制类技术）：①技术难度大、风险高，对医疗机构的服务能力、人员水平有较高专业要求，需要设置限定条件的；②需要消耗稀缺资源的；③涉及重大伦理风险的；④存在不合理临床应用，需要重点管理的。对此类技术，第10条还规定：①国家限制类技术目录及其临床应用管理规范由国家卫健委制定发布或委托专业组织制定发布，并根据临床应用实际情况予以调整；②由省级以上卫健委严格管理；③省级卫健委部门可结合本行政区域实际情况，在国家限制类技术目录基础上增补省级限制类技术相关项目，制定发布相关技术临床应用管理规范，并报国家卫健委备案。

4. 需经备案使用的医疗技术 《应管办法》第11条第1款规定，对限制类技术实施备案管理。医疗机构拟开展限制类技术临床应用的，应按相关医疗技术临床应用管理规范进行自我评估，符合条件的可以开展临床应用，并于开展首例临床应用之日起15个工作日内，向核发其医疗机构执业许可证的卫健委备案；备案材料应包括以下内容：①开展临床应用的限制类技术名称和所具备的条件及有关评估材料；②本机构医疗技术临床应用管理专门组织和伦理委员会论证材料；③技术负责人（限于在本机构注册的执业医师）资质证明材料。第11条第2款规定，备案部门应自收到完整备案材料之日起15个工作日内完成备案，在该医疗机构的医疗机构执业许可证副本备注栏予以注明，并逐级上报至省级卫健委。

5. 医疗机构自我管理的医疗技术 办法第12条规定，未纳入禁止类技术和限制类技术目录的医疗技术，医疗机构可根据自身功能、任务、技术能力等自行决定开展临床应用，并应对开展的医疗技术临床应用实施严格管理。

（二）"限制临床应用"医疗技术的临床应用管理制度的沿革

1. 技术管理制度的建立 2003年6月27日，卫生部发布了《人类辅助生殖技术规范》,对我国适格医疗机构开展的人工授精等人类辅助生殖技术予以规范。2006年3月16日,卫生部发布了《人体器官移植技术临床应用管理暂行规定》,对我国适格医疗机构开展人体器官移植临床应用进行具体规定(详见第七章)。2006年6月27日,卫生部又印发了《关于肝脏、肾脏、心脏、肺脏移植技术管理规范的通知》,并分别附肝脏、肾脏、心脏和肺脏四个移植技术管理规范。2009年11月13日,卫生部曾印发了《变性手术技术管理规范(试行)》(卫办医政发〔2009〕185号)、《心室辅助装置应用技术管理规范(试行)》(卫办医政发〔2009〕186号)、《放射性粒子植入治疗技术管理规范(试行)》(卫办医政发〔2009〕187号)、《肿瘤深部热疗和全身热疗技术管理规范(试行)》(卫办医政发〔2009〕188号)、《脐带血造血干细胞治疗技术管理规范(试行)》(卫办医政发〔2009〕189号)、《肿瘤消融治疗技术管理规范(试行)》(卫办医政发〔2009〕190号)、《口腔颌面部肿瘤颅颌联合根治技术管理规范(试行)》(卫办医政发〔2009〕191号)、《颅颌面畸形颅面外科矫治技术管理规范(试行)》(卫办医政发〔2009〕192号)、《口腔颌面部恶性肿瘤放射性粒子植入治疗技术管理规范(试行)》(卫办医政发〔2009〕193号)、《颜面部同种异体器官移植技术管理规范(试行)》(卫办医政发〔2009〕194号)、《基因芯片诊断技术管理规范(试行)》(卫办医政发〔2009〕195号)、《人工智能辅助诊断技术管理规范(试行)》(卫办医政发〔2009〕196号)、《人工智能辅助治疗技术管理规范(试行)》(卫办医政发〔2009〕197号)、《质子和重离子加速器放射治疗技术管理规范(试行)》(卫办医政发〔2009〕198号)、《组织工程化组织移植治疗技术管理规范(试行)》(卫办医政发〔2009〕199号)等技术规范文件。在上述规范性文件中,对欲开展此类医疗技术的医疗机构、人员、技术管理等各方面的基本要求及具体操作规程和标准均作了极其详细、严格的规定。

2. 技术管理制度的健全

(1) 2013年12月27日,国家卫计委已组织制定了《内镜诊疗技术临床应用管理暂行规定》和普通外科、泌尿外科、胸外科、骨科、消化内科、小儿外科、儿科和耳鼻咽喉科8个专业内镜诊疗技术管理规范,对已经下发的妇科和呼吸内科2个专业内镜诊疗技术管理规范进行了修订,并予发布,其所附的分别是:《呼吸内镜诊疗技术管理规范》《消化内镜诊疗技术管理规范》《普通外科内镜诊疗技术管理规范》《关节镜诊疗技术管理规范》《脊柱内镜诊疗技术管理规范》《泌尿外科内镜诊疗技术管理规范》《胸外科内镜诊疗技术管理规范》《妇科内镜诊疗技术管理规范》《儿科呼吸内镜诊疗技术管理规范》《儿科消化内镜诊疗技术管理规范》《小儿外科内镜诊疗技术管理规范》《鼻科内镜诊疗技术管理规范》《咽喉科内镜诊疗技术管理规范》等技术管理规范。

(2) 2017年2月14日,国家卫计委办公厅以国卫办医发〔2017〕7号文件的方式,向各省、自治区、直辖市卫计委,新疆生产建设兵团卫生局印发了(较之2009年版的上述15组技术规范更为详细、完备的)《关于造血干细胞移植技术管理规范(2017年版)等15个"限制临床应用"医疗技术管理规范和质量控制指标的通知》。文中称,为进一步加强医疗技术临床应用事中事后监管,做好"限制临床应用"医疗技术的临床应用管理工作,规范临床行为,保障医疗质量和医疗安全,国家卫计委组织制(修)订了《造血干细胞移植技术管理规范(2017年版)》等15个"限制临床应用"的医疗技术管理规范,并制定了相应技术的质量控制指标(可从国家卫生计生委网站下载)。现印发给各地方,请各省、自治区、直辖市和新疆生产建设兵团卫计行政部门遵照执行。同时规定,原2009年版的上述15组技术规范废止。作为该文件附件的2017年版的15组技术规范主要包括:①造血干细胞移植技术管理规范(2017版)和造血干细胞移植技术临床应用质量控制指标(2017版);②同种胰岛移植技术管理规范(2017版)和同种胰岛移植技术临床应用质量控制指标(2017版);③同种异体运动系统结构性组织移植技术管理规范(2017版)和同种异体运动系统结构性组织移植技术临床应用质量控制指标(2017版);④同种异体角膜移植技术管理规范(2017版)和同种异体角膜移植技术临床应用质量控制指标(2017版);⑤同种异体皮肤移植技术管理规范(2017版)和同种异体皮肤移植技术临床应用质量控制指标(2017版);⑥性别重置技术管理规范(2017版)和性别重置技术临床应用质量控制指标(2017版);⑦质子和重离子加速器放射治疗技术管理规范(2017版)及质子和重离子加速器放射治疗技术临床应用质量控制指标(2017版);⑧放射性粒子植入治疗技术管理规范(2017版)和放射性粒子植入治疗技术临床应用质量控制指标(2017版);⑨肿瘤深部热疗和全身热疗技术管理规范(2017版)和肿瘤深部热疗和全身热疗技术临床应用质量控制指标(2017版);⑩肿瘤消融治疗技术管理规范(2017版)和肿瘤消融治疗技术临床应用质量控制指标(2017版);⑪心室辅助技术管理规范(2017版)和心室辅助技术临床应用质量控制指标(2017版);⑫人工智能辅助诊断技术管理规范(2017版)和人工智能辅助诊断技术临床应用质量控制指标(2017版);⑬人工智能辅助治疗技术管理规范(2017版)和人工智能辅助治疗技术临床应用质量控制指标(2017版);⑭颅颌面畸形颅面外科矫治技术管理规范(2017版)和颅颌面畸形颅面外科矫治技术临床应用质量控制指标(2017版);⑮口腔颌面部肿瘤颅颌联合根治技术管理规范(2017版)和口腔颌面部肿瘤颅颌联合根治技术临床应用质量控制指标(2017版)。

(3) 2018年10月8日,国家卫健委向全国印发《关于儿童急性淋巴细胞白血病、儿童急性早幼粒细胞白血病诊疗规范(2018年版)的通知》,该通知所附的儿童急性淋巴细胞白血病诊疗规范(2018版)和儿童急性早幼粒细胞白血病诊疗规范(2018年版)。

(4) 2018年12月13日,国家卫健委对原发性肺癌等18个肿瘤病种诊疗规范进行了修订,公布了该《相关肿瘤诊疗规范(2018年版)》。该18个肿瘤病种诊疗规范分别是:①原发性肺癌诊疗规范(2018年版);②甲状腺癌诊疗规范(2018年版);③食管癌诊疗规范(2018年版);④胃癌诊疗规范(2018年版);⑤胰腺癌诊疗规范(2018年版);⑥乳腺癌诊疗规范(2018年版);⑦宫颈癌诊疗规范(2018年版);⑧子宫内膜癌诊治规范(2018年版);⑨卵巢癌诊疗规范(2018年版);⑩肾癌诊疗规范(2018年版);⑪前列腺癌诊疗规范(2018年版);⑫膀胱癌诊疗规范(2018年版);⑬淋巴瘤诊疗规范(2018年版);⑭黑色素瘤诊疗规范(2018年版);⑮成人急性淋巴细胞白血病诊疗规范(2018

年版);⑯成人急性髓系白血病诊疗规范(2018年版);⑰成人慢性粒细胞白血病诊疗规范(2018年版);⑱脑胶质瘤诊疗规范(2018年版)。

(5) 2019年1月2日,国家卫健委发公告,公布《淋病诊断》等4项强制性卫生行业标准,编号和名称如下:①WS 268—2019 淋病诊断(代替 WS 268—2007)、WS 269—2019 布鲁氏菌病诊断(代替 WS 269—2007)、WS 293—2019 艾滋病和艾滋病病毒感染诊断(代替 WS 293—2008)和 WS 295—2019 流行性脑脊髓膜炎诊断(代替 WS295—2008)。②上述标准自2019年7月1日起施行,WS 268—2007、WS 269—2007、WS 293—2008、WS 295—2008同时废止,等等。

可见,国家卫生行政部门已正在着手建立医疗技术临床应用领域的国家临床医疗技术标准体系,相信在不久的将来,我国整个临床医疗技术水平将有全面、大幅度的提升。

(三) 管理与控制制度

1. 官方质量管理与控制制度 《应管办法》第14条规定,国家建立医疗技术临床应用质量管理与控制制度,充分发挥各级、各专业医疗质量控制组织的作用,以"限制类技术"为主加强医疗技术临床应用质量控制,对医疗技术临床应用情况进行日常监测与定期评估,及时向医疗机构反馈质控和评估结果,持续改进医疗技术临床应用质量。

2. 医疗机构的内部自我管控机构 《应管办法》第15条第1款规定,二级以上的医院、妇幼保健院及专科疾病防治机构医疗质量管理委员会应下设医疗技术临床应用管理的专门组织,由医务、质量管理、药学、护理、院感、设备等部门负责人和具有高级技术职务任职资格的临床、管理、伦理等相关专业人员组成;该专门组织的负责人由医疗机构主要负责人担任,由医务部门负责日常管理工作,主要职责是:①根据医疗技术临床应用管理相关的法律规范性文件,制定本机构医疗技术临床应用管理制度并组织实施;②审定本机构医疗技术临床应用管理目录和手术分级管理目录并及时调整;③对首次应用于本机构的医疗技术组织论证,对本机构已经临床应用的医疗技术定期开展评估;④定期检查本机构医疗技术临床应用管理各项制度执行情况,并提出改进措施和要求;⑤省级以上卫健委规定的其他职责。该条第2款规定,其他医疗机构应设立医疗技术临床应用管理工作小组,并指定专(兼)职人员负责本机构医疗技术临床应用管理工作。

3. 医疗机构开展医疗技术临床应用的资源保障要求 《应管办法》第17条规定,医疗机构开展医疗技术临床应用应具有符合要求的诊疗科目、专业技术人员、相应的设备、设施和质量控制体系,并遵守相关技术临床应用管理规范。

4. 医疗机构开展医疗技术临床应用的内部管理制度 主要包括:①基本制度。《应管办法》第16条规定,医疗机构应建立本机构医疗技术临床应用管理制度,包括目录管理、手术分级、医师授权、质量控制、档案管理、动态评估等制度,保障医疗技术临床应用质量和安全。②手术分级与授权管理制度。第18条规定,医疗机构应制定本机构医疗技术临床应用管理目录并及时调整,对目录内的手术进行分级管理;手术管理按国家关于手术分级管理的有关规定执行。第20条规定,医疗机构应建立医师手术授权与动态管理制度,根据医师的专业能力和培训情况,授予或者取消相应的手术级别和具体手术权限。③临床应用论证制度。第 21 条规定,医疗机构应建立医疗技术临床应用论证制度,对已证明安全有效,但属本机构首次应用的医疗技术,应组织开展本机构技术能力和安全保障能力论证,通过论证的方可开展医疗技术临床应用。④技术档案制度。第 19 条规定,医疗机构应依法准予医务人员实施与其专业能力相适应的医疗技术,并为医务人员建立医疗技术临床应用管理档案,纳入个人专业技术档案管理。⑤技术人才自我培训制度。第 23 条规定：医疗机构应为医务人员参加医疗技术临床应用规范化培训创造条件,加强医疗技术临床应用管理人才队伍的建设和培养；医疗机构应当加强首次在本医疗机构临床应用的医疗技术的规范化培训工作。⑥信息公开制度。第 24 条规定,医疗机构开展的限制类技术目录、手术分级管理目录和限制类技术临床应用情况应纳入本机构院务公开范围,主动向社会公开,接受社会监督。

5. **医疗技术应用过程中的动态管理制度**　主要包括：

(1) 伦理审查制度。《应管办法》第 13 条规定,医疗机构拟开展存在重大伦理风险的医疗技术,应提请本机构伦理委员会审议,必要时可以咨询省级和国家医学伦理专家委员会。未经本机构伦理委员会审查通过的医疗技术,特别是限制类医疗技术,不得应用于临床。

(2) 评估制度。第 22 条规定：①医疗机构应建立医疗技术临床应用评估制度,对限制类技术的质量安全和技术保证能力进行重点评估,并根据评估结果及时调整本机构医疗技术临床应用管理目录和有关管理要求；②对存在严重质量安全问题或者不再符合有关技术管理要求的,要立即停止该项技术的临床应用；③医疗机构应根据评估结果,及时调整本机构医师相关技术临床应用权限。

(3) 停止与报告制度。①停止制度。第 25 条第 1 款规定,医疗机构在医疗技术临床应用过程中出现下列情形之一的,应立即停止该项医疗技术的临床应用：a. 该医疗技术被国家卫生健康委列为"禁止类技术"；b. 从事该医疗技术的主要专业技术人员或关键设备、设施及其他辅助条件发生变化,不能满足相关技术临床应用管理规范要求,或者影响临床应用效果；c. 该医疗技术在本机构应用过程中出现重大医疗质量、医疗安全或者伦理问题,或者发生与技术相关的严重不良后果；d. 发现该项医疗技术临床应用效果不确切或存在重大质量、安全或者伦理缺陷。②报告制度。该条第 2～3 款规定：医疗机构出现第 1 款 b、c 属于限制类技术情形的,应立即将有关情况向核发其医疗机构执业许可证的卫健委报告；卫健委应及时取消该医疗机构相应医疗技术临床应用备案,在该机构医疗机构执业许可证副本备注栏予以注明,并逐级向省级卫健门报告；医疗机构出现第 1 款 a、d 情形的,应立即将有关情况向核发其医疗机构执业许可证的卫健委和省级卫健委报告。省级卫健委应立即组织对该项医疗技术临床应用情况进行核查,确属医疗技术本身存在问题的,可暂停该项医疗技术在本地区的临床应用,并向国家卫健委报告。国家卫健委收到报告后,组织专家进行评估,决定需要采取的进一步管理措施。

三、培训与考核制度

(一) 培训制度

1. 培训性质 此培训有别于《应管办法》第 23 条规定的医疗机构自我进行的技术培训,第 26 条第 1 款前项规定,它是国家建立的医疗技术临床应用规范化培训制度,而且该培训内容仅限于对拟开展限制类的医疗技术临床应用技能。

2. 培训组织与考核职权 ①《应管办法》第 26 条规定:国家建立医疗技术临床应用规范化培训制度,拟开展限制类技术的医师应按照相关技术临床应用管理规范要求接受规范化培训;国家卫健委统一组织制定国家限制类技术的培训标准和考核要求,并向社会公布。②第 27 条规定:省级增补的限制类技术及省级卫健委认为其他需要重点加强培训的医疗技术,由省级医政部门统一组织制订培训标准,对培训基地管理和参加培训医师(以下简称参培医师)的培训和考核提出统一要求,并向社会公布。

3. 培训基地 ①条件。《应管办法》第 28 条规定:对限制类技术临床应用规范化培训基地实施备案管理;医疗机构拟承担限制类技术临床应用规范化培训工作的,应达到国家和省级卫健委规定的条件,制定培训方案并向社会公开。②申请。第 29 条规定:医疗机构拟承担限制类技术临床应用规范化培训工作的,应于首次发布招生公告之日起 3 个工作日内,向省级卫健委备案;备案材料应包括:开展相关限制类技术临床应用的备案证明材料;开展相关限制类技术培训工作所具备的软、硬件条件的自我评估材料;近 3 年开展相关限制类技术临床应用的医疗质量和医疗安全情况;培训方案、培训师资、课程设置、考核方案等材料。③备案与公示。第 30 条第 1 款规定:省级卫健委应及时向社会公布经备案拟承担限制性技术临床应用规范化培训工作的医疗机构名单。

4. 实施与评估 ①参加培训。《应管办法》第 32 条规定:申请参加培训的医师应符合相关医疗技术临床应用管理规范要求;培训基地应按照公开公平、择优录取、双向选择的原则决定是否接收参培医师。②实施。第 32 条规定:培训基地当建立健全规章制度及流程,明确岗位职责和管理要求,加强对培训导师的管理;严格按照统一的培训大纲和教材制定培训方案与计划,建立医师培训档案,确保培训质量和效果。③评估。第 30 条第 2 款规定:省级卫健委应当加强对限制类技术临床应用规范化培训基地的考核和评估;对不符合培训基地条件或未按照要求开展培训、考核的,应责令其停止培训工作,并向社会公布。

(二) 考核与其他培训

1. 考核 ①考核的效力与内容。《应管办法》第 33 条第 1 款规定:参培医师完成培训后应接受考核;考核包括过程考核和结业考核。②考核的组织实施。该条第 2 款规定,考核应由所在培训基地或者省级卫健委委托的第三方组织实施。

2. 其他培训 《应管办法》第 34 条规定,对国家和省级卫健委作出统一培训要求以外的医疗技术,医疗机构应自行进行规范化培训。

四、监管制度

(一) 监管体系与职权

1. 监管体系 《应管办法》第7条规定:国家卫生委负责全国医疗技术临床应用管理工作;县级以上地方卫健委负责本行政区域内医疗技术临床应用监督管理工作。

2. 监管职权(责) ①国家级层面。《应管办法》第36条规定:国家卫健委负责建立全国医疗技术临床应用信息化管理平台,对国家限制类技术临床应用相关信息进行收集、分析和反馈。省级卫健委负责建立省级医疗技术临床应用信息化管理平台,对本行政区域内国家和省级限制类技术临床应用情况实施监督管理;省级医疗技术临床应用信息化管理平台应与全国医疗技术临床应用信息化管理平台实现互联互通,信息共享。②地方层面。第35条规定,县级以上地方卫健委应加强对本行政区域内医疗机构医疗技术临床应用的监督管理;第40条规定,县级以上地方卫健委应将本行政区域内经备案开展限制类技术临床应用的医疗机构名单及相关信息及时向社会公布,接受社会监督。

(二) 监管方式

1. 信息化管理平台 它体现在:①《应管办法》第36条第1款规定,国家卫健委建立全国医疗技术临床应用信息化管理平台;②该条第2、第3款规定,省级卫健委负责建立省级医疗技术临床应用信息化管理平台,且应与全国医疗技术临床应用信息化管理平台实现互联互通;③第39条规定,国家建立医疗机构医疗技术临床应用情况信誉评分制度,与医疗机构、医务人员信用记录挂钩,纳入卫生健康行业社会信用体系管理,接入国家信用信息共享平台;④第37条第1款规定,医疗机构应按要求,及时、准确、完整地向全国和省级医疗技术临床应用信息化管理平台逐例报送限制类技术开展情况数据信息;⑤第37条第2款规定,各级、各专业医疗质量控制组织应充分利用医疗技术临床应用信息化管理平台,加大数据信息分析和反馈力度,指导医疗机构提高医疗技术临床应用质量安全。

2. 评估与考核 ①《应管办法》第38条规定,国家建立医疗技术临床应用评估制度,对医疗技术的安全性、有效性、经济适宜性及伦理问题等进行评估,作为调整国家医疗技术临床应用管理政策的决策依据之一。②第39条规定,国家建立医疗机构医疗技术临床应用情况信誉评分制度,与医疗机构、医务人员信用记录挂钩,纳入卫健行业社会信用体系管理,接入国家信用信息共享平台,并将信誉评分结果应用于医院评审、评优、临床重点专科评估等工作。

3. 接受社会监督 《应管办法》第40规定,县级以上地方卫健委应将本行政区域内经备案开展限制类技术临床应用的医疗机构名单及相关信息及时向社会公布,接受社会监督。

五、违法责任

(一) 医疗机构的违法责任

1. 医疗机构超越登记范围违法行为应承担的行政法律责任 ①《应管办法》第43条规定,医疗机构有下列情形之一的,由县级以上地方卫健委依《医管条例》第47条的规定进行处理;情节严重的,还应对医疗机构主要负责人和其他直接责任人员依法给予处分:开展相关医疗技术与登记的诊疗科目不相符的;开展禁止类技术临床应用的;不符合医疗技术临床应用管理规范要求擅自开展相关医疗技术的。②《医管条例》第47条规定,违反本条例第27条规定,诊疗活动超出登记范围的,由县级以上医政部门予以警告、责令其改正,并可根据情节处以3 000元以下的罚款;情节严重的,吊销其医疗机构执业许可证。

2. 医疗机构因管理混乱导致不良后果的行政法律责任 《应管办法》第44条规定:医疗机构管理混乱导致医疗技术临床应用造成严重不良后果,并产生重大社会影响的,由县级以上卫健委责令限期整改,并给予警告;逾期不改的,给予30 000元以下罚款,并对医疗机构主要负责人、负有责任的主管人员和其他直接责任人员依法给予处分。

3. 医疗机构其他违法行为的行政法律责任 《应管办法》第41条规定:医疗机构违反本办法规定,有下列情形之一的,由县级以上卫健委责令限期改正;逾期不改的,暂停或者停止相关医疗技术临床应用,给予警告,并处以3 000元以下罚款;造成严重后果的,处以3 000元以上30 000元以下罚款,并对医疗机构主要负责人、负有责任的主管人员和其他直接责任人员依法给予处分:①未建立医疗技术临床应用管理专门组织或未指定专(兼)职人员负责具体管理工作的;②未建立医疗技术临床应用管理相关规章制度的;③医疗技术临床应用管理混乱,存在医疗质量和医疗安全隐患的;④未按要求向卫健委进行医疗技术临床应用备案的;⑤未按要求报告或报告不实信息的;⑥未按要求向国家和省级医疗技术临床应用信息化管理平台报送相关信息的;⑦未将相关信息纳入院务公开范围向社会公开的;⑧未按要求保障医务人员接受医疗技术临床应用规范化培训权益的。

(二) 其他主体的违法责任

1. 培训基地违法的行政法律责任 《应管办法》第42条规定:承担限制类技术临床应用规范化培训的医疗机构,有下列情形之一的,由省级卫健委责令其停止医疗技术临床应用规范化培训,并向社会公布;造成严重后果的,对医疗机构主要负责人、负有责任的主管人员和其他直接责任人员依法给予处分:①未按要求向省级卫健委备案的;②提供不实备案材料或弄虚作假的;③未按要求开展培训、考核的;④管理混乱导致培训造成严重不良后果,并产生重大社会影响的。

2. 医务人员的违法责任 《应管办法》第45条规定:医务人员有下列情形之一的,

由县级以上卫健委按《医师法》《护士条例》《乡医条例》等法律法规的有关规定进行处理；构成犯罪的，依法追究刑事责任：①违反医疗技术管理相关规章制度或医疗技术临床应用管理规范的；②开展禁止类技术临床应用的；③在医疗技术临床应用过程中，未按要求履行知情同意程序的；④泄露患者隐私，造成严重后果的。

3. **医政部门违法的行政法律责任** 《应管办法》第46条规定，县级以上卫健委未按本办法规定履行监管职责，造成严重后果的，对直接负责的主管人员和其他直接责任人员依法给予记大过、降级、撤职、开除等行政处分。

第二节 医疗机构手术分级管理制度

一、概述

(一) 手术概述

1. **概念** 手术是指医疗机构及其医务人员使用（刀、剪、针、锯或带剪内窥镜等）手术器械在人体局部进行操作，以去除病变组织、修复损伤、移植组织或器官、植入医疗器械、缓解病痛、改善机体功能或形态等为目的的诊断或者治疗措施。

2. **手术的特点** 主要包括：①系医疗行为；②须由适格的医务人员施行；③需用手术器械切开或刺入就医者的皮肤或进入其体内；④对接受的就医者有一定的损伤或术后带来一定的痛感；⑤其目的是为了除病变组织、修复损伤、移植组织或器官、植入医疗器械、缓解病痛、改善机体功能或形态，或者查明病因；⑥应具有（手术）指征方可施行。

3. **手术的种类** 依据不同的划分标准，它可被作如下分类。①依学科，可被分为：普外科、骨科、泌尿系、胸外科、心血管、脑外科、妇产科、眼科、耳鼻喉科、手外科和整形外科等手术；②依目的，可被分为：诊断性、根治性和姑息性手术；③依病伤情缓急，可被分为：择期、限期和急症（如脑外伤）手术；④依适应度、服务种类和场所，可被分为门诊（如计划生育）和住院安排（手术室、病房、产房或抢救室）手术；⑤依接受者是否需要麻醉，可被分为需（全身或局部）麻和无麻手术；⑥依实现目的所需次数，可被分为一期（或一次性）和分期手术；⑦依是否带菌，可被分为无菌和带菌（又可被分为污染和感染）手术，等等。

(二) 行为规范

2012年8月3日，为加强医疗机构手术分级管理，规范医疗机构手术行为，提高医疗质量，保障医疗安全，维护患者合法权益，卫生部制发了《医疗机构手术分级管理办法（试行）》（以下简称《分级办法》），并于同年10月1日起施行。

二、分级管理制度

(一) 概述

1. 概念 手术分级,是指根据风险性和难易程度不同,而由法律规范性文件直接将手术进行的等级划分体系。手术分级管理,是指对医疗主体的手术活动依法进行等级划分,并据此进行管理的制度。

2. 基本规定 主要包括:①制度确定。《分级办法》第 3 条规定:医疗机构实行手术分级管理制度;手术分级管理目录由卫生部另行制定。②适用范围。第 4 条规定,本办法适用于(全国)各级各类医疗机构手术管理工作。③主管部门。第 5 条规定,卫生部负责全国医疗机构手术分级管理工作的监督管理;县级以上地方医政部门负责本行政区域内医疗机构手术分级管理工作的监督管理。

(二) 分级管理

1. 等级法定 主要包括:①法定分级。《分级办法》第 7 条的规定,据风险性和难易程度不同,手术分为四级:一级手术是指风险较低、过程简单、技术难度低的普通手术;二级手术是指有一定风险、过程复杂程度一般、有一定技术难度的手术;三级手术是指风险较高、过程较复杂、难度较大的手术;四级手术是指风险高、过程复杂、难度大的重大手术。②分级分类目录部。第 3 条规定,医疗机构实行手术分级管理制度;手术分级管理目录由卫生部另行制定[如卫生部手术分级目录 2011 年版(征求意见稿)确定的序号 12 血管移植术为四级手术;序号 141 动静脉栓塞术为三级手术;序号 432 静脉修补术为二级;序号 603 胸壁血管结扎术为一级][1]。③(情形)竞合升级。第 14 条前款规定,择期手术患者,需要全身麻醉(含基础麻醉)或者需要输血时,其手术级别相应提升一级。

2. 管理体制 主要体现在:①《分级办法》第 4 条规定,它适用于各级各类医疗机构手术管理工作。②第 5 条规定,卫生部负责全国医疗机构手术分级管理工作的监督管理;县级以上医政部门负责本行政区域内医疗机构手术分级管理工作的监督管理。③第 6 条规定,医疗机构应建立健全手术分级管理工作制度,建立手术准入制度,严格执行手术部位标记和手术安全核查制度,由医务部门负责日常管理工作。

3. 备案与确权 ①《分级办法》第 10 条规定,三级医院重点开展三四级手术;二级医院重点开展二三级手术;一级医院、乡镇卫生院可开展一二级手术,重点开展一级手术。②第 11 条规定,二级医院开展四级手术应符合下列条件:符合二级甲等医院的标准;有重症医学科和与拟开展四级手术相适应的诊疗科目;具备开展四级手术的人员、设备、设施等必要条件;经省级医政部门批准。③第 12 条规定,一级医院、乡镇卫生院、中心乡镇卫生院开展二级手术应符合下列条件:符合一级甲等医院的标准;有麻醉科和与拟开展二级手术相适应的诊疗科目;具备开展二级手术的人员、设备、设施等必要条件;经核发其医疗机构执业许可证的医政部门批准并向设区的市级医政部门备案。④第 13

条规定,社区卫生服务中心、社区卫生服务站、卫生保健所、门诊部(口腔科除外)、诊所(口腔科除外)、卫生所(室)、医务室等其他医疗机构,除为挽救患者生命而实施的急救性外科止血、小伤口处置或其他省级医政部门有明确规定的项目外,原则上不得开展本办法规定的手术。⑤第14条规定,择期手术患者,需要全身麻醉(含基础麻醉)或者需要输血时,其手术级别相应提升一级;麻醉前评估(ASA)Ⅲ级[ASA 是 American Society of Anesthesiologists(美国麻醉师协会)的英文缩写;麻醉前评估(ASA)Ⅲ级,即以美国麻醉师协会制定的于麻醉前根据病人体质状况和对手术危险性所进行分类标准第3等级(共6级,Ⅰ级危险程度最低,Ⅵ级最高)]以上,且需要全身麻醉支持时,应在三级医院或经省级医政部门批准准予开展部分四级手术的二级甲等医院实施手术。⑥第15条规定,遇有急危重症患者确需行急诊手术以挽救生命时,医疗机构可以越级开展手术,并做好以下工作:维护患者合法权益,履行知情同意的相关程序;请上级医院进行急会诊;手术结束后24小时内,向核发其医疗机构执业许可证的医政部门备案。⑦第18条规定:除急危重症患者需急诊手术抢救外,外聘医师、会诊医师不得开展超出实施手术医疗机构所能开展最高级别的手术;进修医师手术权限管理按照卫生部和省级卫生厅或局相关规定执行。

4. **医疗机构所负担义务** ①《分级办法》第8条规定,医疗机构应开展与其级别和诊疗科目相适应的手术。②第9条规定,医疗机构按规定经备案获得第二类、第三类医疗技术临床应用资格后,可开展相应手术。③第16条规定,医疗机构应根据手术级别、专业特点、医师实际被聘任的专业技术岗位和手术技能,组织本机构专家组对医师进行临床应用能力技术审核,审核合格后授予相应的手术权限。④第17条规定,医疗机构应定期评估医师技术能力,适时调整医师手术权限,并纳入医师技术档案管理。

三、监督制度

(一) 监督体制与职责

1. **监督体系** 《分级办法》第5条规定:①卫生部负责全国医疗机构手术分级管理工作的监督管理。②县级以上医政部门负责本行政区域内医疗机构手术分级管理工作的监督管理。

2. **监管职责** ①《分级办法》第19条规定:县级以上医政部门应加强对本行政区域内医疗机构手术分级管理情况的监督检查。②第20条前款规定:县级以上医行政部门应建立医疗机构手术安全评估制度。

(二) 违规后果

(1)《分级办法》第20条后款规定,对于存在安全风险的医疗机构和手术项目,应立即责令其停止开展。

(2)《分级办法》第21条规定,医疗机构出现下列情形之一的,医政部门不得准予其开展相应级别手术;已经准予开展的,应立即责令其停止开展:①超出登记的诊疗科目的;②未取得相应级别医疗技术临床应用资格的;③在申请相应级别手术临床应用过程中弄虚作假的;④由于人员、设备、设施等条件变化不再具备开展相应手术条件的;⑤省级以上医政部门规定的其他情形。

(3)《分级办法》第22条规定,医疗机构出现下列情形之一的,医政部门应立即责令其改正;造成严重后果的,依法追究医疗机构主要负责人和直接责任人责任:①开展卫生行政部门废除或禁止开展的手术项目的;②擅自开展医政部门明确要求立即停止的手术项目的;③擅自开展应经医政部门批准方能开展的手术项目的;④省级以上医政部门规定的其他情形。

第三节 医疗质量管理制度

一、概述

(一)概念与质安核心制度

1. **概念** 2016年9月25日国家卫计委发布并于同年11月起施行了《医疗质量管理办法》(以下简称《质管办法》)。该办法第47条对下列相关概念进行定义:①医疗质量:指在现有医疗技术水平及能力、条件下,医疗机构及其医务人员在临床诊断及治疗过程中,按照职业道德及诊疗规范要求,给予患者医疗照顾的程度。②医疗质量管理:指按医疗质量形成的规律和有关法律、法规要求,运用现代科学管理方法,对医疗服务要素、过程和结果进行管理与控制,以实现医疗质量系统改进、持续改进的过程。③医疗质量安全核心制度:指医疗机构及其医务人员在诊疗活动中应严格遵守的相关制度。④医疗质量管理工具:指为实现医疗质量管理目标和持续改进所采用的措施、方法和手段。

2. **质安核心制度** 主要体现为:①《质管办法》第47条第3项规定,医疗质量安全核心制度:指医疗机构及其医务人员在诊疗活动中应当严格遵守的相关制度,主要包括:首诊负责制度、三级查房制度、会诊制度、分级护理制度、值班和交接班制度、疑难病例讨论制度、急危重患者抢救制度、术前讨论制度、死亡病例讨论制度、查对制度、手术安全核查制度、手术分级管理制度、新技术和新项目准入制度、危急值报告制度、病历管理制度、抗菌药物分级管理制度、临床用血审核制度、信息安全管理制度等。②该条第4项规定,医疗质量管理工具:指为实现医疗质量管理目标和持续改进所采用的措施、方法和手段,如全面质量管理(TQC)[TQC系英文Total Quality Control(或Management)全面质量管理的缩写]、质量环(PDCA循环)[PDCA系英文4个动词plan(策划)、do(实施)、check(检查)、act(处置)首字母缩写的合称]、品管圈(QCC)[QCC系英文Quality Control Circle(品质控制圈)首字母的合称]、疾病诊断相关组(DRGs)[DRGs系英文Diagnosis Related Groups（疾病诊断相关组）首字母和整组最后一个小写字母的合称]、绩效评价、单病种管理、临床路径管理等。

(二) 建制的意义

虽然前述已涉及的《医师法》《医管条例》《医管细则》《医院制度》等法律规范性文件通过医主体(医疗机构或医务人员)的义务或医疗机构的制度安排尽可能地规制该主体的相关行为以正向影响医疗质量,而且本章第一节之医疗技术临床应用(分类分级)管理亦与医疗质量不无关系,但作为一部适用于各级卫计委以及各级各类医疗机构医疗质量管理工作,用以规制所有有关医疗质量的行为且呈体系化的专门法律规范性文件,对于我国医疗质量的推进和提高作用是其他制度形态所不可比拟和替代的。

二、管理组织及职责

(一) 管理体制

1. 主管机关 《质管办法》第3条规定：①国家卫计委负责全国医疗机构医疗质量管理(以下简称质管)工作；②县级以上医政部门负责本行政区域内医疗机构医疗质管工作；③国家中医药局和军队卫生主管部门分别在职责范围内负责中医和军队医疗机构医疗质管工作。

2. 医疗机构的自我管理体系 ①责任主体。《质管办法》第4条规定,医疗质管是医疗管理的核心,各级各类医疗机构是医疗质管的第一责任主体,应全面加强医疗质管,持续改进医疗质量,保障医疗安全。第9条规定：医疗机构医疗质管实行院、科两级责任制；医疗机构主要负责人是本机构医疗质管的第一责任人；临床科室以及药学、护理、医技等部门(以下称业务科室)主要负责人是本科室医疗质管的第一责任人。②医院质管部门。办法第10条规定：医疗机构应成立医疗质管专门部门,负责本机构的医疗质管工作；二级以上的医院、妇幼保健院及专科疾病防治机构(下称二级以上医院)应设立医疗质管委员会；其他医疗机构应设立医疗质管工作小组或指定专(兼)职人员,负责医疗质量具体管理工作。③医疗质管委员会。办法第10条第2款中项规定：该委员会主任由医疗机构主要负责人担任,委员由医疗管理、质量控制、护理、医院感染管理、医学工程、信息、后勤等相关职能部门负责人以及相关临床、药学、医技等科室负责人组成,指定或者成立专门部门具体负责日常管理工作。第11条规定：医疗机构医疗质管委员会的主要职责是：按国家医疗质管的有关要求,制订本机构医疗质管制度并组织实施；组织开展本机构医疗质量监测、预警、分析、考核、评估以及反馈工作,定期发布本机构质管信息；制订本机构医疗质量持续改进计划、实施方案并组织实施；制订本机构临床新技术引进和医疗技术临床应用管理相关工作制度并组织实施；建立本机构医务人员医疗质管相关法律规范性文件、技术规范的培训制度,制订培训计划并监督实施;落实省级以上卫生计委规定的其他内容。④科室质管小组。第12条规定:二级以上医院各业务科室应成立本科室医疗质管工作小组,组长由科室主要负责人担任,指定专人负责日常具体工作。医疗质管工作小组主要职责是:贯彻执行医疗质量管理相关的法律(和其他)规范性文件及本科室医疗质量管理制度;制订本科室年度质量控制实施方案,组织开展科室医疗质量管理与控制工作;制订本科室医疗质量持续改进计划和具体落实措施;定期对科室医疗质量进行分析和评估,对医疗质量薄弱环节提出整改措施并组织实施;对本科室医务人员进行医疗质管相关法律规范性文件、技术规范、标准、诊疗常规及指南的培训和宣传教育;按有关要求报送本科室医疗质管相关信息。

(二) 社会协同

在落实社会共治方面,《质管办法》作了如下规定:①政府部门职责。第6条规定:国家卫计委负责组织或委托专业机构、行业组织(下称专业机构)制订医疗质管相关制度、规范、标准和指南,指导地方各级医政部门和医疗机构开展医疗质管与控制工作;省级卫计委可根据本地区实际,制订行政区域医疗质管相关制度、规范和具体实施方案;县级以上医政部门在职责范围内负责监督、指导医疗机构落实医疗质管有关规章制度。②行业组织参与。第5条规定,医疗质管应充分发挥卫生行业组织的作用,各级医政部门应为卫生行业组织参与医疗质管创造条件。③工作机制。第7条规定:国家卫计委建立国家医疗质控体系,完善医疗质控与持续改进的制度和工作机制;各级医政部门组建或指定各级、各专业医疗质量控制组织(下称质控组织)落实医疗质控的有关工作要求。④质控信息。第8条规定:国家级各专业质控组织在国家卫计委指导下,负责制订全国统一的质控指标、标准和质管要求,收集、分析医疗质量数据,定期发布质控信息;省级和有条件的地市级医政部门组建相应级别、专业的质控组织,开展医疗质管与控制工作。⑤考核制度。第13条规定,各级医政部门和医疗机构应建立健全医疗质管人员的培养和考核制度,充分发挥专业人员在医疗质管工作中的作用。

三、医疗质量保障体系

(一) 医主体的质量基本保障职责

1. 观念形态要求 ①《质管办法》第14条规定,医疗机构应加强医务人员职业道德教育,发扬救死扶伤的人道主义精神,坚持"以患者为中心",尊重患者权利,履行防病治病、救死扶伤、保护人民健康的神圣职责。②第15条规定,医务人员应恪守职业道德,认真遵守医疗质量管理相关法律法规、规范、标准和本机构医疗质量管理制度的规定,规范临床诊疗行为,保障医疗质量和医疗安全。

2. 制度形态要求 体现在如下方面。

(1)《质管办法》对临床方面的要求。主要包括:①基本要求。第16条规定:医疗机构应按核准登记的诊疗科目执业。卫生技术人员开展诊疗活动应依法取得执业资质，医疗机构人力资源配备应当满足临床工作需要；医疗机构应按有关法律规范性文件、标准要求，使用经批准的药品、医疗器械、耗材开展诊疗活动；医疗机构开展医疗技术应与其功能任务和技术能力相适应，按国家关于医疗技术和手术管理有关规定，加强医疗技术临床应用管理。第 17 条规定，医疗机构及其医务人员应遵循《临床诊疗指南》《临床技术操作规范》《行业标准和临床路径》等有关要求开展诊疗工作，严格遵守医质安全核心制度(包括：首诊负责、三级查房、会诊、分级护理、值班和交接班、疑难病例讨论、急危重患者抢救、术前讨论、死亡病例讨论、查对、手术安全核查、手术分级管理、新技术和新项目准入、危急值报告、病历管理、抗菌药物分级管理、临床用血审核、信息安全管理等 18 项制度)，做到合理检查、合理用药、合理治疗。②护理管理。第 19 条规定：医疗机构应加强护理质管，完善并实施护理相关工作制度、技术规范和护理指南；加强护理队伍建设，创新管理方法，持续改善护理质量。③门急诊管理。第 21 条规定，医疗机构应完善门急诊管理制度，规范门急诊质管，加强门急诊专业人员和技术力量配备，优化门急诊服务流程，保证门急诊医疗质量和医疗安全，并把门急诊工作质量作为考核科室和医务人员的重要内容。④中医服务管理。第 25 条规定，医疗机构开展中医医疗服务，应符合国家关于中医诊疗、技术、药事等管理的有关规定，加强中医医疗质管。⑤病历管理。第 23 条规定，医疗机构应加强病历质量管理，建立并实施病历质管制度，保障病历书写客观、真实、准确、及时、完整、规范。⑥医患关系要求。第 24 条规定，医疗机构及其医务人员开展诊疗活动，应遵循患者知情同意原则，尊重患者的自主选择权和隐私权，并对患者的隐私保密。

(2)《质管办法》对医院其他工作的要求。主要包括：①药事管理。第 18 条规定：医疗机构应加强药学部门建设和药事质管，提升临床药学服务能力，推行临床药师制，发挥药师在处方审核、处方点评、药学监护等合理用药管理方面的作用；临床诊断、预防和治疗疾病用药应遵循安全、有效、经济的合理用药原则，尊重患者对药品使用的知情权。②医技科室管理。第 20 条规定，医疗机构应加强医技科室的质管，建立覆盖检查、检验全过程的质管制度，加强室内质量控制，配合做好室间质量评价工作，促进临床检查检验结果互认。③防止院内感染。第 22 条规定，医疗机构应加强医院感染管理，严格执行消毒隔离、手卫生、抗菌药物合理使用和医院感染监测等规定，建立医院感染的风险监测、预警以及多部门协同干预机制，开展医院感染防控知识的培训和教育，严格执行医院感染暴发报告制度。

(二) 医疗质量持续改进制度

《质管办法》要求医疗机构应做好如下工作，主要包括：①全面、主动履职。第 26 条规定，医疗机构应履行如下职责：建立本机构全员参与、覆盖临床诊疗服务全过程的医疗质管与控制工作制度；严格按医政部门和质控组织关于医疗质管控制工作的有关要求，积极配合质控组织开展工作，促进医疗质量持续改进；按有关要求，向医政部门或质控组织及时、准确地报送本机构医疗质量安全相关数据信息;熟练运用医疗质管工具开展医疗质量管理与自我评价,根据医政部门或质控组织发布的质控指标和标准完善本机构医疗质管相关指标体系,及时收集相关信息,形成本机构医疗质量基础数据。②提升专科能力。第27条规定:医疗机构应加强临床专科服务能力建设,重视专科协同发展,制订专科建设发展规划并组织实施,推行"以患者为中心、以疾病为链条"的多学科诊疗模式;加强继续医学教育,重视人才培养、临床技术创新性研究和成果转化,提高专科临床服务能力与水平。③单病种管控。第28条规定,医疗机构应加强单病种质管与控制工作,建立本机构单病种管理的指标体系,制订单病种医疗质量参考标准,促进医疗质量精细化管理。④满意度监测。第30条规定,医疗机构应制订满意度监测指标并不断完善,定期开展患者和员工满意度监测,努力改善患者就医体验和员工执业感受。⑤成本控制。第30条规定,医疗机构应开展全过程成本精确管理,加强成本核算、过程控制、细节管理和量化分析,不断优化投入产出比,努力提高医疗资源利用效率。⑥院内考核。第31条规定:医疗机构应对各科室医疗质管情况进行现场检查和抽查,建立本机构医疗质量内部公示制度,对各科室医疗质量关键指标的完成情况予以内部公示;医疗机构应定期对医疗卫生技术人员开展医疗卫生管理法律法规、医院管理制度、医疗质量控方法、专业技术规范等相关内容的培训和考核;医疗机构应将科室医疗质管情况作为科室负责人综合目标考核以及聘任、晋升、评先评优的重要指标;医疗机构应将科室和医务人员医疗质管情况作为医师定期考核、晋升以及科室和医务人员绩效考核的重要依据。⑦信息化建设。第32条规定:医疗机构应强化基于电子病历的医院信息平台建设,提高医院信息化工作的规范化水平,使信息化工作满足医疗质量管控需要,充分利用信息化手段开展医疗质量管控;建立完善医疗机构信息管理制度,保障信息安全。⑧反馈与评估。第33条规定,医疗机构应对本机构医疗质管要求执行情况进行评估,对收集的医疗质量信息进行及时分析和反馈,对医疗质量问题和医疗安全风险进行预警,对存在的问题及时采取有效干预措施,并评估干预效果,促进医疗质量的持续改进。

(三) 医疗安全风险防范

医疗机构应恪尽如下两项义务。

1. **报告制度**　依《质管办法》规定,包括:

(1) 不良事件报告。第34条规定:国家建立医疗质量(安全)不良事件报告制度,鼓励医疗机构和医务人员主动上报临床诊疗过程中的不良事件,促进信息共享和持续改进;医疗机构应建立医疗质量(安全)不良事件信息采集、记录和报告相关制度,并作为医疗机构持续改进医疗质量的重要基础工作。

(2) 安全事件报告。早在2011年1月14日,卫生部已发布了《医疗质量安全事件报告暂行规定》,依该暂行规定第2条,所谓医疗质量安全事件,是指医疗机构及其医务人员在医疗活动中,由于诊疗过错、医药产品缺陷等原因,造成患者死亡、残疾、器官组织损伤导致功能障碍等明显人身损害的事件。

1) 事件等级。依该暂行规定第6条分为3级：①一般医疗质量安全事件，指造成2人以下轻度残疾、器官组织损伤导致一般功能障碍或其他人身损害后果；②重大医疗质量安全事件为有下列情形之一的：造成2人以下死亡或中度以上残疾、器官组织损伤导致严重功能障碍；造成3人以上中度以下残疾、器官组织损伤或其他人身损害后果。③特大医疗质量安全事件：造成3人以上死亡或重度残疾。

2) 报告方式与时限。该暂行规定第8条规定：①医疗机构应向核发其医疗机构执业许可证的医政部门网络直报医疗质量安全事件或者疑似医疗质量安全事件。②尚不具备网络直报条件的医疗机构应通过电话、传真等形式，向有关医政部门报告医疗质量安全事件。③医疗质量安全事件的报告时限如下：一般医疗质量安全事件：医疗机构应自事件发现之日起15日内，上报有关信息；重大医疗质量安全事件：医疗机构应自事件发现之时起12小时内，上报有关信息；特大医疗质量安全事件：医疗机构应当自事件发现之时起2小时内，上报有关信息。④药品不良反应报告。第35条规定，医疗机构应建立药品不良反应、药品损害事件和医疗器械不良事件监测报告制度，并按国家有关规定向相关部门报告。

2. **防范制度** 《医管办法》第36条规定，医疗机构应当：①提高医疗安全意识，建立医疗安全与风险管理体系，完善医疗安全管理相关工作制度、应急预案和工作流程，加强医疗质量重点部门和关键环节的安全与风险管理，落实患者安全目标；②提高风险防范意识，建立完善相关制度，利用医疗责任保险、医疗意外保险等风险分担形式，保障医患双方合法权益；③制订防范、处理医疗纠纷的预案，预防、减少医疗纠纷的发生。完善投诉管理，及时化解和妥善处理医疗纠纷。

四、监督与追责

(一) 监督

在监督体系方面《质管办法》作如下制度设计：①监督职权。第37条规定：县级以上医行政部门负责对本行政区域医疗机构医疗质管情况的监督检查；医疗机构应予以配合，不得拒绝、阻碍或隐瞒有关情况。第38条第2款规定，县级以上医行政部门和各级质控组织应重点加强对县级医院、基层医疗机构和民营医疗机构的医疗质量监管。②评估制度。第38条第1款规定，县级以上医政部门应建立医疗机构医疗质管评估制度，可根据当地实际情况，组织或委托专业机构，利用信息化手段开展第三方评估工作，定期在行业内发布评估结果。③信息互联。第39条规定：国家卫计委依托国家级人口健康信息平台建立全国医疗质管与控制信息系统，对全国医疗质管的主要指标信息进行收集、分析和反馈；省级医政部门应依托区域人口健康信息平台，建立本行政区域的医疗质量管控信息系统，对本行政区域医疗机构医疗质管相关信息进行收集、分析和反馈，对医疗机构医疗质量进行评价，并实现与全国医疗质量管控信息系统互连互通。④激励机制。

第40条规定,各级医政部门应建立医疗机构医疗质管激励机制,采取适当形式对医疗质管先进的医疗机构和管理人员予以表扬和鼓励,积极推广先进经验和做法。⑤约谈与通报。第41条规定:县级以上医政部门应建立医疗机构医疗质量管理情况约谈制度;对发生重大或特大医疗质量安全事件、存在严重医疗质量安全隐患,或者未按要求整改的各级各类医疗机构负责人进行约谈;对造成严重后果的,予以通报,依法处理,同时报上级医政部门备案。⑥考核制度。第42条规定:各级医政部门应将医疗机构医疗质管情况和监督检查结果纳入医疗机构及其主要负责人考核的关键指标,并与医疗机构校验、医院评审、评价以及个人业绩考核相结合;考核不合格的,视情况对医疗机构及其主要负责人进行处理。

(二) 追责

1. 对违规执业行为的追责　《质管办法》第31条规定,医疗机构开展诊疗活动超出登记范围、使用非卫生技术人员从事诊疗工作、违规开展禁止或者限制临床应用的医疗技术、使用不合格或未经批准的药品、医疗器械、耗材等开展诊疗活动的,由县级以上地方医政部门依法处理。

2. 对医疗机构违反质管义务行为的追责　《质管办法》第44条规定,医疗机构有下列情形之一的,由县级以上医政部门责令限期改正;逾期不改的,给予警告,并处30 000万元以下罚款;对公立医疗机构负有责任的主管人员和其他直接责任人员,依法给予处分:①未建立医疗质量管理部门或未指定专(兼)职人员负责医疗质量管理工作的;②未建立医疗质量管理相关规章制度的;③医疗质量管理制度不落实或者落实不到位,导致医疗质量管理混乱的;④发生重大医疗质量安全事件隐匿不报的;⑤未按规定报送医疗质量安全相关信息的;⑥其他违反本办法规定的行为。

3. 对医务人员违规行为的追责　《质管办法》第45条规定:①医疗机构执业的医师、护士在执业活动中,有下列行为之一的,由县级以上医政部门依据《医师法》《护士条例》等有关法律法规的规定进行处理;构成犯罪的,依法追究刑事责任:违反卫生法律规范性文件或技术操作规范,造成严重后果的;由于不负责任延误急危患者抢救和诊治,造成严重后果的;未经亲自诊查,出具检查结果和相关医学文书的;泄露患者隐私,造成严重后果的;开展医疗活动未遵守知情同意原则的;违规开展禁止或限制临床应用的医疗技术、不合格或者未经批准的药品、医疗器械、耗材等开展诊疗活动的;其他违反本办法规定的行为。②其他卫生技术人员违反本办法规定的,依有关法予以处理。

4. 对官方渎职的追责　《质管办法》第46条规定,县级以上地方医政部门未按本办法规定履行监管职责,造成严重后果的,对其他直接责任人员和负责的主管人员依法给予行政处分。

正是这些年来的不懈努力,我国的医疗质量水平有了明显的大幅度的提升。2018年6月8日,国家卫健委官员郭燕红宣布,2017年,《柳叶刀》杂志就曾报道过我们国家医疗质量进步的情况。是年对全球195个国家和地区的医疗质量和可及性排名进行了报道,从1990—2015年的25年间,中国是医疗质量进步幅度最大的国家之一,它是使用了医疗质量和可及性(HAQ)指数排名进行计算。我国从1990年的第110位进步2015年的第60位,进步的幅度位居全球第三位。这是2017年《柳叶刀》杂志公布的情况。近日,《柳叶刀》杂志再次发布了最新的全球医疗质量和可及性排名,我国的HAQ指数排名又从2015年的全球第60位提高到了2016年的第48位,在一年间跃升了12位,再次取得重大进步,在中等SDI国家中进步最大的国家之一。这种提升的成绩得到了国际上的广泛的认可。我国的医疗质量和技术能力的提升主要体现在两个方面。

(1) 在医疗质量提升方面取得的成绩。近年来,国家卫健委不断完善政府监管、机构自治、行业自律、社会参与的医疗质量管理多元共治机制,通过强化制度保障、健全规范标准、完善质控体系、科学精细指导和推进质量公开等具体举措,提升医疗质量管理的科学化、专业化和精细化水平。我国医疗质量水平持续提升可以用"四升一降"的变化趋势来呈现。"四升"体现为:①医疗资源供给持续增加。2017年全国医疗卫生机构总诊疗人次数为81.8亿,较2016年增加3.2%,出院人次数约为2.44亿,较2016年增加7.5%。②部分专科、重点病种和手术诊疗质量稳中有升。从专科层面看,胸外科、心脏大血管外科和神经外科等传统高风险手术科室中低风险组死亡率分别从2013年的0.16%、0.15%、0.14%下降至2016年的0.06%、0.11%和0.04%。大家可以看到下降的幅度非常明显。而从重点病种和手术层面看,消化道出血、慢性阻塞性肺疾病、脑出血和脑梗死等16个监测的重点病种和颅脑手术、心脏瓣膜置换术13个重点手术诊疗质量指标稳中向好,其中,16个病种住院患者死亡率呈持续下降趋势。③临床合理用药水平不断提升。以抗菌药物为例,我国门诊抗菌药物使用率从2010年的19.4%下降到2017年的7.7%,下降了11.7个百分点。住院患者抗菌药物使用率从2010年的67.3%下降到2017年的36.8%,下降了30.5个百分点。细菌耐药趋势总体平稳。④医疗服务效率有所提升。2017年三级和二级医院平均住院日分别为9.8天和8.7天,较2016年分别下降0.3天和0.1天,实现5年连续下降。⑤"一降"是住院患者病死率持续下降并稳定在较低水平。三级公立综合医院住院患者总死亡率由2014年的0.74%下降至2016年的0.67%,实现连续3年下降。该"四升一降"体现我国医疗质量水平以及医疗服务效率和医疗资源供给的持续提升。

(2) 在医疗技术能力提升方面取得的成效方面。近年来,国家卫健委按照"抓重点、补短板、强弱项"的思路,从医疗服务供给侧改革入手,不断加大资金投入,努力提升以医疗技术水平为核心的专科服务能力,增加优质医疗资源总量。一方面,打造了一批综合实力强、技术优势明显的"国家队",代表我国医学发展的最高水平,发挥行业的示范、引领、带动作用;另一方面,加大对基层和中西部地区支持倾斜力度,平衡优质资源区域布局,通过专科建设发挥横向联动、纵向带动作用,提升了常见病、多发疾病和重大疾病诊疗能力。仅"十二五"期间,国家财政就累计投入60亿元,支持了79个专业,314家医院的1 231个临床重点专科建设。各省也加大了省域内和县级医疗机构临床专科建设的投入力度。通过持续的支持和建设,我国专科发展和医疗技术能力呈现"两平衡、四提升"的良性态势。"两平衡":①区域间技术能力更加平衡。区域协同能力得到增强,专科优质医疗资源有序有效下沉,中西部地区和县级医院技术能力得到较大提升,并填补了多项区域内技术空白。据不完全统计,城市三级医院帮助县级医院开展新技术、新项目达到15 000多项,50%的县医院已能够开展颅脑肿瘤手术、颈椎手术、肺叶及全肺切除术和内镜治疗技术等复杂治疗手段。②专科间发展更加平衡。麻醉、重症医学、病理等平台专业和儿科、急诊、精神、康复等薄弱专业快速发展,专科间技术能力差距明显缩小,专科协调发展局面逐步形成。以儿科为例,"十二五"期间国家临床重点专科建设对我国儿科重症、小儿消化、小儿呼吸、新生儿、儿童口腔和小儿外科等专业给予了大力支持,促进儿科专科能力有效提升。"四提升"体现为:①临床服务能力明显提升。相关专科开展医疗服务覆盖的病种数量有所增加,治疗病例的平均技术难度水平普遍增高。疼痛科、口腔颌面外科、康复医学和器官移植等专业病种数量平均增幅超过10%,其中康复医学和器官移植专业平均增幅超过20%。神经外科、感染性疾病科、烧伤科和疼痛科等专业CMI指数(病例组合指数,代表收治病种难度)平均增幅超过10%,其中烧伤科和疼痛科平均增幅超过20%。②重点疾病和关键技术领域取得重大突破。技术创新与转化能力得到进一步增强,产生了一批达到或引领国际先进水平,在国际上具有示范和带动作用的优势医疗技术。据不完全统计,各专科共申请各类专利7 789项,产生了一批代表我国甚至国际最高水平的优势医疗技术。③专科国际影响力显著增强。医疗行业的"中国声音"不断得到国际同行的认可。据不完全统计,3 812人次现任或曾任本专科主要国际学术组织、期刊、杂志的委员或编委以上职务,340人次牵头或参与制定了本专科国际指南、规范、行业标准。④重大事件医疗救治保障能力明显提升。感染性疾病科、重症医学科、急诊科、烧伤科等专科在近年发生的重大事件医疗救治工作中发挥了重要作用[2]。

注释

[1] 医政医管局. 手术分级目录(2011年版)[EB/OL]. (2012-04-24)[2018-06-02]. http://ishare.iask.sina.com.cn/f/24106402.html.

[2] 医政医管局. 国家卫生健康委员会2018年6月8日例行新闻发布会(文字实录)[EB/OL]. (2018-06-08)[2018-06-08]. http://www.nhfpc.gov.cn/zhuz/xwfb/201806/d5a307f70cb84538847e18af2de1f7.

第六章 医疗纠纷和医疗事故处理制度

第一节 医疗纠纷预防和处理制度

一、医疗纠纷的预防制度

(一) 概述

1. **医疗纠纷的概念** 医疗纠纷,系医方因就医者就医及(适格的)医方为此提供的合法前提的医学技术服务活动(整个)过程中,基于各种因素产生分歧且不能通过双方沟通来化解而形成的有待专门解决的争议(事件)。2018年7月31日,国务院发布了《医疗纠纷预防和处理条例》(以下简称《纠纷条例》或在本节中简称条例),并于同年10月起施行。依其第2条,医疗纠纷,是指医患双方因诊疗活动引发的争议。

2. **医疗纠纷的特点** ①产生于就医方和医方之间。②产生在因医方为就医者提供合法(临床)医学技术服务(整个)过程中,具体包括:预防,诊断,治疗和相关的服务,包括上述各环节中的其他护理、转运、住院供餐以及相关设施所涉及的服务;上述服务所必需的秩序、安保和环境等管理活动。③成因呈多元化:医方未尽到应尽的注意义务而存在于上述各环节中的你任何影响就医方利益的瑕疵,含明确承诺后的违约现象;医方已穷尽其全部的注意义务和能力,但与就医方过高的期许之间存在差距;医方已穷尽其全部的注意义务和能力,但囿于现实诊疗技术所限或医疗资源短缺而未能如愿;就医方怠于履行其应尽的协力义务(系在服务合同关系中为实现合同目的而明确约定的受服务方当事人负有配合与协助服务方当事人而以作为或不作为方式须履行的义务,若受服务方当事人怠于履行该义务,将成为服务方的有效抗辩理由)未获预期疗效,而咎责于医方;就医方违反应尽义务,侵害医方或其他就医方的合法权益;医方不理会或拒绝就医方的不合理要求;就医方对医方服务行为的误解。④双方通过即时沟通难以化解的,需要投入专门的资源进行解决。⑤若不解决,有损双方或一方实际利益的。

(二) 法律依据、建制目的和基本原则

1. 法律依据 用以调整医患关系现行有效的法律规范性文件,可被分为:

(1) 预防医疗纠纷的法律依据主要包括:①前述所有规范医主体防、诊、疗(含护)、管、务行为的法律规范性文件,诸如《医师法》《医管条例》及其实施细则、《制度》《应管办法》《分级办法》《质管办法》等法律规范性文件从外部整体从业行为上通过设定权利义务的方式进行规制;②前述所有专门规制防、诊、疗(含护)技术行为和标准的技术(法律)规范性文件从"门道"和行为前端上要求所有医主体在执业(防、诊、疗)时遵循相关规范(含技术规程)、穷尽专家注意义务,恪尽职责;③《医疗事故处理条例》、最高人民法院《关于审理医疗损害责任纠纷案件适用法律若干问题的解释》和《侵权责任法》第七章(第54~64条)也是通过事后追究(民事)责任的方式处理医疗事故和非事故其他医疗纠纷来警示和威慑前端医方的执业行为;④《纠纷条例》是专门用以预防与处理医疗纠纷的法律规范性文件。

(2) 处理医疗纠纷的法律依据,此略,详见后文。

2. 建制宗旨、目的和方法

(1) 宗旨和目的。《纠纷条例》第1条规定主要包括:①预防和妥善处理医疗纠纷;②保护医患双方的合法权益;③维护医疗秩序;④保障医疗安全。

(2) 方法或制度保障。主要包括:①国家层面,体现为:第3条第1款前项规定,建立医疗质量安全管理体系,深化医药卫生体制改革,深化医药卫生体制改革;第7条规定,建立完善医疗风险分担机制,发挥保险机制在医疗纠纷处理中的第三方赔付和医疗风险社会化分担的作用,鼓励医疗机构参加医疗责任保险,鼓励患者参加医疗意外保险。②医疗机构层面,体现在第3条第1款后项规定:改善医疗服务;提高医疗质量。③医患(就医方)双方,体现在第3条第2款规定:应互相尊重;依法维权。

3. 基本原则 《纠纷条例》体现在以下两方面。

(1) 预防医疗纠纷的基本原则。①有助于提高和改善医疗服务质量:第3条第1款前项规定,(国家)建立医疗质量安全管理体系,深化医药卫生体制改革,规范诊疗活动,改善医疗服务,提高医疗质量;②预防和减少纠纷:第3条第1款后项规定,预防、减少医疗纠纷;③相互尊重:第3条第2款前项规定,在诊疗活动中,医患双方应互相尊重;④依法维权:第3条第2款后项规定,维护自身权益应遵守有关法律、法规的规定。

(2) 处理医疗纠纷的基本原则。第4条规定,处理医疗纠纷,应遵循如下原则:公平;公正;及时;实事求是;依法处理。

二、医疗纠纷的预防制度

(一) 社会层面的制度安排

1. 政府职责 主要体现为:①《纠纷条例》第5条规定,县级以上人民政府应加强对医疗纠纷预防和处理工作的领导、协调,将其纳入社会治安综合治理体系,建立部门分工

协作机制,督促部门依法履行职责。②第6条第1款规定,医政部门负责指导、监督医疗机构做好医疗纠纷的预防和处理工作,引导医患双方依法解决医疗纠纷。③第6条第4款规定,财政、民政、保险监督管理等部门和机构按各自职责做好医疗纠纷预防和处理的有关工作。

2. **风险分担** 《纠纷条例》第7条规定,国家建立完善医疗风险分担机制,发挥保险机制在医疗纠纷处理中的第三方赔付和医疗风险社会化分担的作用,鼓励医疗机构参加医疗责任保险,鼓励患者参加医疗意外保险。

3. **主媒义务** 《纠纷条例》第8条规定,新闻媒体应加强医疗卫生法律、法规和医疗卫生常识的宣传,引导公众理性对待医疗风险;报道医疗纠纷,应遵守有关法律、法规的规定,恪守职业道德,做到真实、客观、公正。

(二) 医患双方及相关方相互关系(权利义务)的制度安排

1. **医疗机构的相关义务** 除本书前述及其所负各项相关义务以外,《纠纷条例》还确定:①观念形态:第9条第1款规定,医疗机构(及其医务人员)在诊疗活动中应以患者为中心,加强人文关怀,严格遵守医疗卫生法律规范性文件和诊疗相关规范、常规,恪守职业道德。第8条第2款规定,医疗机构应对其医务人员进行医疗卫生法律规范性文件和诊疗相关规范、常规的培训,并加强职业道德教育。②质险控制:第10条第1款规定,医疗机构应制定并实施医疗质量安全管理制度,设置医疗服务质量监控部门或配备专(兼)职人员,加强对诊断、治疗、护理、药事、检查等工作的规范化管理,优化服务流程,提高服务水平。第10条第2款规定,医疗机构应加强医疗风险管理,完善医疗风险的识别、评估和防控措施,定期检查措施落实情况,及时消除隐患。③提升技术:第11条规定,医疗机构应按国家卫健委制定的医疗技术临床应用管理规定,开展与其技术能力相适应的医疗技术服务,保障临床应用安全,降低医疗风险;采用医疗新技术的,应开展技术评估和伦理审查,确保安全有效、符合伦理。④依法用物:第12条规定,医疗机构应依有关法律规范性文件规定,严格执行药品、医疗器械、消毒药剂、血液等的进货查验、保管等制度。禁止使用无合格证明文件、过期等不合格的药品、医疗器械、消毒药剂、血液等。⑤准备预案:第14条规定,开展手术、特殊检查、特殊治疗等具有较高医疗风险的诊疗活动,医疗机构应提前预备应对方案,主动防范突发风险。⑥做好沟通:第17条规定,医疗机构应建立健全医患沟通机制,对患者在诊疗过程中提出的咨询、意见和建议,应耐心解释、说明,并按规定进行处理;对患者就诊疗行为提出的疑问,应及时予以核实、自查,并指定有关人员与患者或其近亲属沟通,如实说明情况。⑦接待投诉:第18条规定,医疗机构应建立健全投诉接待制度,设置统一的投诉管理部门或配备专(兼)职人员,在医疗机构显著位置公布医疗纠纷解决途径、程序和联系方式等,方便患者投诉或咨询。⑧病历义务,主要包括:第15条规定,医疗机构(及其医务人员)应按国家卫健委的规定,填写并妥善保管病历资料;任何单位和个人不得篡改、伪造、隐匿、毁灭或抢夺病历资料;第16条第1款规定,患者要求复制病历资料的,医疗机构应提供复制服务,并在复制的病历资料上加盖证明印记;第 16 条第 2 款规定,医疗机构应患者的要求为其复制病历资料,可收取工本费,但收费标准应公开。

2. **医务人员的相关义务** 其义务除上述所及外,《纠纷条例》还确定:①基本观念形态。第 9 条第 1 款规定,医务人员在诊疗活动中应以患者为中心,加强人文关怀,严格遵守医疗卫生法律规范性文件和诊疗相关规范、常规,恪守职业道德;尊重就医者,前已述,略。②知情同意。第 13 条规定:医务人员在诊疗活动中应向患者说明病情和医疗措施;需要实施手术或开展临床试验等存在一定危险性、可能产生不良后果的特殊检查、特殊治疗的,医务人员应及时向患者说明医疗风险、替代医疗方案等情况,并取得其书面同意;在患者处于昏迷等无法自主作出决定的状态或病情不宜向患者说明等情形下,应向患者的近亲属说明,并取得其书面同意;紧急情况下不能取得患者或其近亲属意见的,经医疗机构负责人或授权的负责人批准,可立即实施相应的医疗措施(善意干预或保护性措施)。③病历义务。第 15 条规定:应按国家卫健委规定,填写并妥善保管病历资料;因紧急抢救未能及时填写病历的,医务人员应在抢救结束后 6 小时内据实补记,并加以注明;(任何单位和个人)不得篡改、伪造、隐匿、毁灭或者抢夺病历资料。

3. **就医方的权利义务** 《纠纷同类》确定为:

(1) 权利,主要包括:①知情同意,前已述,此略。②阅复病历。第 16 条规定:(本人)有权查阅、复制其门诊病历、住院志、体温单、医嘱单、化验单(检验报告)、医学影像检查资料、特殊检查同意书、手术同意书、手术及麻醉记录、病理资料、护理记录、医疗费用以及国家卫健委规定的其他属于病历的全部资料;(本人)要求复制病历资料的,医疗机构应提供复制服务,并在复制的病历资料上加盖证明印记;复制病历资料时,应有患者或近亲属在场;病伤员死亡的,其近亲属可依本条例的规定,查阅、复制病历资料。

(2) 义务,主要包括:①尊重医护人员,前已述,略。②协力义务:协,即协助、协同,力,即出力,亦即也须以作为或不作为方式履行义务(出力);在此主要是指为了实现就医的目的(标)而由接受医疗范围的就医者所负担的,按照医方的明示以作为或不作为的方式履行协助医主体(共同实现诊疗目标)的义务,如:如实告知[自己的症状或感受(主诉)、现患疾病(如糖尿病、过敏体质)、既往病史、家族病史等]、按医嘱配合治疗或生活(在医学上亦称依从性)等;第 20 条规定,患者应遵守医疗秩序和医疗机构有关就诊、治疗、检查的规定,如实提供与病情有关的信息,配合医务人员开展诊疗活动。在法理上,就医方若怠于或拒不履行其应尽的协力义务而致损害发生的,将为医方提供有力的抗辩事由,世界首例肺移植成功患者吴梦因拒绝使用必须的用药致肺感染最终死亡恰是典型一例[1]。③禁损病历:第 15 条第 3 款规定,不得篡改、伪造、隐匿、毁灭或者抢夺病历资料。④遵守医规:条例第 20 条规定,患者应遵守医疗秩序和医疗机构有关就诊、治疗、检查的规定,如实提供与病情有关的信息,配合医务人员开展诊疗活动。⑤依法维权,不滥用"权利"。⑥条例未及的其他义务,如不损害并尊重其他就医者及其陪同者的合法权益、按规定或约定支付应支付的医药费用等。

(三) 相关制度建设

1. 医患沟通机制

（1）《纠纷条例》第17条规定，医疗机构应建立健全医患沟通机制，对患者在诊疗过程中提出的咨询、意见和建议，应耐心解释、说明，并按规定进行处理；对患者就诊疗行为提出的疑问，应及时予以核实、自查，并指定有关人员与患者或其近亲属沟通，如实说明情况。

（2）2019年3月6日，国家卫健委发布并于同年4月10日施行了《医疗机构投诉管理办法》（以下简称《投诉办法》），其第三章（第17~21条，共5条）专门对医患沟通进行规定，其主要内容包括：①该办法第17条规定，医疗机构应提高医务人员职业道德水平，增强服务意识和法律意识，注重人文关怀，加强医患沟通，努力构建和谐医患关系。②第18条规定，医务人员应恪守职业道德，以患者为中心，热情、耐心、细致地做好本职工作，把对患者的尊重、理解和关怀体现在医疗服务全过程。③第19条规定：医疗机构应建立健全医患沟通机制，完善医患沟通内容，加强对医务人员医患沟通技巧的培训，提高医患沟通能力；医务人员对患者在诊疗过程中提出的咨询、意见和建议，应耐心解释、说明，并按规定进行处理；对患者就诊疗行为提出的疑问，应及时予以核实、自查，并与患者沟通，如实说明情况。④第20条规定：医务人员应尊重患者依法享有的隐私权、知情权、选择权等权利，根据患者病情、预后不同及患者实际需求，突出重点，采取适当方式进行沟通；医患沟通中有关诊疗情况的重要内容应及时、完整、准确记入病历，并由患者签字确认。⑤第21条规定，医疗机构可结合实际情况，制定医疗风险告知和术前谈话制度，规范具体流程，以患者易懂的方式和语言充分告知患者，并取得其书面同意。

2. 医疗机构投诉接待制度

①《纠纷条例》第18条规定，医疗机构应建立健全投诉接待制度，设置统一的投诉管理部门或配备专（兼）职人员，在医疗机构显著位置公布医疗纠纷解决途径、程序和联系方式等，方便患者投诉或咨询。②《投诉办法》关于设置投诉管理部门的特别规定。第11条第2款规定，二级以上医疗机构应设置医患关系办公室或指定部门（以下统称投诉管理部门）统一承担投诉管理工作；其他医疗机构应当配备专（兼）职人员，有条件的也可以设置投诉管理部门。第12条规定，二级以上医疗机构应指定一名医疗机构负责人分管投诉工作，指导、管理医疗机构投诉管理部门的有关工作；投诉管理部门履行以下职责：组织、协调、指导本医疗机构的投诉处理工作；统一受理投诉，调查、核实投诉事项，提出处理意见，及时答复患者（仅配备投诉专或兼职人员的医疗机构，投诉专或兼职人员应至少承担此项职责）；建立和完善投诉的接待和处置程序；参与医疗机构医疗质量安全管理；开展医患沟通及投诉处理培训，开展医疗风险防范教育；定期汇总、分析投诉信息，提出加强与改进工作的意见或者建议，并加强督促落实。第13条规定，医疗机构投诉管理人员应具备以下条件：具备良好的职业道德和工作责任心；具备一定的医学、管理学、法学、心理学、伦理学、社会工作等学科知识，熟悉医疗和投诉管理相关法律法规，以及医疗机构规章制度；社会适应能力较强，具有良好的社会人际

交往能力,具备良好的沟通能力和应变能力。③《投诉办法》关于投诉管理的其他规定,主要包括:第9条规定,医疗机构应将投诉管理纳入患者安全管理体系,定期汇总、分析投诉信息,梳理医疗管理、医疗质量安全的薄弱环节,落实整改措施,持续改进医疗质量安全。第10条规定,医疗机构应做好医疗机构投诉管理与医疗纠纷人民调解、行政调解、诉讼等的衔接。第11条第1款规定,医疗机构主要负责人是医疗机构投诉管理的第一责任人。第14条规定设立三级投诉管理机制:二级以上医疗机构应建立医疗机构、投诉管理部门、科室三级投诉管理机制,医疗机构各部门、各科室应指定至少1名负责人配合做好投诉管理工作;医疗机构各部门、各科室应定期对投诉涉及的风险进行评估,对投诉隐患进行摸排,对高发隐患提出针对性的防范措施,加强与患者沟通,及时做好矛盾纠纷排查化解工作;医疗机构应鼓励工作人员主动收集患者对医疗服务、医疗质量安全等方面的意见和建议,通过规定途径向投诉管理部门或有关职能部门反映。第15条规定,二级以上医疗机构应健全投诉管理部门与临床、护理、医技和后勤、保卫等部门的联动机制,提高医疗质量,保障医疗安全,维护正常医疗秩序。第16条规定,医疗机构应逐步建立健全相关机制,鼓励和吸纳社会工作者、志愿者等熟悉医学、法律专业知识的人员或者第三方组织参与医疗机构投诉接待与处理工作。畅通投诉通道。第22条规定:医疗机构应建立畅通、便捷的投诉渠道,在医疗机构显著位置公布投诉处理程序、地点、接待时间和联系方式;鼓励医疗机构加强舆情监测,及时掌握患者在其他渠道的诉求。设立接待场所。第23条规定:医疗机构应当设置专门的投诉接待场所,接待场所应提供有关法律、法规、投诉程序等资料,便于患者查询;医疗机构应采取措施,保障投诉管理工作人员的合法权益与人身安全。第24条规定:医疗机构投诉实行"首诉负责制",患者向有关部门、科室投诉的,接待投诉的部门、科室工作人员应当热情接待,对于能够当场协调处理的,应尽量当场协调解决;对于无法当场协调处理的,接待的部门或科室应主动将患者引导到投诉管理部门[含投诉管理专(兼)职人员,下同],不得推诿、搪塞。双方人员的义务。第25条规定,投诉接待人员应认真听取患者意见,耐心细致地做好解释工作,避免矛盾激化;应核实相关信息,如实记录患者反映的情况,及时留存书面投诉材料。第26条规定:患者应依法文明表达意见和要求,向医疗机构投诉管理部门提供真实、准确的投诉相关资料,配合医疗机构投诉管理部门的调查和询问,不得扰乱正常医疗秩序,不得有违法犯罪行为;单次投诉人员数量原则上不超过5人(超过5人的,应推选代表集中反映诉求)。对过激行为的处置,第27条规定,投诉接待人员在接待场所发现患者有自杀、自残和其他过激行为,或者侮辱、殴打、威胁投诉接待人员的行为,应及时采取控制和防范措施,同时向公安机关报警,并向当地卫生主管部门报告;对接待过程中发现的可能激化矛盾,引起治安案件、刑事案件的投诉,应及时向当地公安机关报告,依法处理。受理方面:第28条规定,医疗机构投诉管理部门接到投诉或卫健委交办的投诉后,应及时向当事部门、科室和相关人员了解、核实情况,在查清事实、分清责任的基础上提出处理意见,并反馈患者;投诉涉及的部门、科室和相关人员应当积极配合投诉管理部门开展投诉事项调查、核实、处理工作。第29条规定,对反复接到相同或者相似问题的投诉,医疗机构投诉管理部门应汇总并报告医疗机构负责人,医疗机构对有关投诉可视情况予以合并调查,对发现的引发投诉的环节或多次引发投诉的医务人员应根据调查结果,及时予以相应处理。对投诉已经处理完毕,患者对医疗机构的处理意见有争议并能够提供新情况和证据材料的,按投诉流程重新予以处理。处理:第30条规定:医疗机构投诉管理部门应及时处理投诉,能够当场核查处理的,应及时查明情况;确有差错的,立即纠正,并当场向患者告知处理意见;涉及医疗质量安全、可能危及患者健康的,应立即采取积极措施,避免或者减轻对患者身体健康的损害,防止损害扩大;情况较复杂,需调查、核实的,一般应于接到投诉之日起5个工作日内向患者反馈相关处理情况或者处理意见;涉及多个科室,需组织、协调相关部门共同研究的,应当于接到投诉之日起10个工作日内向患者反馈处理情况或处理意见。第33条规定,投诉涉及医疗机构工作人员违法违纪问题的,投诉管理部门应及时移交相关职能部门依法依规处理。第38条规定,医疗机构工作人员有权对医疗机构管理、服务等各项工作提出意见、建议,医疗机构及投诉管理等有关部门应予以重视,并及时处理、反馈;临床一线工作人员,对于发现的药品、医疗器械、水、电、气等医疗质量安全保障方面的问题,应向投诉管理部门或者有关职能部门反映,投诉管理等有关部门应当及时处理、反馈。对相关信息的处理:第36条规定,医疗机构应保护与投诉相关的患者和医务人员隐私,妥善应对舆情,严禁发布违背或者夸大事实、渲染投诉处理过程的信息。第37条规定:医疗机构应建立健全投诉档案,立卷归档,留档备查;医疗机构投诉档案应包括以下内容:患者基本信息;投诉事项及相关证明材料;调查、处理及反馈情况;其他与投诉事项有关的材料。对属于纠纷的处理:第32条规定,投诉内容涉及医疗纠纷的,医疗机构应告知患者按医疗纠纷处理的相关法律法规的规定,积极协商;不能协商解决的,引导患者通过调解、诉讼等途径解决,并做好解释疏导工作。第34条规定,属于下列情形之一的投诉,投诉管理部门不予处理,但应向患者说明情况,告知相关处理规定:患者已就投诉事项向法院起诉的或向第三方申请调解的;患者已就投诉事项向卫健委或信访部门反映并作出处理的;没有明确的投诉对象和具体事实的;投诉内容已经涉及治安案件、刑事案件的;其他不属于投诉管理部门职权范围的投诉。报告。第35条规定,发生重大医疗纠纷的,医疗机构应按规定向所在地县级以上地方卫健委报告。卫健委接到报告后,应及时了解掌握情况,引导医患双方通过合法途径解决纠纷。

3. **政府部门防范医疗纠纷的制度安排** ①评估监督。办法第19条规定,卫健委应督促医疗机构落实医疗质量安全管理制度,组织开展医疗质量安全评估,分析医疗质量安全信息,针对发现的风险制定防范措施。②健康教育。第21条规定,各级人民政府应加强健康促进与教育工作,普及健康科学知识,提高公众对疾病治疗等医学科学知识的认知水平。

三、医疗纠纷的处理制度

(一) 纠纷发生后的制度安排

1. 纠纷解决的法定途径　《纠纷条例》第 22 条规定,发生医疗纠纷,医患双方可通过下列途径解决:①双方自愿协商;②申请人民调解;③申请行政调解;④向法院提起诉讼;⑤法律、法规规定的其他途径。

2. 医方的法定义务或权利　《纠纷条例》确定为:①告知义务。条例第 23 条规定:发生医疗纠纷,医疗机构应当告知患者或者其近亲属下列事项:解决医疗纠纷的合法途径;有关病历资料、现场实物封存和启封的规定;有关病历资料查阅、复制的规定。患者死亡的,还应当告知其近亲属有关尸检的规定。②封、启病历资料的义务。第 24 条规定,发生医疗纠纷需要封存、启封病历资料的,应在医患双方在场的情况下进行;封存的病历资料可是原件,也可是复制件,由医疗机构保管;病历尚未完成需要封存的,对已完成病历先行封存;病历按规定完成后,再对后续完成部分进行封存;医疗机构应对封存的病历开列封存清单,由医患双方签字或盖章,各执一份;病历资料封存后医疗纠纷已经解决或患者在病历资料封存满 3 年未再提出解决医疗纠纷要求的,医疗机构可自行启封。③对系争实物的处理。第 25 条规定:疑似输液、输血、注射、用药等引起不良后果的,医患双方应共同对现场实物进行封存、启封,封存的现场实物由医疗机构保管;需要检验的,应由双方共同委托依法具有检验资格的检验机构进行检验;双方无法共同委托的,由医疗机构所在地县级医政部门指定;疑似输血引起不良后果,需要对血液进行封存保留的,医疗机构应通知提供该血液的血站派员到场;现场实物封存后医疗纠纷已经解决,或者患者在现场实物封存满 3 年未再提出解决医疗纠纷要求的,医疗机构可自行启封。④报告义务。第 28 条规定,发生重大医疗纠纷的,医疗机构应按规定向所在地县级以上地方医政部门报告(医政部门接到报告后,应及时了解掌握情况,引导医患双方通过合法途径解决纠纷)。

3. 医患双方的法定义务　《纠纷条例》确定为:①依法处理尸体。条例第 26 条规定:患者死亡,医患双方对死因有异议的,应在患者死亡后 48 小时内进行尸检;具备尸体冻存条件的,可以延长至 7 日;尸检应经死者近亲属同意并签字,拒绝签字的,视为死者近亲属不同意进行尸检;不同意或拖延尸检,超过规定时间,影响对死因判定的,由不同意或拖延的一方承担责任;尸检应由按国家有关规定取得相应资格的机构和专业技术人员进行;医患双方可委派代表观察尸检过程。第 27 条规定:患者在医疗机构内死亡的,尸体应立即移放太平间或者指定的场所,死者尸体存放时间一般不得超过 14 日;逾期不处理的尸体,由医疗机构在向所在地县级医政部门和公安机关报告后,按照规定处理。②维护医疗秩序。第 29 条规定:医患双方应依法维护医疗秩序;任何单位和个人不得实施危害患者和医务人员人身安全、扰乱医疗秩序的行为。医疗纠纷中发生涉嫌违反治安管理行为或犯罪行为的,医疗机构应立即向所在地公安机关报案;公安机关应及时采取措施,依法处置,维护医疗秩序。为配合条例实施,早在条例施行前的2018年9月25日,最高人民法院与国家发改委、央行、卫健委、中组部、中宣部、中央编办、中央文明办、中央网信办、工信部、公安部、人保部、自然资源部、住建部、交运部、商务部、文旅部、国资委、海关总署、市监总局、银保监会、证监会、全国总工会、团中央、全国妇联、民航局、中医药局、铁路总公司等部门联合签署了《关于对严重危害正常医疗秩序的失信行为责任人实施联合惩戒合作备忘录》,决定对在医疗机构内故意伤害医务人员或损毁公私财物、扰乱医疗秩序、非法限制医务人员人身自由、侮辱恐吓医务人员、非法携带枪支弹药或管制器具或危险物品进入医疗机构和教唆他人或以受他人委托为名"出头"的6类实施涉医违法犯罪行为采用限制补贴性资金支持、限制享受优惠性政策、限制认证资格、限制(负责人、公务员等)任职、撤销荣誉或取消评优资格、限制高消费和向社会公示等措施进行联合惩治。③对双方自行和解的要求。第30条规定:医患双方人数较多的,应推举代表进行协商,每方代表人数不超过5人;协商解决医疗纠纷应坚持自愿、合法、平等的原则,尊重当事人的权利,尊重客观事实;医患双方应文明、理性表达意见和要求,不得有违法行为;协商确定赔付金额应以事实为依据,防止畸高或畸低。对分歧较大或索赔数额较高的医疗纠纷,鼓励医患双方通过人民调解的途径解决;医患双方经协商达成一致的,应签署书面和解协议书。

(二) 医疗纠纷的调解制度

1. **概述** 调解,是指存在争议且无法达成和解协议的双方寻求第三方从中斡旋,在该第三方的主持、劝解和指导下,本着互谅互让、化解纠纷的妥协精神,最终达成一致(协议)解决纷争的方式或制度。2010年8月28日公布、次年1月1日起施行的《人民调解法》是我国调解工作的基本法律依据,而《纠纷条例》则为医疗纠纷的调解活动进行了专门的制度设计;依该专门的制度安排,我国的医疗纠纷调解制度包括人民调解和行政调解两种制度。

2. **医疗纠纷人民调解制度**

(1) 医疗纠纷人民调解(以下简称医调)组织:《纠纷条例》第32条规定:①设立医疗纠纷人民调解委员会(以下简称医调委),应遵守《人民调解法》的规定,并符合本地区实际需要;医调委应自设立之日起30个工作日内向所在地县级以上地方司法局备案。②医调委应根据具体情况,聘任一定数量的具有医学、法学等专业知识且热心调解工作的人员担任专(兼)职医调员。③医调委调解医疗纠纷,不得收取费用;医调工作所需经费按财政部、司法部的有关规定执行。

(2) 医调程序的启动:①依申请:《纠纷条例》第31条规定,申请医调的,由医患双方共同向医调委提出申请;一方申请调解的,医调解委在征得另一方同意后进行调解。申请人可以书面或口头形式申请调解;书面申请的,申请书应载明申请人的基本情况、申请调解的争议事项和理由等;口头申请的,医调员应场记录申请人的基本情况、申请调解的争议事项和理由等,并经申请人签字确认。②主动开展:第31条第3款规定,医调委获悉医疗机构内发生重大医疗纠纷,可主动开展工作,引导医患双方申请调解。

(3) 受理:①医患双方符合上述申请情形或经医调委引导申请的,应予受理。②《纠纷条例》第31条第4款规定,当事人已向法院提起诉讼并且已被受理,或者已申请卫生主管部门调解并且已被受理的,医调委不予受理;已经受理的,终止调解。③医调委调解医疗纠纷,不得收取费用,已述,略。④第33条规定,医调委调解医疗纠纷时,可根据需要咨询专家,并可从专家库中选取专家。⑤第34条第1款规定,医调委调解医疗纠纷,需经医疗损害鉴定以明确责任的,由医患双方共同委托医学会或司法鉴定机构进行鉴定,也可经医患双方同意,由医调委委托鉴定。⑥第38条规定,医调委应自受理之日起30个工作日内完成调解;需要鉴定的,鉴定时间不计入调解期限;因特殊情况需要延长调解期限的,医调委和医患双方可以约定延长调解期限;超过调解期限未达成调解协议的,视为调解不成。⑦第39条第1款规定:医患双方经医调达成一致的,医调委应制作调解协议书;调解协议书经医患双方签字或盖章,医调员签字并加盖医调委印章后生效。⑧第39条第2款规定,达成调解协议的,医调委应告知医患双方可以(于达成调解协议30日内)依法向(医调委所在地)法院申请司法确认(依《民事诉讼法》第195条前款的规定,经法院司法确认的,该调解协议具有向法院申请强制执行的效力)。

(4) 专家库与鉴定:①专家库。第35条规定:医疗损害鉴定专家库由设区的市级以上卫生、司法行政部门共同设立;专家库应包含医学、法学、法医学等领域的专家;聘请专家进入专家库,不受行政区域的限制。②鉴定。第34条规定:医调委调解医疗纠纷,需要进行医疗损害鉴定以明确责任的,由医患双方共同委托医学会或司法鉴定机构进行鉴定,也可经医患双方同意,由医调委委托鉴定;医学会或司法鉴定机构接受委托从事医疗损害鉴定,应由鉴定事项所涉专业的临床医学、法医学等专业人员进行鉴定;医学会或司法鉴定机构没有相关专业人员的,应从专家库中抽取相关专业专家进行鉴定;医学会或司法鉴定机构开展医疗损害鉴定,应执行规定的标准和程序,尊重科学,恪守职业道德,对出具的医疗损害鉴定意见负责,不得出具虚假鉴定意见;医疗损害鉴定的具体管理办法由国家卫生、司法行政部门共同制定。鉴定费预先向医患双方收取,最终按责任比例承担。③鉴定意见。第36条规定,医学会、司法鉴定机构作出的医疗损害鉴定意见应当载明并详细论述下列内容:是否存在医疗损害及损害程度;是否存在医疗过错;医疗过错与医疗损害是否存在因果关系;医疗过错在医疗损害中的责任程度。④回避。第37条规定,咨询专家、鉴定人员有下列情形之一的应回避,当事人也可以口头或书面形式申请其回避:是医疗纠纷当事人或当事人的近亲属;与医疗纠纷有利害关系;与医疗纠纷当事人有其他关系,可能影响医疗纠纷公正处理。

3. 医疗纠纷行政调解 ①调解组织。医疗纠纷发生地点县级医政部门。②启动的程序。《纠纷条例》第40条第1款规定,医患双方申请医疗纠纷行政调解的,应参照申请医调向医疗纠纷发生地县级医政部门提出申请。③受理。第40条第2款前项规定,医政部门应自收到申请之日起5个工作日内作出是否受理的决定。第40条第2款后项规定,当事人已向法院起诉且已被受理,或者已申请医调委调解且已被受理的,医政部门不予受理;已经受理的,终止调解。第40条第3款前项规定,医政部门应自受理之日起30个工作日内完成调解。第40条第3款后项规定,需要鉴定的,鉴定时间不计入调解期限;超过调解期限未达成调解协议的,视为调解不成。第41条第1款规定,医政部门调解医疗纠纷需要进行专家咨询的,可从上述专家库中抽取专家;医患双方认为需经医疗损害鉴定以明确责任的,参照本条例第34条的规定进行鉴定。第41条第2款规定,医患双方经医政部门调解达成一致的,应签署调解协议书。

4. **保密制度** 《纠纷条例》第42条规定:①医调委及其调解员、医政部门及其工作人员应对医患双方的个人隐私等事项予以保密;②未经医患双方同意,医调委、医政部门不得公开进行调解,也不得公开调解协议的内容。

(三) 医疗纠纷处理的其他问题

1. **诉讼解决方式** 《纠纷条例》第43条规定,发生医疗纠纷,当事人协商、调解不成的,可依法向法院提起诉讼;当事人也可直接向法院提起诉讼。

2. **赔偿金额** 条例第44条规定,发生医疗纠纷,需要赔偿的,赔付金额依照法律的规定确定。

四、违法后果

(一) 医疗机构篡改、伪造、隐匿、毁灭病历资料行为的责任承担

1. **行政责任** 《纠纷条例》第45条前款和中款规定:医疗机构篡改、伪造、隐匿、毁灭病历资料的,对直接负责的主管人员和其他直接责任人员,由县级以上医政部门给予或责令给予降低岗位等级或撤职的处分,对有关医务人员责令暂停6个月以上1年以下执业活动;造成严重后果的,对直接负责的主管人员和其他直接责任人员给予或责令给予开除的处分,对有关医务人员由原发证部门吊销执业证书。

2. **刑事责任** 条例第45条后款规定,医疗机构篡改、伪造、隐匿、毁灭病历资料,情节严重构成犯罪的,依法追究刑事责任。

(二) 医疗机构将未通过技术评估和伦理审查的医疗新技术应用于临床行为的责任承担

1. **行政责任** 《纠纷条例》46条前款和中款规定,医疗机构将未通过技术评估和伦理审查的医疗新技术应用于临床的,由县级以上医政部门没收违法所得,并处5万元以上10万元以下罚款,对直接负责的主管人员和其他直接责任人员给予或责令给予降低岗位等级或撤职的处分,对有关医务人员责令暂停6个月以上1年以下执业活动;情节严重的,对直接负责的主管人员和其他直接责任人员给予或者责令给予开除的处分,对有关医务人员由原发证部门吊销执业证书。

2. 刑事责任 条例第46条后款规定,医疗机构将未通过技术评估和伦理审查的医疗新技术应用于临床情节严重构成犯罪的,依法追究刑事责任。

(三) 医疗机构及其医务人员有《纠纷条例》第47条所列举之一的其他违法行为的法律责任

1. 行政责任 该条前款和中款规定,医疗机构及其医务人员有下列情形之一的,由县级以上医政部门责令改正,给予警告,并处1万元以上5万元以下罚款;情节严重的,对直接负责的主管人员和其他直接责任人员给予或责令给予降低岗位等级或撤职的处分,对有关医务人员可以责令暂停1个月以上6个月以下执业活动:①未按规定制定和实施医疗质量安全管理制度;②未按规定告知患者病情、医疗措施、医疗风险、替代医疗方案等;③开展具有较高医疗风险的诊疗活动,未提前预备应对方案防范突发风险;④未按规定填写、保管病历资料,或者未按规定补记抢救病历;⑤拒绝为患者提供查阅、复制病历资料服务;⑥未建立投诉接待制度、设置统一投诉管理部门或者配备专(兼)职人员;⑦未按规定封存、保管、启封病历资料和现场实物;⑧未按规定向医政部门报告重大医疗纠纷;⑨其他未履行本条例规定义务的情形。

2. 刑事责任 该条后款规定,医疗机构及其医务人员有上述情形之一,情节严重构成犯罪的,依法追究刑事责任。

(四) 医学会、司法鉴定机构出具虚假医疗损害鉴定意见行为的法律责任

1. 行政责任 《纠纷条例》第48条前款和中款规定,医学会、司法鉴定机构出具虚假医疗损害鉴定意见的,由县级以上卫生、司法行政(以下简称医、司政)部门依据职责没收违法所得,并处5万元以上10万元以下罚款,对该医学会、司法鉴定机构和有关鉴定人员责令暂停3个月以上1年以下医疗损害鉴定业务,对直接负责的主管人员和其他直接责任人员给予或责令给予降低岗位等级或者撤职的处分;情节严重的,该医学会、司法鉴定机构和有关鉴定人员5年内不得从事医疗损害鉴定业务或者撤销登记,对直接负责的主管人员和其他直接责任人员给予或者责令给予开除的处分。

2. 刑事责任 该第48条后款规定,医学会、司法鉴定机构出具虚假医疗损害鉴定意见情节严重构成犯罪的,依法追究刑事责任。

(五) 尸检机构出具虚假尸检报告行为的法律责任

1. 行政责任 《纠纷条例》第49条前款和中款规定,尸检机构出具虚假尸检报告的,由县级以上医、司政部门依据职责没收违法所得,并处5万元以上10万元以下罚款,对该尸检机构和有关尸检专业技术人员责令暂停3个月以上1年以下尸检业务,对直接负责的主管人员和其他直接责任人员给予或责令给予降低岗位等级或撤职的处分;情节严重的,撤销该尸检机构和有关尸检专业技术人员的尸检资格,对直接负责的主管人员和其他直接责任人员给予或责令给予开除的处分。

2. 刑事责任 条例第49条后款规定,尸检机构出具虚假尸检报告情节严重构成犯罪的,依法追究刑事责任。

(六) 医疗纠纷人民调解员有《纠纷条例》第 50 条所列举之一行为的后果承担

《纠纷条例》第 50 条规定,医调员有下列行为之一的,由医调委给予批评教育、责令改正;情节严重的,依法予以解聘:①偏袒一方当事人;②侮辱当事人;③索取、收受财物或者牟取其他不正当利益;④泄露医患双方个人隐私等事项。

(七) 新闻媒体编造、散布虚假医疗纠纷信息行为的法律责任

1. **行政责任** 《纠纷条例》第 51 条前款规定,新闻媒体编造、散布虚假医疗纠纷信息的,由有关主管部门依法给予处罚。

2. **民事责任** 该条后款规定,新闻媒体编造、散布虚假医疗纠纷信息给公民、法人或其他组织的合法权益造成损害的,依法承担消除影响、恢复名誉、赔偿损失、赔礼道歉等民事责任。

(八) 相关公职人员不履行职责或滥用职权、玩忽职守、徇私舞弊行为的责任承担

1. **行政责任** 《纠纷条例》第 52 条前款和中款规定,县级以上医政部门和其他有关部门及其工作人员在医疗纠纷预防和处理工作中,不履行职责或滥用职权、玩忽职守、徇私舞弊的,由上级卫生等有关部门或监察机关[2]责令改正;依法对直接负责的主管人员和其他直接责任人员给予处分。

2. **刑事责任** 该条后款规定,县级以上医政部门和其他有关部门及其工作人员在医疗纠纷预防和处理工作中,不履行职责或滥用职权、玩忽职守、徇私舞弊情节严重构成犯罪的,依法追究刑事责任。

(九) 医患双方在医疗纠纷处理中,造成人身、财产或其他损害行为的法律责任

1. **民事责任** 《纠纷条例》第 53 条前款规定,医患双方在医疗纠纷处理中,造成人身、财产或其他损害的,依法承担民事责任。

2. **行政责任** 该条中款规定,医患双方在医疗纠纷处理中,造成人身、财产或其他损害构成违反治安管理行为的,由公安机关依法给予治安管理处罚。

3. **刑事责任** 该条后款规定,医患双方在医疗纠纷处理中,造成人身、财产或其他损害情节严重构成犯罪的,依法追究刑事责任。

第二节 医疗事故处理制度

一、医疗事故的概述

(一) 概念、特征和适用依据

1. 概念

(1) 所谓事故,一般与这些要素相关:①损害性,即有害于社会或特定人的(人身或

财产)权益;②现实危害性,即发生了客观的损害后果;③人为性,即该后果的发生一定是由人为因素所致,若与人为因素无关仅为事件而非事故;④非故意性,即该人为因素在主观上唯过失而排除故意。

(2) 1987年6月29日,国务院曾发布并于同日起施行《医疗事故处理办法》,该办法第2条曾对医疗事故作过法定定义;2002年4月4日,国务院发布了更新后的《医疗事故处理条例》(以下简称《事故条例》),并于同年9月起施行,依其第2条,医疗事故,是指医疗机构及其医务人员在医疗活动中,违反医疗卫生法律规范性文件和诊疗护理规范、常规,过失造成患者人身损害的事故。

2. 特征 医疗事故,即发生在医疗活动环节的事故,特征如下。

(1) 客观上体现在:①发生于医疗环节;②与医主体(医疗机构及其医务人员)的职务行为相关;③该行为违反了医疗医事法律规范性文件和诊疗护理规范、常规的规定;④行为方式可系作为,也可为(应为而未为的)不作为;⑤其后果最终造成了就医者的人身损害,而非仅财产损失;若最终未造成实际人身损害,则为事故苗子而非事故;⑥该损害达到一定(《医疗事故分级标准(试行)》确定的)的标准;⑦该违反医疗卫生规范性文件和诊疗护理规范、常规的行为与损害结果之间存在因果关系。

(2) 在主体上体现为:①须为适格的医务人员,若不适格则为非法行医而非医疗事故;②须为适格医疗机构中执行职务的适格医务人员,若在不适格"医疗"机构中执业,亦属非法行医行为;③该医务人员包括适格医疗机构中执行职务的医疗、护理、医技、管理和工勤服务人员。

(3) 主观上体现在:①以存在主过错之过失前提,若无过失,或为意外事件或为故意伤害(甚至致死)行为;②该过失可为疏忽大意的过失,即行为人因未尽到应尽的(谨慎或专家)注意义务而致损害后果的发生,亦可为已预见(注意到)可能发生损害后果,因过于自信(冒险)而为,最终酿成实际的损害后果。唯恰合上述主客观特征(或要件)者,方构成医疗事故。

3. 依据及适用 ①依据,主要包括:《医师法》《侵权责任法》《刑法》《事故条例》、最高人民法院《关于审理医疗损害责任纠纷案件适用法律若干问题的解释》《医疗事故技术鉴定暂行办法》《医疗事故分级标准(试行)》和《医疗事故争议中尸检机构及专业技术人员资格认定办法》等。②适用:我国领域内的所有医疗机构均适用上述法律规范性文件。县级以上城市从事计划生育技术服务的机构依《计划生育技术服务管理条例》的规定开展与计划生育有关的临床医疗服务,发生的计划生育(以下简称计生)技术服务事故,依《事故条例》的有关规定处理;但是,其中不属于医疗机构的县级以上城市从事计生技术服务的机构发生的计生技术服务事故,由时计生委行使依本条例有关规定由医政部门受理、交由负责医疗事故技术鉴定工作的医学会组织鉴定和赔偿调解的职能;对发生计生技术服务事故的该机构及其有关责任人员,依法直接进行处理。

(二) 医疗事故的种类与等级

1. 种类 ①依行为人过失种类的不同,可被分为:因疏忽大意所致的医疗事故,即行为人在诊疗等医疗服务过程中因未尽到应尽的(合理、谨慎或专家)注意义务而引发就医者人身损害的后果,此类事故居多,如医生、护士、医技、药剂、后勤服务等人员在执业过程中未履行查对义务而致损害结果发生的,均属此类;因过于自信所致的医疗事故,即行为人已经预见(注意)到其冒险行为可能引发就医者人身损害因其过于自信而最终导致该后果的实际发生。②依行为人尽责程度的不同,可被分为:医疗责任事故,即行为人因违反相关法律规范性文件、诊疗护理等制度性规范的失职行为所致的事故;医疗技术事故,即行为人因技术水平不到位而引发致的事故,如误诊等。③依行为人所实施行为方式的不同,可被分为:作为方式的医疗事故和不作为方式的医疗事故。前者较为常见;后者则是行为人负有作为义务(即应为)而未为所引发的(就医者)人身损害的后果,如漏诊、急诊当班脱岗、因推诿而拒绝接诊等。

2. 等级

(1) 分级依据:①《事故条例》第4条规定,根据对患者人身造成的损害程度,医疗事故分为四级:一级医疗事故:造成患者死亡、重度残疾的;二级医疗事故:造成患者中度残疾、器官组织损伤导致严重功能障碍的;三级医疗事故:造成患者轻度残疾、器官组织损伤导致一般功能障碍的;四级医疗事故:造成患者明显人身损害的其他后果的。②具体分级标准由卫生部门。2002年7月19日,卫生部发布《医疗事故分级标准(试行)》(以下简称《分级标准》),并于同年9月(与《事故条例》同时)起施行。③《分级标准》将医疗事故分为:一级甲等(就医者死亡);一级乙等至三级戊等对应(就医者)伤残等级一至十级;未达到残废或功能障碍的明显人身损害的其他后果(四级)。

(2) 具体等级如下:

1) 一级医疗事故,系指造成患者死亡、重度残疾。包括:①一级甲等医疗事故:死亡。②一级乙等医疗事故,为重要器官缺失或功能完全丧失,其他器官不能代偿,存在特殊医疗依赖,生活完全不能自理。如致患者下列情形之一的:植物人状态;极重度智能障碍;临床判定不能恢复的昏迷;临床判定自主呼吸功能完全丧失,不能恢复,靠呼吸机维持;四肢瘫,肌力0级,临床判定不能恢复。

2) 二级医疗事故,系指造成患者中度残疾、器官组织损伤导致严重功能障碍。包括:①甲等医疗事故,为器官缺失或功能完全丧失,其他器官不能代偿,可能存在特殊医疗依赖,或生活大部分不能自理。如致患者下列情形之一的:双眼球摘除或双眼经客观检查证实无光感;小肠缺失90%以上,功能完全丧失;双侧有功能肾脏缺失或孤立有功能肾缺失,用透析替代治疗;四肢肌力Ⅱ(二,含本数,下同)级以下,临床判定不能恢复;上肢一侧腕上缺失或一侧手功能完全丧失,不能装配假肢,伴下肢双膝以上缺失。②乙等医疗事故,为存在器官缺失、严重缺损、严重畸形情形之一,有严重功能障碍,可能存在特殊医疗依赖,或生活大部分不能自理。如致患者下列情形之一的:重度智能障碍;双侧上颌骨或双侧下颌骨完全缺失;一侧上颌骨及对侧下颌骨完全缺失,并伴有颜面软组织缺损大于 30 cm²;一侧全肺缺失并需胸改术;肺功能持续重度损害;持续性心功能不全,心功能四级;持续性心功能不全,心功能三级伴有不能控制的严重心律失常;食管闭锁,摄食依赖造瘘;肝缺损 3/4,并有肝功能重度损害;胆道损伤致肝功能重度损害;全胰缺失;小肠缺损大于 3/4,普通膳食不能维持营养;肾功能部分损害不全失代偿;两侧睾丸、副睾丸缺损;阴茎缺损或性功能严重障碍;双侧卵巢缺失;未育妇女子宫全部缺失或大部分缺损;四肢瘫,肌力Ⅲ级或截瘫、偏瘫,肌力Ⅲ级以下,临床判定不能恢复;双上肢腕关节以上缺失、双侧前臂缺失或双手功能完全丧失,不能装配假肢;肩、肘、髋、膝关节中有四个以上关节功能完全丧失;重型再生障碍性贫血(Ⅰ型)等 22 种。③丙等医疗事故,为存在器官缺失、严重缺损、明显畸形情形之一,有严重功能障碍,可能存在特殊医疗依赖,或生活部分不能自理。如致患者下列情形之一的:面部重度毁容;双侧甲状腺或孤立甲状腺全缺失;双侧甲状旁腺全缺失;持续性心功能不全,心功能三级;持续性心功能不全,心功能二级伴有不能控制的严重心律失常;全胃缺失;肝缺损 2/3,并肝功能重度损害;膀胱全缺失;两侧输精管缺损不能修复;双上肢肌力Ⅳ级,双下肢肌力 0 级,临床判定不能恢复;单肢两个大关节(肩、肘、腕、髋、膝、踝)功能完全丧失,不能行关节置换;一侧上肢肘上缺失或肘、腕、手功能完全丧失,不能手术重建功能或装配假肢;双手拇、食指均缺失或功能完全丧失无法矫正;双侧膝关节或者髋关节功能完全丧失,不能行关节置换;一下肢膝上缺失,无法装配假肢;重型再生障碍性贫血(Ⅱ型)等 23 种。④丁等医疗事故,为存在器官缺失、大部分缺损、畸形情形之一,有严重功能障碍,可能存在一般医疗依赖,生活能自理。如致患者下列情形之一的:中度智能障碍;难治性癫痫;完全性失语,伴有神经系统客观检查阳性所见;双侧重度周围性面瘫;面部中度毁容或全身瘢痕面积大于 70%;一侧上颌骨缺损 1/2,颜面部软组织缺损大于 20 cm²;下颌骨缺损长 6 cm 以上的区段,口腔、颜面软组织缺损大于 20 cm²;甲状旁腺功能重度损害;食管狭窄只能进流食;吞咽功能严重损伤,依赖鼻饲管进食;肝缺损 2/3,功能中度损害;肝缺损 1/2 伴有胆道损伤致严重肝功能损害;胰缺损,胰岛素依赖;小肠缺损 2/3,包括回盲部缺损;全结肠、直肠、肛门缺失,回肠造瘘;肾上腺功能明显减退;大、小便失禁,临床判定不能恢复;女性双侧乳腺缺失;单肢肌力Ⅱ级,临床判定不能恢复;双前臂缺失;双下肢瘫等 30 种。

3) 三级医疗事故,系指造成患者轻度残疾、器官组织损伤导致一般功能障碍。其中,①甲等医疗事故,为存在器官缺失、大部分缺损、畸形情形之一,有较重功能障碍,可能存在一般医疗依赖,生活能自理。如致患者下列情形之一的:不能修补的脑脊液瘘;尿崩,有严重离子紊乱,需要长期依赖药物治疗;面部轻度毁容;双耳经客观检查证实听力在原有基础上损失大于 81 db(分贝);鼻缺损 1/3 以上;上唇或下唇缺损大于 1/2;肺功能中度持续损伤;胃缺损 3/4;肝缺损 1/2 伴较重功能障碍;慢性中毒性肝病伴较重功能障碍;胰缺损 2/3 造成内、外分泌腺功能障碍;小肠缺损 2/3,保留回盲部;尿道狭窄,需定期行尿道扩张术;直肠、肛门、结肠部分缺损,结肠造瘘;肛门损伤致排便障碍;一侧肾缺失或输尿管狭窄,肾功能不全代偿;双侧输卵管缺失等38种。②乙等医疗事故,为器官大部分缺损或畸形,有中度功能障碍,可能存在一般医疗依赖,生活能自理。例如造成患者下列情形之一的:轻度智能减退;癫痫中度;不完全性失语,伴有神经系统客观检查阳性所见;头皮、眉毛完全缺损;双耳经客观检查证实听力损失大于71 dB(分贝);双侧前庭功能丧失,睁眼行走困难,不能并足站立;甲状腺功能严重损害,依赖药物治疗;不能控制的严重器质性心律失常;胃缺损2/3伴轻度功能障碍;肝缺损1/3伴轻度功能障碍;胆道损伤伴轻度肝功能障碍;胰缺损1/2;小肠缺损1/2(包括回盲部);双侧睾丸萎缩,血清睾丸酮水平低于正常范围;一拇指完全缺失;双下肢肌力Ⅳ级,临床判定不能恢复,大、小便失禁;一髋或一膝关节功能不全;双足部分肌瘫,肌力Ⅳ级,临床判定不能恢复,不能手术重建功能;单足全肌瘫,肌力Ⅳ级,临床判定不能恢复,不能手术重建功能等27种。③丙等医疗事故,为器官大部分缺损或畸形,有轻度功能障碍,可能存在一般医疗依赖,生活能自理。例如,造成患者下列(37种)情形之一的:不完全性失用、失写、失读、失认之一者,伴有神经系统客观检查阳性所见;全身瘢痕面积50%~59%;慢性轻度中毒性肝病伴轻度功能障碍;永久性膀胱造瘘;未育妇女单侧乳腺缺失;未育妇女单侧卵巢缺失;育龄已育妇女双侧输卵管缺失;育龄已育妇女子宫缺失或部分缺损,阴道狭窄不能通过二横指;颈部或腰部活动度丧失50%以上;截瘫或偏瘫,肌力Ⅳ级,临床判定不能恢复;一侧肘上缺失或肘、腕、手功能部分丧失,可以手术重建功能或装配假肢;单手部分肌瘫,肌力Ⅲ级,临床判定不能恢复;除拇指外3指缺失或功能完全丧失;双下肢长度相差4 cm以上;双侧膝关节或者髋关节功能部分丧失,可以行关节置换;单侧下肢膝上缺失,可以装配假肢;双足部分肌瘫,肌力Ⅲ级,临床判定不能恢复;单足全肌瘫,肌力Ⅲ级,临床判定不能恢复等37种。④丁等医疗事故,为器官部分缺损或畸形,有轻度功能障碍,无医疗依赖,生活能自理。如造成患者下列情形之一的:边缘智能;发声及言语困难;耳郭缺损2/3以上;器械或异物误入呼吸道需行肺段切除术;甲状旁腺功能轻度损害;肺段缺损,轻度持续肺功能障碍;腹壁缺损小于1/4;一侧肾上腺缺失伴轻度功能障碍;一侧睾丸、附睾缺失伴轻度功能障碍;一侧输精管缺损,不能修复;一侧卵巢缺失,一侧输卵管缺失;双大腿肌力近Ⅴ级,双小腿肌力Ⅲ级以下,临床判定不能恢复,大、小便轻度失禁;双膝以下缺失或无功能,可以手术重建功能或装配假肢;单侧下肢膝上缺失,可以手术重建功能或装配假肢;一侧膝以下缺失,另一侧前足缺失,可以手术重建功能或装配假肢到18种。⑤戊等医疗事故,为器官部分缺损或畸形,有轻微功能障碍,无医疗依赖,生活能自理。如造成患者下列情形之一的:脑叶缺失后轻度智力障碍;发声或言语不畅;泪器损伤,手术无法改进溢泪;耳郭缺损大于1/3而小于2/3;甲状腺功能低下;支气管损伤需行手术治疗;器械或异物误入消化道,需开腹取出;一拇指指关节功能不全;双小腿肌力Ⅳ级,临床判定不能恢复,大、小便轻度失禁;手术后当时引起脊柱侧弯30度以上;原有脊柱、躯干或肢体畸形又严重加重等15种。

4) 四级医疗事故,系指造成患者明显人身损害的其他后果的医疗事故。如造成患者下列情形之一的:双侧轻度不完全性面瘫,无功能障碍;面部轻度色素沉着或脱失;一侧眼睑有明显缺损或外翻;拔除健康恒牙;器械或异物误入呼吸道或消化道,需全麻后内窥镜下取出;口周及颜面软组织轻度损伤;非解剖变异等因素,拔除上颌后牙时牙根或异物进入上颌窦需手术取出;组织、器官轻度损伤,行修补术后无功能障碍;一拇指末节1/2缺损;一手除拇指、食指外,有两指近侧指间关节无功能;一足蹞趾末节缺失;软组织内异物滞留;体腔遗留异物已包裹,无需手术取出,无功能障碍;局部注射造成组织坏死,成人大于体表面积2%,儿童大于体表面积5%;剖宫产术引起胎儿损伤;产后胎盘残留引起大出血,无其他并发症。

二、医疗事故的防范制度

(一) 强化防范意识

《事故条例》和此前此后的法律规范性文件对此作了专门的强化医主体(医疗机构及医务人员,下同)防范医疗事故意识的规定。①第5条规定,医疗机构及医务人员在医疗活动中,须严格遵守医疗卫生管理法律规范性文件和诊疗护理规范、常规,恪守医疗服务职业道德。②第6条规定,医疗机构应对其医务人员进行医疗卫生管理法律规范性文件和诊疗护理规范、常规的培训和医疗服务职业道德教育。③虽然条例的上述两条是其专门为防范医疗事故发生而专门为医主体设定的强化其意识的规定,与此前的《事医疗故处理办法》相比,具有很大的进步性;然事实上,其他医事法律规范性文件中关于医主体在整个医疗(含预防、诊断、治疗、保健及其相关的药剂、管理和服务)活动中诸如各环节的查对制度、恪尽职责观念以及相关医疗技术应用的准入和分类分级管理制度,对医主体在观念上消除医疗事故隐患、防范其发生具有更为基础且不可替代的作用。

(二) 构筑防范制度

与《医疗事故处理办法》相比,《事故条例》的进步性还体现在其专门规定了旨在防范医疗事故的各项制度,主要体现在如下两方面。

1. 防范医疗事故发生的制度　① 设立专门的质控主体(部门或专门人员)。条例第7条规定:医疗机构应设置医疗服务质量监控部门或配备专(兼)职人员,具体负责监督本医疗机构的医务人员的医疗服务工作,检查医务人员执业情况,接受患者对医疗服务的投诉,向其提供咨询服务。②预案制度。第12条规定:医疗机构应制定防范、处理医疗事故的预案,预防医疗事故的发生,减轻医疗事故的损害。③知情同意制度。与其他医事法律规范性文件一样,第11条规定:在医疗活动中,医疗机构及其医务人员应将患者的病情、医疗措施、医疗风险等如实告知患者,及时解答其咨询;但是,应避免对患者产生不利后果。

2. 医疗事故发生后的应对制度　主要包括如下方面。

(1) 止损制度：《事故条例》第 15 条规定：发生或者发现医疗过失行为，医疗机构及医务人员应立即采取有效措施，避免或减轻对患者身体健康的损害，防止损害扩大。

(2) 药物、输血等不良反应应对制度：《事故条例》第 17 条规定：①疑似输液、输血、注射、药物等引起不良后果的，医患双方应当共同对现场实物进行封存和启封，封存的现场实物由医疗机构保管；需要检验的，应当由双方共同指定的，依法具有检验资格的检验机构进行检验（双方无法共同指定时，由卫生行政部门指定）；②疑似输血引起不良后果，需要对血液进行封存保留的，医疗机构应当通知提供该血液的采供血机构派员到场。

(3) 病历资料制作与保全制度：①《事故条例》第 8 条规定：医疗机构应当按照国务院卫生行政部门规定的要求，书写并妥善保管病历资料；因抢救急危患者，未能及时书写病历的，有关医务人员应当在抢救结束后 6 小时内据实补记，并加以注明。②第 9 条规定，严禁涂改、伪造、隐匿、销毁或者抢夺病历资料。③第 10 条和第 16 条专门对病历资料的保全作了规定：第 10 条规定：患者有权复印或复制其门诊病历、住院志、体温单、医嘱单、化验单（检验报告）、医学影像检查资料、特殊检查同意书、手术同意书、手术及麻醉记录单、病理资料、护理记录及卫生部的其他病历资料；患者依前款规定要求复印或复制病历资料的，医疗机构应提供复印或复制服务并在复印或复制的病历资料上加盖证明印记；复印或复制病历资料时，应当有患者在场；医疗机构应患者的要求，为其复印或者制病历资料，可以按照规定收取工本费；具体收费标准由省、自治区、直辖市人民政府价格主管部门会同同级卫生行政部门规定。第 16 条规定：发生医疗事故争议时，死亡病例讨论记录、疑难病例讨论记录、上级医师查房记录、会诊意见、病程记录应在医患双方在场的情况下封存和启封；封存的病历资料可以是复印件，由医疗机构保管。

(4) 报告制度：①《事故条例》第 13 条规定：医务人员在医疗活动中发生或发现医疗事故、可能引起医疗事故的医疗过失行为或发生医疗事故争议的，应立即向所在科室负责人报告，科室负责人应及时向本医疗机构负责医疗服务质量监控的部门或专(兼)职人员报告；负责医疗服务质量监控的部门或者专(兼)职人员接到报告后，应立即进行调查、核实，将有关情况如实向本医疗机构的负责人报告，并向患者通报、解释。②第 14 条规定：发生医疗事故的，医疗机构应按规定向所在地医政部门报告；发生下列重大医疗过失行为的，医疗机构应在 12 小时内向所在地医政部门报告：导致患者死亡或可能为二级以上的医疗事故；导致 3 人以上人身损害后果；卫生部和省、自治区、直辖市医政部门规定的其他情形。第 43 条规定，医疗事故争议由双方当事人自行协商解决的，医疗机构应当自协商解决之日起 7 日内向所在地卫生行政部门进行书面报告，并附具协议书。③第 44 条规定，医疗事故争议经法院调解或判决解决的，医疗机构应自收到生效的法院的调解书或者判决之日起 7 日内向所在地医政部门进行书面报告，并附具调解书或者判决书。

(5) 尸体处理制度：为查明就医者在医疗机构的医疗过程中死亡的真正原因（暨原诊断是否明确）。

1) 尸解规定。《事故条例》第 18 条规定：①患者死亡，医患双方当事人不能确定死因或对死因有异议的,应在患者死亡后 48 小时内进行尸检[依《医疗事故争议中尸检机构及专业技术人员资格认定办法》(以下简称《资认办法》)第 2 条规定,是指为了处理医疗事故争议,对死亡患者的机体进行解剖、检验,以查明死亡原因的手段];具备尸体冻存条件的,可延长至 7 日;尸检应经死者近亲属同意并签字;②尸检应由按照国家有关规定取得相应资格的机构和病理解剖专业技术人员进行;承担尸检任务的机构和病理解剖专业技术人员有进行尸检的义务;③医疗事故争议双方当事人可请法医病理学人员参加尸检,也可委派代表观察尸检过程;④拒绝或拖延尸检,超过规定时间,影响对死因判定的,由拒绝或拖延的一方承担责任。

2)尸解主体。①《资认办法》第 4 条规定,下列机构可申请作为承担尸检任务的机构:医政部门批准设置具有独立病理解剖能力病理科的医疗机构;设有具备独立病理解剖能力的病理教研室或法医教研室的医学院校,或设有医学专业的并具备独立病理解剖能力的病理教研室或法医教研室的高等普通学校。②《资认办法》第 5 条规定,承担尸检任务的机构应具备下列条件:至少具有 2 名按本规定取得相应资格的病理解剖专业技术人员,其中至少 1 名为主检人员;解剖室业务用房面积不少于 15 平方米;具有尸检台、切片机、脱水机、吸引器、显微镜、照相设备、计量设备、消毒隔离设备、病理组织取材工作台、贮存和运送标本的必要设备、尸体保存设施以及符合环保要求的污水、污物处理设施;省级医政部门规定的其他条件。③《资认办法》第 6 条规定:承担尸检工作专业技术人员应具备下列条件:a. 具有良好的业务素质和执业品德;b. 受聘于本办法第 4 条规定的机构;c. 具有病理解剖专业初级以上技术职务任职资格;d. 省级医政部门规定的其他条件。主检人员除符合上述 a、b 条件外,还应在取得病理解剖专业中级以上技术职务任职资格后,从事本专业技术工作 2 年以上。④条例第 19 条规定:患者在医疗机构内死亡的,尸体应立即移放太平间;死者尸体存放时间一般不得超过 2 周;逾期不处理的尸体,经医疗机构所在地医政部门批准,并报经同级公安部门备案后,由医疗机构按规定进行处理。

不可否认的是,正是因为《事故办法》颁行后的 30 多年来我国医务界在此领域的不断探索实践和经验(教训)总结,才会先后诞生现行的《应管办法》《质管办法》《纠纷条例》,它是一个水到渠成的过程。而这些促进医疗技术提升、医疗质量管控和重在预防(医疗行为差错因引发纠纷)的制度安排,也在全国范围内为医务人员在观念形态上筑起"防火墙":培植恪尽职责观念、强化查对意识,有效地避免和减少医疗事故的发生。

三、医疗事故的认定制度

(一)医疗事故的认定

1. 狭义的认定 这里的认定,与医疗事故鉴定并列,仅指有管辖权的疑似医疗事故案的处理机关(法院或医政部门)依其法定的事实认定职权,对所受理在案的案件事实中被控构成医疗事故的可直接判断而无需经医疗事故技术鉴定(以下简称事故鉴定)确定的事实,所作出的是否属于医疗事故(以下简称事故)的事实确定行为。它具有如下特点:①职权性,它又包括:该职权法(如《民事诉讼法》第152条和153条、《事故条例》第36条前款等法律、法规)定,由法院和医政部门行使;该认定行为是职权行为,须具有法律依据;亦系职责行为,抛弃违法;以对该控案具有管辖权且受理在案并已经审理为前提;②(形式)合法性,系由合法主体依法作出,(理论上)具有法律效力;③可判断性,即该被认定的事实相对简单,无须经专门的技术鉴定即可确定;④事实性,即该认定虽依法作出,但仅为对事实部分的职权确定;⑤可救济性,当事人若不服医政部门的认定,可依法提起行政诉讼;不服一审法院的认定可依法提起上诉。

2. 广义的认定　这里的认定是广义的,除包括上述狭义的认定内容外,还包括审理机关(医政部门或法院)对事故鉴定意见所作出采信与否的事实判断。

(二) 医疗事故的鉴定制度

1. 概述

(1) 释义。鉴定,即鉴别和评定[3]。①含义。它含二义:一是对某主体的事实(是否存在而不涉专门技术的)行为所作出的确认与判断,其含义同前述之认定;二是指对某一涉及专门技术性事实常人缺乏鉴别和判断能力而提交专门主体(具有专业技能的机构或个人)进行专业技术鉴别与判定的行为。②医疗事故技术鉴定(以下简称事故鉴定),是指法定的专门鉴定机构对因医患双方就某医疗行为是否属于医疗事故、属于何一等级医疗事故以及医疗机构对事故所应承担的责任比例这些事实不确或存有争议,在接受(鉴定)委托后依相关规定于查明所有相关事实后所得出的技术性事实判断活动;所作出的结论性书面评定为鉴定意见[4]。

(2) 特点。主要包括:①法定性,即由《事故条例》(第3章)和《医疗事故技术鉴定暂行办法》(以下简称《故鉴办法》)明文设定。②专门性,体现在:机构专设,即由适级医学会从已建专家库中组成鉴定组负责鉴定;程序专设;标准预定[见《医疗事故分级标准(试行)》(以下简称《分级标准》)]。③技术(事实)性,这是技术鉴定的本源与出发点,正因为需要它该特殊功能,社会才会有此分工安排。④可救济性,《事故条例》(第3章)和《故鉴办法》在对该制度设计中就作出了鉴定和(对首次鉴定不服可直接向上一级医学会申请)再次鉴定及其程序的制度安排。⑤超功能性,从《事故条例》(第3章)和《故鉴办法》对事故鉴定的功能设计上看,它已超出了鉴定本身应具有的功能,事实上它已被赋予了裁判的职能。⑥类诉讼性,无论从实体(超功能)上还是程序上看,它的设计带有明显的诉讼(答辩及类似审级的首次和再次鉴定等)特性。《事故条例》第3章(第20~34条)和2002年7月31日卫生部发布、并于同年9月起施行的《故鉴办法》是我国事故鉴定的基本法律依据。

2. 鉴定制度

(1) 鉴定程序。

1) 管辖。《事故条例》第21条规定:设区的市级地方医学会和省级直接管辖的县

(市)地方医学会负责组织首次医疗事故技术鉴定工作;省级地方医学会负责组织再次鉴定工作;必要时,中华医学会可以组织疑难、复杂并在全国有重大影响的医疗事故争议的技术鉴定工作。

2) 首次鉴定的提起。《故鉴办法》第9～11条规定:双方当事人协商解决医疗事故争议,需进行事故鉴定的,应共同书面委托医疗机构所在地负责首次事故鉴定工作的医学会进行事故鉴定;县级以上医政部门接到医疗机构关于重大医疗过失行为的报告或医疗事故争议当事人要求处理医疗事故争议的申请后,对需要进行事故鉴定的,应书面移交负责首次事故鉴定工作的医学会组织鉴定;协商解决医疗事故争议涉及多个医疗机构的,应由涉及的所有医疗机构与患者共同委托其中任何一所医疗机构所在地负责组织首次事故鉴定工作的医学会进行事故鉴定;医疗事故争议涉及多个医疗机构,当事人申请医政部门处理的,只可向其中一所医疗机构所在地医政部门提出处理申请。

3) 鉴定的受理。《故鉴办法》第12条规定:医学会应自受理事故鉴定之日起5日内,通知医疗事故争议双方当事人按《事故条例》第28条规定提交事故鉴定所需的材料,被申请医疗机构须提交的材料如下:住院患者的病程记录、死亡病例讨论记录、疑难病例讨论记录、会诊意见、上级医师查房记录等病历资料原件;住院患者的住院志、体温单、医嘱单、化验单(检验报告)、医学影像检查资料、特殊检查同意书、手术同意书、手术及麻醉记录单、病理资料、护理记录等病历资料原件;抢救急危患者,在规定时间内补记的病历资料原件;封存保留的输液、注射用品和血液、药物等实物,或者依法具有检验资格的检验机构对这些物品、实物作出的检验报告;与事故鉴定有关的其他材料(在医疗机构建有病历档案的门急诊患者,其病历资料由医疗机构提供;未在医疗机构建立病历档案的,由患者提供)。(依条例28条第4款)医疗机构若无正当理由未依本条例的规定如实提供相关材料,导致事故鉴定不能进行的,应承担责任。当事人应自收到医学会的通知之日起10日内提交有关事故鉴定的材料、书面陈述及答辩;对不符合受理条件的,医学会不予受理;不予受理的,医学会应说明理由。第13条规定,有下列情形之一的,医学会不予受理事故鉴定:当事人一方直接向医学会提出鉴定申请的;事故争议涉及多个医疗机构,其中一所医疗机构所在地的医学会已经受理的;事故争议已经法院调解达成协议或判决的;当事人已向法院提起民事诉讼的(司法机关委托的除外);非法行医造成患者身体健康损害的;卫生部规定的其他情形。

4) 时限。《事故条例》第29条第1款规定和《故鉴办法》第27条,负责组织事故鉴定工作的医学会应自接到当事人提交的有关事故鉴定的材料、书面陈述及答辩之日起45日内组织鉴定并出具医疗事故技术鉴定书。

5) 调查。《事故条例》第29条第2款规定,负责组织事故鉴定工作的医学会可向双方当事人调查取证。《故鉴办法》第29条规定,医学会可向双方当事人和其他相关组织、个人进行调查取证,进行调查取证时不得少于2人;调查取证结束后,调查人员和调查对象应当在有关文书上签字。如调查对象拒绝签字的,应记录在案。

6）通知与参加。《故鉴办法》第29条规定：医学会应在医疗事故技术鉴定7日前，将鉴定的时间、地点、要求等书面通知双方当事人；双方当事人应按通知的时间、地点、要求参加鉴定，参加事故技术鉴定的双方当事人每一方人数不超过3人；任何一方当事人无故缺席、自行退席或拒绝参加鉴定的，不影响鉴定的进行。第30条规定：医学会应在事故鉴定7日前书面通知专家鉴定组成员；专家鉴定组成员接到医学会通知后认为自己应回避的，应于接到通知时及时提出书面回避申请，并说明理由；因其他原因无法参加事故鉴定的，应于接到通知时及时书面告知医学会。

7）审理。《事故条例》第30条规定：专家鉴定组应认真审查双方当事人提交的材料，听取双方当事人的陈述及答辩并进行核实；双方当事人应当按本条例的规定如实提交进行事故鉴定所需要的材料，并积极配合调查；当事人任何一方不予配合，影响医疗事故技术鉴定的，由不予配合的一方承担责任。条例第27规定：专家鉴定组依医疗卫生管理法律规范性文件和诊疗护理规范、常规，运用医学科学原理和专业知识，独立进行事故鉴定，对医疗事故进行鉴别和判定，为处理医疗事故争议提供医学依据；任何单位或个人不得干扰医疗事故技术鉴定工作，不得威胁、利诱、辱骂、殴打专家鉴定组成员。鉴定会：《故鉴办法》第33条规定，鉴定由专家鉴定组组长主持，并按以下程序进行：双方当事人在规定的时间内分别陈述意见和理由。陈述顺序先患方，后医疗机构；专家鉴定组成员根据需要可提问，当事人应如实回答。必要时，可对患者进行现场医学检查；双方当事人退场；专家鉴定组对双方当事人提供的书面材料、陈述及答辩等进行讨论；经合议，根据半数以上专家鉴定组成员的一致意见形成鉴定结论；专家鉴定组成员在鉴定结论上签名；专家鉴定组成员对鉴定结论的不同意见，应予以注明。

8）延期、中止和终止。延期：《故鉴办法》第31条规定：专家鉴定组成员因回避或因其他原因无法参加事故鉴定时，医学会应通知相关学科专业组候补成员参加事故鉴定；专家鉴定组成员因不可抗力因素未能及时告知医学会不能参加鉴定或虽告知但医学会无法按规定组成专家鉴定组的，事故鉴定可以延期进行。中止：该办法第16条规定，有下列情形之一的，医学会中止组织医疗事故技术鉴定：当事人未按规定提交有关医疗事故技术鉴定材料的；提供的材料不真实的；拒绝缴纳鉴定费的；卫生部规定的其他情形。终止：《故鉴办法》第38条规定，当事人拒绝配合，无法进行事故鉴定的，应终止本次鉴定，由医学会告知移交鉴定的医政部门或共同委托鉴定的双方当事人，说明不能鉴定的原因。第44条规定，在受理医患双方共同委托医疗事故技术鉴定后至专家鉴定组作出鉴定结论前，双方当事人或者一方当事人提出停止鉴定的，医疗事故技术鉴定终止。

9）救济。《事故条例》第22条规定，当事人对首次事故鉴定结论不服的，可自收到首次鉴定结论之日起15日内向医疗机构所在地医政部门提出再次鉴定的申请。《故鉴办法》第40条规定，任何一方当事人对首次事故鉴定结论不服的，可自收到首次事故鉴定书之日起15日内，向原受理医疗事故争议处理申请的医政部提出再次鉴定的申请，或由双方当事人共同委托省级医学会组织再次鉴定。办法第41条规定，县级以上医政部门对发生医疗事故的医疗机构和医务人员进行行政处理时,应以最后的事故鉴定结论作为处理依据。

10) 归档与报告。《故鉴办法》第43条规定,医学会应将专家鉴定组成员签名的鉴定结论、由专家鉴定组组长签发的事故鉴定书文稿和复印或者复制的有关病历资料等存档,保存期限不得少于20年。第45条规定,医学会应于每年3月31日前将上一年度事故鉴定情况报同级医政部门。

(2) 鉴定组。

1) 专家库。《事故条例》第23条规定:负责组织事故鉴定工作的医学会应建立专家库;专家库由具备下列条件的医疗卫生专业技术人员组成:①有良好的业务素质和执业品德;②受聘于医疗卫生机构或医学教学、科研机构并担任相应专业高级技术职务3年以上;符合上述①规定条件并具备高级技术任职资格的法医可受聘进入专家库;负责组织事故鉴定工作的医学会依本条例规定聘请医疗卫生专业技术人员和法医进入专家库,可不受行政区域的限制。暂行办法第6~8条规定对此细化为:具备下列条件的医疗卫生专业技术人员可成为专家库候选人:①有良好的业务素质和执业品德;②受聘于医疗卫生机构或医学教学、科研机构并担任相应专业高级技术职务3年以上;③健康状况能够胜任事故鉴定工。符合前款①③条件并具备高级技术职务任职资格的法医可受聘进入专家库。负责首次事故鉴定工作的医学会原则上聘请本行政区域内的专家建立专家库;当本行政区域内的专家不能满足建立专家库需要时,可聘请本省、自治区、直辖市(以下简称省)范围内的专家进入本专家库。负责再次事故鉴定工作的医学会原则上聘请本省范围内的专家建立专家库;当本省范围内的专家不能满足建立专家库需要时,可聘请其他省的专家进入本专家库;医疗卫生机构或医学教学、科研机构、同级的医药卫生专业学会应按医学会要求,推荐专家库成员候选人;符合条件的个人经所在单位同意后也可直接向组建专家库的医学会申请。医学会对专家库成员候选人进行审核;审核合格的,予以聘任,并发给中华医学会统一格式的聘书。符合条件的医疗卫生专业技术人员和法医,有义务受聘进入专家库;专家库成员聘用期为4年。在聘用期间出现下列情形之一的,应由专家库成员所在单位及时报告医学会,医学会应根据实际情况及时进行调整:因健康原因不能胜任事故鉴定的;变更受聘单位或被解聘的;不具备完全民事行为能力的;受刑事处罚的;省级以上医政部门规定的其他情形。聘用期满需继续聘用的,由医学会重新审核、聘用。

2) 鉴定组的组成。《事故条例》第24条规定,设区的市地方医学会和省级直接管辖的县(市)地方医学会是事故鉴定的组织者,每接受1次鉴定申请后,由医患双方在医学会主持下从原先已设立的专家库中随机抽出人员组成鉴定组。对于鉴定组的组成,第25条第2款规定:专家鉴定组人数为单数,涉及的主要学科的专家一般不得少于鉴定组成员的1/2;涉及死因、伤残等级鉴定的,并应从专家库中随机抽取法医参加专家鉴定组。《故鉴办法》第17条规定:医学会当根据事故争议所涉及的学科专业,确定专家鉴定组的构成和人数;专家鉴定组组成人数应为 3 人以上单数;事故争议涉及多学科专业的,其中主要学科专业的专家不得少于专家鉴定组成员的 1/2。该办法第 18、19 条规定:医学会应提前通知双方当事人,在指定时间、指定地点,从专家库相关学科专业组中随机抽取专家鉴定组成员;医学会主持双方当事人抽取专家鉴定组成员前,应将专家库相关学科专业组中专家姓名、专业、技术职务、工作单位告知双方当事人。该办法第 21、22 条规定:医学会对当事人准备抽取的专家进行随机编号,并主持双方当事人随机抽取相同数量的专家编号,最后 1 个专家由医学会随机抽取;双方当事人还应按规定的方法各自随机抽取 1 个专家作为候补;涉及死因、伤残等级鉴定的,应按规定由双方当事人各自随机抽取 1 名法医参加鉴定组;随机抽取结束后,医学会当场向双方当事人公布所抽取的专家鉴定组成员和候补成员的编号并记录在案。

3) 回避制度。《事故条例》第 26 条和《故鉴办法》第 20 条规定,专家鉴定组成员有下列情形之一的,应当回避,当事人也可以口头或书面的方式申请其回避:是事故争议当事人或当事人的近亲属的;与医疗事故争议有利害关系的;与事故争议当事人有其他关系,可能影响公正鉴定的。《故鉴办法》第 20 条规定,当事人要求专家库成员回避的,应说明理由。该办法第 23 条规定:现有专家库成员不能满足鉴定工作需要时,医学会应向双方当事人说明,并经双方当事人同意,可从本省其他医学会专家库中抽取相关学科专业组的专家参加专家鉴定组;本省医学会专家库成员不能满足鉴定工作需要时,可从其他省医学会专家库中抽取相关学科专业组的专家参加专家鉴定组。办法第 25、26 条规定:专家鉴定组成员确定后,在双方当事人共同在场的情况下,由医学会对封存的病历资料启封;专家鉴定组应认真审查双方当事人提交的材料,妥善保管鉴定材料,保护患者的隐私,保守有关秘密。

4)《事故条例》第 25 条第 1 款规定,专家鉴定组进行事故鉴定实行合议制。

5) 鉴定组长。《故鉴办法》第 32 条规定,专家鉴定组组长由专家鉴定组成员推选产生,也可由事故争议所涉及的主要学科专家中具有最高专业技术职务任职资格的专家担任。

(3) 鉴定费用。《事故条例》第 34 条规定:事故鉴定,可收取鉴定费用;经鉴定,属于事故的,鉴定费用由医疗机构支付;不属于事故的,鉴定费用由提出事故处理申请的一方支付;鉴定费用标准由省级价格主管部门会同同级财政部门、医政部门规定。《故鉴办法》第 14 条规定,委托医学会进行事故鉴定,应按规定缴纳鉴定费。该办法第 15 条又规定:双方当事人共同委托事故鉴定的,由双方当事人协商预先缴纳鉴定费;医政部门移交进行事故鉴定的,由提出医疗事故争议处理的当事人预先缴纳鉴定费;经鉴定属于事故的,鉴定费由医疗机构支付;经鉴定不属于医疗事故的,鉴定费由提出医疗事故争议处理申请的当事人支付;县级以上医政部门接到医疗机构关于重大医疗过失行为的报告后,对需要移交医学会进行故鉴定的,鉴定费由医疗机构支付。该办法第 16 条第 3 项规定,拒绝缴纳鉴定费的,将中止鉴定。

(4) 鉴定意见。

1) 书面意见:《事故条例》第 24 条第 2 款后项规定,在特殊情况下,医学会根据事故鉴定工作的需要,可组织医患双方在其他医学会建立的专家库中随机抽取相关专业的专家参加鉴定或函件咨询。《故鉴办法》第 24 条规定,从其他医学会建立的专家库中抽取的专家无法到场参加事故鉴定,可以函件的方式提出鉴定意见。《事故条例》第 25 条第 1 款规定,专家鉴定组进行事故鉴定实行合议制。

2) 鉴定书:《事故条例》第 31 条第 1 款规定:专家鉴定组应在事实清楚、证据确凿的基础上,综合分析患者的病情和个体差异,作出鉴定结论,并制作事故鉴定书;鉴定结论以专家鉴定组成员的过半数通过;鉴定过程应如实记载。第 31 条第 2 款(《故鉴办法》第 35 条第 1 款)规定,事故鉴定书应包括下列主要内容:①双方当事人的基本情况及要求;②当事人提交的材料和负责组织事故鉴定工作的医学会的调查材料;③对鉴定过程的说明;④医疗行为是否违反相关法律规范性文件和诊疗护理规范、常规;⑤医疗过失行为与人身损害后果之间是否存在因果关系;⑥医疗过失行为在事故损害后果中的责任程度;事故等级;对事故患者的医疗护理医学建议。《故鉴办法》第 35 条第 2~3 款规定:经鉴定为医疗事故的,鉴定结论应当包括前款④~⑥项内容;经鉴定不属于医疗事故的,应在鉴定结论中说明理由;事故鉴定书格式由中华医学会统一制定。

3) 出证:第 34 条规定,事故鉴定书应根据鉴定结论作出,其文稿由专家鉴定组组长签发;事故鉴定书盖医学会事故鉴定专用印章;医学会应及时将事故鉴定书送达移交鉴定的医政部门,经医政部门审核,对符合规定作出的事故鉴定结论,应及时送达双方当事人;由双方当事人共同委托的,直接送达双方当事人。

(5) 责任确定:《故鉴办法》第 36 条规定:①专家鉴定组应综合分析医疗过失行为在导致医疗事故损害后果中的作用、患者原有疾病状况等因素,判定医疗过失行为的责任程度。②事故中医疗过失行为责任程度分为:完全责任,指事故损害后果完全由医疗过失行为造成;主要责任,指事故损害后果主要由医疗过失行为造成,其他因素起次要作用;次要责任,指事故损害后果主要由其他因素造成,医疗过失行为起次要作用;轻微责任,指事故损害后果绝大部分由其他因素造成,医疗过失行为起轻微作用。③条例第 33 条规定,有下列情形之一的,不属于医疗事故:在紧急情况下为抢救垂危患者生命而采取紧急医学措施造成不良后果的;在医疗活动中由于患者病情异常或患者体质特殊而发生医疗意外的;在现有医学科学技术条件下,发生无法预料或不能防范的不良后果的;无过错输血感染造成不良后果的;因患方原因延误诊疗导致不良后果的;因不可抗力造成不良后果的。④其他。记录:《故鉴办法》第 37 条规定,医学会参加事故鉴定会的工作人员,应如实记录鉴定会过程和专家的意见。廉洁义务:《事故条例》第 27 条第 3 款规定:专家鉴定组成员不得接受双方当事人的财物或其他利益。

3. 问题与现状

(1) 缺陷。如前(特点)所述,事故鉴定制度的类诉讼和超功能两大特点实亦是其本质性的缺陷。①从性质上说,事故鉴定本仅是技术鉴定的一种,而此类鉴定在我国法律制度中仅属法定证据种类之一,而非裁判类的决定;即使采用行政法规《事故条例》来确立,也不能(用国家及地方各级医政部门的意志)从根本上在全国范围内改变其这一(证据的)法律地位;其所有的类诉讼、超功能(超技术的事实和法律上的认定和决断权)特点和(由医学会这一社会团体出面)制度设计,实际上与医政部门揽(既要维护其对医疗事故判定的垄断)权又不愿意担当(可能成为行政诉讼中的被告)相关,换言之,背后不愿出面担当的医政部门旨在通过此制度安排来操纵事故鉴定一方面在宏观上来维护其对此领域的垄断职权,又让每一个案的事故鉴定来承载其微观上的控制,还可避免其可能成为行政诉讼的被告而受审。②虽然该鉴定制度中也设定了回避,但事实上在同一设区的(含直辖)市内,同一专业或学科具有高级职称的专家数量有限,他们往往是中华医学会该省(直辖市)分会同一专业学组(平台)的成员,即使此次甲单位被鉴定,专家库该学科中甲单位的专家要回避而由乙单位专家进入鉴定组参加鉴定;下次遇到乙单位被申请鉴定而由甲单位专家参加鉴定。从次际角度上说,甲乙单位存在间接利害关系,有违"自然正义"原则第一要义[5]。因此,该制度设计和确立缺乏公信力,更何况因医政部门被外界依外观主义观点视为与公有制被申请单位存在难以撇清的"父子"关系。③我国诉讼法普遍将"鉴定结论"改为"鉴定意见":我国的《民事诉讼法》于2012年8月31日通过修正,将其第12处(原第63条第1款第7项、第124条和第171条)中的"鉴定结论"统一被修改为"鉴定意见";《行政诉讼法》于2014年11月1日通过修正,将原法(第31条修改为第33条,其中第1款第7项)之"鉴定结论"修改为"鉴定意见";《刑事诉讼法》与2012年3月14日通过修正,在该法中统一将"鉴定结论"修改为"鉴定意见"。该一词之改,实际上从用词和人们观念上纠正了结论这一难以更改的定论之感,确立了鉴定意见仅作为一种证据材料的法律地位,须经质证后由法院决定是否采信,而无不可动摇的"定论"地位。

(2) 现状。《事故条例》和《故鉴办法》施行2年后的2005年2月28日第10届全国人大常委会第14次会议通过,并于同年10月起施行了《关于司法鉴定管理问题的决定》,该决定属单行法律,其第3条规定,司法部主管全国鉴定人和鉴定机构的登记管理工作;省级司法厅或局"依照本决定的规定,负责对鉴定人和鉴定机构的登记、名册编制和公告。"这就意味着,包括事故鉴定在内的全国所有鉴定活动应遵守该法,服从司法行政部门的管辖。该决定第11条规定,在诉讼中,当事人对鉴定意见有异议的,经法院依法通知,鉴定人应当出庭作证。它否定了长期以来医疗事故鉴定机构"向来不出庭"作证且被质证的"衙门"做派。作为主管部门,司法部从2005年9月至2009年9月间,单独或与国家发改委联合发布了《司法鉴定机构登记管理办法》《司法鉴定程序通则》《司法鉴定收费管理办法》。而《关于司法鉴定管理问题的决定》第17条第1项和作为《司法鉴定收费管理办法》附件的《司法鉴定收费项目和收费标准基准价(试行)》第一部分(法医类)第22项目均确定为医疗纠纷鉴定,后者中该鉴定(被核准)的价格为4 300元/件。可见,法医学鉴定也进入了(含医疗事故在内的)医疗纠纷领域了。2018年10月1日,医疗损害鉴定制度随同《纠纷条例》的施行而在全国推出并确立,且大有"替代"事故鉴定之势。

(3) 问题。新的问题在于:①用法医学鉴定临床诊疗是否存在过错,这种鉴定有无令人信服的技能权威性?虽然,法医学和临床医学均属循证医学范畴,但毕竟两者的功能定位迥异。即使在死因和活体损伤方面法医学较之临床医学鉴定更具优势;然临床法医学也仅从事活体伤、毒因和程度确定,而未有任何疾病诊断,更无治疗实践(否则属非法行医性质),其技能在临机(而非事后)的疾病诊断、临床病理、对症治疗等的适当性方面,法医学技能缺乏任何经验,绝无优于临床医技的长技。试想,用法医学来鉴定临床诊疗行为是否适当能靠谱吗?根源在于:医政部门因不愿担当而利己设计的(事故鉴定)制度缺陷致使其自身丧失社会公信力,其后果是殃及池鱼(整个事故鉴定主体及其行为效力);立法确认全国鉴定主管机关为司法部;司法部通过制定行政规章的方式立法覆盖(外延包括医疗事故的)医疗纠纷鉴定,其结果是用社会法定(行政许可)专业分工上的错误来试图纠正原制度设计上的瑕疵,即社会被迫用一种错误了纠正另一个瑕疵。笔者担忧的是:该负面后果可能更严重;②依《纠纷条例》第34条第3款规定,医学会或司法鉴定机构开展新推出的医疗损害鉴定,前述所提及的两方面[(涉及自然正义的)价值论和(外行鉴定内行的)方法论]的问题均未得到有效解决,着实是得不偿失。但这种鉴定能否具有令医患双方尤其是作为专业人的医方信服的公信力?实在不免让人忧虑,但愿它能起到部分平息患方情绪的安慰剂作用,更愿它不会离真相和正义越来越远!

四、医疗事故的处理制度

(一) 行政处理制度

1. 法定行政处理制度 此法定即《事故条例》作出的规定。它包括:

(1) 处理原则。条例第3条规定,处理医疗事故,应遵循公开、公平、公正、及时、便民的原则,坚持实事求是的科学态度,做到事实清楚、定性准确、责任明确、处理恰当。第35条规定,医政部门应依照本条例和关法律规范性文件的规定,对发生事故的医疗机构和医务人员作出行政处理。

(2) 主动应对。条例第36条规定:医政部门接到医疗机构关于重大医疗过失行为的报告后,除责令医疗机构及时采取必要的医疗救治措施,防止损害后果扩大外,应组织调查,判定是否属于事故;对不能判定是否属于事故的,应依本条例的有关规定交由负责事故鉴定工作的医学会组织鉴定。第45条规定,县级以上医政部门应按规定逐级将当地发生的事故及依法对发生事故的医疗机构和医务人员作出行政处理的情况,上报卫生部。

(3) 受理管辖。条例第38条规定:发生医疗事故争议,当事人申请医政部门处理的,由医疗机构所在地的县级医政部门受理;医疗机构所在地是直辖市的,由医疗机构所在地的区、县医政部门受理;有下列情形之一的,县级医政部门应自接到医疗机构的报告或当事人提出医疗事故争议处理申请之日起 7 日内移送上一级医政部门处理:患者死亡;可能为二级以上的事故;卫生部和省级卫生厅或局规定的其他情形。

(4) 处理申请。条例第 37 条规定:发生事故争议,当事人申请医政部门处理的,应提出书面申请;申请书应载明申请人的基本情况、有关事实、具体请求及理由等;当事人自知道或应当知道其身体健康受到损害之日起 1 年内,向医政部门提出医疗事故争议处理申请。第 46 条前款规定:发生事故的赔偿等民事责任争议,医患双方可协商解决;不愿意协商或者协商不成的,当事人可向医政部门提出调解申请。

(5) 申请受理。条例第 39 条规定:医政部门应自收到事故争议处理申请之日起 10 日内进行审查,作出是否受理的决定;对符合本条例规定,予以受理;对不符合本条例规定,不予受理的,应书面通知申请人并说明理由。第 40 条前款规定,当事人既向医政部门提出事故争议处理申请,又向法院起诉的,医政部门不予受理。

(6) 受理后处理。条例第 39 条第 1 款中项规定,需要进行事故鉴定的,应作出受理决定之日起 5 日内将有关材料交由负责事故鉴定工作的医学会组织鉴定并书面通知申请人。第 39 条第 2 款规定,当事人对首次事故鉴定结论有异议,申请再次鉴定的,医政部门应自收到申请之日起 7 日内交由省级地方医学会组织再次鉴定。第 40 条后款规定,医政部门受理后发现当事人既向医政部门提出事故争议处理申请,又向法院起诉的,应终止处理。第 41 条规定:医政部门收到负责组织事故鉴定工作的医学会出具的事故鉴定书后,应对参加鉴定的人员资格和专业类别、鉴定程序进行审核;必要时,可组织调查,听取医疗事故争议双方当事人的意见。第 42 条规定:医政部门经审核,对符合本条例规定作出的事故鉴定结论,应作为对发生事故的医疗机构和医务人员作出行政处理以及进行事故赔偿调解的依据;经审核,发现事故鉴定不符合本条例规定的,应要求重新鉴定。事实上,全国医政部门均已形成了"共识",只要能被认定成为具有可诉性的具体行政行为的行政处理均不会作为,哪怕是不作为形式。因此,近年来几乎见不到此类(医政)行政诉讼的案件。

2. **现实实践**　正因为在就医方与医方之间产生纠纷后缺乏作为主管部门的介入和处理,就医方不相信作为利益相对方的医方的任何解释,在当下"维权"大背景下,为讨符合自己"心里价位"的"说法"、求得"主动"地位而实施"医闹"甚至伤医等行为,医患关系曾日趋紧张;除医政部门外,公安机关也曾一度对此以"民间纠纷不好插手"为由而"旁观"或"失踪",此类纠纷曾成为影响社会稳定的重要原因。2005 年底,山东省济宁市医患维权协会成立,成为该省首家专门进行医患纠纷调解的非营利性组织,为全国医疗纠纷第三方调解机制进行了必要的尝试和探索。2006 年 10 月 12 日,经省司法厅同意,山西省成立了全国首家省级专业性医疗纠纷人民调解组织——山西省医疗纠纷人民调解委员会。2014 年 1 月 11 日,上海市政府以地方性规章的方式发布了《上海市医患纠纷预防与调解办法》,并于同年3月起施行。此类第三方专业(人民)调解机制在医患关系的主管部门——医政部门既揽权又不履职的情形下能挺身而出,为该双方排难,为社会解忧,事实上也为医政部门和医疗机构挡"风"遮"雨",且现已向全国各地普及,实可值得称道! 2018年7月31日,国务院发布并于同年10月1日起施行了《预防条例》,正式确立了医调委这一由司法行政部门主管的第三方专门医疗纠纷调解组织,也确立了与事故鉴定共存并列且大有挤压其生存空间并逐渐取而代之的由司法鉴定机构所作出的医疗损害鉴定制度。值得注意到是:①由法医为主的司法鉴定机构去评判鉴定临床医生的诊疗行为适当或合理与否的制度能靠谱吗? 理由前已述,此略。②《纠纷条例》不能替代《事故条例》,损害鉴定也不能取代事故鉴定,但为获经济赔偿或补偿的就医者方可能会罔顾事实真相而更多地选择损害鉴定,如此下去,两个因素叠加,可能会使事故鉴定越来越萎缩,不靠谱的现象越来越多!

(二) 医疗事故的司法处理制度

需要说明的是,这里司法处理是以某一医疗事件最终被确认构成医疗事故为前提。而确认的事实认定既可为在法院受理前已经事故鉴定委员会鉴定意见确定;也可为法院先直接受理就医者方的民事诉讼,在对该案的审理中依事实认定的职权对事实清楚、简单,无需经事故鉴定就可确认的案件事实直接认定(见前文),对需经事故鉴定才能确定是否属于医疗事故的,法院委托事故鉴定委员会鉴定确认构成医疗事故的。对前者,其走向为三:①受害人方提起民事诉讼,要求造成该医疗事故的医疗机构承担民事赔偿责任(见后文之医疗事故的民事责任,略);②如果事故直接责任人情节严重被认为构成医疗事故罪,由侦查机关立案侦查后,移送检察机关提供公诉程序追究其刑事责任(见后文之医疗事故的刑事责任,略),当然受害人方也可提起刑事附带民事诉讼,依法要求被告人承担赔偿责任;③医政部门对已受理且已经被鉴定确定为事故的案件依职权作出行政处理决定(见后文之事故的行政责任但不包括行政处分,因对之的救济途径为行政申诉而非行政诉讼),当事人(含医主体和就医者方见后文之医疗事故的刑事责任,略)不服该行政决定而提起行政诉讼,法院依法对该行政决定(具体行政行为)是否合法进行司法审查而作出(维持或撤销的)裁判。

五、《事故条例》确定的相关法律责任

(一) 民事责任

1. 医主体因与事故有关而应承担的民事责任

(1) 种类。主要包括:①医疗机构(含个体医)因事故依法应承担的民事责任;②药品、医疗器械、血液等生产或供应单位因提供不合格的产品依法应承担的民事责任;③就医方因医疗机构未能按其意愿承担医疗事故赔偿要求而对医疗机构或医务人员实施侵害行为依法应承担的民事责任。

(2) 承担民事责任的前提。医疗机构因其事故后果依法应承担民事责任,须满足如下前提条件:①事故已被(含自认、被法院或医政部门认定、被事故鉴定)确定,见前述,略。②医疗机构因其造成的医疗事故后果依法负有履行赔偿或其他(如继续免费或低价进行补救性治疗等)民事义务。③就医方依法行使赔偿请求权,行使该权利的途径应合法,包括:和解,即与该医疗机构自行协商,由双方就赔偿事项达成一致解决。接受调解,即在第三方(含医政部门、医解委、法院等)主持下,与医疗机构就赔偿事项达成一致解决。申请医政部门行政(决定)处理。向法院提起民事(赔偿)诉讼。行使该赔偿请求权尽量不超过诉讼时效期间(3 年)或权利时效期间(20 年),以免己方权利减损。④定责法据。《事故条例》第 49 条规定:事故赔偿应考虑下列因素,确定具体赔偿数额:医疗事故等级;医疗过失行为在事故损害后果中的责任程度;事故损害后果与患者原有疾病状况之间的关系。不属于事故的,医疗机构不承担赔偿责任。依《故鉴办法》第 36 规定,还应考虑医疗机构的医务人员对导致该医疗事故中实际所起的作用、患者原有疾病状况等因素,判定医疗过失行为的责任程度,含:完全责任;主要责任;次要责任;轻微责任。

(3) 事故赔偿的项目及支付。《事故条例》第 50 条规定,医疗事故赔偿,按下列项目和标准计算:①医疗费,按事故对患者造成的人身损害进行治疗所发生的医疗费用计算,凭据支付,但不包括原发病医疗费用;结案后确实需要继续治疗的,按基本医疗费用支付。②误工费,患者有固定收入的,按本人因误工减少的固定收入计算,对收入高于事故发生地上一年度职工年平均工资 3 倍以上的,按 3 倍计算;无固定收入的,按事故发生地上一年度职工年平均工资计算。③住院伙食补助费,按事故发生地国家机关一般工作人员的出差伙食补助标准计算。④陪护费,患者住院期间需要专人陪护的,按事故发生地上一年度职工年平均工资计算。⑤残疾生活补助费,根据伤残等级,按事故发生地居民年平均生活费计算,自定残之月起最长赔偿 30 年;但是,60 周岁以上的,不超过 15 年;70 周岁以上的,不超过 5 年。⑥残疾用具费,因残疾需要配置补偿功能器具的,凭医疗机构证明,按照普及型器具的费用计算。⑦丧葬费,按事故发生地规定的丧葬费补助标准计算。⑧被扶养人生活费,以死者生前或残疾者丧失劳动能力前实际扶养且没有劳动能力的人为限,按其户籍所在地或居所地居民最低生活保障标准计算;对不满 16 周岁的,扶养到 16 周岁,对年满 16 周岁但无劳动能力的,扶养 20 年,但是,60 周岁以上的,不超过 15 年;70 周岁以上的,不超过 5 年。⑨交通费,按患者实际必需的交通费用计算,凭据支付。⑩住宿费,按事故发生地国家机关一般工作人员的出差住宿补助标准计算,凭据支付。⑪精神损害抚慰金,按事故发生地居民年平均生活费计算;造成患者死亡的,赔偿年限最长不超过 6 年;造成患者残疾的,赔偿年限最长不超过 3 年。第 51 条规定:参加事故处理的患者近亲属所需交通费、误工费、住宿费,参照本条例第 50 条的有关规定计算,计算费用的人数不超过 2 人;医疗事故造成患者死亡的,参加丧葬活动的患者的配偶和直系亲属所需交通费、误工费、住宿费,参照本条例第 50 条的有关规定计算,计算费用的人数不超过2人。第52条规定,事故赔偿费用,实行一次性结算,由承担事故责任的医疗机构支付。须指出的是《事故条例》第50条规定,完全是对我国交通事故赔偿制度的复制。试想,1个濒危的病伤者(甚至处于终末期病伤者),由于医务人员的过失行为而加速其死亡与1个在道路上骑车的健康人被撞死能适用相同的赔偿制度吗?笔者早在我国《侵权责任法》出台前就撰文对此条文进行了评析[6]。导致该立法瑕疵的原因是因为参与制定(含起草)该条例的卫生部官员和卫生法学界学者不谙法理,而民法学者则不懂生理和医学,生搬硬套所致。《侵权责任法》第59条规定:因药品、消毒药剂、医疗器械的缺陷,或者输入不合格的血液造成患者损害的,就医方可向生产者或血液提供机构请求赔偿,也可向医疗机构请求赔偿;患者向医疗机构请求赔偿的,医疗机构赔偿后,有权向负有责任的生产者或者血液提供机构追偿。

2. 就医方依法应承担的民事责任 就医方因医疗机构未能按照其意愿承担医疗事故赔偿要求而对医疗机构或医务人员实施侵害行为依法应承担的民事责任主要体现为:①实施伤医行为的,在依法被追究行政或刑事责任的同时,依《侵权责任法》第16条规定:侵害他人造成人身损害的,应赔偿医疗费、护理费、交通费等为治疗和康复支出的合理费用,以及因误工减少的收入。造成残疾的,还应赔偿残疾生活辅助具费和残疾赔偿金;造成死亡的,还应当赔偿丧葬费和死亡赔偿金。该法第18条第2款规定:被侵权人死亡的,支付被侵权人医疗费、丧葬费等合理费用的人有权请求侵权人赔偿费用,但侵权人已支付该费用的除外。②因打砸行为指使医疗机构财产损失的,依《侵权责任法》第19条规定:侵害他人财产的,财产损失按照损失发生时的市场价格或者其他方式计算。③侵占医疗机构(病房等)场所、设施的,基于医疗机构的请求权,该法第15条规定:排除(对医疗机构正常使用)妨碍(状态)、返还财产和(原状被改变)恢复原状,并赔偿由此而引起的损失等。《事故条例》第61条后款规定:非法行医,造成就医者人身损害,该方行使赔偿请求权的,直接向法院提起民事诉讼或者刑事附带民事诉讼。

(二) 行政法律责任
1. 医主体的行政法律责任

(1)《事故条例》第55条后款规定:①医疗机构发生事故的,由医政部门根据事故等级和情节,给予警告;②情节严重的,责令限期停业整顿直至由原发证部门吊销执业许可证,对负有责任的医务人员尚不够刑事处罚的,依法给予行政处分;③对发生医疗事故的有关医务人员,除依照前款处罚外,医政部门并可责令暂停6个月以上1年以下执业活动;情节严重的,吊销其执业证书。

(2)条例第56条规定:医疗机构违反本条例的规定,有下列情形之一的,由医政部门责令改正;情节严重的,对负有责任的主管人员和其他直接责任人员依法给予行政处分或纪律处分:①未如实告知患者病情、医疗措施和医疗风险的;②没有正当理由,拒绝为患者提供复印或复制病历资料服务的;③未按卫生部规定的要求书写和妥善保管病历资料的;④未在规定时间内补记抢救工作病历内容的;⑤未按本条例的规定封存、保管和启封病历资料和实物的;⑥未设置医疗服务质量监控部门或配备专(兼)职人员的;⑦未制定有关事故防范和处理预案的;⑧未在规定时间内向医政部门报告重大医疗过失行为的;⑨未按本条例的规定向医政部门报告医疗事故的;⑩未按规定进行尸检和保存、处理尸体的。

(3)《医师法》第 37 条第 3 项规定:医师在执业活动中,违反本法规定,违反卫生行政规章制度或者技术操作规范,造成严重后果的;由于不负责任延误急危患者的抢救和诊治,造成严重后果的;造成医疗责任事故的等情形之一的,由县级以上医政部门给予警告或责令暂停 6 个月以上 1 年以下执业活动;情节严重的,吊销其执业证书。

(4)《事故条例》第 58 条规定:医疗机构或其他有关机构违反本条例的规定,有下列情形之一的,由医政部门责令改正,给予警告;对负有责任的主管人员和其他直接责任人员依法给予行政处分或者纪律处分;情节严重的,由原发证部门吊销其执业证书或者资格证书:①承担尸检任务的机构没有正当理由,拒绝进行尸检的;②涂改、伪造、隐匿、销毁病历资料的。

2. **其他相关主体的行政法律责任**　《事故条例》的具体规定如下。

(1) 第 53 条后款规定,医政部门的工作人员在处理医疗事故过程中违反本条例的规定,利用职务上的便利收受他人财物或其他利益,滥用职权,玩忽职守,或者发现违法行为不予查处,造成严重后果尚不够刑事处罚的,依法给予降级或撤职的行政处分。

(2) 第 54 条规定:医政部门违反本条例的规定,有下列情形之一的,由上级医政部门给予警告并责令限期改正;情节严重的,对负有责任的主管人员和其他直接责任人员依法给予行政处分:①接到医疗机构关于重大医疗过失行为的报告后,未及时组织调查的;②接到事故争议处理申请后,未在规定时间内审查或者移送上一级医政部门处理的;③未将应进行事故鉴定的重大医疗过失行为或事故争议移交医学会组织鉴定的;④未按规定逐级将当地发生的医疗事故及依法对发生事故的医疗机构和医务人员的行政处理情况上报的;⑤未依本条例规定审核事故鉴定书的。

(3) 第 57 条规定,参加事故鉴定工作的人员违反本条例的规定,接受申请鉴定双方或者一方当事人的财物或者其他利益,出具虚假事故鉴定书,造成严重后果尚不够刑事处罚的,由原发证部门吊销其执业证书或资格证书。

(4) 第 59 条后款规定,以医疗事故为由,寻衅滋事、抢夺病历资料,扰乱医疗机构正常医疗秩序和事故鉴定工作,尚不够刑事处罚的,依法给予治安管理处罚。

(三) 刑事责任

1. **医政人员的刑事责任**　①《事故条例》第 53 条前款规定,医政部门的工作人员在处理医疗事故过程中违反本条例的规定,利用职务上的便利收受他人财物或其他利益,滥用职权,玩忽职守,或者发现违法行为不予查处,造成严重后果的,依照刑法关于受贿罪、滥用职权罪、玩忽职守罪或者其他有关罪的规定,依法追究刑事责任。②《刑法》第

163条(非国家工作人员受贿罪)规定,非国家工作人员利用职务上的便利,索取他人财物或非法收受他人财物,为他人谋取利益,数额较大的,处5年以下有期徒刑或拘役;数额巨大的,处5年以上有期徒刑,可并处没收财产。③《刑法》第397(滥用职权罪;玩忽职守罪)条规定,国家机关工作人员滥用职权或玩忽职守,致使公共财产、国家和人民利益遭受重大损失的,处3年以下有期徒刑或拘役;情节特别严重的,处3年以上7年以下有期徒刑。

2. **医务人员的医疗事故刑事责任** ①《事故条例》第55条前款规定:医疗机构发生事故的,由医政部门根据事故等级和情节,给予警告;情节严重的,责令限期停业整顿直至由原发证部门吊销执业许可证,对负有责任的医务人员依刑法关于医疗事故罪的规定,依法追究刑事责任。②《刑法》第335条(医疗事故罪)规定,医务人员由于严重不负责任,造成就诊人死亡或严重损害就诊人身体健康的,处3年以下有期徒刑或者拘役。须说明的是,医疗事故罪是适格主体的过失犯罪,相比非法行医罪,其性质和对之的量刑要更轻。

3. **鉴定人员的刑事责任** ①《事故条例》第57条前款规定,参加事故鉴定工作的人员违反本条例的规定,接受申请鉴定双方或一方当事人的财物或其他利益,出具虚假医疗事故技术鉴定书,造成严重后果的,依照刑法关于受贿罪的规定,依法追究刑事责任。②《刑法》第386条规定,受贿罪的量刑依383条(贪污罪)规定处罚:数额较大或有其他较重情节的,处3年以下有期徒刑或拘役,并处罚金;数额巨大或有其他严重情节的,处3年以上10年以下有期徒刑,并处罚金或没收财产;数额特别巨大或有其他特别严重情节的,处10年以上有期徒刑或无期徒刑,并处罚金或没收财产。

4. **就医方人员的刑事责任** ①《事故条例》第59条前款规定,以医疗事故为由,寻衅滋事、抢夺病历资料,扰乱医疗机构正常医疗秩序和事故鉴定工作,依照刑法关于扰乱社会秩序罪的规定,依法追究刑事责任。②《刑法》第293条规定:构成寻衅滋事罪的,处5年以下有期徒刑、拘役或管制;纠集他人多次实施前款行为,严重破坏社会秩序的,处5年以上10年以下有期徒刑,可并处罚金。

5. **非法行医人员的刑事责任** ①《事故条例》第61条规定,非法行医,造成患者人身损害,不属于医疗事故,触犯刑律的,依法追究刑事责任。②《刑法》第336条规定,(非法行医罪)未取得医生执业资格的人非法行医,情节严重的,处3年以下有期徒刑、拘役或管制,并处或单处罚金;严重损害就诊人身体健康的,处3年以上10年以下有期徒刑,并处罚金;造成就诊人死亡的,处10年以上有期徒刑,并处罚金。(非法进行节育手术罪)未取得医生执业资格的人擅自为他人进行节育复通手术、假节育手术、终止妊娠手术或者摘取宫内节育器,情节严重的,处3年以下有期徒刑、拘役或管制,并处或单处罚金;严重损害就诊人身体健康的,处3年以上10年以下有期徒刑,并处罚金;造成就诊人死亡的,处10年以上有期徒刑,并处罚金。

注释

[1] 胡丹萍. 首例肺移植产妇吴梦去世,医生:她拒绝必须用的药致肺感染[EB/OL]. (2019-04-03)[2019-09-11]. http://www.sohu.com/a/305714989_260616? spm=smpc.home.top-news.

[2] 笔者注:2018年3月26日颁布并施行《国家监察法》后,此处指示以非行政系统的监察机关实施具体行政行为似乎有失妥当。

[3] 夏征农. 辞海(第6版,缩印本). 上海:上海辞书出版社,2000:892.

[4] 笔者注:我国现《民事诉讼法》《行政诉讼法》和《刑事诉讼法》已分别先后将原先所称的"鉴定结论"统一修正为"鉴定意见"。

[5] 笔者注:(由苏格拉底创立)任何人不能为自己的事务做法官。参见:佟意志. 宪政与民主. 南京:江苏人民出版社,2007:1.

[6] 姚军. 医疗事故侵权责任范围的正确确定——兴利除弊,制定中的〈侵权责任法〉责无旁贷. 社会发展与法律改革. 济南:山东人民出版社,2010:163-172.

第七章 医事法发展过程中面临的若干前沿问题

第一节 人工生殖技术提供面临的法律问题及对策

一、人工辅助生殖技术概述

(一) 概念、特点和种类

1. 概念 卫生部制定的《人类辅助生殖技术管理办法》(以下简称《殖技办法》)第24条明文规定了3个定义：①人类辅助生殖技术，是指运用医学技术和方法对配子[为有性生物进行有性生殖时由其生殖系统产生的成熟性细胞,胚子分为雌性配子和雄性配子,前者在此为人类的卵子,后者为人类的精子]、合子[为有性生物的雌性配子与雄性配子结合后的细胞体,在此指人类的受精卵]、胚胎[是受精卵经过一定时期发育后的生物体,在此指经两周发育正常的人类受精卵此后阶段(3～8周)生物体的统称]进行人工操作,以达到受孕目的的技术,分为人工授精和体外受精-胚胎移植技术及其各种衍生技术。②人工授精,是指用人工方式将精液注入女性体内以取代性交途径使其妊娠的一种方法。③体外受精-胚胎移植技术及其各种衍生技术,是指从女性体内取出卵子,在器皿内培养后,加入经技术处理的精子,待卵子受精后,继续培养,到形成早期胚胎时,再转移到子宫内着床,发育成胎儿直至分娩的技术。

2. 特点 该技术主要特点如下：①仅限于人类生殖领域,而不含其他生(动或植)物；②须人工进行辅助,即若无(医技人员)人工辅助,仅靠夫妻自然性交不能完成其卵子与精子结合；③该人工辅助系医疗技术活动,依法属医政部门管辖事项,须经行政许可,绝非可由"经营"主体自由可为的行为或可"放"的行业。

3. 种类 主要包括：①人工授精,通常是指采用非自然交配的方式将精子递送至女性生殖道内以期实现其受孕目标的(辅助生殖)医疗技术。从技术层面而言,1770年该技术首创于英国,1953年美国应用于临床,1983年1月16日,我国湖南常德诞生第一个冷冻精液人工授精女婴以来,该项技术越来越成熟。②体外受精-胚胎移植,又称试管婴儿,是指医技人员将提取的精子和卵子在实验室的试管里结合,待该受精卵形成胚胎后再植入女方子宫孕育的人工生殖技术。如今在我国,该技术还衍生有配子或合子输卵管内移植、卵胞浆内单精子显微注射、胚胎冻融、植入前胚胎遗传学诊断等,技术上也很成熟。③克隆技术。克隆是英文"clone"的音译,在我国港澳台被意译为复制或转殖,是利用生物技术由无性生殖产生与原个体有完全相同基因组织后代的方法;人们将人工遗传操作动物繁殖的过程叫克隆,该生物技术叫克隆技术,意为无性繁殖。1996年7月,世上第一只克隆小羊"多利"(Dolly)在英国诞生[1]。此后,将该技术用于对人克隆的尝试时有耳闻。在不能不令人担忧,因为从纯技术角度而言,克隆出人并非不可能。

(二) 规范和调整该行为的现有依据

2001年2月20日,卫生部发布的《殖技办法》是我国规范和调整此类(施行医疗技术)行为的基本法律依据,其原因在于卫生部(现国家卫健委)是我国境内所有医疗行为的法定主管机关,其职权是由我国《宪法》第89条第7项所赋予,具有明确的法律依据且不可撼动;2003年6月23日,卫生部发布了重新修订的《人类辅助生殖技术规范》《人类精子库基本标准和技术规范》《人类辅助生殖技术和人类精子库伦理原则》,并于同年10月1日起施行;2003年6月27日和2006年2月7日,卫生部又先后发布了《人类辅助生殖技术与人类精子库评审、审核和审批管理程序》《人类辅助生殖技术与人类精子库校验实施细则》。

二、与开展人工辅助生殖技术服务引发的相关法律问题及其应对

(一) 开展人工授精医疗服务可能引发的法律问题及其制度或理论应对

开展人工授精医疗技术服务可能引发的法律问题主要体现为如下方面。

1. **谁能授精** 即医疗技术提供方的资格问题:它实际上早在2001年就有规定:①《殖技办法》第12条规定,人类辅助生殖技术须在经批准并进行登记的医疗机构中实施;未经医政部门批准,任何单位和个人不得实施人类辅助生殖技术。②2017年4月11日国家卫计委公告全国451家获准可开展人工辅助生殖(含人工授精)技术医疗服务业务的医疗机构,其中(简称表地名)京17家、津11家、冀29家、晋11家、蒙4家、辽12家、吉6家、黑8家、沪18家、苏29家、浙27家、皖10家、闽13家、赣17家、鲁27家、豫28家、鄂23家、湘23家、粤56家、桂20家、琼7家、渝6家、川10家、贵7家、云14家、藏1家、陕5家、甘4家、青2家、宁2家和新4家;上海的18家获准医疗机构中包括复旦大学附属的2家医疗机构(由复旦大学附属妇产科医院与美方合作设立的上海集爱遗传与不育诊疗中心和复旦大学附属中山医院),在该18家中仅上海集爱遗传与不育诊疗中心和交通大学医学院附属仁济医院(以下简称仁济医院)2家获准可全面开展5项(夫精人工授精、供精人工授精、常规体外受精-胚胎移植、卵胞浆内单精子显微注射

技术和植入前胚胎遗传学诊断)技术服务[2];现上海市仅仁济医院和复旦大学附属妇产科医院获准设立人类精子库[3]。可见,开展此类医疗技术服务的主体须同时满足:①系合法的医疗机构;②经国家卫计(健)委的批准(且系不可"放"的行政许可事项),否则为非法。

2. **谁能受精** 即受精方的法律地位问题:继吉林单身女子要求人工授精被拒绝后,成都又曝不少未婚女性想通过人工授精受孕因无法提供结婚证等而遭拒的报道[4]。无论从现制还是法理上说拒绝单身女性作为人工授精的受者,均合法与正当。虽然我国现已放开二胎,但现行(2001年12月29日制定、2015年12月27日第12届全国人大常委会第18次会议修正的)《人口与计划生育法》第17、18和41条规定,生育以具有合法的婚姻存续为前提,换言之,若无合法婚姻关系即不具有生育权利。如何理解《婚姻法》第25条第1款和《继承法》第10条第3款都规定非婚生子女与婚生子女享有同等权利的问题?其实这是共和制下为保护每一个已出生的孩子本人所享有的(属另一基本人权)平等权在民事法律上的具体体现,它并不阻却该孩子生父母该生育行为的违法性和豁免其依法应承担的法律后果(缴纳社会抚养费),这是两个不同的法律关系,岂可混为一谈?可见,唯可育已婚妇女能受精。

3. **人工授精所生育子女的法律地位问题** 采用夫精(即同质)人工授精技术生育的子女与自然交配受孕所生育的子女在血缘上毫无二致,自不待言。问题是:①若妻子采用供精(异质)人工授精技术受孕而生育的子女为何法律地位(生子女还是养子女)?②若丈夫反悔又该如何确定呢?1991年4月8日,最高人民法院复河北省高级人民法院关于夫妻离婚后人工受精所生子女的法律地位如何确定的请示函时明确:夫妻关系存续期间双方一致同意进行人工授精,所生子女应视为夫妻双方的婚生子女。当然"同意"是此处的关键词,该复函中认定的情形是当时夫妻"一致同意",不在话下。那么该复函的效力是否及于丈夫当时没同意(含不知)的异质子女呢?在法理上,同意即合意或认可,是对与己有利害关系的对方行为或意思的认可,具有法律效力;在形式上它既可为书面(签署确认),亦可是口头(只要被同意方能举证);在同意时段上,既可当场,亦可为事后追认。基于我国法律至今未变的未成年人家庭抚养义务制度,该追认自应包含已知妻子异质人工授精怀孕后未以语言或行动明示反对以及当该孩子出生后外人以明示方式误认为系其子或女而未作否认表示这两种极端情形。

4. **可否请人(代母)代孕直至娩出** 依现制(《殖技办法》第3条第2款规定,禁止以任何形式买卖配子、合子、胚胎;医疗机构和医务人员不得施行任何形式的代孕技术)和法理,任何有偿(含损失补偿)方式代孕均是违法的,因为自然人本身及其身上的器官、组织(含血液、精子、卵子)虽系物无疑,但均不能成为民事法律关系的客体[即用货币或其他等价物合法交换(卖或租)的物或行为]。其法理更在于,基本人权之主体地位权不仅决定了人只能是法律关系的主体,人、人的身体、器官和组织不能民(商)事法律关系客体(即商品);它不仅是个体基本人权,还是集体(基本)人权,任何女子欲"出租"自己子宫替她人代孕的,均是对整个女性主体地位权的损害与侵犯,对此,她处分"权"不成立,该行为非法;同理,有偿"捐"精、"捐"卵也是侵犯主体地位这一集体(基本)人权的违法行为,当然应为法所禁[5]。

(二)用于生殖领域的克隆技术引发的法律问题及其制度或理论应对

自首只克隆羊"多利"诞生后,这些年来,各国科技人员先后克隆了牛、马、骡子、鹿、兔、鼠、猫、狗等动物。2000年1月,属灵长类的猕猴被克隆成功,科技人员在生殖领域克隆技术不断地进展和成就,不能不使清醒的人们对人类未来命运的担忧。正因如此,各国先后立法对克隆技术予以限定和规制:2001年,英国的《人类克隆法》规定,将以受精之外的方式形成的胚胎置入妇女的子宫为犯罪,罪名成立的处10年以下有期徒刑,并处罚金;2002年,澳大利亚《人类克隆及胚胎研究法》规定,禁止人类克隆行为,故意制造人类胚胎、故意将人类克隆胚胎置入人或动物体内、输入人类克隆胚胎至澳领土及从澳领土输出人类克隆胚胎的行为,最高可判处有期徒刑15年;2004年,加拿大《刑法修正案c-247》与《人工协助生殖法》规定,禁止从事不论是研究或生殖为目的的各种体细胞核移植技术的操作;违反者视情节处以加币10万元以上、50万元以下罚金或2~10年有期徒刑(处罚及于行为人、中介者、宣传广告及使用此类技术并支付费用之人)。事实上,国际社会对此反应更早:1997年3月12日,欧洲议会的《克隆决议》指出克隆人严重违反基本人权,抵触人类平等权利,因为这会允许人种的优生与选择,以人为实验对象,损害人类尊严;1998年1月15日与2000年9月7日,欧洲议会通过的《克隆人决议》都指出人权与尊重人的尊严与生命是政治立法活动的限定目标,鉴于治疗性克隆目的与生殖性克隆目的并无区别,故禁止任何阶段的胚胎生产与利用;2000年,《欧洲联盟基本权利宪章》第3条规定,禁止对人类复制性的无性繁殖;2005年,联合国通过的《联合国关于人的克隆宣言》要求各国考虑禁止违背人类尊严的各种形式的克隆人[6]。

我国的学者也紧急呼吁国家应在法律层面进行立法管理[7]。笔者在价值论上赞同他们(含我国学者和外国国家及国际社会)的立场,但在认识论上与他们不同:他们立法保护的法益(或法律保护的逻辑基点)是(基本人权之)"人的尊严"。尊严,虽系基本人权范畴,但作为权利,其内涵为共和制下每个自然人享有的不可贬损同类体相互对待权,属于平等权的一部分,更多体现于精神层面,对其侵犯多为侮辱、贬低,以减损受害人受同类体中拥有的最起码尊重与对待的权利(但一主体的尊严也有可能因其自身不当行为而受损,如"老赖"被安排进入诚信"黑名单"等)。笔者认为,如果不禁止、阻断克隆技术在生殖领域应用的话,那么任何一个特定目标的自然人均可能被掌握该技术的科技人员克隆(复制)出来,而真人将被克隆"人"所替代,甚至被除(消灭)掉,而克隆"人"或其背后的创造者将以真人的身份掠夺其一切利益,不难想象,这种真人可能被替代,世界可能被掌握克隆"人"的技术狂人主宰的后果,正是当代智者们所担心和不愿看到的。因此,依笔者之见,该应受法律保护的逻辑基点为复合法(益)利,①为基本人权之主体地位权,即现有的自然(即真)人地位不受被替代危险的权利;②若可被替代,该自然人可能被除掉,被技术狂人操纵的克隆人将夺取该自然人的所有的权益。因此,自然人的主体地位是更基础、更应受法律优先保护的权利,它直接影响其生命权和财产权等各项权益。

作为法学学者,笔者有责任依法或法理对已认识并可预见的危害(及其)可能性进行阻止和防御;基于管理学,在方法论上采用最简单、直接、有效的原则。因此,笔者坚持并呼吁学界及全社会:在法律和医学领域应当坚守法律关系主体只能是自然人的法定定义,坚持否认一切采用非自然规律(含克隆这种无性繁殖或对胎儿进行基因"改造")人工"创造"物为人这一同类体主体地位,以捍卫自然人的主体地位和人类安全的未来。

第二节 提供性别取向医技服务引发的法律问题及制度安排

一、性取向与变性医技服务的提供

(一) 性别的初定及其相关法律制度

1. **性别的确定** 在人权意义上,1个自然人的性别有2个阶段:①一般被称为自然性别(sex),它是在精子与卵子结合时由染色体决定的,故在胎儿孕育期间就可被识别(sex畸形者除外);②为社会性别(gender),为该成年人主体对其性别社会角色的自主确定,当然该选择可能受其生理条件、所处环境和心理需求的影响,现gender被认为属人权范畴。

2. **对胎儿性别(sex)保护的制度** 为遏止和减少我国尚存在的重男轻女、堕女胎、溺女婴的社会丑恶现象,2001年6月20日,国务院发布并于同日施行的《母婴保健法实施办法》第23条第1款规定,严禁采用技术手段对胎儿进行性别鉴定;2002年11月29日,国家计生委、卫生部、药监局联合发布并于次年1月1日起施行的《关于禁止非医学需要的胎儿性别鉴定和选择性别的人工终止妊娠的规定》;2016年3月28日,国家卫计委、工商管理总局和食药监总局联合发布并于同年5月1日起施行的《禁止非医学需要的胎儿性别鉴定和选择性别人工终止妊娠的规定》(下本节内简称《规定》)。《规定》①第3条规定,禁止任何单位或个人实施非医学需要的胎儿性别鉴定和选择性别人工终止妊娠(指除经医学诊断胎儿可能为伴性遗传病等需要进行胎儿性别鉴定和选择性别人工终止妊娠以外,所进行的胎儿性别鉴定和选择性别人工终止妊娠);禁止任何单位或者个人介绍、组织孕妇实施非医学需要的胎儿性别鉴定和选择性别人工终止妊娠。②第9条规定,符合法定生育条件,除下列情形外,不得实施选择性别人工终止妊娠:胎儿患严重遗传性疾病的;胎儿有严重缺陷的;因患严重疾病,继续妊娠可能危及孕妇生命安全或者严重危害孕妇健康的;法律法规规定的或医学上认为确有必要终止妊娠的其他情形。

(二) 社会性别(gender)选择及其变性医技服务的提供

1. 寻求变性医技服务的原因及其对策法理　事实上,就医者及其监护人寻求变性医技帮助和服务的原因是多方面的,如果将就医者称为患者的话,可被分为生理原因所需的变性和心理原因所需的变性两大类。①如先天性的性别(sex)畸形(即染色体异常发生的病变),包括男性阴阳人和女性阴阳人,此类纠正型的"变"性医技服务只要诊断明确,患方其他条件具备,可能在患者尚未成年时就进行,适格的医疗机构可以为该未成年患者提供包括"变"性手术在内的医技服务,其法理在于:此时性别决定权仅属人格权,不涉身份权变动(他或她依然是其父母的子或女);监护人是为该患者的利益(改善其健康状况)而为的必要行为。②排除了生理先天性畸形因素,此种心理原因的变性应在该就医者成年后进行,若其监护人在被监护人未成年时决定对之寻求变性医技服务的,医疗机构应拒绝,其法理在于:未成年人的社会心理不成熟、易随从、好变动,未定型;社会一般不承认未成年人的意思能力,法律为此专设监护制度,故其此时不具有对社会性别的取向意思权,而监护人对社会原因变性这一对被监护人有终身影响且不可逆的重大问题无法定代理(即代他或她作主决定)权。

2. 对具有身份权内容的就医者寻求变性医技服务的法定要求　变性医技服务的核心环节是变性手术,2009年11月13日,卫生部发布了《变性手术技术管理规范(试行)》(以下简称《变性规范》)规定,变性手术,指通过整形外科手段(组织移植和器官再造)使异性癖就医者的生理性别与其心理性别相符,即切除其原有的性器官并重建新性别的体表性器官和第二性征;对其他方面的变性医技服务还包括激素和内分泌等的调整。整个变性医技服务不仅在医学、人类学、性器官和生殖系统上均具有不可逆和颠覆性,而且该不可逆还及于其社会角色甚至社会(含身份)关系。《变性规范》求医者应同时具备:①对变性的要求至少持续5年以上,且无反复过程;②术前接受心理、精神治疗1年以上且无效;③未在婚姻状态;④年龄大于20岁,是完全民事行为能力人;⑤无手术禁忌证。

二、变性手术医疗技术管理制度

《变性规范》对适格的医疗机构及其医师开展变性手术确定了最低的(门槛)要求主要包括如下方面。

1. (适格)医院基本要求　主要包括:①医院开展变性手术技术应与其功能、任务相适应;②三级甲等综合医院或整形外科医院,有医政部门核准登记的整形外科诊疗科目;③医院设有管理规范、运作正常的由医学、法学、伦理学等方面专家组成的伦理委员会;④整形外科,并同时具备:置整形外科10年以上,床位20张以上,有较强的整形外科工作基础;能独立完成整形外科各种手术,包括器官再造和组织移植;病房设施便于保护变性手术患者隐私和进行心理治疗等;⑤有至少2名具备变性手术技术临床应用能力的本院在职医师,有经过变性手术相关知识和技能培训并考核合格的、与开展的变性手术相适应的其他专业技术人员。

2. **(适格)人员基本要求** 主要包括:①手术组由整形外科医师为主组成,必要时可有其他相关科室医师参与;②手术者:取得医师执业证书的本院在职医师,执业范围为整形外科,具有副主任医师及以上专业技术职务任职资格;从事整形外科临床工作10年以上,其中有5年以上参与变性手术临床工作的经验,曾独立完成10例以上的生殖器再造术;③第一助手:从事整形外科临床工作5年以上的整形外科医师或其他相关科室具有主治医师以上专业技术职务任职资格的医师。

3. **技术管理基本要求** 主要包括:

(1) 遵循整形外科及相关学科诊疗规范和技术操作常规。

(2) 性手术的实施顺序:生殖器的切除、成形是变性手术的主体手术,任何改变第二性征的手术须在性腺切除之后或与性腺切除术同期进行。

(3) 手术前要求患者须提供的材料和应满足的条件:①手术前患者须提交的材料(须纳入病历资料):当地公安部门出具的患者无在案犯罪记录证明;有精神科医师开具的易性癖病诊断证明,同时证明未见其他精神状态异常;经心理学专家测试,证明其心理上性取向的指向为异性,无其他心理变态;患者本人要求手术的书面报告并进行公证;患者提供已告知直系亲属[此概念显然用错:它客观上排除了配偶,因为配偶系最亲近亲属但非直系亲属;直系亲属是指生育自己的和自己生育的各代纵向亲属(向上包括父母、祖父母和外祖父母;向下包括子女、孙子女和外孙子女等);直系亲属包含直系血亲,也包含法律上的拟制父母子女(如养父母-子女;继父母-子女);故自己的兄弟姐妹、叔(姑)侄、舅(姨)甥均非直系亲属。]拟行变性手术的相关证明。②手术前患者须满足的条件,略,见前文。

(4) 实施变性手术前,应由手术者向患者充分告知手术目的、手术风险、手术后的后续治疗、注意事项、可能发生的并发症及预防措施、变性手术的后果,并签署知情同意书(应符合第四章第三节制度九之知情同意内容的要求)。

(5) 对医院管理的要求,包括:①实施变性手术前须经过医院和伦理委员会同意,获准后方可施行;②完成每例次变性手术的一期手术后,将有关信息按规定报送至相应医政部门;③性腺切除后,送病理检查,其他组织视情况送病理检查;④变性手术后,医院为患者出具有关诊疗证明,以便患者办理相关法律手续;⑤医务人员应尊重患者隐私权。

(6) 开展变性手术的医院应建立健全变性手术后随访制度,按规定进行随访、记录。

(7) 医院和医师按规定定期接受变性手术技术临床应用能力审核,含病例选择、手术成功率、严重并发症、死亡病例、医疗事故发生情况、术后病人管理、病人生存质量、随访情况和病历质量等。

第三节 器官移植的法律问题及其制度建设

一、器官移植概述

(一) 人体器官的作用

人体器官移植,是指摘取人体器官捐献人具有特定功能的心脏、肺脏、肝脏、肾脏或胰腺等器官的全部或部分,将其植入接受人身体以代替其病损器官的过程。众所周知,即使在科技水平发展到可将猪眼角膜{系异种[其全称人体异种器官移植。是指将非人类(可用的动物)适格器官移植到人(受体)身上替代原病变或受损器官,以发挥人的生理机能的器官移植类别]}成功移植到人身上[8]的当下,人体器官仍具不可替代性;另一方面,我国有大量的器官病变或受损和功能衰竭亟待器官移植以挽救其生命的患者或伤者。可见,人体器官还具有严重的稀缺性。

(二) 人体器官的地位

亦如前(本章第一节)述,来源上,人体器官绝非民(商)事法律关系客体,不具有任何有(含补)偿交易的正当性。不过,离体但尚未植入受体体内前的人体器官倒是(非民事法律关系客体之)物,此时它被用于抢救、努力挽回受体生命、极力恢复受体健康状况(最后手段)的资源,倒是符合行政法律关系客体的特征[2013年8月13日国家卫计委发布的《人体捐献器官获取与分配管理规定(试行)》(以下简称《器配规定》)除关于获取部分外)的规定恰好佐证了这点]。

二、人体器官来源制度

(一) 来源确定

自我国宣布禁用"死囚"器官[9]作为移植供体来源以来,公民逝世后自愿器官捐献将成为器官移植使用的唯一渠道。此前的2007年3月31日国务院发布了《人体器官移植条例》(以下简称《移植条例》)第7条第2款规定,公民享有捐献或不捐献其人体器官的权利;任何组织或个人不得强迫、欺骗或利诱他人捐献人体器官。

(二) 积极获取现制的具体规定

1. 死后摘取 《移植条例》第7条第1款规定,人体器官捐献应遵循自愿、无偿的原则。第8条规定:①捐献人体器官的公民应具有完全民事行为能力;②公民捐献其人体器官应有书面形式的捐献意愿,对已经表示捐献其人体器官的意愿,有权予以撤销;③公民生前未表示不同意捐献其人体器官的,该公民死亡后,其配偶、成年子女、父母可以书面形式共同表示同意捐献该公民人体器官的意愿。

2. 活体捐献摘取 活体摘取必然有损或影响供体的健康甚至生理功能,故对之予以特别规制是法治的必然要求。

(1)《移植条例》规定:第10条规定,活体器官的接受人限于活体器官捐献人的配偶、直系血亲或三代以内旁系血亲,或者有证据证明与活体器官捐献人存在因帮扶等形成亲情关系的人员。第19条第1款规定,从事人体器官移植的医疗机构及其医务人员摘取活体器官前,应履行下列义务:①向活体器官捐献人(以下简称供者)说明器官摘取手术的风险、术后注意事项、可能发生的并发症及其预防措施等,并与活体器官供者签署知情同意书;②查验活体器官供者同意捐献其器官的书面意愿、活体器官供者与接受人(以下简称受者)存在本条例第10条规定关系的证明材料;③确认除摘取器官产生的直接后果外不会损害活体器官供者其他正常的生理功能。

(2)2009年12月28日,卫生部专门发布的《关于规范活体器官移植的若干规定》规定:①活体器官捐献应遵循自愿、无偿的原则;公民享有捐献或不捐献其人体器官的权利,对已经表示捐献其人体器官的意愿,有权予以撤销;任何组织或个人不得强迫、欺骗或利诱他人捐献人体器官。捐献人体器官的公民应年满18周岁,且具有完全民事行为能力。②活体器官供者与受者仅限于以下关系:配偶:仅限于结婚3年以上或婚后已育有子女的;直系血亲或三代以内旁系血亲;因帮扶等形成亲情关系:仅限于养父母和养子女之间的关系、继父母与继子女之间的关系。③从事活体器官移植的医疗机构应要求申请活体器官移植的供者与受者提交以下相关材料:由活体器官供者及其具有完全民事行为能力的父母、成年子女(已结婚的供者还应包括其配偶)共同签署的捐献人自愿、无偿捐献器官的书面意愿和活体器官受者同意接受供者捐献器官的书面意愿;由户籍所在地公安机关出具的活体器官供者与接者的身份证明以及双方第二代居民身份证、户口本原件;由户籍所在地公安机关出具的能反映活体器官供者与受者亲属关系的户籍证明;活体器官供者与受者属于配偶关系,应提交结婚证原件或已有生育子女的证明;省级医政部门要求的其他证明材料(从事活体器官移植的医疗机构应配备身份证鉴别仪器并留存上述证明材料原件和相关证件的复印件备查)。④从事活体器官移植的医疗机构及其医务人员在摘取活体器官前,应履行下列义务:查验活体器官供者与受者按本规定第3条(上述5种证明材料)要求提交的相关材料的真实性,并确认其关系符合本通知第2条规定(即上述特定的三类近亲属关系);评估受者是否有接受活体器官移植手术的必要性、适应证;评估活体器官供者的健康状况是否适合捐献器官;评估摘取器官可能对活体器官供者健康产生的影响,确认不会因捐献活体器官而损害捐献者正常的生理功能;评估受者因活体器官移植传播疾病的风险;根据医学及伦理学原则需要进行的其他评估;向医疗机构伦理委员会提出摘取活体器官申请。⑤伦理委员会在收到摘取活体器官审查申请后,应召集由伦理委员会全体成员参加的专门会议,对下列事项进行审查和讨论,在全体委员一致同意并签名确认后,伦理委员会方可出具同意摘取活体器官的书面意见：活体器官供者和受者按本规定第3条(同上,略)要求提供的材料是否真实、合法,其关系是否符合本规定第2条(同上,略)要求;活体器官供者的捐献意愿是否真实;有无买卖人体器官的情形;器官的配型和受者的适应证是否符合人体器官移植技术管理规范;活体器官供者的身体和心理状况是否适宜捐献器官;对本通知第4条第4项的评估是否全面、科学;捐献是否符合医学和伦理学原则(医疗机构应存留完整的伦理委员会会议记录备查)。⑥从事活体器官移植的医疗机构在伦理委员会出具同意摘取活体器官的书面意见后,应将相关材料上报省级医政部门,根据回复意见实施。⑦在实施活体器官摘取手术前,应由主管医师协助手术室工作人员再次确认活体器官供者身份。

3. 具体实施

(1)《移植条例》规定如下。第17条规定：①在摘取活体器官前或尸体器官捐献人死亡前,负责人体器官移植的执业医师应向所在医疗机构的伦理委员会提出摘取人体器官审查申请;②伦理委员会不同意摘取人体器官的,医疗机构不得做出摘取人体器官的决定,医务人员不得摘取人体器官。第18条规定,伦理委员会收到摘取人体器官审查申请后,应对下列事项进行审查,并出具同意或不同意的书面意见：①人体器官供者的捐献意愿是否真实；②有无买卖或变相买卖人体器官的情形；③人体器官的配型和接受人的适应症(系法条原文)是否符合伦理原则和人体器官移植技术管理规范(经2/3以上委员同意,伦理委员会方可出具同意摘取人体器官的书面意见)。第20条：①摘取尸体器官,应在依法判定尸体器官捐献人死亡后进行；②从事人体器官移植的医务人员不得参与捐献人的死亡判定；③从事人体器官移植的医疗机构及其医务人员应尊重死者的尊严；④对摘取器官完毕的尸体,应进行符合伦理原则的医学处理,除用于移植的器官以外,应恢复尸体原貌。

(2)《器配规定》规定：①获取捐献器官,应在供者死亡后进行。②对于摘取组织,第5条规定,省级卫计委必须在国家卫计委的统一领导下,成立一个或多个由人体器官移植外科医师、神经内外科医师、重症医学科医师及护士等组成的人体器官获取组织(Organ Procurement Organizations, OPO);捐献器官的获取工作必须由OPO按照中国心脏死亡器官捐献分类标准实施；OPO的有关管理规范由国家卫计委另行制订。第6条则对OPO的职责作了具体规定(略)。③设人体器官捐献协调员,第7~10条对其任职条件和具体职责作出了明确的规定。

(三) 消极获取现制的规定

1. 行政禁止制度　《移植条例》①第3条规定,任何组织或个人不得以任何形式买卖人体器官,不得从事与买卖人体器官有关的活动。②第7条第2款规定,公民享有捐献或不捐献其人体器官的权利；任何组织或个人不得强迫、欺骗或利诱他人捐献人体器官。③第8条第2款前项规定,公民生前表示不同意捐献其人体器官的,任何组织或个人不得捐献、摘取该公民的人体器官。④任何组织或个人不得摘取未满18周岁公民的活体器官用于移植。⑤第25条规定,(禁止实施)违反本条例规定下列的行为(构成犯罪的,依法追究刑事责任)：未经公民本人同意摘取其活体器官的；公民生前表示不同意捐献其人体器官而摘取其尸体器官的;摘取未满18周岁公民的活体器官的。

2. 行政制裁 ①《移植条例》第28条规定,医务人员有下列情形之一的,依法给予处分;情节严重的,由县级以上医政部门依职责分工暂停其6个月以上1年以下执业活动;情节特别严重的,由原发证部门吊销其执业证书:未经人体器官移植技术临床应用与伦理委员会审查同意摘取人体器官的;摘取活体器官前未依本条例第19条的规定履行说明、查验、确认义务的。②卫生部《关于规范活体器官移植若干规定》第10条规定,医疗机构及其医务人员有下列情形之一的,由所在省级医政部门依《医师法》《医管条例》《移植条例》的规定,对医疗机构及相关责任人予以处罚;涉嫌犯罪的,移交司法机关查处:摘取未满18周岁公民活体器官用于移植的;为不符合本规定第2条(上述特定的近亲属)要求的捐献人与接受人进行活体器官摘取、移植手术的;摘取活体器官前未按本规定第4、5条(即经法定审查、评估程序)要求履行查验、评估、说明、确认义务的;未经省级医政部门及医疗机构伦理委员会审查同意,擅自开展活体器官摘取、移植手术的;买卖活体器官或从事与买卖活体器官有关活动的。

3. 刑事追究 ①《移植条例》第25条规定,违反本条例规定,有下列情形之一,构成犯罪的,依法追究刑事责任:未经公民本人同意摘取其活体器官的;公民生前表示不同意捐献其人体器官而摘取其尸体器官的;摘取未满18周岁公民的活体器官的。②《刑法》第234条(故意伤害罪)规定:组织他人出卖人体器官的,处5年以下有期徒刑,并处罚金;情节严重的,处5年以上有期徒刑,并处罚金或没收财产;未经本人同意摘取其器官,或者摘取不满18周岁人(即使他或她同意)的器官,或者强迫、欺骗他人捐献器官的,依本法第234条、第232条的规定(致使被摘取人死亡的按故意杀人罪)定罪处罚;违背本人生前意愿摘取其尸体器官,或者本人生前未表示同意,违反国家规定,违背其近亲属意愿摘取其尸体器官的,依本法第302条的规定定(侮辱、毁坏尸体)罪处罚。

三、人体器官移植制度

(一) 适格移植主体资格的取得

1. 机构条件 《移植条例》①第11条规定:医疗机构从事人体器官移植,应依《医管条例》的规定,向所在省级医政部门申请办理人体器官移植诊疗科目登记(行政许可);医疗机构从事人体器官移植,应具备下列条件:有与从事人体器官移植相适应的执业医师和其他医务人员;有满足人体器官移植所需要的设备、设施;有由医学、法学、伦理学等方面专家组成的人体器官移植技术临床应用与伦理委员会,该委员会中从事人体器官移植的医学专家不超过委员人数的1/4;有完善的人体器官移植质量监控等管理制度。②第13条规定:已经办理人体器官移植诊疗科目登记的医疗机构不再具备本条例第11条规定条件的,应停止从事人体器官移植,并向原登记部门报告;原登记部门应自收到报告之日起2日内注销该医疗机构的人体器官移植诊疗科目登记,并予以公布。

2006年3月16日,卫生部发布了《人体器官移植技术临床应用管理暂行规定》(以下简称《移应规定》),对人体器官移植技术临床应用管理作出了具体的规定。①《移应规定》第2条规定,人体器官移植技术是指将他人的具有功能的心脏、肺脏、肝脏、肾脏等器官移植给患者以代替其病损器官的技术。②第9条规定,申请办理器官移植相应专业诊疗科目登记的医疗机构原则上为三级甲等医院,并须具备下列条件:人体器官移植技术临床应用能力的本院在职执业医师和与开展的人体器官移植相适应的其他专业技术人员;与开展的人体器官移植技术临床应用相适应的设备、设施;有专门的伦理委员会;完善的技术规范和管理制度。特殊情况下,上款规定以外的其他医院申请办理器官移植相应专业诊疗科目登记的,除须具备前款规定的条件外,还须符合所在地省级医政部门向卫生部备案的人体器官移植技术临床应用规划;凡不符合规划的,省级医政部门不得准予登记。③第15条规定,未取得器官移植相应专业诊疗科目登记的医疗机构不得开展人体器官移植。④第17条规定,未取得器官移植相应专业诊疗科目登记的(供者所在地的)三级综合医院(且具备手术、重症监护和免疫排斥反应应急处理等条件)在同时出现下列3种特殊情况时,经所在地省级医政部门同意,可邀请已取得器官移植相应专业诊疗科目登记的医疗机构中具有人体器官移植技术临床应用能力的执业医师来本医院开展人体器官移植手术:供移植人体器官对血液供应有较高要求(如心脏移植);供移植人体器官不能及时运送至取得器官移植诊疗科目登记的医疗机构;患者病情危重(具有人体器官移植技术临床应用能力的执业医师在完成人体器官移植手术后,应当待患者病情平稳后方可返回其执业注册的医疗机构)。⑤第18条规定,医疗机构开展人体器官移植的执业医师发生变动或有关的主要设备、设施及其他关键辅助支持条件发生变化,不再具备第8条规定条件的,应立即停止人体器官移植技术临床应用,并向准予登记的省级医政部门办理注销器官移植相应专业诊疗科目登记手续。

2. **人员条件** ①《移应规定》的规定:第8条第1款第1项规定,有具备人体器官移植技术临床应用能力的本院在职执业医师和与开展的人体器官移植相适应的其他专业技术人员。第14条规定,省级医政部门应及时向社会公布取得器官移植相应专业诊疗科目登记的医疗机构名单和具有人体器官移植技术临床应用能力的执业医师名单。第16条规定:不具有人体器官移植技术临床应用能力的执业医师,不得开展人体器官移植;具有人体器官移植技术临床应用能力的执业医师,不得到未取得器官移植相应专业诊疗科目登记的医疗机构开展人体器官移植。②2006年6月27日,卫生部印发了《关于肝脏、肾脏、心脏、肺脏移植技术管理规范的通知》,并分别附《肝脏移植技术管理规范》《肾脏移植技术管理规范》《心脏移植技术管理规范》《肺脏移植技术管理规范》。在该4个管理规范中均对移植医师和麻醉师的人数、相关临床经历和手术例数、职称等条件作了具体规定。③2016年9月25日,国家卫计委印发了《关于人体器官移植医师培训与认定管理办法等有关文件的通知》,并附《人体器官移植医师培训与认定管理办法(试行)》《人体器官移植医师培训基地基本要求》,对人体器官移植医师培训与认定作出具体的规定。

3. 人体器官移植诊疗科目登记 ①登记主管：《移植条例》第12条规定，省级医政部门进行人体器官移植诊疗科目登记，除依据本条例第11条规定的条件外，还应考虑本行政区域人体器官移植的医疗需求和合法的人体器官来源情况；省级医政部门应及时公布已经办理人体器官移植诊疗科目登记的医疗机构名单。②申请：《移应规定》第9条规定，医疗机构申请办理器官移植相应专业诊疗科目登记时，应向省级医政部门提交下列材料：器官移植相应专业诊疗科目登记申请书；医疗机构执业许可证复印件；医院评审证书复印件；拟开展人体器官移植的执业医师和与拟开展的人体器官移植相适应的其他专业技术人员名单及其专业履历；与拟开展的人体器官移植相适应的设备目录、性能、工作状况说明和相应辅助设施情况说明；伦理委员会组成及人员名单；与拟开展人体器官移植相关的技术规范和管理制度；省级以上医政部门规定的其他材料。③审查与评价：《移应规定》第10~12条规定：省级医政部门接到医疗机构办理器官移植相应专业诊疗科目登记申请时，应组织专家对其申请的器官移植相应专业诊疗科目的临床应用能力进行评价（该评价程序由省级医政部门制定）；省级医政部门组织对医疗机构人体器官移植技术临床应用能力评价时，可聘请本行政区域范围内的专家，也可聘请其他省、自治区、直辖市专家；省级医政部门对通过评价且符合本行政区域人体器官移植技术临床应用规划的，在其医疗机构执业许可证外科诊疗科目下设相应专业中增加器官移植项目登记（省级医政部门应在准予器官移植项目登记前，对医疗机构进行现场核实）。④报备与公示：《移应规定》第13~14条规定：省级医政部门应及时将准予器官移植项目登记的医疗机构名单报送卫生部备案。报送医疗机构名单时，还应同时报送本规定第8条规定的执业医师名单及其个人专业履历；省级医政部门应及时向社会公布取得器官移植相应专业诊疗科目登记的医疗机构名单和具有人体器官移植技术临床应用能力的执业医师名单。⑤评估制度：《移植条例》规定：第14条规定，省级以上医政部门应定期组织专家根据人体器官移植手术成功率、植入的人体器官和术后患者的长期存活率，对医疗机构的人体器官移植临床应用能力进行评估，并及时公布评估结果；对评估不合格的，由原登记部门撤销该诊疗科目登记（具体办法由卫生部制订）。条例第16条规定，实施人体器官移植手术的医疗机构及其医务人员应对人体器官捐献人进行医学检查，对接受人因人体器官移植感染疾病的风险进行评估，并采取措施，降低风险。

(二) 人体器官移植技术临床应用管理制度

1. 基本要求 ①守则：《移植条例》第15条规定，医疗机构及其医务人员从事人体器官移植，应遵守伦理原则和人体器官移植技术管理规范。《移应规定》第19条规定，医疗机构开展人体器官移植，须严格遵守《医师法》《医管条例》等法律规范性文件和诊疗护理规范、常规，严格遵守医学和伦理学原则，严格根据患者病情、可选择的治疗方案、患者经济承受能力等因素综合判断治疗措施，因病施治，合理治疗，严格掌握人体器官移植的适应症（系法条原文）。对不符合法律、法规和医学伦理学原则的，不得开展人体器官移植。②安保:《移应规定》第20条规定,医疗机构开展人体器官移植应与其功能、任务和能力相适应,保证移植人体器官来源合法,有固定、充足、安全的血液和血液制品来源。第21条规定,医疗机构应制定保障人体器官移植技术临床应用的医疗质量和医疗安全的规章制度,建立技术档案,并定期进行安全性、应用效果和合理使用情况评估。③伦审:《移应规定》第22条规定,医疗机构应建立专门的与伦理委员会;伦理委员会应由管理、医疗、护理、药学、法律、伦理等方面的专家组成,从事人体器官移植的医务人员人数不得超过委员会委员总人数的1/4。《移应规定》第23条规定:医疗机构须建立人体器官移植技术临床应用论证制度;医疗机构每例次人体器官移植前,须将人体器官移植病例提交本机构伦理委员会进行充分讨论,并说明人体器官来源合法性及配型情况,经同意后方可为患者实施人体器官移植;伦理委员会进行人体器官移植论证的人数应当为单数,参加论证的委员应与本例次人体器官移植无利害关系,且从事人体器官移植的委员人数不得超过该论证总人数的1/4。《移植条例》第17条规定:在摘取活体器官前或尸体器官捐献人死亡前,负责人体器官移植的执业医师应向所在机构的伦理委员会提出摘取人体器官审查申请;伦理委员会不同意摘取人体器官的,医疗机构不得做出摘取人体器官的决定,医务人员不得摘取人体器官。《移植条例》第18条规定,伦理委员会收到摘取人体器官审查申请后,应对下列事项进行审查,并出具同意或者不同意的书面意见:人体器官捐献人的捐献意愿是否真实;有无买卖或变相买卖人体器官的情形;人体器官的配型和接受人的适应症(系法条原文)是否符合伦理原则和人体器官移植技术管理规范(经2/3以上委员同意,伦理委员会方可出具同意摘取人体器官的书面意见)。

2. 操作前要求

(1)风险评估。《移植条例》第16条规定,实施人体器官移植手术的医疗机构及其医务人员应对人体器官捐献人进行医学检查,对受者因人体器官移植感染疾病的风险进行评估,并采取措施,降低风险。《移应规定》第31条规定,医疗机构对人体器官捐赠者和需要移植的人体器官应进行必要的检查,防止患者因人体器官移植感染其他疾病,保证人体器官移植的临床疗效;艾滋病病毒感染者或艾滋病患者、肝炎病毒携带者、梅毒患者等患有经血液传播疾病者和恶性肿瘤患者等的器官不得用于人体器官移植。

(2)听证审查。《移应规定》第29条规定,医疗机构进行活体器官摘取前,应由本机构伦理委员会主持听证,邀请医学、法学、伦理学、社会学等方面的专家和活体器官捐赠者本人及其家属参加,确认符合法律、法规和医学伦理学原则、是活体器官捐赠者本人真实意愿、无买卖人体器官或变相买卖人体器官后,方可进行活体器官移植。

(3)知情同意。①对受体:《移应规定》第23条规定,实施人体器官移植前,医疗机构应向患者和其家属告知手术目的、手术风险、术后注意事项、可能发生的并发症及预防措施等,并签署知情同意书;第27条第2款规定,医疗机构用于移植的人体器官须经捐赠者书面同意。②对活(供)体:《移植条例》第19条第1款第1项规定,向活体器官捐献人说明器官摘取手术的风险、术后注意事项、可能发生的并发症及其预防措施等,并与活体器官捐献人签署知情同意书。《移应规定》第30条第1、2款规定,医疗机构在摘取活体器官捐赠者所同意捐赠的器官前,应充分告知捐赠者及其家属摘取器官手术风险、术后注意事项、可能发生的并发症及预防措施等,并签署知情同意书(未经捐赠者及其家属同意,不得摘取活体器官)。《移应规定》第34条第2款规定:医疗机构开展试验性人体器官移植应履行告知义务,征得患者本人和其家属书面同意(试验性人体器官移植不得向患者收取任何费用。有关给予患者补偿问题,应在知情同意书中约定)。

(4) 行前义务。《移植条例》第19条第1款规定,从事人体器官移植的医疗机构及其医务人员摘取活体器官前,应履行下列义务:①向活体器官供者说明器官摘取手术的风险、术后注意事项、可能发生的并发症及其预防措施等,并与活体器官供者签署知情同意书;②查验活体器官捐献人同意捐献其器官的书面意愿、活体器官供者与受者存在本条例第10条规定(特定近亲属)关系的证明材料;③确认除摘取器官产生的直接后果外不会损害活体器官供者其他正常的生理功能。

(5) 自然正义。《移植条例》第20条第1款后项规定,从事人体器官移植的医务人员不得参与捐献人的死亡判定。《移应规定》第32条第2款规定,医疗机构及其任何工作人员不得利用人体器官或者人体器官移植,牟取不正当利益。

(6) 探索性移植的行前特别规定。《移应规定》第34条规定,医疗机构及其医务人员开展试验性人体器官移植,须进行技术论证,并按有关规定取得批准;医疗机构开展试验性人体器官移植应履行告知义务,征得患者本人和其家属书面同意(试验性人体器官移植不得向患者收取任何费用。有关给予患者补偿问题,应知情同意书中约定)。《移应规定》第35条规定,医疗机构开展异种器官移植,应按临床科研项目的有关规定取得批准后方可实施。

3. 摘取时及其后要求

(1) 行时义务:《移植条例》第20条第1款前项和第2款前项规定,摘取尸体器官,应在依法判定尸体器官捐献人死亡后进行;从事人体器官移植的医疗机构及其医务人员应尊重死者的尊严。《移应规定》规定:第32条第1款规定,医疗机构开展人体器官移植应当恪守救死扶伤、治病救人的医德规范。第28条规定,医疗机构摘取尸体器官的,应对尸体进行必要的、符合社会伦理道德的处理。

(2) 行后义务:①对活体供者,《移植条例》第19条规定,从事人体器官移植的医疗机构应保存活体器官供者的医学资料,并进行随访。②对尸体,该条例第20条第2款后项规定,对摘取器官完毕的尸体,应进行符合伦理原则的医学处理,除用于移植的器官以外,应恢复尸体原貌。

4. 移植

它是指将已摘取的适格的人体(或异种)器官通过人体器官移植技术移植到受体体内、完成旨在发挥该器官正常生理机能手术的医疗活动。包括:

(1) 分配。能否获得供体器官而被移植、获取生的机会?其中如何分配是一个核心环节。《移植条例》第22、23条规定,申请人体器官移植手术患者(即受体)的排序,应符合医疗需要,遵循公平、公正和公开的原则(从事人体器官移植的医务人员应对人体器官供者、受者和申请人体器官移植手术的患者的个人资料保密);具体办法由卫生部制订。正因为我国适格器官严重供不应求,人体器官又被排除于民(商)事法律关系客体而绝非可竞价获取,前述《器配规定》从理论上说,就是为科学、高效、合理、公平、公正、公开地分配人体捐献器官,体现人人平等,维护人体器官供者和受者的权益而制定的。《器配规定》第三章(第16～20条)确定了如下原则:①捐献器官的分配应符合医疗需要,遵循公平、公正和公开的原则。②捐献器官须通过器官分配系统进行分配,任何机构、组织和个人不得在器官分配系统外擅自分配捐献器官。③OPO须通过器官分配系统适时启动捐献器官的自动分配,严格执行分配结果,确保供者及其捐献器官的溯源性。④有条件的省(区、市)可向国家卫计委提出申请,实施辖区内统一等待名单的捐献器官分配。⑤移植医院须将本院等待者的相关信息全部录入器官分配系统,按要求及时更新。

(2) 移植手术。由前述适格的医院和适格的医技工作人员团队进行,其行前和行中应履行的各项义务,均见前文,略。

(3) 行后义务。①随访:《移植条例》第19条第2款规定了对活体供者进行随访,略,见前文;《移应规定》第26条规定,医疗机构应加强对人体器官移植医疗质量管理,提高手术成功、移植人体器官和术后患者的长期存活率,建立人体器官移植患者随访制度。②报告:《移植条例》第24条规定,从事人体器官移植的医疗机构应定期将实施人体器官移植的情况向所在地省级医政部门报告(具体办法由卫生部制订)。《移应规定》第25条规定,手术医师应在手术结束后的48小时内书面向本机构伦理委员会报告人体器官移植情况;第36条规定,医疗机构应在完成每例次人体器官移植后30日内,使用卫生部下发的信息管理软件将人体器官移植相关信息报送至省级医政部门;省级医政部门使用卫生部下发的信息管理软件,将本辖区开展人体器官移植相关信息汇总后,分别于每年7月20日前将上半年本辖区人体器官移植相关信息和每年1月20日前将上一年度下半年及上一年度全年本辖区人体器官移植相关信息报至卫生部。③保密:《移植条例》第23条规定,从事人体器官移植的医务人员应对人体器官供者、受者和申请人体器官移植手术的患(受)者的个人资料保密。

第四节 关于死亡医疗技术提供的法律问题

一、脑死亡判定标准及其执行的法律问题

(一) 脑死亡判定标准的提出与意义

1. 脑死亡概念的提出 如果说1959年法国学者P. Mollaret和M. Goulon在第23

届国际神经学会上首次将"昏迷过度"(Le Coma Dépassé)的概念也算"脑死亡"的话,那么脑死亡作为判定自然人死亡是否死亡的标准至今已整整 60 周年了。当时该报告提示,凡是被其诊断为"昏迷过度"的病人,苏醒可能性几乎为零。医学界开始接受并认可了此说法。1968 年,在第 22 届世界医学大会上,哈佛大学医学院脑死亡定义审查特别委员会提出"脑功能不可逆性丧失"作为新的死亡标准,并制定了全球首个脑死亡诊断标准:①不可逆的深度昏迷;②自发呼吸停止;③脑干反射消失;④脑电波(EEG)消失(呈平坦状)。凡符合以上标准,并在 24 小时或 72 小时内反复测试,多次检查,结果无变化,即可宣告死亡。但需排除体温过低(<32.2℃)或刚服用过巴比妥类及其他中枢神经系统抑制剂的病例[10]。国际社会作出积极反应,同年,世界卫生组织在此基础上建立的国际医学科学组织委员会规定死亡标准为:①对环境失去一切反应;②完全没有反射和肌张力;③停止自主呼吸;④动脉压陡降;⑤脑电图平直。

2. 意义 脑死亡标准若被确立并可替代原"心肺"死亡标准的话,至少将具有如下意义:①一旦该"深度昏迷"符合被确立的各项脑死亡标准的,则对该病伤者直接确定临床死亡而无需对之实施"安乐死";②对具备器官摘取条件的供(病伤)者一旦被确定脑死亡时,即可进入器官摘取程序;③对将被植入器官的受体而言,其功能和整个健康状况恢复的可能性就多一份保障;④原本用于该病伤者的医疗资源(含抢救措施、设备、药物、床位和医护等人力资源)可被节省而用于其他等候救治的病伤者;⑤减轻了被确定死亡者家属和亲友(含经济、亲为和精神等各方面)的负担;⑥减轻了社会公共或商业医疗保险支付系统的负担和压力。综上,不难发现,一旦脑死亡标准被确立,诸此类病伤者被临床确定死亡,各自背后(法律上)的利害关系人中的有利者还真不少,具有极高保险(法或学)和医学意义上的道德风险,即存在着各(即将获利)方基于各自的目的而在宏观上推进"脑死亡"标准的确立和在微观(个案)上极力促成的可能性。

(二) 关于脑死亡标准的立法和临床实践

1. 境外的"脑死亡"立法 自脑死亡概念被提出,脑死亡标准被推出和接受以来,世界各地均不同程度地推进了各自的脑死亡立法进程。1970 年起一直绵延至今的脑死亡立法实践史来看,建立与脑死亡相关的法律体系有一个逐步进展的过程,该过程同医学科学对死亡的认识变迁是相互依存的。1970 年,美国堪萨斯州率先制定了有关脑死亡的《死亡和死亡定义法》;1978 年,美国统一州法全国委员会通过《统一脑死亡法》(Uniform Brain Death Act,UBDA);1981 年,美国总统委员会通过了《确定死亡:死亡判定的医学、法律和伦理问题报告》,明确规定脑死亡是人的个体死亡标准之一(人的中枢神经系统死亡标准);1983 年,美国家医学会、律师协会、统一州法律全国督察会议及医学和生物学及行为研究伦理学问题总统委员会通过《统一死亡判定法案》(Uniform Determination of Death Act,UDDA)。现有 31 个州和哥伦比亚特区采用了 UDDA,另外有 13 个州接受 UDDA 的基本原则而制定了本州的脑死亡法律,有阿拉巴马州和西弗吉尼亚州这 2 个州接受了 UBDA[11]。除美国外,进行脑死亡立法的还有:芬兰是世界上第 1 个以国家法律形式确定脑死亡为人体死亡的国家,它的判定标准是在 1971 年公布的;1979 年,西班牙国会通过的移植法将脑死亡定义为"完全和不可逆的脑功能丧失";1997 年,德国的器官移植法规定:脑干死亡就是人的死亡;1997 年,日本《器官移植法》规定:脑死亡就是人的死亡,脑死亡则被定义为:全脑包括脑干功能的不可逆停止,但与"植物状态"不同,后者脑干的全部或部分仍有功能;1997 年,格鲁吉亚《卫生保健法》脑死亡定义为:脊髓基本节段和脑功能的不可逆终止,包括使用特殊措施维持呼吸和血循环的情况[12]。2010 年 8 月 1 日起,芬兰新法施行,规定只要"脑死亡"者生前没有明确反对,死后无需他人同意,其身上的器官就可依法成为器官移植来源[13]。

2. 境外各地的"脑死亡"临床实践

(1) 各国脑死亡诊断标准的推出。各国达成共识的科学和法律标准脑死亡概念提出的基本前提是脑死亡就是人的(生物学)死亡;被确诊脑死亡即死亡,其社会主体地位终结,已不享有的法律上的权利、负担义务并承担责任。即使死者已非社会成员,但作为前主体,其尊严仍理应受到尊重;故科学地界定一个人的死亡时间,在司法实践中有重大意义。如今,除哈佛标准外,各地先后确立了各自的与脑有关的死亡诊断标准:1959 年法国 Mollaret 标准、1963 年美国 Schwab 标准、1971 年美国 Minnesota 标准、1972 年瑞典标准、1974 年日本脑波学会脑死亡委员会标准、1976 年墨西哥标准、1976 年英国皇家医学会脑死亡标准、1977 年美国 NIH 脑死亡协作研究组标准、1977 年美国联合调查标准、1978 年美国总统委员会标准、1984 年日本大阪大学标准、1984 年我国台湾标准、1985 年日本厚生省脑死亡研究班标准、1986 年比利时标准、1989 年拉美 16 国标准、1989 年匈牙利标准、1991 年冰岛标准、1994 年法国标准、1995 年英国皇家医学会脑干死亡标准、1995 年美国神经科学学会脑死亡诊断指南、1997 年美国神经疾病和中风国家研究所诊断标准和 2000 年加拿大脑死亡诊断标准等。

(2) 各地脑死亡诊断标准的内容。对此,各国(地)规定不尽相同:①英国医学会脑死亡的概念是人体全脑和脑干以下全部脑功能的永久性不可逆终止。②西班牙移植法规定:脑死亡除符合临床征象外,还须符合脑电图呈平直线达 30 分钟,必须完成 2 次测试且间隔时间不少于 6 小时;须在排除病人处于低温状态或使用了抑制脑功能药物的情况后作出判断。③美国的 UDDA 建议美国各州采纳以下条款:"1 个人或循环和呼吸功能不可逆停止,或全脑,包括脑干一切功能不可逆停止,就是死人。死亡的确定必须符合公认的医学标准。"该条款实际上是让传统死亡概念、标准和脑死亡概念、标准同时存在,避免了人们对死亡定义可能产生的误会。④日本《器官移植法》规定脑死亡判定须有以下 5 项依据:无呼吸试验(离开人工呼吸机即没有自主呼吸);深昏迷;平坦脑波;瞳孔完全散大;脑干反应消失[上述须检查 2 次(相隔 6 小时)始能定论][14]。

(3) 判定脑死亡的医生。①西班牙通过的移植法规定:脑死亡必须由 3 位与移植工作无关的医师确认,其中 1 位是神经外科医师或神经病学专科医师。美国负责判定脑死亡的医生为神经内科或外科医师,并需要 2 位医师同时在场时进行判定。②我国台湾标准规定：由 2 名接受过专门训练的神经内科、神经外科、麻醉科、急救中心医生担当，2 人中至少有 1 人必须是精通脑干机能试验的神经内科或神经外科医生，参与器官移植的医生不能诊断脑死亡。③日本厚生省脑死亡研究班标准规定判定脑死亡的医生为：具有丰富的诊断脑死亡经验，但与移植无关；由 2 人以上完成；2 次以上检查时不必由同一医生来进行，但该医生必须参加过脑死亡的诊断[15]。可见，自 1970 年起取得共识后，各地已先后以医学会宣言或直接以立法的形式确立了脑死亡的法律地位。

（三）我国（大陆）脑死亡标准及其临床实践

1. 脑死亡标准问题 如前所述，因脑死亡标准直接关系到一个自然人主体地位的存废、权利能力及权利本身的予夺，加之传统（孝）文化这一社会意识的影响，我国对脑死亡难以达成共识，普遍采用传统的"心肺死亡"标准。实践中对于植物人状态，家属态度往往是：只要有一口气儿在，那也是个人，家人之间就有凝聚力和共同作用点，家也不会散。在此问题上，我国司法实践中也坚持以"心肺死亡"作为死亡判定标准，认为脑死亡是现在医学界提出的学术性观点；而且目前，比较科学、具有透彻说服力和统一的脑死亡临床判定标准尚未形成，谈何被社会（含司法界）接受。另一方面，事实上学界与临床实务界对此一直在努力：1980 年，我国学者李德祥提出脑死亡应是全脑死亡，以弥补大脑死（不可逆昏迷）、脑干死等脑的部分死亡等同于脑死亡的缺陷和风险，该观点已为我国学者所认同；1986 年 6 月，在南京召开的"心肺脑复苏座谈会"上，与会的急救、麻醉以及神经内、外科等医学专家们倡议并草拟了我国首个《脑死亡诊断标准（草案）》；1999 年 5 月，中国器官移植发展基金会、中华医学会器官移植分会和中华医学杂志编委会在武汉召开"全国器官移植法律问题专家研讨会"，与会专家在查阅数十个国家和地区有关器官移植的法律文本和脑死亡标准的基础上，提出《器官移植法（草案）》《脑死亡标准及实施办法（草案）》；对于该两草案，卫生部医政司 1 官员曾向媒体表示，死亡标准的确定关系到人的基本权利，步入立法程序还有相当复杂的工作要做；不过据中新社，时卫生部副部长黄洁夫表示支持脑死亡立法的意向[16]。

2. 我国（大陆）脑死亡标准的临床实践及其问题 如上所述，我国至今虽尚未形成统一的临床脑死亡判定标准，但这些年来在临床实践中相当部分医疗机构在事实上使用"脑死亡"标准的还真不罕见：2009 年 11 月 28 日下午，四川省医院重症监护病房内，因 4 天前的一场车祸，35 岁的绵竹男子刘顺军造成严重颅脑损伤，已不幸脑死亡。他的几名直系亲属向省医院提出，将刘顺军的器官捐献出来，挽救其他生命的意愿。历经多方协调和努力，最终于当晚 9 点成功实施器官捐献，成为四川脑死亡捐献器官第 1 人。省医院多器官移植中心主任表示，此次义举意义特别重大而深远。当天晚上 9 点左右，刘顺军所捐献的肾脏和肝脏已经分别移植到 3 位危重病人体内[17]。2009 年 11 月 27 日，深圳市儿童医院宣布，该市 11 岁小袁和 9 岁小唐两名甲型流感重症患儿被诊断为脑死亡[18]。2010 年 01 月 30 日，被父亲毒打成全身布满瘀伤而躺在郑州市儿童医院重症监护室内的 2 岁男童小虎被告知已脑死亡[19]。2011 年 1 月 24 日上午 8 时，（1 月 22 日晚因被深圳龙岗区3名社区联防队员误以为小偷而盘问殴后打送院抢救的)24岁的凌建铭被医生宣布脑死亡[20]。2013年10月23日,北京市中关村一名女子乐乐的头被卡护栏20分钟无人救,后被送往海淀医院重症室急救,次日其家属答记者时称"医生说她的各项身体功能都已衰竭,已经脑死亡了。"[21]2015年6月23日搜狐网报道,一名14岁少年中考前遭20多名小青年围殴送医后抢救,被诊断为脑死亡[22]。2017年3月8日搜狐网报道,南昌红谷滩新区海航酒店"唱天下"KTV"2.25"重大火灾受伤女生夏道碧因被熏窒息送医昏迷12天后,被中寰医院确定脑死亡[23]。《华商报》2018年7月17日报道,7月9日,陕西省渭南市华州区21岁女孩小芳(化名)被自己网购的银环蛇咬伤,随后身体不适送医,经全力抢救,但她仍无法自主呼吸,11日转往省人民医院治疗,后医院宣布已脑死亡[24]。

(四) 问题与研讨

1. 问题　按理说欧美国家早就确立了有关脑死亡明确的、可确定定量式临床诊断标准,还先后纷纷制定并完成了有关脑死亡的立法,确立了脑死亡等于临床死亡、可替代"心肺"死亡标准且"不可逆",其(脑死亡)诊断应该是明确的、慎重的。但是,事实上,这些年来有关这些欧美国家所发生的"乌龙"脑死亡事件层出不穷:2008年3月25日,新浪网报道,美俄克拉荷马州一名男子车祸后被宣布脑死亡,家人同意捐出他的器官,然就在家人向其将被摘取器官的"遗体"作最后告别时,他的手脚动了一下(被确定"复活")[25]。新华社2008年5月27晨报道,美国59岁妇女维尔玛在医生诊断她临床脑死亡17个小时、家人同意撤除维持生命装置,医生关闭呼吸机10分钟后,护士们忙着拆除输气管时,发现维尔玛的右胳膊和脚动了,接着她开始咳嗽,并睁开眼睛[26]。2008年06月12日,中国日报网环球在线消息,法国一男子就是在心脏停止跳动、抢救无效后被医生判定为死亡,就在医生对他进行器官摘取手术时,他又活了过来[27]。2009年01月13日新浪网国际在线专稿,41岁的已怀孕前英国滑冰冠军珍妮·索里曼因脑出血而确诊为死亡2天后,医师顺利为她接生,死后的珍妮以剖官产方式产下一名健康的女婴[28]。新华网布达佩斯2013年11月13日电,匈牙利一准妈妈怀孕15周时因中风脑死亡,3个月后该女性产下健康婴儿,在其家人许可下,医生将这位女性的器官移植给了4名急需移植的患者[29]。东方网2015年5月4日报道,美内布拉斯加州一孕妇因中暑倒地,颅脑损伤,被确诊脑死亡,后靠呼吸机维持生命成功诞下男婴[30]。英国《每日邮报》2016年6月11日报道,葡萄牙一女子被确诊脑死亡后107天后成功产子,被称奇迹[31]。2018年12月19日消息,美国一女子被告知永久昏迷或成植物人,丈夫日夜守护终现奇迹[32]。快资讯2019年7月31日报道,巴西一女子被确诊脑死亡4个月后产下龙凤胎[33]。2019年10月还有一劲爆全球体育界和车迷的好消息,据外媒报道,因当年滑雪事故颅脑损伤昏迷了近6年之久的前车王舒马赫的病情取得了突破性的进展,在其妻子和各方的不懈努力下,目前他已经清醒[34]。

2. 研讨　如果确认脑死亡标准具有将其适格的病伤者临床确定死亡的效力、该标准为临床诊断死亡标准的话,那么某事先表达过死后捐献器官意愿的病伤者一旦被确诊脑死亡,就会在接下来的第一时间在医学上当作已故者的尸体被摘取器官,若处于假死状态的他或她就可能被宰杀,上述美国和法国的 2 例正是此种情形的真实事件,所万幸的是 2 名被确诊脑死亡的男子能在被宰割取件(器官)时及时醒来,否则其后果完全可能被真正活杀。另一例美 59 岁女子维尔玛若不是在拔氧气管时及时醒来,其后果也必然是死亡。这 3 例"脑死亡"事例着实差点造成完全异化、逆向的"不可逆"危害后果。该结果想必是以挽救生命为使命、医生出身的"脑死亡"判定标准制定们者始料不及的吧!上述另 4 例被确诊脑死亡的孕妇能被维持治疗并最终分娩出婴儿的结果似乎人们更易接受些,但有没有思考过:她们自被确诊脑死亡时起在医学上仅作胎儿的孕育器(工具)而非人,在法律上也仅成[(虽非民事而为其他)法律关系客体的]物而非主体(人),其法律上的人格自其(被临床确诊)死亡时已不复存在,不能不说有些残忍!从这个意义上说,被抱怨"生命立法较为落后,对脑死亡立法缺乏经验"的我国倒是比较明智和对人民(命)更负责。因为保障人民基本人权中最基础、最应当优先保护和保障的生命权是包括全国人大及其常委会在内的政权当局(含国务院及其所属部门和地方各级人民政府)的首要基本职责和使命,任何对此的不慎重都是对其使命和人民的不负责任。

二、安乐死问题及其法理对策

(一) 安乐死概况

1. 概述 安乐死的概念,表面看似相同,而且名目繁多。自笔者 1980 年代起从事任教卫生法学并作为 1988 年全国首届安乐死学术研讨会的与会者和会务承办人员参加该次会议以来,就存在所谓(基于该病伤者的真实意思而对之实施的)自愿安乐死和(基于该病伤者的亲属如监护人等的要求而对其实施的)非自愿安乐死、(采用注射或口服等给药加速该病伤者的死亡)主动安乐死和(采用停止或撤除挽救措施或设备,不延续其生命历程方式的)被动安乐死,以及(医主体采用作为的方式加速该病伤者死亡的)积极安乐死和(采用不予施救的不作为的方式让病伤者死亡的消极安乐死)之分。只要审视各种的细节特征,不难看出各定义者不同的价值取向。笔者与众多的定义者能趋同(近)的仅是"安乐"和"不治",其他实不敢苟同。(笔者)此处的安乐死是指医主体对经临床确诊罹患不可拟转之不治之症或伤且处于终末期的病伤者,为满足其不延续其不愿忍受的痛苦的强烈愿望而让成年的他(她)死去的医疗方法和过程。

2. 境外安乐死的立法及其实践 现只要输入"安乐死"3 个字,立显:1935 年在英国成立第一个自愿安乐死合法化委员会,3 年后,在美国也成立了同样的委员会。1976 年后法国、丹麦、挪威、瑞典、比利时、日本,甚至在天主教信徒很多的意大利、法国和西班牙也都出现了自愿实行安乐死协会。这些民间组织的宗旨在于使安乐死合法化。英、美的安乐死协会还曾起草过能妥善防止发生谋杀、欺骗、操之过急的提案。他们的提案均被国家和地方立法机构一一否决。1987年,荷兰通过一些有严格限制的法律条文允许医生为患有绝症的病人实行安乐死……如日本的安乐死协会建立于1976年,3年后已拥有2 000名会员……2017年10月22日,韩国保健福祉部称,从次日起至2018年1月15日将试行《维持生命医疗决定法》(也称《安乐死法》),临终患者可以自己决定是否继续接受维持生命的治疗。前提是患者必须通过填写"事前维持生命医疗意向书"和"维持生命医疗计划书"明确表明不接受维持生命的治疗。凡年满19岁的成人,不论是否患有疾病,都可以填写事前意向书。该资料在患者未来被判定无治疗意义,即将死亡时,可作为拒绝维持生命治疗的资料使用[35]。不久前,《参考消息》转西班牙媒体称,荷兰为对阿尔茨海默病患者实施安乐死开绿灯[36]。

3. **境内"安乐死"的实践与立法的呼吁** 1988年,首届全国安乐死学术研讨会上,我国首例汉中"安乐死"案件的辩护人张赞宁与会并介绍了汉中市中级法院以当时《刑法》第10条后款"但书"(即行为情节显著轻微,不认为是犯罪)而宣告被告人(医生)蒲连升和(要求医院对其母实施"安乐死"的)王明成故意杀人罪名不成立的过程。此后,伦理学、社会学、法学和法律实务界以及民间要求安乐死立法的呼声未曾停歇过,已集中体现在全国"两会"上:1988年届人大会议上,最早在全国人大提出安乐死议案的是为国妇产科学和儿科专业的泰斗的严仁英和胡亚美,严仁英在议案中写道:"生老病死是自然规律,但与其让一些绝症病人痛苦地受折磨,还不如让他们合法地安宁地结束他们的生命";1994年,全国两会期间,广东32名人大代表联名提出"要求结合中国国情尽快制定'安乐死'立法"议案;1995年8届人大3次会议上,有170位人大代表递交了4份有关安乐死立法的议案;1996年,上海市人大代表再次提出相关议案,呼吁国家在上海首先进行安乐死立法尝试。在随后于1997年首次举行的全国性"安乐死"学术讨论会上,多数代表拥护安乐死,个别代表认为就此立法迫在眉睫;2003年3月9日,全国人大代表、中国工程院院士、著名的神经外科专家王忠诚,受中国工程院院士、北京儿童医院院长胡亚美教授的委托,向大会提交了在北京率先试行"安乐死"并建立相关法规的建议。对此也有反对声音:2003年7月22日媒体报道称,广东省人大教育科学文化卫生委员会在会办本省政协委员该提案时指出,立法实行"安乐死"有违宪法。有关负责人说:"不管实行'安乐死'是自愿与否,实际上是对生存权的剥夺,而生存权是宪法直接保护的权利。"[37]

(二) 关于安乐死的法理应对

1. **安乐死立法的正当性问题** 在此,笔者想依据我国现行法律规定,通过法理学对安乐死立法进行解析,使读者对此(安乐死立法)问题有一个清晰明确的认识。这里先对上述1996年上海代表呼吁在上海首先进行安乐死立法尝试,以及2003年王忠诚代表与胡亚美教授向大会提交了在北京率先试行"安乐死"这2个安乐死地方立法的建议或设想是否可行进行研讨。①要搞清楚的是我国的地方立法权是否可及于生命?即使说1995年时我国尚未颁行《立法法》,但《地方各级人民代表大会和地方各级人民政府组织法》(1995年2月8日修正版)第7条中规定,(单一制国家结构形式下的我国)直辖市的人大制定地方性法规的权限也是以"在不同宪法、法律、行政法规相抵触的前提下",试想,生命权领域连国务院的行政法规都不能染指,那么不能与行政法规相抵触的地方性法规安能"突破"？2003年后要在北京率先试行！此说就更不能成立了：因为2000年3月15日9届全国人大第3次会议通过(并于同年7月1日起施行)了《立法法》,依该法(2000年版)第9条后款规定的精神,涉生命权属"法律(绝对)保留"的范畴,岂可容地方性法规涉略？众所周知,安乐死涉及病伤者生命权利和生存机会问题,是基本人权中最基础层次,如前所述,它是包括立法权在内的公权力首要保护和保障的职责,公权力只可用公共资源(立法权或公共财富)去维护和保障公民的此项基本人权而绝非相反去减损它。自然人的生命只有在他(她)犯了(保留死刑的国家)全社会不容的滔天大罪(且是刑法罪刑预定)的前提下才能被合法地剥夺,否则任何对无罪的人剥夺他人生命都不可能具有正当性,而且只要是故意剥夺的,均为犯罪。那么,外国国家层面的安乐死立法是否具有法理正当性呢？世上首个议会通过安乐死立法的荷兰,其议会下上两院分别以104票赞成、40票反对以及46票赞成、28票反对于2001年4月10日最终通过了该法律。法理上,议会下院的议员由选民选举产生,是选民的代表(或代言人),议会通过的法律,是议会的议员们代表全国人民制定的全社会规则,可适用于天下全体社会主体。但另一个法理基点是：作为最基本人权的生命权是不能被代理(表)的,亦即少数的议员无权代表多数的被代表人(选民)来处分他们的生命权。因此,荷兰上下两院150个投赞成票的议员是无权代表全体荷兰人民决定在特定情形下可对他们实施安乐死的。②如果1个国家采用"人民主权"的全民公决方式能否正当地通过安乐死法呢？从理论上说此次生命权未被代表,是全体人民自主投票决定自己处于该特定情形下处分自己的生命,应该说没问题了吧！请注意！这又涉及一个代际正义问题,即若该法适用20年后,轮到原公决者的后代之问："凭什么我父母上一代人可以处分我们的生命？"可见,想通过立法来使安乐死合法化必然遇到一个难以逾越的法理障碍[38]。此外,荷兰安乐死法执行以来另一现象也挺成问题。它虽然不认可任何非自愿"安乐死",但要求自愿选择届时接受安乐死者要先签署生命预嘱(living will)。问题在于签了living will的人能否反悔？从性质上说,包括经公证遗嘱在内的单方法律行为在生效前均可撤销；在我国,消费者通过网络、电视、电话、邮购等方式购买商品,都有权自收到商品之日起7日内尚可无理由退货(即现行《消费者权益保护法》第25条规定的消费者的犹豫期反悔权),这仅涉及财产处分这一非基本的普通民事权利。荷兰安乐死法实施不久后相当部分签了living will的"老年病人纷纷逃亡国外"躲避安乐死的(人民网)报道[39],从另一侧面也应引起力推我国安乐死立法者们的警醒！

2. 关于安乐死的价值论和方法论　上述对安乐死立法正当性的否定并不意味着笔者对适格安乐死本身的全面否定性评价。如果说用大陆法系形而上的规则预定(即立法)的方式缺乏正当性的话,那么(英美)普通法系形而下之判例的方式倒不失为个案消除非正当性的途径。当然,安乐死毕竟是涉及自然人生命权,且会牵连医护人员的行为方式,尽可能选择阻却违反性或罪责性应当是首要取向的。如上所述,①自然人的生命非犯罪(而且罪行严重到非杀不可)不受剥夺,从这个意义上说,终末期病伤者的亲友绝无选择要求医护人员对之实施(无论是被动,还是主动"安乐死")。换言之,非自愿"安乐死"存在严重的谋杀可能性(而立法的宗旨则是尽可能采用系统封闭的方式排除任何危害性)。对此,医护人员应首先排斥或坚决拒绝此种要求,即使对未成年人的(父母等)监护人,因为,未成年人在法律上不具有意思能力,正是基于此和为保护其合法权益而设立监护制度,但监护人所有的行为均须利于被监护人而非损其权益。所以,监护人要求对被监护人实施"安乐死"的,绝无正当性。②那么,自愿安乐死对医护人员是否风险较小?其实也未必。在法律上,自然人自杀(处分自己生命权)是不被刑事追责的,即该行为人本身具有刑事违法阻却性。不过,如果基于终末期成年患者(含书面)请求而对之施行(注射等给药)主动或积极"安乐死"方式而致其死亡的,该医嘱者和施行者将面临《刑法》第232条故意杀人罪的指控(该行为在境外一般为属轻罪的帮助自杀罪,而我国无此罪)。可见,即使病伤者自愿要求对之实施安乐死,医护人员也不能采用主动或积极"安乐死"的方式,否则可能因好心而被公诉甚至入(故意杀人)罪。③基于患者自愿,采用被动或消极(这些不作为即不积极救治)安乐死的方式风险相对小些,但也须保留好证据,并宜使该方式成为团队治疗方案而非个人行为。

第五节 精准医疗和基因工程、大数据、人工智能的医疗应用相关的法律问题

一、精准医疗及其相关法律问题

(一) 精准医疗概述

1. 概念　美国前总统奥巴马在2015年1月20日国情咨文中提出"精准医学计划"(Precision Medicine Plan),希望精准医学可引领一个医学新时代;他呼吁美要增加医学研究经费,推动个体化基因组学研究,依据个人基因信息为癌症及其他疾病患者制定个体医疗方案;1月30日,奥巴马正式推出"精确医学计划",提议在2016财年向该计划投入2.15亿美元,以推动个性化医疗的发展。2015年4月21日,在"首届清华精准医学论坛"上,也提出中国目前应大力推进这种医疗方式。在该主题下,精准医疗被认为是一种将个人基因、环境与生活习惯差异考虑在内的疾病预防与处置的新方法。

2. 精准医疗的本质与目标　其本质是通过基因组、蛋白质组等组学技术和医学前沿技术,对于大样本人群与特定疾病类型进行生物标记物的分析与鉴定、验证与应用,从而精确寻找到疾病的原因和治疗的靶点,并对1种疾病不同状态和过程进行精确分类,

最终实现对于疾病和特定患者进行个性化精准治疗的目的,提高疾病诊治与预防的效益。简言之,"精准医学"就是指根据每个病人的个人特征量体裁衣式地制定个性化治疗方案。它是由"个性化医疗"联合最新的遗传检测技术发展而来。其本质是通过基因组、蛋白质组等组学技术和医学前沿技术,对大样本人群与特定疾病类型进行生物标记物的分析与鉴定、验证与应用,从而精确寻找到疾病的原因和治疗的靶点,并对一种疾病不同状态和过程进行精准分类,最终实现对于疾病和特定患者进行个性化精准治疗的目的,提高疾病诊治与预防的效益。肿瘤治疗被选择成为精准医疗的短期目标。癌症是常见的疾病,随着人口老龄化的进程加快,它已是美国及其他国家和地区主要的死亡原因。对癌症的恐惧也席卷了全球,是因为其杀伤力、症状及人们用有毒或损害性的方式来治疗它们。现有研究显示,许多分子病变是驱动癌症的诱因,它表明每种癌症都有自己的基因印记、肿瘤标记物及不同的变异类型。虽然癌症主要是由日常生活中基因损伤积累所导致,但可遗传性基因变异通常会增加患癌风险。该对致癌机制的新理解已影响了在药物和抗体设计过程中,对癌症风险、分类诊断以及治疗策略的评估。许多靶向疗法已经或正在研发,其中有些已为民众带来益处,有些则效果显著。此外,最新的癌症免疫疗法也产生了一些积极的反响,有迹象表明肿瘤标记物能成为预测癌症的显著因子[40]。

(二) 法律对策原则

从上述(一)内容看,精准医疗虽然是一种新兴的汲取个人信息(基因和生活习惯)依托各项(含信息与数据、基因等)新技术择靶(意图)定向聚焦研究攻克的高效医疗方式。其特点主要有二:①新兴(型)。换个角度,也说明其并不成熟,仅是一种新思路,需要探索和试验。故对之需要安全性预测与评估,切不可无条件独采而摈弃原先的诊疗方式。②汲取个人信息。其运用大数据的前提是需搜集、汲取包括就医者个人基因(含密码)和生活习惯(有些可成为个人隐私)等信息为要件和前提。这对就医者个人而言,涉及个人信息(甚至隐私),更何况如果我国直接沿用美国精准医疗技术而不改造的话,这些个人信息将被承接实施诸精准医疗各分项分工的私机构掌控,而用这些信息处理加工后将会成为专门用来针对各原信息提供者"量身定做"的方案迫使其接受其商品(含服务)而形成新的垄断资源,对此的对策宜为:作为社会管理者和弱势群体保护者的政府应考虑如何充当好(通过制定规则、直接管理和公示广告)有效保护就医者合法权益的角色;就医者也应尽到应尽的注意义务,以免被这些私机构以各种"量身定做"的专"适"套餐所"绑架"。

二、基因技术的医疗应用及其法律对策思考

(一) 基因技术的医疗应用

1. 基因技术概述　基因由人体细胞核内的脱氧核糖核酸(DNA)组成,变幻莫测的基因排序决定了人类的遗传变异特性。基因(遗传因子)是遗传的物质基础,是DNA或

RNA(核糖核酸的英文缩写,存在于生物细胞以及部分病毒、类病毒中的遗传信息载体。)分子上具有遗传信息的特定核苷酸序列。基因通过复制把遗传信息传递给下一代,使后代出现与亲代相似的性状。基因技术应用于医疗领域主要体现为以下方面。

（1）基因诊断。它主要运用于：①通过检测特定基因或相关疾病基因的存在以判断和评估某疾病在某一个体上发生某疾病的风险,并设法预防这种疾病的发生；②通过基因诊断促使个性化药物的诞生；③通过基因诊断更精准地判断某些传染性疾病或肿瘤等疾病的存在,以有利于医生尽早确定病因[41]。

（2）基因治疗。它是应用基因工程技术将正常基因引入患者细胞内,以纠正缺陷基因而根治疾病。纠正的途径既可是原位修复有缺陷的基因,也可是用有功能的正常基因转入细胞基因组的某一部位,以替代缺陷基因来发挥作用。它主要是治疗那些对人类健康威胁严重的疾病,包括：遗传病(如血友病、囊性纤维病、家庭性高胆固醇血症等)、恶性肿瘤、心血管疾病、感染性疾病(如艾滋病、类风湿关节炎)等。它是将人的正常基因或有治疗作用的基因通过一定方式导入人体靶细胞以纠正基因的缺陷或者发挥治疗作用,从而达到治疗疾病目的的生物医学高技术。它与常规治疗方法不同。一般意义上,疾病的治疗针对的是因基因异常而导致的各种症状,基因治疗则是针对疾病的根源——异常的基因本身。基因治疗有2种：①体细胞基因治疗,正在广泛使用；②生殖细胞基因治疗,因能引起遗传改变而受到限制[42]。

2. **医用基因技术发展现状**　我国政府对基因治疗等相关的基础研究、目标产品及关键技术的研发非常重视。"十一五"和"十二五"期间,"863"计划对重大疾病的基因治疗专门立项,参加单位包括20多家国内从事生物治疗研究的优势单位,10余家国家重点实验室和多家专业的公司,储备了一批具有自主知识产权的生物治疗相关技术和项目。同时,"973"计划也资助了基因治疗的基础研究和应用基础研究项目,取得了多项重要的研究成果,论文发表于 *Nature*、*Science* 及 *Cell* 等国际顶级期刊。基因治疗研究及临床试验与世界发达国家几乎同期起步,主要以肿瘤、心血管病等重大疾病为主攻方向。我国已经有2个基因治疗产品上市,主要用于头颈部的恶性肿瘤治疗。此外,我国还有近20个针对恶性肿瘤、心血管疾病、遗传性疾病的基因治疗产品进入了临床试验,其中在 *Clinical Trial* 网站上登记的基因治疗临床试验方案有70个,占亚洲基因治疗临床试验方案总数的46.7%如华中科技大学等研发的肿瘤基因治疗产品 ADV-TK 对肝癌和难治复发性头颈癌都具有显著疗效,正在开展多中心的Ⅲ期临床试验。中山大学等研发的重组人内皮抑素腺病毒注射液(E-10A)治疗晚期头颈鳞癌效果较好。目前,该产品在中国和北美地区开展Ⅲ期临床试验研究,发展前景好。军事医学科学院研发的治疗心肌梗塞(系法条原文)的基因治疗产品 Ad-HGF 注射液进入Ⅱ期临床试验,与人福医药公司合作研发的治疗肢端缺血的基因治疗产品重组质粒——肝细胞生长因子注射液获得了Ⅲ期临床批文。成都康弘生物研发的治疗头颈部肿瘤的工程化溶瘤腺病毒基因治疗制剂 KH901 已完成Ⅱ期临床试验。四川大学等研发的具有抗肿瘤血管生成的基因治疗产品 EDS01 正在开展Ⅱ期临床试验研究。此外,我国还有 40 多项重大疾病的基因治疗制剂处于临床前研究阶段,上百个项目处于实验室研究阶段。我国在基因编辑治疗领域也处在世界前列。2015 年 4 月,中山大学的黄军就团队首次在人类胚胎细胞中进行了基于 CRISPR 技术的基因编辑操作,并于 2017 年 9 月再次报道利用单碱基编辑系统在人类胚胎基因组精确修复特定类型的单碱基突变(地中海贫血症 HBB-28)。2016 年,四川大学华西医院在国际上率先开展了 CRISPR/Cas9 基因编辑技术治疗肺癌的临床研究[43]。2017 年 2 月,国家发改委官网挂出 2017 年第 1 号公告,公布《战略性新兴产业重点产品和服务指导目录》2016 版的具体内容。它是为了贯彻落实《"十三五"国家战略性新兴产业发展规划》,引导全社会资源投向,涉及战略性新兴产业五大领域 8 个产业(相关服务业单独列出)、40 个重点方向下的 174 个子方向,近 4 000 项细分产品和服务。其中包括生物医药和生物医学工程两大产业。该 2 大产业主要体现在:治疗恶性肿瘤、自身免疫性疾病、神经系统疾病等难治性疾病及用于紧急预防和治疗感染性疾病的抗体类药物,免疫原性低、稳定性好、靶向性强、长效、生物利用度高的基因工程蛋白质药物,针对恶性肿瘤等难治性疾病的细胞治疗产品和基因治疗药物。特异性免疫球蛋白等产品,利于提高血浆利用率的血液制品;基因工程药物、抗体药物、核酸药物、稳定表达细胞系构建技术等的规模化制备生产技术、蛋白质工程技术、化学修饰技术、长效、缓释、控释等生物制剂技术,疫苗的新型载体、佐剂、稳定剂和保护剂,细胞治疗相关技术[44]。

(二) 相关法制与对策思考

事实上,对于基因诊断,卫生部于 2009 年 11 月 13 日已发布了《基因芯片诊断技术管理规范(试行)》,对借助基因芯片进行诊断的行为加以规制。2009 年 5 月卫生部发布,2018 年 8 月 13 日国家卫健委修订的《医疗技术临床应用管理办法》,将基因治疗技术归入限制类医疗技术目录。2010 年 12 月,卫生部发布《医疗机构临床基因扩增管理办法》《医疗机构临床基因扩增检验实验室工作导则》。2015 年 6 月,国家卫计委取消第三类医疗技术临床应用准入审批,医院成为第三类技术质量和安全管理的责任主体;同年,国家卫计委将造血干细胞移植技术列入《国家限制临床应用医疗技术目录》。2017 年 12 月,国家食药监总局发布了《细胞治疗产品研究与评价技术指导原则(试行)》,对细胞治疗产品按照药品管理规范进行研究、开发与评价进行了规范与指导。CDE[系 Center of Drug Evaluation(国家药品监督局药品评审中心的英文)缩写]已明确 CAR-T(英文全称是 Chimeric Antigen Receptor T-Cell Immunotherapy,指的是嵌合抗原受体 T 细胞免疫疗法。)可纳入优先审评,为国产 CAR-T 加速上市提供助力。2019 年 8 月,上海市卫健委根据修订后的《医疗技术临床应用管理办法》第 10 条规定,制定《上海市限制临床应用医疗技术目录(2019 版)》,将基因芯片诊断和临床基因扩增检验及分子诊断相关两项技术列入其中。

如上所述,基因技术的医疗应用尚处于不够成熟的发展阶段。对此的法律对策宜为:①就医者健康与生命的安全性是首选原则;②要坚持有效性和必要性和禁止过度医疗为原则;③正因为其不成熟,带有探索性、试验性,更应要求履行充分告知的知情同意义务;④对诊疗中获悉的就医者的个人信息和隐私,应履行保密义务。

三、大数据在医疗中的应用及法律对策思考

(一) 大数据概述

1. 概念　大数据(big data)或称巨量资料,由维克托·迈尔-舍恩伯格和肯尼斯·库克耶提出,它是指需要新处理模式才能具有更强的决策力、洞察力和流程优化能力的海量、高增长率和多样化的信息资产。他们在所著的《大数据时代》中大数据指不用随机分析法(抽样调查)这样的捷径,而采用所有数据进行分析处理[45]。

2. 特点　大数据被认为具有"5V"特点:即 volume(大量)、velocity(高速)、variety(多样)、value(价值密度)和 veracity(真实性),比舍恩伯格和库克耶在《大数据时代》提出时还多了个真实性特点。

3. 对医疗领域的影响　如前所述,远程医疗、精准医疗及电子病历等均离不开大数据,而且在如今已普遍开展的社区家庭医生服务中均用医疗大数据运行,相信随着大数据在医疗领域开发的不断深入、"健康云"的不断健全、它和医疗两者之间结合程度不断的扩展和深化,它对医疗和人类健康的影响也必将越来越深远。

(二) 法律对策思考

作为已经进入医疗领域的方法或工具,它已与现代医学技术和我国传统医疗(中医药)技术紧密相连服务于人类健康而必须"拥抱";但如前所述,在医疗领域,它是以获取就医者个人基因(甚至密码)和生活习惯(甚至细节)等信息为前提建立起来的,而且,一旦这些包含隐私内容的个人信息给本不该由与诊疗等公共服务无直接关系的企业获取,不说它们(指企业)转手倒卖牟取此非法利益,仅它们利用这些特定的个人信息进行分别"量身定做",点对点地"软磨硬泡"骚扰,必然损害普通百姓就医者的安宁和社会公共秩序。因此,法律的对策宜为:①确保这些不应泄漏的信息本身的安全。②保障这些信息安全的通道、平台和数据库也必须安全,因此网络和网站乃至"健康云"等数据库也必须确保安全。③作为数据储存、处理和运用能源的电力供应安全也必须切实得到保障。事实上,政府在对该三者安全保障上,无论是其自身职责、社会稳定和社会共治角度都是责无旁贷的!

四、人工智能技术在医疗中的应用及法律对策思考

(一) 人工智能技术在医疗领域的应用

1. 概述　人工智能(artificial intelligence,AI),是指人们通过普通计算机程序来呈现人类智能并赋能于某一器具,并能按原设计和所赋之能再现用于替代人来处理事务的

技术系统。人工智能又可依其再现概念的强弱和替代人的功能深度被分为弱、强和类人工智能3类。人工智能的核心问题包括建构能够跟人类似甚至超卓的推理、知识、规划、学习、交流、感知、移物、使用工具和操控机械的能力等。当前有大量的工具应用了人工智能,其中包括搜索和数学优化、逻辑推演。而基于仿生学、认知心理学,以及基于概率论和经济学的算法等也在逐步探索当中。思维来源于大脑,而思维控制行为,行为需要意志去实现,而思维又是对所有数据采集的整理,相当于数据库,所以人工智能最后会演变为机器部分替换人类的劳动甚至管理[46]。

2. **医域应用**　近年来,由于国家政策的支持和推动,人工智能在医疗甚至健康领域大量应用,主要体现在:①电子病历(其所用的人工智能技术主要为自然语言处理、语音识别):它基于语音识别技术的人工智能虚拟助理,医生与病人的交互过程以及病情发展情况的电子化病情档案,包含病案首页、检验结果、住院记录、手术记录、医嘱等信息。语音识别技术为医生书写病历,为普通用户在医院导诊提供了极大的便利。通过语音识别、自然语言处理等技术,将患者的病症描述与标准的医学指南作对比,为用户提供医疗咨询、自诊、导诊等服务。智能语音录入可以解放医生的双手,帮助医生通过语音输入完成查阅资料、文献精准推送等工作,并将医生口述的医嘱按照患者基本信息、检查史、病史、检查指标、检查结果等形式形成结构化的电子病历,大幅提升了医生的工作效率。②影像诊断(其所用的人工智能技术主要为计算机视觉技术、图像识别):人工智能技术在医疗影像的应用主要指通过计算机视觉技术对医疗影像进行快速读片和智能诊断。医疗影像数据是医疗数据的重要组成部分,人工智能技术能够通过快速准确地标记特定异常结构来提高图像分析的效率,以供放射科医师参考。提高图像分析效率,可让放射学家腾出更多的时间聚焦在需要更多解读或判断的内容审阅上,从而有望缓解放射科医生供给缺口问题。③医疗机器人(其所用的人工智能技术主要为包含计算机技术在内的机器人技术):医用机器人种类很多,按照其用途不同,有临床医疗用机器人、护理机器人、医用教学机器人和为残疾人服务机器人等。随着我国医疗领域机器人应用的逐渐认可和各诊疗阶段应用的普及,医用机器人尤其是手术机器人,已经成为机器人领域的"高需求产品"。在传统手术中,医生需要长时间手持手术工具并保持高度紧张状态,手术机器人的广泛使用对医疗技术有了极大提升。手术机器人视野更加开阔,手术操作更加精准,有利于患者伤口愈合,减小创伤面和失血量,减轻疼痛等。④健康管理(其所用的人工智能技术主要为运用计算机技术的大数据分析、智能终端,略)。⑤药物研发(其所用的人工智能技术主要为运用计算机技术的文献搜集与分析推理)[47]。

(二) 法律对策思考

首先,从性质上说,人工智能技术及其载体(如机器人)仅是人类编辑、设计和制造出来为人类服务的器具;从法律关系上说,再强再智能(甚至超过人类)的类人工智能技术及其载体永远只能是法律关系客体,不能替代人类而成为法律关系主体而反过来主宰人类。如前所述,人类要运用自然人主体这座永不可拆的法律"防火墙"坚守人的主体地位,否则那将是人类自我毁灭的开端。其次,在医疗领域运用人工智能技术,不能减弱或退化医护人员自身的技术能力和注意义务而过多地依赖人工智能技术及其载体(包括手术机器人在内)的处理能力及结果,依然要履行事先、事中和事后的查对义务,确保万无一失。再次,医疗机构对人工智能的维保人员及其他负有维护保障人工智能技术正常运行义务者要恪尽职责,时刻保持所有要使用的人工智能技术设施、器具或程序始终处于正常、无瑕疵的使用状态,诚如原上海医科大学前辈据此创造辉煌并要求晚辈们刻入骨髓的那句话"上医大不容忍差错!"人工智能使用中出现的瑕疵本质上是其背后的人存有不可抗辩的差错。最后,医疗机构在使用人工智能技术具体运用于诊断(含检查)、诊疗(含手术)、服务(如挂号、付费和电梯运行)等环节的工作时,事先均应存有备用的预案(如手术室备用发电机等),以免一旦遇到停电或其他突发现象而影响就医甚至发生伤亡后果。正因如此,国家已自2015年起就将人工智能辅助诊断和治疗两项技术列入《国家限制临床应用医疗技术目录》,进行严格规制。

总之,医主体(含医疗机构和医护人员)乃至整个主管的行政系统,悬壶济世、治病救人不仅是天职,也是法定职责。只要负担着这个崇高、神圣而又艰辛的职责,对此必须恪尽而不容懈怠,更不容亵渎;若不能承受或不愿负担则应另谋高就。医事法律制度作为制度形态,具有意念强加性和举动强制性,是外在的;如果能将此相关制度规定内化后成为医护人员各自的观念形态(价值观和意识)的话,那才是笔者承接并兑现前辈陈明光和刘本仁教授之嘱托写作本书、传承原上医大(现复旦大学上海医学院)所有前人精神和理念的初衷和夙愿。

注释

[1] 吴崇其,达庆东. 卫生法学. 北京:法律出版社. 1999:468-469,474.

[2] 妇幼健康司. 关于公布经批准开展人类辅助生殖技术和设置人类精子库的医疗机构名单的公告[EB/OL]. (2017-04-18)[2019-09-11]. http://www.nhc.gov.cn/fys/s7905/201704/da54a917a3854d5387275c14e7d95809.shtml.

[3] 刘爱迪. 复旦大学人类精子库招募首批志愿者,需具备无明显脱发等条件[EB/OL]. (2018-06-06)[2019-09-11]. http://www.sohu.com/a/234280062_260616.

[4] 董海扬. 成都未婚女子欲人工授精受孕 因无结婚证被拒[EB/OL]. (2014-03-27)[2019-09-11]. http://health.sohu.com/20140327/n397304453.shtml.

[5] 姚军. 法理视角话代孕. 医学与哲学,2018(10):62-66.

[6] 孟凡壮. 我国应尽快制定《克隆技术管理》[EB/OL]. (2013-12-18)[2019-09-11]. http://news.163.com/13/1218/06/9GBVJUFM00014AED.html.

[7] 同前注。

[8] ①科普中国. 猪角膜让女孩重现光明 你会接受人工角膜吗?[EB/OL]. (2016-07-25)[2019-09-11]. http://tech.sina.com.cn/d/f/2016-07-25/doc-

ifxuhukz0944856. shtml. ②石亨,刘妍君. 40 岁女子移植猪眼角膜 视力大部分可恢复[EB/OL]. (2016 - 08 - 17)[2019 - 09 - 11]. https://new. qq. com/rain/a/ 20160817050674.

[9] 我国明年起器官移植将全面停止死囚器官捐献[EB/OL]. (2014 - 12 - 04)[2019 - 09 - 11]. http://news. sina. com. cn/c/2014 - 12 - 04/082731243512. shtml. 该宣布行为的问题在于:①此说法谬误,2 高 4 部 1984 年的《关于利用死刑罪犯尸体或尸体器官的暂行规定》中并不涉及且不允许对死囚活取器官这种非人道的做法,而是对已执行死刑后的罪犯尸体摘取相关器官,可见此种偷换概念的说法误导了全天下,当然不知是宣布人还是媒体人出的错?②原卫生部副部长、中国医院协会人体器官获取组织(OPO)联盟主席黄洁夫是否有权宣布依我国《宪法》规定在政体上与国务院平行的两高规定停止执行的职权?事后也未见有权机关(全国人大常委会或两高本身)追认,依职权法定和程序正当原则,该宣布行为显然缺乏正当性。③该暂行规定在被执行过程(方法论)中存在问题并不意味着它本身(价值论)有问题。事实上,在我国无论是在法律层面还是政策层面都存在着执行中被异化现象。④该宣布行为的后果是该暂行规定在(网络)信息时代因被客观污名而无法进行执行;中国医院协会 OPO 联盟事实上垄断了全国人体器官资源。

[10] 曹开宾,等. 医学伦理学教程. 上海:复旦大学出版社,2004:163.

[11] 脑死亡立法[EB/OL]. (2015 - 11 - 05)[2019 - 10 - 11]. https://baike. so. com/doc/1272575 - 1345678. html.

[12] 各国脑死亡的概念、诊断标准和立法情况日[EB/OL]. (2005 - 06 - 22)[2019 - 10 - 11]. http://tech. sina. com. cn/d/2005 - 06 - 22/1438643086. shtml.

[13] 贾琛,吴琼. 芬兰将施行新器官捐献法 适用不反对即同意原则[EB/OL]. (2010 - 08 - 17)[2019 - 10 - 11]. http://news. sohu. com/20100817/n274259831. shtml.

[14] 同注[12]。

[15] 同注[12]。

[16] 脑死亡立法[EB/OL]. (2015 - 11 - 05)[2019 - 10 - 11]. https://baike. so. com/doc/ 1272575 - 1345678. html.

[17] 四川灾区男子脑死亡移植器官连救 3 人[EB/OL]. (2009 - 11 - 29)[2019 - 10 - 11]. http://news. sina. com. cn/s/2009 - 11 - 29/084219150079. shtml.

[18] 张妍,黄顺. 深圳两名甲流重症患儿被诊断为脑死亡[EB/OL]. (2009 - 11 - 28)[2019 - 10 - 11]. http://news. sina. com. cn/h/2009 - 11 - 28/085119145754. shtml.

[19] 李一川,潘国平,王灿,等. 2 岁男孩被父亲打成脑死亡 全身布满淤伤[EB/OL]. (2010 - 01 - 30)[2019 - 10 - 11]. http://news. sina. com. cn/s/p/2010 - 01 - 30/065419579254. shtml.

[20] 成希. 打工仔被当小偷盘查殴打致脑死亡[EB/OL]. (2011-01-25)[2019-10-11]. http://news.sina.com.cn/s/2011-01-25/122721872071.shtml.

[21] 张静雅. 北京女子头卡护栏 20 分钟无人救续:已确诊脑死亡[EB/OL]. (2013-10-24)[2019-10-11]. http://news.sina.com.cn/s/2013-10-24/015028515036.shtml.

[22] 少年中考前遭 20 多名小青年围殴 被打成脑死亡[EB/OL]. (2015-06-23)[2019-10-11]. http://news.sohu.com/20150623/n415454826.shtml.

[23] 尹志艳. 南昌火灾受伤女生昏迷 12 天后脑死亡 此前刚订婚[EB/OL]. (2017-03-08)[2019-10-11]. http://news.sohu.com/20170308/n482726597.shtml.

[24] 陕西 21 岁女孩网购银环蛇当宠物被咬送医,医院宣布已脑死亡[EB/OL]. (2018-07-17)[2019-10-11]. https://www.sohu.com/a/241600539_115479.

[25] 邵馨莲. 美国脑死亡男子即将器官移植时苏醒[EB/OL]. (2008-03-25)[2019-10-11]. http://news.sina.com.cn/s/2008-03-25/124315221317.shtml.

[26] 关闭呼吸机之后 脑死亡妇女生还[EB/OL]. (2008-05-27)[2019-10-11]. http://news.sina.com.cn/w/2008-05-27/215913933270s.shtml.

[27] 康娟. 男子被宣布死亡后复活 医生原计划切除其器官[EB/OL]. (2008-06-12)[2019-10-11]. http://news.sina.com.cn/s/2008-06-12/071215728084.shtml.

[28] 汝智. 英国前滑冰冠军脑死亡 2 天后剖腹产下女婴[EB/OL]. (2009-01-13)[2019-10-11]. http://news.sina.com.cn/s/2009-01-13/133617035135.shtml.

[29] 匈牙利孕妇脑死亡 90 天产下健康婴儿 器官已捐献[EB/OL]. (2013-11-15)[2019-10-11]. http://news.163.com/13/1115/07/9DN1UDL70001121M.html.

[30] 美一孕妇脑死亡 靠呼吸机维持生命成功诞下男婴[EB/OL]. (2015-05-04)[2019-10-11]. https://health.eastday.com/zyw/n1078/n1084/n1957/u1ai200013.html.

[31] 葡萄牙女子脑死亡 107 天后成功产子,简直奇迹[EB/OL]. (2016-06-14)[2018-12-19]. http://www.sohu.com/a/82948062_268507.

[32] 丁静芳. 苏州六旬老人 2000 多个日夜用爱唤醒植物人妻子[EB/OL]. (2017-11-16)[2020-3-21]. http://news.2500sz.com/doc/2017/11/16/181323.shtml.

[33] 向春阁. 脑死亡 4 个月后产下龙凤胎宝贝,请承载着妈妈的爱健康长大[EB/OL]. (2019-07-31)[2020-06-09]. https://www.360kuai.com/pc/94209aca47bbc4f6a?cota=3&kuai_so=1&sign=360_57c3bbd1&refer_scene=so_1.

[34] 滑雪昏迷 6 年后,"车王"舒马赫终于醒了? 身体近况仍扑朔迷离[EB/OL]. (2019-

09-12)[2018-12-19]. http://www.sohu.com/a/340525532_161795.

[35] 安乐死[EB/OL].(2018-11-08)[2019-10-15]. https://baike.so.com/doc/5378352-5614538.html.

[36] 任业刚.西媒:荷兰为阿尔茨海默病患者安乐死开绿灯[EB/OL].(2019-09-14)[2019-10-15]. http://www.sohu.com/a/340869824_114911?spm=smpc.-news3.

[37] 同[35]。

[38] 姚军.生命决定权:安乐死立法不可逾越的法理之"坎".医学与法学,2014(5):1-4.

[39] 姚立.荷兰老人出国躲避安乐死[EB/OL].(2004-02-11)[2019-10-15]. http://www.people.com.cn/GB/paper68/11302/1020874.html.

[40] 精准医疗[EB/OL].(2017-03-23)[2017-11-05]. https://baike.so.com/doc/24488569-26160956.html.

[41] 基因技术[EB/OL].(2013-08-16)[2019-10-10]. https://baike.so.com/doc/6906404-7128248.html.

[42] 基因治疗[EB/OL].(2013-05-31)[2019-10-13]. https://baike.so.com/doc/5441445-5679769.html.

[43] 2463项临床试验!基因治疗的国内外研究进展[EB/OL].(2017-12-04)[2019-10-13]. http://www.biotech.org.cn/information/151362.

[44] 【政策法规】基因治疗备受瞩目[EB/OL].(2017-02-07)[2019-10-13]. http://www.sohu.com/a/125657909_461810.

[45] 大数据[EB/OL].(2015-11-30)[2019-10-16]. https://baike.so.com/doc/5374131-5610149.html.

[46] 人工智能[EB/OL].(2017-03-06)[2019-10-17]. https://baike.so.com/doc/2952526-3114987.html.

[47] 王迪.人工智能技术在医疗领域的应用[EB/OL].(2018-09-25)[2019-10-16]. http://www.xinhuanet.com/info/2018-09/25/c_137491303.htm.

第八章 涉医主体的民法制度

第一节 民法与作为公民的医者

一、民法概述

民法的概念、特点、调整范围及其地位如下所示。

1. 民法的概念和已颁行的与公民生活密切相关的民事法律 民法是调整和规制作为平等主体的自然人、法人和非法人组织之间人身关系和一定范围财产关系的法律规范的总称。2017年3月15日,第12届全国人大5次会议在对已施行了32年的我国1986年《民法通则》的基础上通过了更为完善的《民法总则》,同日公布,同年10月起已施行。它不仅是效力仅次于宪法的基本法律,还是作为我国社会主义法制中七大法律部门民商法之基础,起着"头雁"的作用。另一方面,它因调整包括公民在内的民事主体的基本权利,故被称具"半部宪法"之功能。《中共中央关于全面推进依法治国若干重大问题的决定》提出:"加强市场法律制度建设,编纂民法典,制定和完善发展……方面法律法规,促进商品和要素自由流动、公平交易、平等使用。依法加强……反对垄断,促进合理竞争,维护公平竞争的市场秩序。加强……法治保障。"2017年3月4日,全国人大外事委员会副主任傅莹在新闻发布会上宣布,将在本次大会提交审议的民法总则草案体现了与时俱进的精神,对监护制度、法人类别,及限制民事行为能力的年龄下限等方面作出了完善和调整。按计划,全部民法典的编纂工作预计将于2020年完成[1]。民法典除该总则外,还包括作为分则的其他(现暂定物权、合同、人格权、婚姻家庭、继承、侵权责任和附则)6篇。在民法各编出台前,现行有效的主要有:《婚姻法》《收养法》《反家庭暴力法》《继承法》《物权法》《侵权责任法》、(涉及交通事故赔偿的)《道路交通安全法》《电子签名法》《合同法》《电子商务法》《担保法》《拍卖法》《著作权法》《专利法》《商标法》等法律,还有国务院《婚姻登记条例》《计算机软件保护条例》等专门调整民事关系的行政法规及最高人民法院《关于审理人身损害赔偿案件适用法律若干问题的解释》《关于适用〈中华人民共和国婚姻法〉若干问题的解释(1~3)》和对《〈婚姻法司法解释(二)〉第24条的修正》等大量的专门民事司法解释。

2. 民法的特点 主要包括：①民法是权利(或确权)法。如前所述，民法是一国用基本法律的方式来确认民事主体的权利，其中涉及自然人人身权利和财产权利中的相当部分与基本人权重合，如生命权、健康权、(主体)平等权、婚姻自主权及财产权中作为其生存必不可少物质保障的部分均属基本人权范畴；此外，它还确认了包括姓名、名誉、隐私等人格权和婚姻、监护等身份权在内的其他对自然人人身不可分离又极其重要的人身权利，另一方面，它又确认了主体依法获得或形成的物权、债权和知识产权等财产权利。因此，它是确权法典。②民法是私法。其对称公法是调整非官方主体与官方主体或公共社会之间关系的法律，且主要运用公(如行政)权力作为调整机制于其间。民法则是平等主体之间进行相互交往的规范与准则，基于"平等者之间无管辖权"[2]的规则，调整不涉公权力的私(主体之间的人身或财产)权利义务关系，正是因为平等主体之间，任何一方不得将己方的意愿强加于对方，故所谓"私权自治"[3]或"契约自由"[4]。私法，即意味着各主体地位平等，任何一方不得强迫对方，若采用欺骗的方式使对方"同意"，一旦该对方发现后可采用法律救济途径最终使之回归。③民法是实体法[5]。民法所确认平等主体各项权利一般均为实体权利，包括各项人身权利和财产权利，诸如生命、健康、姓名、名誉、隐私、监护、物权、债权和知识产权等，无一不是实体权利，而一旦这些实体(民事)权利被侵犯，受害的原(实体)权利人通过法定救济途径寻求包括法院在内的执法机关依法居中处理，虽然该过程中会运用程序权利，但最后由法院等执法机关通过依法保护回归的还是这些可使原受损利益恢复的实体权利。

3. 民法的调整范围 亦如所述，民法上调整平等主体之间的人身关系和一定范围的财产关系。人身关系相对好理解，即与民事主体相关的人身权利义务关系和一定范围的财产权利义务关系。此处人身关系以人身权利为例，包括如生命、健康、姓名、肖像、名誉、隐私等人格权，也包括配偶、亲权、监护、荣誉、信用和智力成果人身权等身份权；财产权利则主要包括物权、债权和(作为智力成果财产权的)知识产权。

4. 民法的地位 ①在我国社会主义法律体系中，民法是七大基本法律部门之一，与商法合称民商法，排名仅次于宪法相关法后，可见它在我国法律体系中的地位；②从所调整的社会关系上说，如前所述，民法调整作为平等主体的自然人(含公民)、法人和非法人组织(下称民事法律关系主体，简称民事主体)之间的人身关系和一定范围的财产关系，与包括医学人在内的每个公民的婚姻、继承等息息相关的人身关系(含权利)以及普通财产的合法获取、维护与交易关系(含权益)；③医学人作为知识分子，虽然依《专利法》第25条第1款第3项规定疾病的诊断和治疗方法不能获取专利权，但不影响其探索研究形成的论著依法享有著作权，也不影响其发明创造出与诊疗相关的药品、医疗器械或耗材通过申请而取得对这些物品的专利权，更不影响医学人以其特有的知识和技能编制与诊疗相关计算机程序而获取软件著作权,即医学人除疾病的诊断和治疗方法外,依然可获得并享有知识产权;④民事主体的合法权益受到侵害,在追究加害者其他法律责任时还可依法要求其承担赔偿损失等民事责任。可见,民法不仅调整民事主体最基本、最切身的人身关系和财产关系,还是民事主体最切身利益的保护神。因此,无论对于民事主体还是社会发展与安稳,民法都是一国最重要的法律;⑤西方古往今来的《12铜表法》《查士丁尼民法大全》《法国民法典》和《德国民法典》对世界法学理论及立法和司法实践的影响和作用均是其他部门法无法望其项背的。

5. 民法的基本原则　法的基本原则,是指由法所明文规定,贯彻于该法始终,并对该法及其所有条款具有普遍指导和规范效力的基本准则。《民法总则》确认的(我国民法)基本原则主要包括:①平等。第4条规定,民事主体(规模、不论财产、所有制等状况)在民事活动中的法律地位一律平等。②自愿。这是平等原则的必然延伸,第5条规定,民事主体从事民事活动,应遵循自愿原则,按自己的意思设立、变更、终止民事法律关系。③公平。第6条规定,民事主体从事民事活动,应遵循公平原则,合理确定各方的权利和义务。④诚信。第7条规定,民事主体从事民事活动,应遵循诚信原则,秉持诚实(不欺诈),恪守承诺。⑤合法。第6条规定:民事主体从事民事活动,不得违反法律,不得违背公序良俗。⑥绿色。第7条规定,应有利于节约资源、保护生态环境(又被称为绿色)。⑦可适俗息纷。第10条规定:处理民事纠纷,应依照法律;法律没有规定的,可适用习惯,但不得违背公序良俗。⑧合法权益受保护。第3条规定,民事主体的人身权利、财产权利及其他合法权益受法律保护,任何组织或个人不得侵犯。⑨关于我国境内的民法规范适用:一般适用我国民法;其他法律(指享有优先适用效力的特别法)另有规定的,从其规定(还包括如合同当事人在合同中约定准据实体法以及根据我国已加入并宣布赋予优先适用效力的国际条约)。总则第11条和第12条规定:其他法律对民事关系有特别规定的,依其规定;我国领域内的民事活动,适用我国法律;法律另有规定的,依其规定。

二、民事法律关系

(一) 民事法律关系概述

1. 概述　亦如前述,法律关系即当某种(主体间的)社会关系被法律规范性文件来调整时,这些社会主体之间形成的就是法律(即体现为相互之间权利义务为内容的)关系。因此,民事法律关系就是民事法律规范所调整的,在诸社会主体之间形成的法律关系。民事法律关系具有如下特点:①主体的平等性,参与民事法律关系的主体,无论彼此间社会财产多寡、规模大小、级别高低、文化程度、性别、年龄、民族、种族、颜值、肤色等差异,一律平等(无特权、不歧视);②形成的自治性,正是因为民事法律关系主体地位的判断,决定了任何一方不得将自己的意志强加于对方,一般采用双方合意(如订立契约)

的方式形成双方间的民事权利义务关系,法律另有规定的除外(如父母与未成年子女之间的抚养监护关系、一方的权益因对方侵权行为受到损害依法可获赔偿的债权债务关系);③内容的私法性,在法理上,民法属私法范畴,而私法是公法的对称,它所调整的关系是(不涉及公权力的)平等主体间的关系,它调整的手段除当事人申请事后(因彼此间的纠纷)裁判外,公权力一般不予事中干预(依法禁止实施的行为或禁止交易的标的除外);④关系的有效力性,即无论是因契约还是侵权或无因管理等原因,主体间的权利义务一旦形成,只要内容不违反我国法律、行政法规强制性规定的,就具有法律效力,为法律所确认。

2. **种类** 依不同的标准,民事法律关系可依不同的标准被分为:①人身关系和财产关系,民法调整的就是民事法律关系主体(以下简称民事主体)的人身关系和财产关系。前者是指民事主体的人身不可分离,为满足民事主体实现或维护其人身利益而形成的法律关系,如民事主体姓名或名称、健康、肖像、名誉、荣誉、个人信息等;后者是一定范围的,涉及税收、分配的财产关系属经济法调整的范围,而商主体间在的流通领域因交易而形成的财产关系则由商法调整;民法调整的后者,主要体现在私主体的财产属于关系、民事(非商)主体之间的财产租赁关系和买卖(转让)关系等。②绝对关系和相对关系。前者又称对世权关系,是指权利人其权利形成时义务主体尚未确定,其该权利可向除(含共有)权利人外的不特定的一切人(义务主体)主张的关系,所有权、人格权一般属于绝对权范畴;后者则是权利人和义务人均是特定的,权利人只能向其特定的义务人主张权利的法律关系,如合同关系、其他债权债务关系和身份(含配偶)权关系均属相对关系,权利人一般不能向义务人以外的主体主张权利(法律另有规定的除外,如连带责任保证人等)。③物权关系和债权关系,物权具有绝对性、支配性(即权利人的权利直接作用于权利客体而无需其他人协助,也不容他人干涉)和优先受偿性的特点[是相对于债权而言,(担保)物权优先于普通债权获得受偿是物权的根本特征]。

(二) 民事法律关系的要素

民事法律关系的要素是指形成民事法律关系必不可缺的基本因素,主要包括如下方面。

1. **民事法律关系主体** 民事主体是指参加民事法律关系,受民事法律规范调整,依法享有民事权利、负担民事义务并承担民事责任的人,包括,自然人、法人和非法人组织和在特定(如发行国债等)情形下的国家。①如前所述,自然人含本国公民和外国自然人。②法人是指依法成立、具有民事权利能力和民事行为能力,依法独立享有民事权利和承担民事义务的组织。《民法总则》将法人分为营利(含有限责任公司、股份有限公司和其他企业)法人、非营利(含事业单位、社会团体、基金会、社会服务机构等)法人和特别(含机关、农村集体经济组织、城镇农村的合作经济组织、基层群众性自治组织)法人。③非法人组织,即依法成立,可采用民事法律关系,具有相应的民事权利和民事义务,并(无限或无限连带)承担民事责任的社会组织,包括个人独资企业、合伙企业、不具有法人资格的专业服务机构等。

2. 民事法律关系的内容 即民事主体在民事法律关系中依法享有的民事权利和负担的民事义务。①民事权利，包括：人身权利和财产权利，前者又含人格权利（即作为同类的主体资格和地位，且自然人人皆有之而不直接体现财产利益的权利。含自然人的健康、身体、自由、隐私等以及单位的名称、声誉等）权利和身份（即民事主体基于特定的身份或能力依法享有的、不直接体现财产利益的）权利；后者包括物权［指权利人依法对特定的物享有直接支配和排他的权利，含所有权、用益物权（含土地使用权和相邻权等）和担保物权（含抵押权、质权和留置权）］、债权（指基于相互间约定或法律规定而在双方之间形成一方享有要求对方以作为或不作为的方式履行特定义务的权利。契约、单方允诺形成约定之债权；侵权行为、不当得利、无因管理和救助等可形成法定之债权）和知识产权［指民事主体基于其创造性劳动或法律行为对智力成果依法享有直接体现财产内容的专有权利，包括著作权、专利（发明、实用新型或外观设计）权、商标权、商业（又含技术、交易和管理）秘密权、集成电路布图设计权和植物新品种权等］。请求权、抗辩权、支配权和形成权。请求权是指权利人依法要求义务通过作为或不作为的方式履行义务以满足自己利益的权利；抗辩权是指依法对抗和否定对方依约所行使的请求权效力的权利；支配权是指权利直接作用于权利客体而无需他人协助并排除他人对该客体进行干涉的权利；形成权是指仅凭权利人单方意思就能成立，无需任何他人协助并排除他人干涉的权利。绝对权和相对权。前者又称对世权，指权利形成时义务人尚未确定，权利人享有主张该权利，并可要求所有不特定者均负有不损害其该权利义务的权利；相对权则是仅相对于义务人而享有的权利，除法律另有规定外，权利人一般仅可向义务人主张和行使的权利。专属权利和非专属权利。前者是指只属于权利人专有和行使，依法不可转让或代行的权利；后者则依法可转让，也可让他人代行。主权利和从权利。前者是指不依赖其他权利的成立而能独立存在的权利；后者则是以其他权利的存在作为自己成立前提的权利，如抵押权对于债权就是从权利。原权利和救济权利。前者是指权利人已具有、本可付诸行使的既有权利；后者是指权利人因其原权利行使受到阻碍或侵害，依法享有通过起诉、投诉等法定救济制度使自己原受损权利得以实现或恢复的权利。②民事义务，是指民事主体基于意（含约）定或法定，受承受的将通过己方作为或不作为的方式去满足权利人合法要求的法律负担与拘束。依来源的不同，它可被分为：意定义务与法定义务，前者由双方的契约（合同）或单方允诺确定，只要意定的义务不违反我国法律或行政法规的强制性规定，自该约定成立时起所涉及的义务即具有法律效力；后者则因法律事实和法律规定而确定义务主体负担，如己方的侵权行为而依法负有向受害方赔偿的义务、受益人因对方为对己方的救助行为受损而负有向其补偿的义务等。积极义务和消极义务。前者是义务人通过作为的方式去履行，且不可懈怠的义务；后者是义务人应采用不作为方式去坚守和履行的义务，如恪守对他人秘密的保密义务。专属义务和非专属义务。前者是专属于义务人，且只能由其履行而不得由他人代为履行、更不能转嫁的义务；后者是依法可由义务人自行履行,也可转嫁由他人代为履行的义务。原定义务和附随义务。前者是义务人在其负担原有义务时已被确定在应履行范围内的义务;后者则是超出双方原定义务范围的,义务人在履行原定义务过程中遇到突发事件而产生的依法负担并应先予履行的义务。

3. 民事法律关系的客体　它是指民事主体所承受的民事法律关系内容即民事权利义务是指向的对象,包括:①物,即依法可拥有、使用、流转的有形物和无形物,前者又含动产(如汽车、电脑等)和不动产(如房屋等);后者,即用肉眼无法感知,需通过载体才能显示其存在的物质,如电、土地使用权和数据等。②行为,即民事主体依法可为对方提供的行为给付方式,它可以采用作为或不作为方式给付;可以是有偿的,如打工等,也可以是无偿的,如志愿者的服务等;若依法须经行政许可的,则应从其规定,如行医、卖药等。③智力成果,即知识产权的客体,如作品、计算机软件、专利技术等,其来源必须合法。

4. 民事法律规范性文件的规定　如前所述,任何一种社会只有用民法来调整时才能形成民事法律关系。因此作为民法范畴的民事法律规范性文件是形成民事法律关系不可或缺的前提要素,在我国,除前已列者外,还包括:《保险法》、(涉自然人炒股的)《证券法》《公司法》,国务院《不动产登记条例》《物业管理条例》,最高人民法院《关于审理医疗损害责任纠纷案件适用法律若干问题的解释》《关于审理道路交通事故损害赔偿案件适用法律若干问题的解释》《关于审理利用信息网络侵害人身权益民事纠纷案件适用法律若干问题的规定》《关于确定民事侵权精神损害赔偿责任若干问题的解释》《上海市中小学校学生伤害事故处理条例》,民政部《家庭寄养管理办法》等。

5. 法律事实　它是指能够引起民法法律关系产生、变更或者消灭的客观现象。它可被分为:事件和行为两类。前者是指与当事人的意志无关的客观事实,含台风、地震、他人的出生、当事人的意外死亡和时间的流逝等。后者即当事人的行为,它大致又可被分为:①民事法律行为(以下简称法律行为),如订立合同、悬赏等;②无效民事行为,包括违法行为和无效民事行为;③准民事行为,它包括效力待定的、可撤销(变更)的民事行为及其他(如报名、通知和催告等)准民事行为;④事实行为,是指不依赖于行为人主观意志(追求)、是否有效完全取决于法律规定条件的人为行为,如拾得他人之物,若该物为他人所抛弃,可合法拥有;若为他人所遗忘,则属不当得利,依法应当返还。事实行为的特点在于:不以意思表示为其必备要素;不要求行为人具有相应的民事行为能力;行为的后果是否有效完全取决于法定条件。这四类(前三类详见后文)行为都会引起法律关系的发生、变更或消灭。

(三) 民事法律关系的形成、变更与消灭及其实现

法律关系是人(含自然人和集合体)与人之间的权利义务关系,如果光有上述处于静态的法律关系要素,而无动态要素将它们串联起来,未必形成法律关系。

1. 民事法律关系的形成、变更与消灭　以例说明:唐某只相信中医,平时只会花长

时间乘公交车到 10 多公里外的中医院就诊,从来不去他家附近的地区中心医院就诊,唐某与该中心医院之间本不存在法律关系。一日他外出时被 1 辆家用轿车撞倒并致其腿部骨折,急救中心将他送到该中心医院抢救,此时唐某与该中心医院就形成了医疗服务(非完全的契约)关系、与肇事司机宋某则形成因侵(身体)权(即驾驶)行为而形成的债权债务、与承保交强险的 P 保险公司形成了该公司基于该交强险合同获得赔付的关系,形成该三重法律关系的动态因素就是肇事司机的侵权行为这一法律事实。该中心医院在准备对他行腿部复位固定术前,在检查中发现其血糖过高,需先作降糖处理后再行该手术,该医院所主动履行的是急症接诊时原定义务(复位固定术)外而依法须先予履行的附随义务,在与该伤者自己的原(定目标的)救助治疗的服务关系发生了变更。一旦到对唐某的治疗终结(含期间随访和内固定装置拆除术),他与该医院的医疗服务法律关系归于消灭,若他又获得 P 公司的赔付和(唐某所接受的)宋某的补偿后,这三方的法律关系也归于消灭。

2. **民事法律关系的实现**　它的实现包括正向实现、回归性实现与无法实现 3 种状态。

(1) 此处亦以(与医主体有关之)例说明。某医院向 1 家医疗器械公司购入 1 台大型医疗器械[从表面上看,医疗器械公司是商主体,从它的角度,购买该器械的合同是商事合同,该公司的行为是商行为。但另一方面,民事和商事有共同特点,其调整机制相同;都是平等主体之间;相互间须完全自愿;寻求司法保护时运用同一(民事)诉讼法。因此,我国社会主义法律体系中将它们归为一类,即民商部门法]。①正向的实现:是该公司依约将该器械送达该院指定地点,并依约负责安装调试,还依约培训操作人员和(平时)维保人员,还依约负责定期派人检修,该器械使用后如同该公司缔约前承诺一样,一直正常使用到它安全使用年限届满被(用正常提取的折旧费)更新重置。②回归性实现:是该医院向另一家医疗器械公司订购了另一大型医用设备,在投入使用后不久时常出故障,几经维修仍难以维持正常使用,致使该院的该项检查项目不能正常开展,考虑到影响业务和出故障时可能产生危及就医者人身健康安全的因素,该院找公司交涉,要求该公司拆走该设备、解除该合同并承担违约责任(但放弃要求赔偿间接损失),该公司考虑到今后还要做"生意",认可该院所提出的要求,并全部按该院的要求履行了这些给付义务。③无法实现:若该医院在向另一家公司定购了另一台设备、支付了 1 200 万元首付款后,该公司竟"人间蒸发",经报案,其法定代表人韩某被抓,因涉嫌合同欺诈罪被追究刑事责任(最终获刑 8 年),公司办公地点和其住所都是租的,趁近来开设公司宽松,便萌生用无资公司骗上几把的念头,没料到在出境登机时被截。虽然 H 某罪有应得,但对该医院而言,被骗走的钱已追不回来,就民事法律关系角度而言,该法律关系亦无法实现。

(2) 释义。①正向法律关系的实现是基于双方(排除被欺诈、胁迫或偷窃因素)完全自愿或法律规定直接形成并确认,各自实现自己所求目标,即原始的正义(各得其所)。②回归性法律关系的实现是一方的合法权益因对方作为或不作为的行为而受损,而受害方通过行使请求权(依法迫使加害方承担其应承受的责任)来使其原受损权益得以恢复的范式。③上述第三种情形,加害人韩某最终罪有应得,从社会层面和受害人(中心医院)精神层面意义上说,不能不说是回归了正义(罪有应得),但从民事财产关系角度而言,该中心医院原有财产权利不能恢复,自就无法实现了。

第二节 作为民事主体的医主体

一、作为民事主体的医疗机构

如前所述,医疗机构在医政法律关系中系管辖其的医政部门的行政相对人,一方面,它们应遵循相关的医政法律规范性文件的规定;另一方面,它们还要服从对其具有行政管辖权的医政部门及其上级的监督和管理。但它们在与就医者之间所发生的医疗服务关系中,尤其是在当下的医疗结算制度体系下(即使对享有医保支付待遇的前提下),就医者在接受医疗服务的同时,自己还有向经治的医疗机构履行支付医疗服务费用的义务。从这个意义上说,医疗机构与就医者之间还是形成了虽不完全(医疗服务项目收费未放开,须经物价部门批准)、但也不影响彼此之间已经形成的民事法律关系。在民事法律关系中,医疗机构系民事主体。

事实上,诸医疗机构之间规模、所有制性质迥异。其中有传统的国有医院如北京协和医院、上海中山医院,更有社会办医的民营医院如上海爱尔眼科医院、上海仁爱医院,也有中外合资医院如上海厚诚口腔医院,还有中医诊所如上海群力中医门诊部等。在民事法律关系上,它们不同于一般民事主体,都须取得特定的执业主体资格。如前所述,除医诊所采用备案外,其他医疗机构均依《医管条例》规定,须通过登记取得执业许可证。依法理,协和、中山等国有医院应在我国《民法总则》规定非营利法人之列,但在当下医疗服务费用结算制度下,一年数十亿的营业额甚至更多,从本质上说难以符合该法87条事业单位(本接受政府信托充当白衣天使的角色代其履行治病疗伤的社会职责,却靠向就医者收取数十亿元费用来生存和发展)应有的社会形象,难免有悖论之嫌,不过它们的法人地位表明依法均承担有限责任。至于社会办医中的爱尔眼科医院是上市公司,中外合资的上海厚诚口腔医院也是有限责任公司,此种医疗机构已通过工商注册登记这种外观主义方式昭示其实属(专门从事经营并进行经济独立核算、并可向投资者分配股利的)商主体,分别属于营利法人中的股份有限公司和有限责任公司,它们除医疗业务管理外,还应依《公司法》规定和其(公司)章程运行,并以其财产对外承担有限责任。至于规模较小的诊所,尤其是个体或合伙(中医、口腔)诊所,对其(若因医疗事故引起的赔偿义务)所负债务则依法承担无限或无限连带责任。

二、作为公民的医者

(一) 医者公民概述

公民是指具有一国或两个以上国籍,依其国籍国法律享有(民事)权利、负担(民事)义务并承担法律责任的自然人,依《国籍法》第3条规定,我国不承认"双重"以上国籍;该法第2条和第4条规定,我国是统一的多民族的国家,各民族的(自然)人都具有中国国籍;父母双方或一方为中国公民,本人出生在中国,具有中国国籍。我国《民法总则》第17条前款和第18条规定:18周岁以上的自然人为成年人;成年人为完全民事行为能力人,可独立实施民事法律行为。从该意义上说,作为医者的医务人员,即使是高校在读医学院或医科大学医学专业学生,一般均满18周岁,故不涉未成年人和无民事行为能力、限制民事行为能力人内容。民事行为能力,是指民法所确认的民事主体以自己的独立行为确定民事权利、负担民事义务并承担民事责任的能力,它是作为独立、完整的个体民事主体获社会认可、享民事权利、担民事义务、为民事行为并负民事责任的法律前提。

(二) 医者公民的民事权利

1. 医者公民民事权利的种类　依我国《民法总则》的规定,作为公民的医者享有如下主要民事权利。

(1) 人身权利,即与自然人的人身不可分离,并不直接体现财产内容的权利,它包括以下几方面。

1) 人格权,概念见前述,自然人人格权的特点为:①人皆有之;②个个平等;③(一般)始于出生;④(一般)终于死亡。公民人格权又含:①人身自由,如前所述,它属基本人权的重要方面,在民法领域还体现在作为民事主体的自由意志(意思表示)的保障前提,对他人人身自由权利的侵犯,受害人依法可行使赔偿精神损失的请求权。总则第109条前款规定,公民(含医者,下同,略)的人身自由受法律保护;《宪法》第37条也规定,公民的人身自由不受侵犯。②人格尊严,是指公民自被社会承认为同类体而与生俱来的、其所具有平等主体资格受到同类最起码如同和尊重的待遇,它也是基本人权的重要方面。总则第109条后款规定,公民的人格尊严受法律保护;《宪法》第38条规定,公民的人格尊严不受侵犯;禁止用任何方法对公民进行侮辱、诽谤和诬告陷害。③生命权,亦如前述,它是基本人权的最重要内容,是任何自然人(含医者,下同,略)一切权利的起点和基础,它与生俱来,非犯罪不被剥夺,在民法层面,该消极权利意味着一旦受到(民事侵权或犯罪行为)的侵犯,加害(或责任)人依法应承担赔偿责任,总则第110条、《侵权责任法》第16条规定,侵害他人造成死亡的,还应赔偿丧葬费和死亡赔偿金。④身体权,是指自然人所享有的支配自己身体的全部或局部(如献血或干细胞)并于(一般)未经同意情形下免受任何人对其整体或局部侵犯的权利,因它对自然人的健康乃至生命息息相关,故亦属基本人权之生存权的范畴。总则第110条确定自然人享有该权利。⑤健康权,亦如前述,它是基本人权之生存权的重要组成部分,医者正是为了就医者的该权利而恪尽职责,作为公民,医务人员当然享有该基本人权。总则第 110 条确认自然人享有该权利。⑥姓名权,是指(具有完全民事行为能力的)自然人依法享有决定、并维护自己的姓名免受侵害(假冒、篡改或侮辱)的权利;姓名是如何一个自然人在社会交往中用于确定自己并区分于他人的符号,事实上姓名权与该主体的身份权息息相关,对医务人员姓名的假冒往往会侵犯被害人的(著作、处方甚至婚姻等)权利。总则第 110 条确定自然人享有该权利。⑦肖像权,是指自然人支配自己的自然以及通过艺术加工而形成的形象的专有权,但法律另有规定的除外。总则第 110 条确认自然人享有该权利。⑧名誉权,即自然人依法享有自己声誉现状不受玷污和贬损的权利。由于名誉事关群体或社会对一个主体的如同度和评价,对其名誉权的侵害即对社会评价的贬损往往会因社会认可度的下降而影响受害者的其他(获益机会或其他既有财产)权益,总则第 110 条确认含医者在内的自然人享有该权利。⑨隐私权,即自然人享有的对其与公(利益、资源、领域)无关的私信息、事项或空间加以隐匿,不让他人知悉的权利,但法律另有规定的除外。个人隐私与国家秘密、商业秘密和其他(含工作)秘密并列,构成社会的四大秘密,关键在于该秘密依法能否隐匿成为隐私。总则第 110 条确认含医者在内的自然人享有该权利。⑩个人信息权,即法律所保障的自然人享有支配与自己直接相关信息并免受损害的权利。由于该信息涉及个人人身和财产两大领域的内容,涉及人身领域的又事关人格权内容,故理应列入人格权范围。总则第 111 条规定:自然人的个人信息受法律保护;任何组织和个人需要获取他人个人信息的,应当依法取得并确保信息安全,不得非法收集、使用、加工、传输他人个人信息,不得非法买卖、提供或公开他人个人信息。2016 年 11 月 7 日公布、次年 6 月起施行的《网络安全法》第 41 条规定:网络运营者收集、使用个人信息,应当遵循合法、正当、必要的原则,公开收集、使用规则,明示收集、使用信息的目的、方式和范围,并经被收集者同意;网络运营者不得收集与其提供的服务无关的个人信息,不得违反法律、行政法规的规定和双方的约定收集、使用个人信息,并应当依照法律、行政法规的规定和与用户的约定,处理其保存的个人信息。⑪婚姻自主权,是指我国达到法定婚龄的适婚男女[是指符合我国《婚姻法》规定的积极条件与消极条件。条件为:双方完全自愿,均无配偶;双方达到法定婚龄(男≥22 周岁,女≥20 周岁)。双方之间不存在直系血亲与三代以内旁系血亲关系;不存在医学上认为未经治愈不应当结婚的疾病。]享有自主决定自己婚姻状况,免受任何一方对己方或第三方对双方进行干涉的权利。总则第 110 条确认含医者在内的自然人享有该权利。

2) 身份权,是指自然人基于其特定的身份(即在家庭中的角色和地位)或能力及其发挥所形成的成果而享有的人身权利。其特点为:①非皆有之;②因人而异;③与其特有的能力或身份相关;④虽属人身权利,但可包含财产内容。身份权主要含:①荣誉权,是指主体对其善行声誉所享有的获得、维护和使用权利的总和。荣誉是指主体因其为社会所作的特定善行或贡献而获得社会的肯定与褒奖,在我国这里的"社会"的层级为省部级以上,即获得省、自治区、直辖市或部委等中央党政机关肯定或褒奖的为荣誉。总则第110条确认含医者在内的自然人享有该权利。②含医者在内的自然人因婚姻、家庭关系产生的身份权利,主要包括:因婚姻而产生的人身权利,含:配偶权,含我国《婚姻法》所确认的夫妻地位平等、独立权和(对对方的)贞操保持请求权;各自的姓名保持以及子女的取名权;各自工作、学习和正常社会活动与交往权;各自成为对方家庭成员权等;对共同财产的平等所有权和处理权;彼此间的家事代理权;获得对方扶养、帮助权;相互继承对方遗产的权利。因家庭而产生的人身权利,主要含:对未成年子女的抚养、教育权;对未成年子女的监护权;对未成年子女的法定代理权;相互之间的财产继承权等。③继承权,表面上属财产权范畴,但事实上是基于身份而享有的权利,具体内容略,见后文。④智力成果人身权,它们是知识产权的人身权部分,是基于权利人特有的能力和智力创造劳动而形成,该创造劳动包括:科学发现;技术发明;作品创作;电路设计;植物新品种的研制成果等。所可获得的人身权为:署名权;发表权;维护对该成果的完整权;获得社会褒奖权等。

(2) 财产权利。它是指含医者在内的自然人依法享有对财富的合法获得、持有和支配权利的总和。公民的财产权利包括:

1) 各主体财产权受平等保护权。

2) 物权,是指权利人依法对特定的物享有直接支配和排他的权利;物权之物包括不动产和动产,以及法律规定可作物权的其他客体,具体种类和内容由法律规定;物权包括:①所有权,是指权利人对其所有的物依法享有占有、使用、收益和处分权能的总和,只有所有权人方可全面拥有该4种权能,这是它有别于其他物权的本质性特征。②用益物权,是指权利人对其他主体之物在确定的期限和范围内依法享有占有、使用、收益甚至一定处分权利的总和。③担保物权,是指旨在确保债权实现而于债权成立前或同时,由债务人或第三人以其之物提供担保,当届期债务人未清偿债务时,债权人享有以该已设定担保之物通过折价或者拍卖、变卖的方式,优先受偿的权利,它又含:抵押权,是指为担保债权的实现,债务人或第三人在不转移财产占有的前提下,将该财产抵押给债权人,债务人不履行到期债务或发生当事人约定的实现抵押权的情形,债权人享有就该财产优先受偿的权利;质权,是指为担保债权的实现,债务人或第三人将某财产出质给债权人,债务人不履行到期债务或者发生当事人约定的实现质权的情形,债权人享有就该财产优先受偿的权利,我国《物权法》规定,债务人或第三人有权处分的可以权利(包括:汇票、支票、本票;债券、存款单;仓单、提单;可以转让的基金份额、股权;可以转让的注册商标专用权、专利权、著作权等知识产权中的财产权;应收账款等)出质;留置权,是指债权人基于(保管、仓储、货运、加工承揽等)要物合同而占有该物,于对方届时不履行债务并收到通知后满一定期限时所享有的留置该物并可通过折价或者拍卖、变卖的方式,优先受偿的权利。

3) 基于自己的财产被征收或征用而享有的获得补偿权利,这是公法上信赖保护原则的具体体现。2004年3月14日第10届全国人大第2次会议通过第4次修宪在《宪法》中的第13条第3款规定,国家为了公共利益的需要,可依法律规定对公民的私有财产实行征收或征用并给予补偿;总则第117条规定,为了公共利益的需要,依法律规定的权限和程序征收、征用不动产或动产的,应给予公平、合理的补偿。

4) 债权。债是指基于约定或法定的义务,在当事人之间形成的一方负有向对方以特定的财物或行为为给付的关系。其中,负有向对方履行给付义务的为债务人;享有获得对方特定给付的一方为债权人。债权,指基于当事人意定或法定而在双方之间形成一方享有要求对方以作为或不作为的方式履行特定义务的权利,以债权人对债务人具有请求权为前提;债权人也可请求债务人以不作为的方式履行债务(如保守秘密等)。意定义务,含合同当事人间的约定或单方的允诺所确定的义务;法定的义务,含因侵权行为、无因管理、不当得利或法律的其他规定所确定的应当给付义务。可见,债权基于如下原因发生:①合同,又称契约,是指作为平等主体的双方以上当事人设立、变更或终止彼此之间权利义务关系的协议。根据意思表示方式的不同,合同可采用书面[含专门的合同书或协议书以及含有合同内容的信函、数据电文(电报、电传、传真、电子邮件和电子数据交换)]、口头、推定(即不以语言而用动作的方式表达己方的真实意思)或沉默(即以不作为的方式表达己方的真实意思,总则第140条第2款规定,沉默只有在有法律规定、当事人约定或符合当事人之间的交易习惯时,才可以视为意思表示)的方式缔结。总则第119条规定,依法成立的合同,对当事人具有法律约束力(即对约定的义务依法应当履行)。②单方允诺,是指一方当事人单方面向对方或不特定多数人表示己方履行确定义务的真心承诺。总则第138条和第139条规定:无相对人的意思表示,表示完成时生效(法律另有规定的,从其规定);以公告方式作出的意思表示,公告发布时生效。③侵权行为,即行为人以作为或不作为的方式造成了受害人人身或合法财产权益受损后果又无合法豁免依据的行为。总则第120条规定,民事权益受到侵害的,被侵权人有权请求侵权人承担侵权责任。(未必是行为人的)责任人依法应承担以赔偿方式为主的给付义务,在履行该义务前,该责任人即债务人。④无因管理,是指行为人没有法定的或约定的义务,为避免他人利益受损失而主动为该他人进行管理或提供服务的行为,总则第121条规定,管理人(即行为人)有权请求受益人(该他人)偿还由此支出的必要费用。⑤不当得利,是指没有对方的许可和法律上的依据,取得对方财物而使其利益受损(但排除骗、偷或抢等类犯罪)的行为,总则第122条规定,因他人没有法律根据,取得不当利益,受损失的人有权请求其返还不当利益。⑥其他规定确定之债,《侵权责任法》第23条规定,因防止、制止他人民事权益被侵害而使自己受到损害的,由侵权人承担责任;侵权人逃逸或者无力承担责任,被侵权人请求补偿的,受益人应给予适当补偿。

5) 知识产权,是指包括医务人员在内的民事主体对其依法获得的智力成果享有含有财产内容的专有权。总则第123条规定:民事主体依法享有知识产权;知识产权是权利人依法就下列客体享有的专有的权利:①作品,即著作权的客体(载体),包括医务人员都可对其独创的相关论著(作品)取得著作权;(事实上,软件则是计算机著作权的客体载体,包括医务人员在内的自然人或单位依法也可编辑修改计算机软件而取得该著作权);医疗机构则可基于与其员工(医务人员)之间的约定取得该职务作品(含软件)的(单位)著作权。②发明、实用新型、外观设计,依《专利法》第2条规定,前者,是指对产品、方法或其改进所提出的新的技术方案;中者,是指对产品的形状、构造或其结合所提出的适于实用的新的技术方案;后者,是指对产品的形状、图案或其结合以及色彩与形状、图案的结合所作出的富有美感并适于工业应用的新设计。三者的合称为发明创造,系专利权的客体。如前所述,依我国《专利法》第25条第1款第3项,疾病的诊断和治疗方法为专利权的消极客体,不过这一规定不影响医务人员将其发明的技术以产品(载体)的形式通过申请获得(如实用新型)专利权。③商标,为商标权的客体,包括产品标记和服务标记,一般系商主体的标识,不过医疗机构可通过申请取得商标专有权以排除本省、自治区或直辖市以外的地区因与其同名而对自己声誉造成的(负面)影响;至于纯服务于医疗机构而无自己出面设立医疗机构的医务人员,则无必要取得商标权。④地理标志,依《商标法》第16条第2款规定,是指标示某商品来源于某地区,该商品的特定质量、信誉或者其他特征,主要由该地区的自然因素或者人文因素所决定的标志。从我国现有评出的地理标志来看,除民族医和中草药材外,与(西)医或(化学合成)药几无关系。⑤商业秘密,依现现行《反不正当竞争法》第9条第3款规定,是指不为公众所知悉、具有商业价值并经权利人采取相应保密措施的技术信息和经营信息。如前所述,商业秘密包括技术秘密、交易秘密和管理秘密,其中前者英语为 know-how,中文又被称为专有技术或技术诀窍,是指在劳动生产、技术操作方面的经验、知识和技巧的总称,依 2014 年 12 月最高法院《关于适用〈民事诉讼法〉的解释》第 200 条规定,它系"生产工艺、配方、贸易联系、购销渠道等当事人不愿公开的技术秘密、商业情报及信息"。其不同于专利技术的特点在于:一是需采用措施加以保密(而专利技术一般须公开);二是只要保密措施得当可无期限持有(而专利技术有法定期限)。事实上真正的中医"祖传秘方"即属技术秘密范畴。如果某个医疗机构就自己完全当作以营利为目的的商主体的话,那么交易秘密和管理秘密均适用于它。⑥集成电路布图设计,依《集成电路布图设计保护条例》第2条第2项规定,是指集成电路中至少有 1 个是有源元件的 2 个以上元件和部分或者全部互连线路的三维配置,或者为制造集成电路而准备的上述三维配置。现在的各种芯片说到底就是集成电路布图设计,当今的"精准医疗"和各种医疗器械均离不开它。⑦植物新品种,因我国《专利法》第25条第1款第4项亦将"动物和植物品种"列入专利权消极客体,为此国务院另行制定《植物新品种保护条例》对之予以调整、规制与保护,该条例第2条规定,是指经过人工培育的或者对发现的野生植物加以开发,具备新颖性、特异性、一致性和稳定性并有适当命名的植物品种。植物新品种亦至多可能与中草药材相关,与(西)医或(化学合成)药几无关系。

6) 继承权。继承是指被继承人死亡时,其生前个人所有之合法财产依法转移给其继承人所有的制度。如期所述,继承人尽为属于其近亲属范围的配偶、子女、父母、代位继承人(一般为父母已先去世的孙子女或外孙子女)、祖父母或外祖父母、兄弟姐妹之间,故前称它亦属身份权的范畴;当然被继承人生前亦可以遗嘱的方式将其遗产在其死后赠与继承人以外的自然人,此谓遗赠。总则第124条规定:自然人依法享有继承权;自然人合法的私有财产,可依法继承。作为公民的医务人员,自然可作为继承人或受遗赠人依法接受遗产。

7) 投资及收益权。总则第125条规定,民事主体依法享有股权和其他投资性权利。作为公民,医务人员自然可依法以自己的财产进行投资并获得投资回报;不过"市场有风险、投资需谨慎"亦应验于医务人员的各种投资。

8) 数据和虚拟财产权。①数据是信息的载体和转换形式,其内容覆盖面很广,涉及人身方面的属被涉及人身权范畴,如前;被涉及人对与自己信息相关的数据理应具有支配权,总则第127条专门将数据列入民事主体财产权范畴想必也是如此考虑吧!②随着投资多元化、电游产业化及信息时代的不断推进,总则也与时俱进,用该条对此作了前瞻性、援引性的规定,法律对数据、网络虚拟财产的保护有规定的,依照其规定。

(3) 法律对特殊主体的(相关民事)权益有特别保护制度。该特殊主体主要包括:未成年人、老年人、残疾人和妇女,我国先后制定并修正了《未成年人保护法》《老年人权益保障法》《残疾人保障法》《妇女权益保障法》。在这些特别法内,根据我国的国情和社会发展目标要求,对该4类特殊群体给予超越普通主体的特别优待与保护,实际上是用"调整"的方法来实现社会正义目标。总则第128条规定,法律对未成年人、老年人、残疾人、妇女、消费者等的民事权利保护有特别规定的,依照其规定。这就要求医者也能在涉该4类特殊主体的工作中遵循和贯彻这一原则,至于消费者权益,如前所述,仅适用于非基本的添加型医疗服务中。

2. 医者公民民事权利的享有、取得和行使　如果说上述民事权利的种类是静态的描述与介绍的话,那么它则是公民对待上述民事权利的取向与态度。总则第129条规定,民事权利可依据民事法律行为、事实行为、法定的事件或法定的其他方式取得。该条指明了取得民事权利的合法方式与途径;合法取得是享有和行使民事权利的基础与前提。《民法总则》第126条规定,民事主体享有法律规定的其他民事权利和利益。第130~132条规定民事主体:①按自己的意愿依法行使民事权利,不受干涉;②行使权利时,应履行法律规定的和当事人约定的义务;③不得滥用民事权利损害国家利益、社会公共利益或他人合法权益。

(三) 民事法律行为对医者公民的意义

1. 意义　如前所述,民事权利的取得、行使均离不开(民事)法律行为,而与他人有效交往(属契约)、投资、维权等无一不是法律行为,可见法律行为对作为公民的医者之重要;另一方面,医疗机构购买或租赁医疗器械、支付员工薪酬和电水等费用,从大类是亦属法律行为,因此,法律行为对医疗机构而言同样至关重要,自不待言。

2. (民事)法律行为　依《民法总则》第133条规定,法律行为是民事主体通过意思表示,以作为或不作为的方式设立、变更、终止民事法律关系,具有法律效力的行为。依不同的标准,法律行为可作如下分类。

(1) 依行为主体人数的不同,可被分为:①单方行为,如立遗嘱、编程序、撤销委托等;第134条第1款规定,单方行为可基于单方的意思表示成立。②双方行为,如订合同、和解等;第134条第1款规定,双方行为基于双方意思表示一致成立。③多方行为,如董事(委员)会作出决议等,法人、非法人组织依法律或章程规定的议事方式和表决程序作出决议的,该决议行为成立。

(2) 依该行为的生效是否需经特别的形式或程序,可被分为:①要式行为,即须满足特定的程序或形式方能成立的行为,如结婚、房产转让;②非要式行为,一般的买卖(食堂就餐)、借用物品等。第135条后款规定,法律、行政法规规定或当事人约定采用特定形式的,应采用特定形式。第135条前款规定,法律行为可采用书面形式、口头形式或其他形式。书面形式和口头形式均是以语言表示当事人意思的,书面的含义及对两者的举例见前述,略;其他形(方)式主要指不用语言而用动作表意的推定方式和采用不作为方式的沉默,亦见前述,略。

对于法律行为的效力,《民法总则》:

(1) 第136条规定:①法律行为自成立时生效,但是法律另有规定或当事人另有约定的除外;②行为人非依法律规定或未经对方同意,不得擅自变更或解除民事法律行为。

(2) 第143条规定,具备下列条件的民事法律行为有效:①行为人具有相应的民事行为能力;②意思表示真实;③不违反法律、行政法规的强制性规定,不违背公序良俗。

(3) 第145条第1款前项规定,限制民事行为能力人实施的纯获利益的民事法律行为或与其年龄、智力、精神健康状况相适应的民事法律行为有效。

3. 意思表示　它即内心意愿的向外表露。如前所述,依表示基本方式的不同,它可被分为作为方式和不作为方式,其中后者即沉默(示)方式;作为方式又可被分为用语言的方式与用动作的方式,其中后者即推定方式;用语言的方式又可被分为书面方式与口头方式。《民法总则》①第140条规定:行为人可以明示或(沉)默示作意思表示;沉默只有在有法律规定、当事人约定或符合当事人之间的交易习惯时,才可视为意思表示。②第137条规定:以对话方式作出的意思表示,相对人知道其内容时生效;以非对话方式作出的意思表示,到达相对人时生效;以非对话方式作出的采用数据电文形式的意思表示,相对人指定特定系统接收数据电文的,该数据电文进入该特定系统时生效;未指定特定系统的,相对人知道或应当知道该数据电文进入其系统时生效;当事人对采用数据电文形式的意思表示的生效时间另有约定的,按其约定。③第138条规定:无相对人的意思表示,表示完成时生效;法律另有规定的,依其规定。④第139条规定,以公告方式作出的意思表示,公告发布时生效。⑤对意思表示的撤回,第141规定:行为人可撤回意思表示;撤回意思表示的通知应在意思表示到达相对人前或与意思表示同时到达相对人。⑥对意思表示的解释,总则第142条规定:有相对人的意思表示解释,应按所使用的词句,结合相关条款、行为性质和目的、习惯以及诚信原则,确定意思表示的含义;无相对人的意思表示的解释,不能完全拘泥于所使用的词句,而应结合相关条款、行为的性质和目的、习惯及诚信原则,确定行为人的真实意思。

4. **瑕疵民事行为** 包括无效民事行为、效力待定的民事行为和可撤销(或变更)的民事行为三类。

(1) 无效民事行为。是指不符合民事行为的根本要件,不可能最终确定民事法律关系的行为,包括违法行为和无效民事行为。《民法总则》①第144条规定,无民事行为能力人实施的民事行为无效。②第146条规定:行为人与相对人以虚假的意思表示实施的民事行为无效(以虚假的意思表示隐藏的民事行为的效力,依照关法律规定处理)。③第153条规定:违反法律、行政法规的强制性规定的民事行为无效(但该强制性规定不导致该民事行为无效的除外);违背公序良俗的民事行为无效;④第154条规定,行为人与相对人恶意串通,损害他人合法权益的民事行为无效。

(2) 效力待定的准民事行为。第145条规定:①限制民事行为能力人实施的(纯获利或与其年龄、智力、精神健康状况相适应的民事行为以外的)其他民事法律行为经法定代理人同意或追认后有效;②相对人可催告法定代理人自收到通知之日起1个月内予以追认;③法定代理人未作表示的,视为拒绝追认;④民事行为被追认前,善意相对人有撤销的权利;撤销应当以通知的方式作出。

(3) 可撤销(或变更)的准民事行为。①第147~151规定,有如下情形之一的,当事(受害)人有权请求法院或仲裁机构予以撤销:基于重大误解实施的民事行为;一方以欺诈手段,使对方在违背真实意思的情况下实施的民事行为;第三人实施欺诈行为,使一方在违背真实意思的情况下实施的民事法律行为,对方知道或应当知道该欺诈行为的;一方或第三人以胁迫手段,使对方在违背真实意思的情况下实施的民事法律行为;一方利用对方处于危困状态、缺乏判断能力等情形,致使民事法律行为成立时显失公平的。②向谁申请撤销?向仲裁机构申请的前提是在符合①中情形的原双方行为实施时或实施后纷争产生前该双方订立书面的寻求仲裁解决纷争的仲裁协议;若无仲裁协议的,只能诉请法院撤销或变更。③第152条规定:有下列情形之一的,撤销权消灭:当事人自知道或应当知道撤销事由之日起1年内、重大误解的当事人自知道或应当知道撤销事由之日起3个月内未行使撤销权;当事人受胁迫,自胁迫行为终止之日起1年内未行使撤销权;当事人知道撤销事由后明确表示或以自己的行为表明放弃撤销权;当事人自该民事行为发生之日起5年内未行使撤销权。

(4) 确定无效或被撤销民事行为的后果:①第155条规定,无效的或被撤销的民事行为自始没有法律约束力;②第156条规定,民事行为部分无效,不影响其他部分效力的,其他部分仍然有效;③第157条前规定,民事行为无效、被撤销或确定不发生效力后,行为人因该行为取得的财产,应予以返还;不能返还或没有必要返还的,应折价补偿;④第157条后款规定,有过错的一方应赔偿对方由此所受到的损失;各方都有过错的,应各自承担相应的责任;法律另有规定的,从其规定。

5. 民事行为的附条件和附期限

(1) 附条件的民事行为。①《民法总则》第158条规定,民事法律行为可附条件,但按其性质不得附条件的除外;附生效条件的民事法律行为,自条件成就时生效;附解除条件的民事法律行为,自条件成就时失效。②第160条规定,附条件的民事法律行为,当事人为自己的利益不正当地阻止条件成就的,视为条件已成就;不正当地促成条件成就的,视为条件不成就。

(2) 附期限的民事行为。第160条规定:民事法律行为可以附期限,但是按照其性质不得附期限的除外;附生效期限的民事法律行为,自期限届至时生效;附终止期限的民事法律行为,自期限届满时失效。

第三节 不当医事行为及其法律后果

一、医事行为的民事性质

(一) 医事行为

1. 概述　如前所述,医事行为是适格的医主体(医疗机构及医技人员)通过其被许可的医疗专业技能为就医者通过诊断、预防、治疗或保健等的服务活动。其特点如下。

(1) 实施的主体非普通的民(商)事服务方,须经行政许可,具体体现为:①服务机构须为依法经许可执业(其形式为经医政部门依法定标准核准登记并取得执业许可证,诊所则为经依法备案并取得执业备案证)的医疗机构;②医护人员须为经全国执业医师和护士资格考试取得资格证书,并经执业注册取得执业证书的专业技术人员。

(2) 所开展的医事(服务)行为依法也须经行政许可,具体体现在:①医师注册的执业机构、类别和所从事的业务;②对医疗技术临床应用实行分级和审核管理制度。

(3) 医疗机构提供医疗服务一般以(就医方通过挂号方式)先建立医患关系为前提,但急诊濒危和危重病伤员而无陪护者除外。

(4) 医主体不得拒绝上门求医的就医者,视情形依法应转院的除外。

(5) 医事行为的种类主要包括经行政许可后开展的诊断、预防、治疗或保健等且与医疗机构及其医务人员登记与注册的执业类别、执业科目相一致的医疗服务活动。

(6) 对医患双方,尤其是对就医方而言,医事行为的结果或目标可能是难以确定或实现的,与就医方的预期目标可能会有距离。

(7) 非商业化的医事行为的背后往往承载着政府对人民健康保障义务的信托使命和任务,但营利性的商业化医事活动除外。

(8) 医事行为具有高度专业技术性、对医主体(医疗机构及其医技人员)而言具有不成功甚至一闪失而冒有承担不良后果的风险。

(9) 正因为医事行为与不特定的就医者(人民)的健康(生存)权利和物质保障息息相关,它不同于一般民商事(如按摩或推拿等)服务,其收费并不(契约自由)放开,而是受医政部门和物价部门限定。

2. 医事行为民法意义上的特点　即便医事行为有上述9个特点,但它还是存在具有民事行为的特点,主要体现在:①在调整机制上,无论是属民法范畴的《侵权责任法》第55条,还是属行政法范畴的《医师法》第26条和《医管条例》第33条前款,都设知情同意的规定,而该内容恰好反映出医患关系(基本)的平等性,而平等主体关系恰是民事法律关系的本质特征;正是因为平等,才会要求医主体在实施医疗措施前,充分告知就医者方并由其决定[实际上,决定主体间平等关系的法理基础和源泉是共和制和基本人权(中的生存权和平等权)优先原则。不过一方面,基于就医者的生存(生命和健康)权,《侵权责任法》第56条、《医疗机构管理条例》第33条后款规定,必要时医主体应当对病伤者采取保护性措施;另一方面,为了他人的基本人权(健康和安全),《传染病防治法》第39条规定,医疗机构应当对疑似病人,确诊前在指定场所单独隔离治疗……拒绝隔离治疗或隔离期未满擅自脱离隔离治疗的,可由公安机构协助医疗机构采取强制隔离措施。]。②一般均须经挂号而形成,挂号,具有如下特性:如前所述,是确定医患关系的起点与标志,濒危、危重病伤员除外(可先处置后补挂);由就医者方根据其就医需求自行到挂号处选择科目与就诊医疗机构办理初步缔约(挂号)手续(大部分医院的预检处为就医者免费提供导医服务),由此确定医患关系;挂号的初步缔约性质在于接诊后,接诊医生往往通过医嘱施行下一步的诊疗服务,含进一步检查(化验、做CT等)、治疗(安排手术等)建议或直接处方予以药物治疗等,而该下一步的诊疗服务需视就医者具体情况而定,它(们)亦属平等者之间的契约性质。③付费,由于我国不实行免费公费医疗(离休干部等除外,而且该部分的费用由国家专项经费与经治医疗机构结算),因此,在我国就医者到医疗机构接受医疗服务是要按规定支付相关费用的,只是该费用可以依照国家的社会医保政策的规定由其投保的地方医疗险金用对其额度范围内的金额或商业保险人按与投保人医疗保险合同约定的情形和条件与经治医疗机构结算或事后报销。④有偿供药,该有偿仅指不免费而言,并不意味着等价或建立在成本核算后有盈利的基础上,如上海市对社区卫生服务中心在其挂号费、诊疗费极低的前提下实行药物零差价,此乃笔者一直坚持认为医疗服务属不完全民事,且一般不应适用违约责任(但纯商业性、添附性的医疗服务除外)的理由。⑤医事行为(或医疗服务)具有(尽管不完全的)民事契约服务性质,如医疗美容等。⑥在该服务契约关系中接受服务的就医者除应按规定支付相应的医药检查等费用外,负有协力义务(见前文)。⑦民事性质的另一个特性就是若提供的医疗服务存在瑕疵或不当,无论是依民事法律规范还是行政法律规范(如《事故条例》等)都将基于就医者方的请求权而承担民事责任。

(二)民法意义上的不当医事行为

不当,从字面上看即不应当。事实上,此类行为包括不应提供的医事行为("医疗"服务)和本可提供但出现不当后果的医事行为两类。

1. 不应当提供的医事行为 它是指依法不应当提供的医事("医疗"服务)行为,此类行为的后果必然侵害就医者的合法权益、破坏社会正常医疗秩序或严重损害政府公信力或医患关系。

(1) 种类。它包括:①本不具有合法医疗机构许可证或医护人员执业证书或"服务"项目依法被禁止开展的非法行医行为,如地下黑"诊所"[6]、无(医疗许可)证美容店开展医疗美容业务[7]、"养生馆"无(医疗许可)证开展"拔火罐"(实为中医治疗)活动[8]等;②有执业证书医生到地下机构施行"代孕"(将"委托"人的精子或胚胎递送至"代母"子宫内)手术[9]、从事任何直接"克隆"人的技术[10]或非法摘除他人器官的行为等。③不良医主体(医疗机构或医技人员)对求医者实施的过度"医疗"行为。

(2) 后果。对此类非法行医的行为,①依《医师法》第39条、《医管条例》第44条和第47条的规定,予以行政处罚;②情节严重,构成犯罪的:依《刑法》第336条(非法行医罪或非法进行节育手术罪)处3年以下有期徒刑、拘役或者管制,并处或者单处罚金;严重损害就诊人身体健康的,处3年以上10年以下有期徒刑,并处罚金;造成就诊人死亡的,处10年以上有期徒刑,并处罚金。《刑法》第234条(故意伤害罪)规定:未经本人同意摘取其器官,或者摘取不满18周岁的人的器官,或者强迫、欺骗他人捐献器官的,依本法第234条、第232条(故意杀人罪)的规定定罪处罚;违背本人生前意愿摘取其尸体器官,或者本人生前未表示同意,违反国家规定,违背其近亲属意愿摘取其尸体器官的,依本法第302条(侮辱尸体罪、故意毁坏尸体罪)的规定定罪处罚。

2. 本可提供但出现不当后果的医事行为 它是指具有合法执业主体资格的医者(医疗机构及其医务人员)在执业时因其主观故意或过失,损害就医者合法权益后果的行为,均为医事侵权行为。根据不同标准它又可被分为:①根据行为时或前主观心理状态的不同,可被分为故意的医事侵权行为和过失的医事侵权行为。前者又可被分为广义的医事故意侵权行为(包含合法医护人员在假借医护行为故意实施侵害就医者合法权利的犯罪行为,含故意伤害罪、故意杀人罪和诈骗罪等犯罪行为在内)和狭义的医事侵权行为(仅指涉医的故意民事侵权行为);后者也可被分为广义的医事过失侵权行为(包含医疗事故在内)和狭义的过失医事侵权行为(指医疗事故以外的过失医事侵权行为)。②根据行为所侵害(就医者)利益的不同,可被分为医事人身侵权行为和医事财产侵权行为。前者又可被分为:故意的医事人身侵权行为,除前已述外,又如产科医护人员参与贩卖婴儿的犯罪行为[11];过失的医事人身侵权行为,除前已述外,又如不慎泄露就医者的隐私等。后者又可被分为故意的医事财产侵权行为[含广告诱导他人接受不必要的添附性

"治疗"手术(如抽脂、隆胸等)和所有过度"医疗"(如死者已死还被开药[12]、手术中被医生要求加项[13]、医院进药后20余倍加价"供"给就医者[14]等)]和过失医事财产侵权行为,如中南医院医生为抢救患者剪掉其衣裤致遗失遭索赔[15]等。

二、不当医事行为的民事责任承担

(一) 民事责任概述

1. 概念 它是民事法律责任的简称,指民事法律主体(含就医者、医护人员和医疗机构在内的自然人、法人或非法人组织)因不(按要求)履行其负担的民事法律义务,而由责任(未必是原义务)人依民法规范所承受的对其不利的法律后果。

2. 基本分类 民事责任可被分为:契约法上的责任、侵权责任和其他民事责任。

(1) 契约责任。契约即合同,该责任指民事主体不履行其承诺践行的约定义务,或者违反合同法上的法定义务,依合同法相关规定应承担的对其不利的法律后果,它又包括:违约责任和契约法上的其他责任[含违反前合同义务(如缔约过错责任和泄露对方商业秘密等)责任和违反后合同义务(如违反通知、协助和泄露商业秘密等)责任]两类。

(2) 侵权责任。略,见后文。

(3) 其他民事责任。主要包括:①基于不当得利、对方无因管理和对方见义勇为依法应承担的民事责任。不当得利和无因管理及其民事责任,前已述,略。见义勇为,指行为人因防止、制止他(受益)人合法权益被侵害而牺牲自己利益的行为。在我国,见义勇为行为应当受到政府和社会的褒奖与保障;若因证据和程序原因致使相当部分受损来源最终未获政府与社会的褒奖与救助时,法律规定由该责任由加害人承担;加害人逃逸或无力承担责任的,行为(债权)人请求补偿的,受益(债务)人应予适当补偿。②因防卫过当、紧急避险依法应当承担的责任。防卫过当,指基于符合实施正当防卫的事实前提和其他法定条件,行为人实施的防卫超过了必要的限度,造成对方不必要损害的后果。《民法总则》第181条第2款规定,正当防卫超过必要限度,造成不应有损害的,行为人应承担适当的民事责任。紧急避险,指为使国家、公共利益、本人或他人的人身、财产和其他权利免受正在发生的危险,不得已采取的以牺牲某种利益而保全另一更重大利益的行为。第182条规定:危险由自然原因引起的,避险人不承担民事责任,但可给予适当补偿;避险措施不当或超过必要限度造成不应有的损害的,避险(债务)人应承担适当的民事责任。③基于对方刑事附带民事诉讼而承担的民事责任。刑事附带民事诉讼,指刑事案件的受害(暨附带民事诉讼原告)人在检察院提起公诉或己方提起刑事自诉时,作为诉讼主体向受案法院独立提起要求被告人在承担刑事责任的同时承担民事赔偿责任的行为。基于原告人的请求权,被告人对其该犯罪行为依法应承担民事赔偿责任。④国家赔偿(补)偿责任。它是社会进步和走向法治的标志。赔偿本系典型的民事责任方式,即使基于冤案这一刑事或行政领域的原因,也不能改变赔偿行为本身的民事性质。只是这种赔偿的法律依据经《侵权责任法》第 5 条指向《国家赔偿法》和《行政诉讼法》等法律。依法行使赔偿请求权的请求人、义务赔付主体、赔偿的种类、范围、标准和程序均适用该特别法规定。

(二) 医事违约行为及其责任承担

1. **违约责任的归责原则及其承担方式**　违约责任,是指合同当事人因不履行其承诺践行的约定义务(即债务,下同,略),依合同法相关规定应承担的对其不利法律后果。该债务包括通过合同来约定和一方当事人单方允诺(如悬赏)确定。在我国,合同包括书面合同、口头合同和其他法律认可的其他方式。该其他方式又含用动作代替语言表达内心意思的推定方式和采用不作为来表达其内心真实意思的默示方式,而该后者成立须以法律有明文规定或当事人间已事先约定或既存的交易习惯为前提,否则因有损于对方消极自由而不能成立。违约责任的承担适用严格责任归责原则,即只要一方未依约定全面、适当地履行该债务,即为违约;除依法可豁免的情形外,均应毫无例外地承担相应的法律责任,而不论是否存有主观过错。我国合同法规定,因不可抗力致使违约的,可视具体情形予以减轻或免除责任;但逾期履行后遇不可抗力致使合同无法履行的,不获减免(违约责任)。违约责任承担的方式主要包括:①继续履行(系我国合同法的首要违约责任方式,针对缔约后届期不履行或不适当履行债务者,继续履行后一般并不免除应当承担的其他违约责任);②承担违约金(它以合同中约定承担违约金条款为前提,且不以对方因该违约行为遭受损失为前提,但法院或仲裁机构认为未过高的可调低);③赔偿损失(系用于承担弥补因违约而致使对方遭受实际损失的责任方式,它以对方存有实际损失为前提;赔偿以"填平"损失为上限,该损失包括既有财产价值贬损的直接损失和该合同若依约履行后对方可获之利益的间接损失;违约方承担赔偿责任时适用可期待利益责任限制原则,在我国,违约赔偿范围尚不覆盖精神损失);④定金(即当事人间事先约定并由一方给付对方不超过合同总金额 20% 的货币作为履行该合同的担保的责任方式,届期若给付方不继续履行合同义务的,无权要求返还该定金;接受定金的一方不履行该合同义务的,则双倍返还该定金);⑤被选择责任承担类别(我国合同法规定,因一方的违约行为,侵害对方人身、财产权益的,受害方可依该法的规定要求其承担违约责任或依其他法律规定要求其承担侵权责任);⑥返还财产(适用于合同被撤销或被认定无效的情形);⑦修理、重作、更换(适用于销售或承揽合同的履行中存在后"后遗症"的情形,由销售方或承揽人承担该责任)。上述责任方式可合并适用,如一方违约后,对方依法可要求其继续履行,并依约支付违约金,若预测对方支付违约金后仍不能弥补己方损失的,还可要求违约方赔偿余损;但违约金和定金两者不可得兼。依合同相对性原则,除法律另有规定外,违约责任的承担主体仅适用于合同当事人之间,合同约定第三人向一方履行债务的,第三人未履行债务的,由另一方当事人承担违约责任;合同约定一方当事人向第三人履行债务,该方当事人未履行债务的,由该方当事人向对方当事人承担违约责任。

2. **医事违约责任的承担**　这里需解决两个问题:①违约责任是否适用于医主体?

②医患关系是否等同于消费者与商家?

对政府兴办的以社区卫生中心为代表的公办非营利公立医疗卫生保健机构,若未能按患方就诊时所期待利益实现目标而被确定承担违约责任,非但不合理,而且与民法、合同法所确定的"平等""自愿"原则背道而驰,因为在法理上:①它不符合民事合同主体的自由选择和各方完全平等性:医疗服务中,只有就医者选择医疗机构的单向自由,而无后者选择前者的权利(因医疗资源不足而挂不上号除外);②它不符合民商事合同的内容自由协商确定(彼此间的权利和义务关系)性:医疗服务的内容并非可由双方完全自愿约定,事实上表面上各地社区卫生中心的全科医生为就诊者提供医疗服务看似契约关系,实质上由此类医疗机构及其人员是在替政府履行其所负担的保障公民健康权利的义务,而这种诊疗义务自就医者挂号起由医方是自动负担且具有单向的不可选择性;③就服务主体而言,民事合同的主体只须具有相应的民事行为能力而无其他门槛,商事合同中的商主体除法律另有规定外,只需根据准则主义行商事登记与公告而设立,且在"简政放权"、降低商事成本低的当下更为容易;医方主体无论是医疗机构还是医护人员则均仍须满足《行政许可法》第 12 条第 1 项、《医管条例》第 15 条、《医师法》第 13 条和 17 条以及《护士条例》第 7 条规定的各项条件方可获得执业许可,而这种许可依法是不容克减的;④从合同法律关系客体即履约(服务)行为及其产品而言,亦迥异:对民事主体而言,法不禁止皆可为(用于交易);而所有的诊疗活动须依《行政许可法》第 12 条第 4 项、《医管条例》第 15 条、《医师法》第 13 条和第 17 条以及《护士条例》第 7 条的规定(因直接关系人身健康、安全)系须经许可的特定行为,受法律规范性文件、操作规程和职业道德的规制和拘束,并受医政主管部门的执业监管,包括胎儿性别鉴别和代孕等为法所禁,不得约定"服务";且医疗服务价格也受 2007 年 9 月国家发改委、卫生部和中医药局发布的《全国医疗服务价格项目规范》的严格规制,而非民商事交易中可议定的对价行为,患方对此类服务结果不满意,自然也就不能适用违约责任;⑤就医疗服务的预期结果而言,亦异于民商事合同,不适用合同法的可期待利益原则,这是因为医疗行为高难度、高风险、专业性极强的特点,处置结果往往是难以预料的,对此不能依民商法上的外观主义原则,以结果来作定论的价值判断,因为影响治疗结果的前提性因素很多:能否获得预期治疗结果首先取决于诊断是否准确,即使我国的三甲医院,其平均诊断率也难逾 40%,诚如已故的著名病理学家朱世能教授所言"只有病理解剖才是诊断的金标准",问题是民众受传统文化的影响,尸体解剖率远低于国际平均水平,有碍整体诊断能力提高;诊断能力还受制于当下人类科技水平的发展状况和既有的认识程度,事实上医学界尚未认识的事物(含疾病和相关物质)还很多;即使对已能明确诊断的疾病,医学界至今对相当部分疾患仍无奈,如狂犬病等;即使医学界对那些已突破难关、对原先难以治愈的疾病或生理现象已有的成功治疗方法和经验,但还会因个体差异难保所有的个案都成功;虽然包括我国在内的各国均将诊疗方法作为专利法的消极客体,以防止对最新诊疗技术和方法的垄断而阻止其普及与推广,事实上还是存在院际和(医生间的)个体差异,此差异也影响诊疗水平和治疗结果；诊疗结果取决于医方的宣示能力和是否恪尽职责，而不适用患方单方的预期结果（即一般合同的可期待利益），实践中医方可通过符合"知情主义"的规范知情同意程序予以明确。综上，规范的诊疗行为显然不能适用严格责任归责原则来追究并强加适格医疗主体承担因未达就医方所预期结果而承受"违约"责任。至于采用广告引诱、市场化及以营利为目的、实行利润分配的营利法人企业型的医疗机构如美容医院、民营医院、药品生产和经营企业等，其本质上则是典型的商主体。另，笔者认为即便是公立医院，只要对就医者采用过度医疗的，就表明它选择市场化，自应对之适用市场化待遇和规则，此类选择市场化的医疗机构当然适用违约责任制度；而且它们作为商主体与就医者之间的关系当然也形成商主体与消费者之间的关系，就医者可适用《消费者权益保护法》来维护自己的合法权益。

(三) 医事侵权行为的民事责任承担

1. 概述 侵权责任指责任人因行为人实施了致受害方人身或财产遭受损害的行为，依法应当承担的法律责任。它具有如下特点：①加害行为方式含作为和不作为，后者如急诊医生脱岗致伤者死亡；②受损利益可为受害人的人身权利，亦可是其合法财产权益；③行为主体和责任主体可分离，责任主体依法承担侵权责任；④采用赔偿方式的，受害（侵权）人方可要求责任人承担精神损害赔偿；⑤归责原则视情形适用，具有多元化，含[过错（含过错责任推定）、无过错和公平]责任三类归责原则；⑥在损失可被估定的情况下，以回归正义型原则为依据而非仅以法律规定为依据；⑦责任方式主要为赔偿损失，但不排斥多元化。

我国侵权责任承担的方式主要包括：①停止侵害（针对行为人处于持续或连续状态的侵害行为）；②排除妨碍（针对不当阻碍权利人行使其合法权利或实现其正当利益的行为）；③消除危险（针对相邻方确已存在对己方的人身、财产具有即将发生的潜在危险的情形）；④返还财产（适用于己方财产处于对方持续性不正当占有的状态，含侵占、不当得利的情形）；⑤恢复原状（针对己方财产的状态被对方不当改变或对方将其财产作不正当影响己方合法利益的情形）；⑥修理（适用于功能被损坏但不丧失修复价值的有形财产）；⑦赔偿损失（它是最典型和适用最广泛的民事责任，是一种对受损利益不能恢复的替代性弥补方式，适用于原权益不能复原或在返还财产或恢复原状后仍不能弥补损失的情形；在此它不仅包括直接和间接的物质损失，在有法律依据的前提下还可要求责任人赔偿精神损失）；⑧赔礼道歉（系一种语言精神补偿方式，适用于对受害人人身或财产权益侵犯且存在一定损害的情形，一般以受害人方要求和接受为前提，其承担方式含口头和书面）；⑨消除影响、恢复名誉（主要适用于对对方名义造成损害的不法侵害行为，包括对对方名誉、荣誉、隐私、肖像和知识产权的侵犯并损害，此种精神补偿方式以能够达到恢复、挽回和消除的效果为要旨）。上述责任方式也可合并适用，如诽谤案的受害人依法可要求责任人停止侵害、消除影响、恢复名誉、赔礼道歉并赔偿精神损失。

侵权责任的归责原则包括以下。

(1) 过错责任原则,即以行为人作为或不作为地实施对受害人的加害行为时,主观上存有(故意或过失)过错为责任人担责的前提,即该损害结果若非行为人过错所致,不能确定责任人的侵权责任。又可被分为:①一般过错责任归责原则。对它的确定,须满足如下要件:受害人方确有损害事实的存在,且该损失可被估定;行为人的客观侵害行为具有违法性,它不仅指违反法律规范性文件的禁止性规定,还包括所有损害他人合法利益而没有合法豁免依据的行为;行为人的侵害行为与损害结果之间被证实存在因果关系;行为人行为时主观上存在过错,该过错包括故意和过失。在适用该原则的前提下,债权人(即对责任人行使请求权的受害方)依"谁主张谁举证"的规则负担举证义务。②过错责任推定归责原则的构成要件中的前三项与一般过程责任归责原则相同,仅第四项主观方面迥异,为过错责任推定,即若责任人方有证据能证明己方无过错,或者能证明该损害结果完全是由受害人自己或第三人过错所致,或者己方的行为与该损害结果之间没有因果关系方可豁免;反之,则被推定主观上存有过错而承担民事责任。需指出的是,适用该原则的情形均由法律明文列举。

(2) 无过错责任原则,适用该原则构成要件中的前三项亦与过错责任归责原则相同,主观无过错亦须承担民事责任是其有别于过错责任归责原则的根本标志。无过错不仅排除任何故意或已预知而为的冒险,还意味着行为人已恪尽职责。依该原则,即使己方无过错,或者该损害结果完全是由于受害人自己或第三人过错所致,依法也不能免除其民事责任;若被告方举证能证明该损害结果完全系由受害人或第三人过错所致的,可作为适当减轻其民事责任的抗辩理由;只有能证明该损害结果完全系受害人故意所致方可免责。适用该原则的情形亦由法律明文列举。

(3) 公平归责原则,作为侵权责任中的补充归责原则,一般适用于各方当事人(含受害人)均对损害事实存有因果关系的情形,它既不符合任何法定无过错或过错责任推定归责原则所列举的各种情形,又无法适用一般过错责任归责原则。遇此情形加之社会保障不足时,若由受害人单独承受该结果显然有悖社会公平价值,而由法官基于因果关系的牵连性和弥补损失理论,判定包括受害人在内的所有相关者均等地对该损害后果承担民事责任,以尽可能地各方共担,以优待弱者。

责任主体的确定大致可分为:①自我承担:依正义原则,行为人一般应对自己的加害行为承担侵权责任,这是最普遍、最易为人接受的责任承担制度。②分离承担:如医护人员履职过程中导致侵权后果,依《侵权责任法》第34条第1款规定,应由其所在医院承担侵权责任;住院无民事行为、限制民事行为的精神病人造成他人(含医院中人身或财产)损害的,依该法第32条第1款规定,由监护人承担侵权责任;《事故条例》第52条规定,医疗事故赔偿费用,实行一次性结算,由承担医疗事故责任的医疗机构支付等。③分别承担,如《药品管理法》第144条规定,药品上市许可持有人、药品生产企业、药品经营企业或医疗机构违反本法规定,给用药者造成损害的,依法承担赔偿责任;《侵权责任法》第59条前款规定,因药品、消毒药剂、医疗器械的缺陷或输入不合格的血液造成患者损害的,患者可向生产者或血液提供机构(供应者)请求赔偿,也可向医疗机构(使用者)请求赔偿。《侵权责任法》第60条规定,因患者或其近亲属不配合医疗机构进行符合诊疗规范的诊疗而遭受损害的,视医疗机构无过错而不承担责任;医疗机构及其医务人员也有过错的,应当承担相应的赔偿责任等。

2.《侵权责任法》关于医事侵权责任的归责原则 主要包括以下方面。

(1) 一般过错责任归责原则。①该法第54条规定,患者在诊疗活动中受到损害,医疗机构及其医务人员有过错的,由医疗机构承担赔偿责任。②第55条规定:医务人员在诊疗活动中应向患者说明病情和医疗措施。需要实施手术、特殊检查、特殊治疗的,医务人员应及时向患者说明医疗风险、替代医疗方案等情况,并取得其书面同意;不宜向患者说明的,应向患者的近亲属说明,并取得其书面同意;医务人员未尽到前款义务,造成患者损害的,医疗机构应承担赔偿责任。③第57条规定,医务人员在诊疗活动中未尽到与当时的医疗水平相应的诊疗义务,造成患者损害的,医疗机构应承担赔偿责任。④第60条规定,患者有损害,因下列情形之一的,医疗机构(应恪尽职责)不承担赔偿责任:患者或其近亲属不配合医疗机构进行符合诊疗规范的诊疗(医疗机构及其医务人员也有过错的,应承担相应的赔偿责任);医务人员在抢救生命垂危的患者等紧急情况下已经尽到合理诊疗义务;限于当时的医疗水平难以诊疗。⑤第62条规定:医疗机构及其医务人员应对患者的隐私保密;泄露患者隐私或未经患者同意公开其病历资料,造成患者损害的,应承担侵权责任。

(2) 过错责任特定归责原则。第58条规定,患者有损害,因下列情形之一的,推定医疗机构有过错:①违反法律规范性文件及其他有关诊疗规范的规定;②隐匿或拒绝提供与纠纷有关的病历资料;③伪造、篡改或销毁病历资料。

(3) 无过错责任归责原则。第59条规定:①因药品、消毒药剂、医疗器械的缺陷或输入不合格的血液造成患者损害的,患者可向生产者或血液提供机构请求赔偿,也可向医疗机构请求赔偿;②患者向医疗机构请求赔偿的,医疗机构赔偿后,有权向负有责任的生产者或血液提供机构追偿。

3.《侵权责任法》确定的其他义务和责任

(1) 医主体的其他义务,包括:①知情同意。第55条规定:医务人员在诊疗活动中应向患者说明病情和医疗措施。需要实施手术、特殊检查、特殊治疗的,医务人员应及时向患者说明医疗风险、替代医疗方案等情况,并取得其书面同意;不宜向患者说明的,应向患者的近亲属说明,并取得其书面同意;医务人员未尽到前款义务,造成患者损害的,医疗机构应当承担赔偿责任。②保护性措施。第56条规定,因抢救生命垂危的患者等紧急情况,不能取得患者或其近亲属意见的,经医疗机构负责人或者授权的负责人批准,可立即实施相应的医疗措施。③保存病历资料。第61条规定:医疗机构及其医务人员应按规定填写并妥善保管住院志、医嘱单、检验报告、手术及麻醉记录、病理资料、护理记录、医疗费用等病历资料;患者要求查阅、复制前款规定的病历资料的,医疗机构应当提供。第58条第2项规定,医疗机构隐匿或拒绝提供与纠纷有关的病历资料,若就医者有损害的,推定医疗机构有过错而承担侵权赔偿责任。④不得过度医疗。第63条规定,医疗机构及其医务人员不得违反诊疗规范实施不必要的检查。

(2) 就医方的义务和责任:第64条规定:医疗机构及其医务人员的合法权益受法律保护;干扰医疗秩序,妨害医务人员工作、生活的,应依法承担(不仅仅是民事)法律责任。

4. 医事侵权责任的承担方式　见本章前文之概述部分,略。

注释

[1] 傅莹:我国将于2020年完成民法编纂工作[EB/OL].(2017-03-04)[2018-05-27].http://www.xinhuanet.com/politics/2017lh/2017-03/04/c_1120568178.htm.

[2] 孟文里.罗马法规则,亦是共和制社会的基本要义.罗马法史[M].北京:商务印书馆,2017:69.

[3] 又称私法自治,指个人依其意思形成其在私法上的权利义务关系的民法基本原则(理),中国社科院法学所《法律辞典》编委会.法律辞典[M].北京:法律出版社,2003:1341.

[4] 也是罗马法古老的原则,它是平等原则的必然延伸,指具有正常理智的成年对于所有涉及其权益的事项均须由其自己处分是否与他方以自愿方式进行交易。D.沃克.牛津法律大辞典[M].北京:光明日报出版社,1988:354.

[5] 又称主法或主体法,系程序法的对称。18世纪时由边沁提出,指规定人们在政治、经济、文化和家庭等方面的实际利益的法律。《法学词典(增订版)》编委会.法学词典(增订版)[M].上海:上海辞书出版社,1984:587.

[6] 伍智超.夫妻在家开黑诊所 不做皮试就输液致男童死亡被判刑[EB/OL].(2018-06-19)[2019-05-30].http://www.sohu.com/a/236542469_420076?_f=index_news_21.

[7] 裴晓兰.女子注射假冒美容针面部红肿 商家判赔20万[EB/OL].(2015-04-25)[2018-05-27].http://news.sina.com.cn/s/2015-04-25/021931758168.shtml.

[8] 时培磊,祝慧思.女子9天拔罐27次发烧昏迷 后背烫伤处如"黑洞"[EB/OL].(2017-04-13)[2018-05-27].http://news.163.com/17/0413/20/CHU7JVMS00018AOP.html.

[9] ①王珊.代孕暴利:"代妈"一胎赚20万元 孩子每重1两加500[EB/OL].(2017-02-17)[2018-05-27].http://fashion.ifeng.com/a/20170217/40195193_0.shtml;②卫生部2001年2月20日发布、同年8月起施行的《人类辅助生殖技术管理办法》第3条第2款规定:禁止以任何形式买卖配子、合子、胚胎;医疗机构和医

务人员不得实施任何形式的代孕技术。
[10] 我国为何反对克隆人声明 支持用于治疗研究[EB/OL].(2005-02-23)[2020-03-21]. http://tech.sina.com.cn/d/2005-02-23/1717533599.shtml.
[11] 王建民. 乐清1名曾经的产科医生 退休后返聘竟然参与贩卖婴儿[EB/OL].(2017-11-07)[2018-05-27]. https://zj.zjol.com.cn/news? id=479143.
[12] 曹静. 哈医大二院给死者开药 曾曝出550万元天价医药费[EB/OL].(2014-04-04)[2020-03-21]. http://news.hsw.cn/system/2014/04/04/051897545.shtml.
[13] 彭亮. 20岁小伙医院做包皮手术 中途被医生告知加项[EB/OL].(2016-12-25)[2018-05-27]. http://news.163.com/16/1225/23/C95U5VIH0001875P.html.
[14] 詹君峰,王丽.(海南澄迈)县医院院长按惯例索回扣:市价1元药花30元采购[EB/OL].(2018-06-19)[2018-06-27]. http://www.sohu.com/a/236512867_115239? _f=index_news_13.
[15] 为抢救患者医生剪掉其衣裤,人救活后竟遭家属索赔[EB/OL].(2017-09-22)[2018-05-27]. http://www.sohu.com/a/193759423_211507.

后　记

　　本人自1987年入职上海医科大学法学与卫生法学教研室开始从事(在我国由陈明光和刘本仁教授于1986年起开创的)卫生法学教研工作。2001年初因两校合并而到法学院报到,被告知法学院不需要卫生法学,被安排从事全校非法学本科生通识课程,原本人一直承担(上医全校的)卫生法学、知识产权法、(卫管)行政法学、(法医)刑法和刑事诉讼法学的课程全部停摆。2018年起,医学院进行临床专业核心课程建设,将包括医事法学在内的医学人文导论课程列入其中,本人才有幸重新恢复对临床八年制医学生的相关课程教学活动,也有幸使自己长期以来对相关问题的思考与研究得以有平台进行分享与传播。本月起,在法学院领导的支持下,本人开始在法学院为研究生开设卫生法学课程,望本书的出版,将有助于复旦(原上医大)前辈们"恪尽职责""不容忍差错"精神和本人对卫生法学中相关健康权理念的传承。当然,由于本人才疏学浅,书中定存不少瑕疵,望诸读者不吝赐教!另一方面,随着国家已将公民健康权利提高到前所未有的高度,现制和基于现制的本人理念亦会与时俱进,相信在不久的将来本书亦会修改再版。

姚军
2020年3月12日于上海宝山陋室

图书在版编目(CIP)数据

医事法学/姚军著. —上海：复旦大学出版社，2020.7
复旦大学上海医学院人文医学核心课程系列教材/桂永浩总主编
ISBN 978-7-309-15062-9

Ⅰ.①医… Ⅱ.①姚… Ⅲ.①医药卫生管理-法学-中国-医学院校-教材 Ⅳ.①D922.161

中国版本图书馆 CIP 数据核字(2020)第 089048 号

医事法学
姚　军　著
出　品　人/严　峰
责任编辑/王　瀛

复旦大学出版社有限公司出版发行
上海市国权路 579 号　邮编：200433
网址：fupnet@fudanpress.com　　http：//www.fudanpress.com
门市零售：86-21-65102580　　团体订购：86-21-65104505
外埠邮购：86-21-65642846　　出版部电话：86-21-65642845
上海丽佳制版印刷有限公司

开本 787×1092　1/16　印张 20.5　字数 425 千
2020 年 7 月第 1 版第 1 次印刷

ISBN 978-7-309-15062-9/D・1035
定价：75.00 元

如有印装质量问题，请向复旦大学出版社有限公司出版部调换。
版权所有　　侵权必究